U0109180

古代歷史文化研究輯刊

二四編

王 明 蓀 主編

第6冊

功臣禍首：北宋末內臣童貫事蹟考（上）

何冠環 著

國家圖書館出版品預行編目資料

功臣禍首：北宋末內臣童貫事蹟考（上）／何冠環 著 -- 初版
-- 新北市：花木蘭文化事業有限公司，2020〔民109〕
目 2+276 面；19×26 公分
（古代歷史文化研究輯刊 二四編；第 6 冊）
ISBN 978-986-518-256-4（精裝）
1.（宋）童貫 2.傳記
618   109011116

ISBN-978-986-518-256-4

古代歷史文化研究輯刊
二四編　第 六 冊　　　　　　　ISBN：978-986-518-256-4

功臣禍首：北宋末內臣童貫事蹟考（上）

作　　　者　何冠環
主　　　編　王明蓀
總 編 輯　杜潔祥
副總編輯　楊嘉樂
編　　　輯　許郁翎、張雅淋　美術編輯　陳逸婷
出　　　版　花木蘭文化事業有限公司
發 行 人　高小娟
聯絡地址　235 新北市中和區中安街七二號十三樓
　　　　　　電話：02-2923-1455 ／傳真：02-2923-1452
網　　　址　http://www.huamulan.tw 信箱 hml810518@gmail.com
印　　　刷　普羅文化出版廣告事業
初　　　版　2020 年 9 月
全書字數　547358 字
定　　　價　二四編 21 冊（精裝）台幣 62,000 元
版權所有・請勿翻印

功臣禍首：北宋末內臣童貫事蹟考（上）

何冠環　著

作者簡介

何冠環，1955 年生，廣東江門新會人，香港中文大學文學士、哲學碩士，美國亞里桑拿大學（University of Arizona）哲學博士，專攻宋代史，師從著名宋史學者羅球慶教授與陶晉生院士，先後任教於香港公開大學、新加坡南洋理工大學、香港教育大學、香港理工大學，2015 年退休。現擔任香港樹仁大學歷史系客座教授及香港新亞研究所特聘教授。2006 年起獲選為中國宋史研究會理事迄今，2010 年獲選為嶺南宋史研究會副會長迄今，2014 年獲選為中國宋史研究會副會長（迄 2018 年）。著有《宋初朋黨與太平興國三年進士》（1994）（修訂本，2018）、《北宋武將研究》（2003）、《攀龍附鳳：北宋潞州上黨李氏外戚將門研究》（2013）、《北宋武將研究續編》（2016）、《宮闈內外：宋代內臣研究》（2018）、《拓地降敵：北宋中葉內臣名將李憲事蹟考述》（2019）專著六種，以及發表學術論文數十篇。

提　　要

　　本書《功臣禍首：北宋末內臣童貫事蹟考》，是作者研究宋代內臣（宦官）的第三本專著。本書以考述北宋徽宗朝權傾朝野，執掌軍政二十餘年的內臣童貫的一生事蹟為經，以徽宗、欽宗兩朝的政事為緯，重新探究北宋從徽宗朝紹述神宗、哲宗之政，開疆僻土，收青唐，降西夏，再聯金滅遼，收復燕京的表面興盛，到宣和七年引狼入室，金兵南犯，徽宗被迫禪位，繼位的欽宗君臣應變無方，不及一年，就發生史稱「靖康之難」的一段北宋驟然覆亡，教人反思不已的歷史。

　　童貫是徽宗甚為寵信的內臣之一，委以開邊西北的重任。他師承神宗朝著名內臣名將李憲的策略，以進築堡寨的方法，攻取橫山，進據青唐故地。他長期與徽宗朝四度拜相的蔡京朋比，獲取權位與支持，雖然有一段時期二人爭權而不和。他出身鄭皇后閣中，得到鄭皇后長期的支持。他先以監軍身份在崇寧初年隨王厚收復湟州、鄯州、廓州，然後獨當一面，成為熙河蘭湟、秦鳳等路的封疆大吏，在大觀年間再取洮州和積石軍。他即以軍功破格自內臣建節，且進位三公。因徽宗君權甚盛，蔡京又逢迎上意，雖有文臣反對，童貫繼續加官晉爵。政和以後，他不但破天荒出任執掌兵符的樞密使，還同時出任陝西、河東、河北三路宣撫使，掌握內外兵權。他在政和末期，又推動海上之盟，力主聯金攻遼，收復燕雲故土。他又出兵攻略西夏，迫西夏向宋稱臣。他掌控的陝西軍，成為宋軍的精銳主力。他麾下僚屬將校，不乏能人猛將，他馭下也頗有度量，故人樂為其用。他在西北的軍政建設，亦有可稱道之處，並非失勢後廷臣所斥他只用人惟親，敗壞軍政。他在宣和三年又率軍平定於東南起事的方臘，功勛權勢一時無兩。

　　童貫的衰敗的轉折點是宣和四年兩番興師伐燕，因用人不當，為遼軍所敗。雖然在宣和五年，宋廷以高價從金人贖回燕京及附近六州，但事後童貫失寵被罷，軍政大權落於另一內臣梁師成一伙手上。一年後，因梁師成及其黨羽譚稹等措置失當，讓金人借口南侵，童貫於是在宣和六年中東山復出，收拾殘局。宣和七年中，徽宗更史無前例封他為廣陽郡王，酬賞他的功勞。但他錯用降將郭藥師守燕京，導致金兵在年底兩路南犯。他在關鍵時刻，卻怯懦地從太原前線逃回京師。不久，徽宗禪位欽宗，童貫卻再次犯上致命錯誤，在未得欽宗同意下，擅自率親兵扈從徽宗南逃鎮江。欽宗恨之，以他當年既涉嫌搖動其儲位，現時又涉嫌助徽宗另立朝廷。當金兵退師，欽宗迎還徽宗後，就將童貫貶官抄家，最後在靖康元年八月派人誅殺於南雄，並梟其首於京師。然四個月後，再度來攻的金兵攻破京師，徽、欽二帝被擄，北宋覆亡。

因靖康之難之故，童貫和蔡京等「宣和六賊」，從南宋以降，成為宋廷君臣眼中的罪魁禍首，不獲平反，童貫也成為南宋朝臣以至後代談論宦官亂政的宋代最大鐵證。當宋人不敢批評徽、欽二帝於亡國的責任時，童貫和蔡京等人就成為代罪之人。南宋以降官修或半官修的歷史，無不以童貫為姦臣之尤。他曾有功績，就沒有人提起。以此之故，從元代開始流傳的《大宋宣和遺事》到《水滸傳》及其續書《水滸後傳》與《蕩寇志》，童貫的形象都是負面的，他既是坑害忠良的陰險小人，也是打仗怯懦怕死之庸才，童貫作為姦臣之尤，是鐵案如山，永不可翻。

兩宋之際人物眾多，除了宋朝帝后宗親、文臣、武將與內臣外，遼、金、夏以至青唐部羌人的首領君長和其文臣大將，也為數不少。本書主角童貫與他們的關係錯綜複雜，留下的記錄卻往往有極大歧異。本書作者即據現存的文獻史料、碑刻銘文，以綿密的考證，生動的筆觸，摒除傳統儒家士大夫對內臣的偏見，重新客觀考述一直被視為萬惡不赦的宋代內臣童貫的生平事蹟，並考論與他有關係的各方人物，包括他的主子徽宗及鄭皇后、與他朋比的徽宗朝姦臣蔡京、蔡攸、王黼等，與他敵對的朝臣言官，以及其麾下的陝西軍文武僚屬的事蹟。本書同時著意觀察徽宗使用童貫、楊戩、梁師成等內臣及蔡京等姦臣的帝王術，重構徽宗所謂昏君以外的形像，並以新的視角構建從崇寧到靖康這一段深受人關注並爭議不休的歷史。

謹以此書
送給

相知相伴的賢妻惠玲
天父所賜的愛女思齊

前　言

　　本書取名《功臣禍首：北宋末內臣童貫事蹟考》，因所考論的北宋末權閹童貫（1054～1126），在宣和四年（1122）前所建之功績，稱他為功臣恰當，然在宣和四年以後他連番鑄成大錯，導致靖康之難，斥他為禍首，亦不為過。

　　檢諸史實，童貫在徽宗（1082～1135，1100～1125 在位）朝進築橫山，拓邊數千里，奪取原為羌人唃廝囉（997～1065）所建之青唐國所控的廣大土地，使鄯州（今青海西寧市）、湟州（今青海海東地區樂都縣）、廓州（今青海黃南藏族自治州尖扎縣北）、洮州（今甘肅甘南藏族自治州臨潭縣）、積石軍（今青海海東市循化撒拉族自治縣）等地，盡為宋的州縣，又屢敗西夏，迫西夏向宋稱臣，並鎮壓方臘（？～1121）起事。徽宗為酬其大功，在宣和七年（1125）甚至破格封他為廣陽郡王，是宋代唯一封王的內臣。當金人尚未在是年底南侵前，宋廷所擁有的疆域是整個宋代最大的，北起燕山府路，西至熙河蘭廓路，正如《宋史·地理志序》所說：「迨宣和四年，又置燕山府及雲中府路，天下分路二十六，京府四，府三十，州二百五十四，監六十三，縣一千二百三十四，可謂極盛矣。」〔註1〕童貫就是取青唐和下燕雲的執行者，本書稱他為功臣，即據此而論。

　　童貫卻為貪功貪權，首建聯金滅遼之議，極力推動說服徽宗行之，雖因人成事取回燕京（今北京市）等六州，但他在宣和五年（1023）七月失寵致仕後，奪取他經營燕雲大權的政敵王黼（1079～1126）、梁師成（？～1126）、譚稹（？～1126 後）和王安中（1076～1134）卻貪圖多取平州（今河北秦皇島市盧龍縣）和雲州（雲中府，今山西大同市），錯納遼降將張覺（亦作張穀，？

〔註1〕脫脫（1314～1355）：《宋史》（北京：中華書局點校本，1977 年 11 月），卷八十五〈地理志一·序〉，頁 2095～2096。

～1123），給金人南犯的借口。童貫在宣和六年（1124）八月被徽宗重新起用後，卻措置失誤，無法防止遼降將郭藥師（？～1132 後）叛變降金，讓金人輕易取得辛苦得來的燕京，並引金人南犯。宣和七年底，徽宗以金兵迫近京師開封（今河南開封市），又突然中風，不能治事，就接受臣下建議，內禪帝位予太子欽宗（1100～1161，1126～1127 在位）。欽宗繼位後，改元靖康。童貫首先不接受東京留守的任命，再未得欽宗同意前，在靖康元年（1126）正月，率親兵扈從徽宗出走潤州（今江蘇鎮江市）。欽宗疑他有擁徽宗另立朝廷之心，加上童在徽宗朝暗中支持徽宗第三子鄆王楷（1101～1130），有奪儲之嫌。當京師在二月解圍後，欽宗繼賜死李彥（？～1126）和梁師成兩名權閹後，以童貫招致金兵來犯等罪，於四月將他罷職奪官抄家。從五月開始，不斷將他遠貶，最後將他貶置吉陽軍（即崖州，今海南三亞市）。當金兵再次南犯，欽宗君臣遷怒童貫，在八月將他誅殺於貶謫途中的南雄州（今廣東韶關市南雄市），並梟其首示眾於京師。然欽宗君臣禦敵無方，閏十一月底，京師失陷，徽、欽二帝被擄，北宋覆亡。從神宗（1048～1085，1067～1085 在位）至徽宗數十年費盡人力、物力取得的西北廣大土地，除了少數州軍如金州（今陝西安康市）外，也因宋室覆亡而陸續失去。宋人以亡國失土之靖康之難乃童貫首議聯金滅遼所致，是故本書又稱他為禍首。

　　童貫一生有大功有大過，惟他在後世的形象幾乎全是負面的。一般人談到歷代之亡，都會歸罪於昏君、奸臣和權閹。談到宋代的昏君和奸臣，多數人馬上會想到導致北宋亡國的風流天子宋徽宗和權奸蔡太師蔡京（1047～1126），以及王曾瑜教授斥為荒淫無道、屈身事敵、不忠不孝、殺害忠良的宋高宗（1107～1187，1127～1162 在位），和做他幫凶，殺害忠臣岳飛（1103～1142），遺臭萬年的南宋第一奸相秦太師秦檜（1091～1055）。至於宋代最為人熟知，最臭名昭著的權閹，自非推動聯金滅遼而導致靖康之難的童貫莫屬。〔註2〕

〔註 2〕最早出版的兩本宋徽宗及宋高宗傳，任崇岳教授稱徽宗為風流天子，而王曾瑜教授就斥高宗為荒淫無道。臺灣的藝術史家衣若芬教授一篇論徽宗與蔡京的專文，也名之為〈昏君與奸臣的對話〉。按徽宗與蔡京被視為昏君與奸臣，已為定論。至於高宗算不算荒淫無道的昏君，學術界仍未有一致的意見，當然他怎樣也評不上明君與賢君。至於秦檜的奸臣形象，就鐵案難翻。參見任崇岳：《風流天子宋徽宗》（鄭州：河南人民出版社，1994 年 1 月）；王曾瑜：《荒淫無道宋高宗》（保定：河北人民出版社，1999 年 1 月）；衣若芬：〈「昏君」與「奸臣」的對話──談宋徽宗「文會圖」題詩〉，《文與哲》第八期（2006 年 6 月），頁 253～278。

　　童貫的名字廣為人知，也靠《水滸傳》及其續書《水滸後傳》、《蕩寇志》
以至《水滸傳》的前身、元人所編的《大宋宣和遺事》，以及據之改編的影視
作品的渲染。在上述四書的作者筆下，童貫是一個只會逢迎徽宗，勾結朋比
奸相蔡京、姦臣高俅（？～1126）和另一內臣楊戩（？～1121），卻嫉賢忌能
的庸才小人。他接受遼國賄賂，統軍作戰時則膽怯不前，用兵無方，一直打
敗仗（四書對童貫的描述詳見附錄一）。考諸史實，小說家所言不盡不實（按：
四書所敘的童貫，只限於他在徽宗朝後期擔任樞密使時的事蹟，並沒有交待
童貫的出身，家世籍貫以及他任樞密使前的仕歷和事蹟）。童貫在金兵南侵前
所建功勳其實不少，他為徽宗實現開疆闢土，平青唐，降西夏的大業當記首
功，不能因後來失敗而一筆抹煞。

　　童貫的生平詳見於《宋史》、《東都事略》、《三朝北盟會編》、《建炎以來
繫年要錄》、《宋會要輯稿》、《通鑑長編紀事本末》、《宋大詔令集》以及宋人
文集筆記。眾所周知，他在宋代內臣權勢最盛的徽宗一朝，受徽宗極大的寵
信，委以拓邊西北全權，從擔任熙河蘭湟、秦鳳路經略安撫制置使到出任陝
西、河東、河北三路宣撫使，成為史無前例權勢最大的封疆大吏，長期在西
北兩邊統率大軍拓邊闢土，完成了乃師李憲（1042～1092）的志願。他以開
邊有功，徽宗破格授以節度使，成為宋代內臣建節第一人。他續後再加官太
尉、太師、使相的開府儀同三司，並成為宋一代唯一的內臣樞密使，最後還
被封郡王。他在權勢最盛時，大批文武臣僚爭相巴結；然其興也勃，其亡也
速，一旦主子徽宗退位交權，改朝換代，他馬上被欽宗奪職抄家，最後還誅
死南荒。他一生充滿傳奇，是宋代內臣最引人注目和招人話柄者。他死後，
宋代的內臣再沒有像他擁有如此的權勢和偌大的兵權。他可以說是宋代內臣
當權用事的轉折點和分水嶺。洎南宋以降，朝臣均將北宋覆亡歸罪於童貫誤
國，而以此作為裁抑內臣權力的最有力的理據。南宋內臣權勢的大大削弱，
〔註3〕與童貫有直接與間接的關係。

　　童貫是我們研究宋徽宗朝政治、軍事的關鍵人物，也是探討北宋從人們
認定的繁榮強盛驟然崩潰覆亡的重要線索，自然也是我們研究宋代內臣的最
有代表性的人物。牟潤孫太老師（1909～1988）早在1951年2月所刊出的〈折

〔註 3〕關於南宋內臣權力的削弱的分析，可參閱張邦煒：〈南宋宦官權勢的削弱〉，原
　　　　刊於《中州學刊》1992年第3期，增補後現收入張著：《宋代政治文化史論》
　　　　（北京：人民出版社，2005年10月），頁78～97。

可存墓誌銘考證兼論宋江的結局〉一文，便透過考證折可存（1096～1126）的
墓誌詳論童貫平方臘的始末，牟太老師批評童貫治軍任人惟親偏私，賞功不
均，剛被招安而有份從征的宋江（？～1121）大概與諸將爭功，並為諸將所歧
視，故方臘亂平後再叛而被陞任武節大夫的折可存捕獲而被殺。〔註4〕該文應
是考論童貫生平最早的一篇學術論文。

宋史前輩學者金中樞教授（1928～2011）早年曾撰有一篇長文，詳論徽
宗崇尚道教及帶來不良影響的問題。〔註5〕近年以來，中外學者對宋徽宗更
有相當豐富及有深度的研究，宋史前輩學者如王曾瑜教授及張邦煒教授便撰
有一系列的專文，探討宋徽宗及徽宗朝的政治。〔註6〕李裕民教授也撰有專
文一篇，討論宋徽宗得位及其政績，較從正面的角度評論他。〔註7〕美國華

〔註4〕牟潤孫：〈折可存墓誌銘考證兼論宋江之結局〉，原載《台大文史哲學報》第二
　　　期（1951年2月），後收入牟著：《注史齋叢稿》（北京：中華書局，1987年3
　　　月），頁196～220。考折可存字嗣長，折克行（1043～1117）子，屢有功，曾
　　　擒夏將女崖，遷秉義郎閤門祗候，陞河東第四副將。宣和元年（1119），童貫
　　　伐夏，他有斬獲以功陞閤門宣贊舍人。方臘起事，他隨河東第四將並兼率第三
　　　將兵。亂平遷武節大夫。班師過國門，就奉御筆擒宋江而遷武功大夫。
〔註5〕金中樞：〈論北宋末年之崇尚道教〉（上），《新亞學報》，第七卷第2期（1966
　　　年8月），頁323～414；〈論北宋末年之崇尚道教〉（下），《新亞學報》，第八
　　　卷第1期（1967年2月），頁187～257。
〔註6〕王曾瑜教授即撰有以下幾篇專文：(1)〈宋徽宗時的宦官群〉，《隋唐遼宋金元
　　　史論叢》，2015年，頁141～186；(2)〈宋徽宗時的道士與道官群〉，《華中國
　　　學》2015年第2期，頁123～135；(3)〈宋徽宗時的姦臣群〉，《中華文史論叢》
　　　2015年第3期（總129期），頁1～46；〈宋徽宗時的諸局所錢物〉，《北京大學
　　　學報》（哲學社會科學版），第51卷第2期（2014年3月），頁111～124。張
　　　邦煒教授曾撰有：(1)〈靖康內訌解析〉，《四川師範大學學報》（社會科學版），
　　　第28卷第3期（總126期）（2001年5月），頁69～82；增補後收入張著：《宋
　　　代婚姻家族史論》（北京：人民出版社，2003年12月），頁461～502；(2)〈宋
　　　徽宗角色錯位的來由〉，《四川師範大學學報》（社會科學版），第29卷第1期
　　　（2002年1月），頁90～96；後收入張著《宋代政治文化史論》，頁226～241；
　　　(3)〈關於建中之政〉，《四川師範大學學報》（社會科學版），第29卷第6期
　　　（2002年11月），頁99～108；後收入張著《宋代政治文化史論》，頁259～
　　　286；(4)〈宋徽宗初年的政爭——以蔡王府獄為中心〉，《西北師大學報》（社
　　　會科學版），第41卷第1期（2004年1月），頁1～6；後收入張著《宋代政治
　　　文化史論》，頁242～258；(5)〈難於強求一律的兩種視角——有感於伊沛霞
　　　著《宋徽宗》及相關評論〉，《河北大學學報》（哲學社會科學版），第44卷第
　　　1期（2019年1月），頁9～13。
〔註7〕李裕民：〈宋徽宗二題〉，收入李著：《宋史考論》（北京：科學出版社，2009
　　　年1月），頁129～137。

盛頓大學的伊沛霞教授（Prof. Patricia Buckley Ebrey）先後編纂 *Accumulating Culture: The Collections of Emperor Huizong*（2008）論文集及撰有 *Emperor Huizong*（2014）專著。其中史樂民教授（Prof. Paul Jakov Smith）所撰的 "Irredentism as Political Capital:The New Policies and the Annexation of Tibetan Domains in Hehuang（the Qinghai～Gansu Highlands）Under Shenzong and His Sons, 1068～1126" 一文，後面的兩節就論述王厚與童貫先後征青唐的經過與得失。〔註8〕惟與宋徽宗研究及傳記比較，目前全面研究童貫的著作尚不多見。王曾瑜教授和汪聖鐸教授研究徽宗朝的宦官及宦禍的兩篇鴻文，雖有相當篇幅論及童貫的事蹟，但以篇幅所限及並非僅論童貫一人，故並未深入考論童貫生平的細節，也沒有探討童貫與其他權閹的關係。〔註9〕張雲箏一篇短文，只列出童貫基本的事蹟。而全建平的一篇更只是一則小考證。〔註10〕美國學者惠冬（Don J. Wyatt）在一篇討論宋代尚武精神的體現時，除以柳開（948～1001）及范仲淹（989～1052）為例外，也以十五頁（包括注釋）的篇幅論析童貫的軍旅生涯；不過，該文以議論以主，並沒有（也不能）詳考童貫的生平事蹟。〔註11〕

〔註8〕Paul Jakov Smith, "Irredentism as Political Capital:The New Policies and the Annexation of Tibetan Domains in Hehuang（the Qinghai～Gansu Highlands）Under Shenzong and His Sons, 1068～1126" in Patricia Buckley Ebrey（ed,），*Accumulating Culture: The Collections of Emperor Huizong*（Seattle: University of Washington Press, 2008），chap. 2, pp. 77～130: Patricia Buckley Ebrey, *Emperor Huizong*（Cambridge, Mass.: Harvard University Press, 2014）. 按 *Accumulating Culture: The Collections of Emperor Huizong Emperor* 論文集，包偉民教授曾撰有一文歸納其重點，參見包偉民：〈宋徽宗「昏庸之君」與他的時代〉，《北京大學學報》（哲學社會科學版），2009 年 2 期（2009 年 3 月），頁 115～120。*Huizong* 一書已有中譯本，見伊沛霞（著），韓華（譯）：《宋徽宗》（桂林：廣西師範大學出版社，2018 年 8 月）。是書除有上述張邦煒所撰的書評外，王化雨亦撰有書評，參見王化雨：〈伊沛霞《宋徽宗》〉，《唐宋歷史評論》第五輯（2018 年 12 月），頁 225～231。

〔註9〕參見王曾瑜：〈宋徽宗時的宦官群〉，《隋唐遼宋金元史論叢》，2015 年，頁 141～186（按論述童貫及其養子童師敏事蹟，見頁 142～145，151～158）；汪聖鐸：〈北宋滅亡與宦官——駁北宋無「閹禍」論〉，《銅仁學院學報》，第 18 卷第 1 期（2016 年 1 月），頁 115～126（論童貫部份見頁 115～118）。

〔註10〕張雲箏：〈童貫——北宋末年對外政策的思想者與執行者〉，《北京教育學院學報》，第 25 卷第 5 期（2011 年 10 月），頁 65～68；全建平：〈童貫曾任宣撫使而非宣徽使〉，載《晉陽學刊》，2005 年 3 期，頁 121。

〔註11〕參見 Nicola Di Cosmo（ed.），*Military Culture in Imperial China,*（Cambridge, Massachusetts: Harvard University Press, 2009），Chapter 8, "Unsung Men of War:

　　最值得參考的相關研究，一是臺灣的宋元軍事史專家李天鳴教授兩篇論宋金聯合攻遼的文章，對主其事的童貫有很深入的分析評論。〔註 12〕二是黃寬重教授所撰關於童貫重要幕僚馬擴（？～1151）生平事蹟的一篇專文，〔註 13〕以及杭州市社科院兼任研究員姜青青，後來以此為基礎所撰的《馬擴研究》一書。馬擴是黃寬重教授譽為兩宋之際之亂世中崛起的英雄人物，一生充滿傳奇和坎坷，是童貫籌議海上之盟，經營燕雲的參謀，也是親歷收復燕京、靖康之難及高宗初年苗劉之變的見證者，並撰有《茆齋自敘》傳世。黃氏一文與姜氏一書幫助我們從側面了解童貫的興衰成敗原因。〔註 14〕

　　值得一提的是，日本青年學者藤本猛教授，除了在 2014 年撰有《風流天子と君子獨裁制——北宋徽宗朝政治史の研究》專著外，2015 年又刊出的一篇專文〈直睿思殿と承受官——北宋末の宦官官職〉，以制度史的角度詳考童貫、梁師成、楊戩等權閹所擔任的重要差遣直睿思殿及廉訪使、承受官的職掌。讓我們能夠了解童貫等用事的憑藉。另一本較近期相關的著作是高紅清

Acculturated Embodiments of the Martial Ethos in the Song Dynasty", "Compromised Embodiments: Tong Guan" （by Don J. Wyatt），pp. 207～218, 364～366.

〔註 12〕參見李天鳴：〈宋金聯合攻遼燕京之役——燕山之役〉，載《第二屆宋史學術研討會論文集》（臺北：中國文化大學，1996 年 3 月），頁 283～305；〈宋徽宗北伐燕山時期的反對意見〉，原載《故宮學術季刊》，第 17 卷四期（2000年），頁 109～143。現收入宋史座談會主編：《宋史研究集》，第三十二輯（臺北：蘭臺出版社，2002 年 10 月），頁 257～315。

〔註 13〕黃寬重：〈馬擴與兩宋之際的政局變動〉，原載《中央研究院歷史語言研究所集刊》第六十一本第四分（1990 年 12 月），頁 789～808。現收入宋史座談會（編）：《宋史研究集》，第二十六輯（臺北：國立編譯館，1997 年 2 月），頁2311～248。

〔註 14〕姜青青：《馬擴研究》（北京：人民出版社，2008 年 10 月），347 頁。馬擴生平的傳奇性和重要性，可參見該書前言，頁 1～3。誠如姜氏所言，馬擴到過宋、遼、金三國的京都，與三朝君臣都打過交道。他武舉出身，有高強武藝，經歷過兩宋之際的沙場喋血。他也受到金開國主完顏阿骨打（1068～1123，1115～1123 在位）的讚揚和褒獎，卻也受到金名將完顏宗翰（1080～1137）的威逼與侮辱，也與西遼開國主耶律大石（1094～1143）有直接接觸，也隨阿骨打的金軍進攻燕京。他是少數曾與多方軍事首領或軍隊有過直接往來的人物之一。他曾坐過宋人的牢，也曾成為金人俘虜和被軟禁。南宋初年他又組織敵後五馬山之抗戰，後來又被委以江防、海防重任。他的豐富軍事資歷，連岳飛、韓世忠等中興名將都不及。按姜氏為杭州人，1983 年畢業杭州大學中文系，現為杭州市杭報集團高級編輯。

博士 2019 年出版的《燕雲十六州》，該書第七章和第八章就專門論及海上之盟、宋遼第二次戰爭和宣和末年宋廷短暫治理燕京的問題，都有一定的參考價值。〔註15〕

當然，陶晉生師今年 3 月出版的巨著《宋代外交史》的相關篇章是一定要參考的。徽宗和童貫聯金滅遼的是非對錯，而錯在那幾處地方，陶師的新著有最好的說明。〔註16〕

筆者年前除了撰寫徽宗朝五名內臣閻安（？～1105 後）、董仲永（1104～1164）、鄭景純（1091～1137）、楊良孺（1111～1164）及李中立（1087～1164）的事蹟外，去年（2019）又撰寫童貫師承的神宗朝軍功最著的內臣李憲的傳記，〔註17〕現在再擬據宋人官私史料，以及近人相關研究成果，試重構童貫傳奇的一生，並給予他公允的評價，特別是他在燕山之役前的軍事成就。本書將會分別探討徽宗與童貫的主奴關係，以及徽宗任用童貫等人的帝王術，剖析童貫與蔡京、蔡攸（1077～1026）、何執中（1044～1118）及王黼為首的

〔註15〕藤本猛：《風流天子と君子獨裁制——北宋徽宗朝政治史の研究》（京都：京都大學學術出版會，2014 年 4 月），第一章〈崇寧五年正月の政變〉，頁 33～95；藤本猛：〈直睿思殿と承受官——北宋末の宦官官職〉，《東洋史研究》，第 74 卷第 2 期（2015 年 9 月），頁 261～293。該文的中譯見藤本野（撰），王海燕（譯）：〈直睿思殿與承受官——北宋末的宦官官職〉，載余蔚、平田茂樹、溫海清（主編）：《十至十三世紀東亞史的新可能性——首屆中日青年學者遼宋西夏金元史研討會論文集》（上海：中西書局，2018 年 9 月），頁 151～182；高紅清：《燕雲十六州》（北京：燕山出版社，2019 年 5 月），第七章〈宣和之戰〉，第八章〈成盟敗盟〉，頁 287～376。按藤本猛論徽宗一書只有第一章論崇寧年間蔡京當政時對遼夏的政策，而並沒有論及童貫等權閹，也沒有涉及徽宗征青唐，及後來海上之盟等議題。至於高氏一書這兩章主要參考《三朝北盟會編》寫成。

〔註16〕參見陶晉生師：《宋代外交史》（新北：聯經出版事業股份有限公司，2020 年 3 月），第十章〈聯金滅遼與北宋滅亡〉，頁 207～238。

〔註17〕何冠環：《宮闈內外：宋代內臣研究》（新北：花木蘭文化事業有限公司，2018 年 3 月），第八篇〈北宋閻氏內臣世家第三、四代人物閻士良與閻安〉，頁 273～295；第九篇〈曹勛《松隱集》的三篇內臣墓誌銘〉，頁 297～339；第十篇〈兩宋之際內臣李中立事蹟考〉，頁 341～371；何冠環：《拓地降敵：北宋中葉內臣名將李憲事蹟考述》（新北：花木蘭文化事業有限公司，2019 年 3 月）。按閻安在崇寧年間出任知入內內侍省事，是地位甚高的內臣，他在大觀以後事蹟不詳，可能在崇寧末年已死。董仲永、鄭景純、楊良孺及李中立均有墓誌銘傳世，他們都續在南宋初年出仕。他們在徽宗、欽宗朝的官職尚不高。與童貫、梁師成等權閹權位相去甚大。董仲永要到高宗後期才擢承宣使、入內內侍押班。其餘三人到死只是中級內臣。

主政文臣的既合作又鬥爭的權力關係，並辨析童貫與梁師成、楊戩、譚稹及李彥等當權內臣的複雜關係，另外，童貫執掌西北軍政二十多年，麾下得力武將眾多，計有早期有蕃官高永年（？～1105）和李忠（？～1103）、辛叔詹（？～1119 後）、辛叔獻（？～1121），中期有任隴右都護的宿將趙隆（？～1118）、長期擔任熙河帥的劉法（？～1119），擔任秦鳳帥的劉仲武（1048～1120）、涇原帥的种師道（1051～1126）、環慶帥姚古（？～1127 後），後期則有何灌（1065～1126）、劉延慶（1068～1126）、郭仲荀（？～1145）、王稟（？～1126）、楊可世（？～1123 後）、姚平仲（？～1126 後）、姚友仲（？～1126）、李邈（？～1127）等人。其中趙隆、劉法、劉仲武、种師道、种師中（1059～1126）、何灌、姚古、王稟、劉延慶、郭仲荀及李邈均以邊功而擢任三衙管軍。而陝西軍諸將包括何灌、王稟、种師道、种師中、楊可勝、劉延慶、劉光國、辛康宗、劉鎮、姚友仲、楊震（1083～1126）則與童貫一樣，均死於靖康之難，李邈則被金人殺害於建炎元年（1127），楊可昇（？～1132）戰死於紹興二年（1132）。宋人均痛責童貫敗壞軍政，以致宋軍在靖康之難中不堪金兵一擊。然而，童貫麾下的陝西軍尚存的人，大部份成為南宋政權賴以抗金的主力，包括著名的三大將劉光世（1089～1142）、韓世忠（1089～1151）、張俊（1086～1154），以及戰功彪炳的名將劉錡（1098～1162）、吳玠（1093～1139）、吳璘（1102～1167）等，只有岳飛是少數未隸童貫麾下的抗金名將。為此，本書亦透過考述童貫文臣幕僚及麾下戰將的事蹟，論析童貫麾下這支陝西軍的戰功及其戰鬥力，以辨明童貫是否導致宋軍不堪作戰的禍首。另外，本書也探討未隸屬童貫的武將如高俅和他的關係。又宋廷文臣依附童貫的多，敢逆其意的少，本書也論析這一狀況的背景原因。最後，筆者希望藉童貫此一個案，重新剖析北宋末年在政治、軍事上的失誤，並評估徽宗、欽宗父子君臣對亡國所應負的責任。

第一章　給事宮廷：童貫家世與早年事蹟

一、家世出身

　　在童貫仍手握大權的宣和初年，為他作傳的《宣和畫譜》記他字道輔，一作道通，京師（即開封）人，吹噓他「性簡重寡言，而御下寬厚有度量能容，喜慍不形於色，然能節制兵戎率有紀律」，並記童貫父名童湜。《宣和畫譜》作者記童湜「雅好藏畫，一時名手如易元吉、郭熙、崔白、崔愨輩，往往資給於家，以供其所需」。又說童貫侍父旁，「獨取其尤者，有得於妙處，胸次磅礡，間發其秘。或見筆墨在傍，則弄翰遊戲，作山林泉石，隨意點綴，興盡則止。」童湜（？～1086後）當是童貫的養父，也是內臣。〔註1〕值得一提的是，據《鐵圍山叢談》所記，徽宗藩邸的內知客吳元瑜畫學崔白（1004～1088），而徽宗也被認為畫本崔白，童貫父子收藏崔白等人之畫，童貫後來以知畫受寵於徽宗，就有這一番緣故。〔註2〕

〔註1〕佚名（撰），俞劍華（1895～1979）（注譯）：《宣和畫譜》（南京：江蘇美術出版社，2007年6月），〈宣和畫譜序〉，頁1；卷十二〈山水三・宋・童貫〉，頁276～278。按是書有題為宣和庚子歲（即二年，1120）夏至日徽宗於宣和殿御制之序，故是書當撰於宣和二年初。關於童貫一節，稱童這時任太傅、山南東道節度使，領樞密院事，陝西、河東等路宣撫使，封涇國公。正是童貫權勢最盛之時。又後出的《三朝北盟會編》引《中興姓氏姦邪錄》則以童貫字「道夫」，亦記他為開封人。參見徐夢莘（1126～1207）：《三朝北盟會編》（上海：上海古籍出版社影印清光緒三十四年（1908）許涵度刻本，1987年10月）（以下簡稱《會編》），卷五十二〈靖康中帙二十七〉，靖康元年八月二十三日丙辰條，葉四下至五上（頁391～392）。

〔註2〕據郭若虛（？～1085後）的《圖書見聞志》所載，郭熙是河陽溫縣（今河南焦作市溫縣），神宗朝為御書院藝學，工畫山水寒林，施為巧贍，位置淵深。

據蘇軾（1037～1101）在元祐元年（1086）中所撰的一道制詞所記，童湜當時獲復敘官內殿崇班。制詞云：

> 敕具官童湜，汝奉法不謹，坐廢歷年，而能祗畏以蓋前失，既更大眚，稍復汝舊。往復閹官，益敬無怠。可。〔註3〕

童湜在元祐元年復官前，大概在神宗熙豐時期官諸司使臣，惟未到押班、副都知一級。童貫當在神宗晚年已以父蔭出仕。

至於童貫的生父為誰？據《三朝北盟會編》引《中興姓氏姦邪錄》所記，童貫自謂他是韓琦（1008～1075）的出子，並且數以言語向韓琦第四子吏部侍郎韓粹彥（1065～1118）表示，希望他作證；但韓並不賣賬，毅然否定童的說法，稱「先公平昔無茲事」。童貫正在自討沒趣時，一直依附童貫的朝臣、哲宗朝宰相王珪（1019～1085）少子王仲嶷（字豐父，1064～1143 後）知道後，卻逕往謁見童貫，認童貫是亡父之子。童貫大喜，就特別照顧王氏一族。考王仲嶷在政和三年（1113）正月甲戌（廿一）坐奉使失職，罷太僕少卿提舉杭州洞霄宮。據王明清（1127～1204 後）所記，王仲嶷在政和末年得以復職以中大夫知紹興府（今浙江紹興市），當是童貫之力。王氏在政和以後所得的恩數，都是童貫之力。〔註4〕

易元吉字慶之，長沙人，據載他「靈機深敏，畫製優長，花鳥蜂蟬，動臻精奧。始以花果專門，及見趙昌之迹，乃嘆服焉。後志欲以古人所未到者馳其名，遂寫猿獐」。有《猿獐》、《孔雀》、《四時花鳥》和《寫生蔬果》傳於世。崔白字子西，濠梁（今安徽滁州市鳳陽縣）人，工畫花竹翎毛，據稱他「體製清贍，作用疏通。雖以敗荷鳧雁得名，然於佛道鬼神、山林人獸無不精絕。」崔愨是其弟，字子白，工畫花竹翎毛，狀物布景，與其兄相類。參見蔡絛（1097～1158 後）（撰），馮惠民、沈錫麟（點校）：《鐵圍山叢談》（北京：中華書局，1983 年 9 月），卷一，頁 6；郭若虛（撰），劉淑麗（整理）：《圖畫見聞志》（與《畫繼》合本）（南京：鳳凰出版社，2018 年 12 月），卷四〈紀藝下・山水門・凡二十四人・僧附〉，頁 52，55～57。

〔註3〕蘇軾（1037～1101）（撰），孔凡禮（點校）：《蘇軾文集》（北京：中華書局，1986 年 3 月），第三冊，卷三十八〈制敕・童湜可特敘內殿崇班〉，頁 1067；孔凡禮：《蘇軾年譜》（北京：中華書局，1998 年 2 月），中冊，卷二十五，頁711，738。考蘇軾在元祐元年三月辛未（十四）除中書舍人，九月丁卯（十二）拜翰林學士。他寫童貫父這篇制詞當撰於元祐元年三月中至九月初。

〔註4〕按王稱（？～1200 後）的《東都事略》也有此說法，旨在比照另一權閹梁師成自謂是蘇軾子出自一轍。清王士禛（禎）（1634～1711）也引述童貫自稱是韓琦子的說法，認為他不過是自高身價地攀附名臣而不可信。參見徐松（1781～1848）（輯），劉琳、刁忠民、舒大剛、尹波等（校點）：《宋會要輯稿》（上海：上海古籍出版社，2014 年 6 月），第八冊，〈職官六十八・黜降官五〉，頁

　　王仲嶷不僅讓童貫認其父為親，也投桃報李，後來幫忙醫好了童貫的病。正如上文所記，他在政和末年知紹興府，頗有治績，如乾湖為田，導水入海。當時童貫正用兵西北，卻苦腳氣病。有人說楊梅仁可療是疾，據明代大醫家李時珍（1518～1593）的說法，會稽（紹興）的楊梅為天下之冠。王仲嶷就竭力搜羅五十石以獻之。童貫用之而疾愈，王就得到童的推薦，擢為待制。他再任不歷貼職，逕登次對為侍從官。當時只有他一人有此待遇。他後來又得到童貫之助，洗脫了亡父王珪在崇寧初年被列黨人碑之辱，政和三年七月甲申（初六）王珪還得以盡復生前官爵，並獲徽宗題其墓刻「元豐治定弼亮功成之碑」。又據《道家金石略》所收的《林靈素詩刻碑》，王仲嶷在政和八年（重和元年，1118）二月庚申（初八）所立的詩碑，所署的全銜是「中大夫充徽猷閣待制知越州軍事管勾神霄玉清萬壽宮提舉本州學事兼管內勸農使充兩浙東路兵馬鈐轄兼提舉本路兵馬巡檢公事華陽縣開國男食邑三百戶賜紫金魚袋王仲嶷立石」，可知他在政和八年二月前已復知越州（即紹興府）。不過，約在宣和三年（1121）前，他卻被龍圖閣學士、經制東南七路的陳亨伯（原名陳遘，後避高宗諱改，1090～1127）劾他糾集市民造金茶器，和減值買軍糧券，而以私錢取之，他因此被罷黜。這次童貫就保不了他。〔註5〕

4886；《會編》，卷三十二〈靖康中帙七〉，靖康元年正月三十日丙申條，葉十四下（頁242）；卷五十二〈靖康中帙二十七〉，靖康元年八月二十三日丙辰條，葉一下（頁390）；王稱：《東都事略》，收入趙鐵寒（1908～1976）主編：《宋史資料萃編第一輯》（臺北：文海出版社，1967年1月），卷一百二十一〈宦者傳・梁師成〉，葉六（頁1874）；王明清：《揮麈錄》（上海：上海書店出版社，2001年8月），《餘話》，卷二，第426條，「王岐公復官」，頁242；王士禛（禎）：《香草筆記》，文淵閣《四庫全書》本，卷八，葉二十四上。

〔註5〕王明清：《揮麈錄》，《餘話》，卷二，第426條，「王岐公復官」，頁242；李埴（1161～1238）（撰），燕永成（校正）：《皇宋十朝綱要校正》（北京：中華書局，2013年6月）（以下簡稱《十朝綱要》），卷十七〈徽宗〉，政和三年七月甲申條，頁482；《宋史》，卷四百四十七〈忠義傳二・陳遘〉，頁13182；李時珍：《本草綱目》，文淵閣《四庫全書》本，卷三十，「核仁主治腳氣」條，葉四十五上。據李時珍的解釋，取核仁法以梓漆拌核，暴之則自裂出。又明代江瓘（？～1549）父子所編的《名醫類案》也著錄《揮麈錄》這一治腳氣之方。參見江瓘（編），江應宿（？～1552後）（增補）：《名醫類案》，文淵閣《四庫全書》本，卷六，葉四十五下。另據《兩浙金石志》卷九的記載，王仲嶷曾在崇寧至大觀間以朝議大夫直秘閣知湖州（今浙江湖州市）。參見阮元（1764～1849）（撰）：《兩浙金石志》（清光緒十六年（1890）浙江書局刻本），載國家圖書館善本金石組編：《宋代石刻文獻全編》，第二冊（北京：北京圖書館出版社，2003年3月），卷九〈宋・宋湖州牧守題名碑〉，葉三十上下（頁769）；

關於童貫的生年，據南宋初年宋人筆記《雞肋編》記，他生於仁宗皇祐六年（即至和元年，按是年三月庚辰（十六）改元至和，1054）三月己巳（初五）卯時。按他被誅於靖康元年八月丙辰（廿三），則得年七十三。〔註6〕

童貫善於作畫，可並不貌若儒生，而是生得像武夫，據《鐵圍山叢談》所記，童貫「彪形燕頷，亦略有髭，瞻視炯炯，不類宦人，項下一片皮，骨如鐵。」《三朝北盟會編》、《皇朝編年綱目備要》、《東都事略》及《宋史》因之，稱他「狀魁梧，偉觀視，頤下生須十數，皮骨勁如鐵，不類閹人」〔註7〕據《玉照新志》引《乙巳泗州錄》所記，他在靖康元年初，扈從徽宗至泗州（今安徽宿州市泗縣）時，「或有見坐帷帳中，黑肥，軀幹極大者，問之，童大王也。」〔註8〕

童貫在《東都事略》及《宋史》均有傳，但群書對他早年的事蹟所記極簡略。只說他「性巧媚，自給事宮掖，即善策人主微旨，先事順承」。《三朝北盟會編》引《中興姓氏姦邪錄》僅記他「少為內侍，出為登州巡檢，頗有材幹」，「童貫始為殿頭」。他在神宗、哲宗朝，最重要的事蹟是他追隨神宗朝軍功卓著的內臣名將李憲。《東都事略》稱他「始出於李憲門」，「童貫舊常從李憲，得其彷彿」。《續資治通鑑長編》說「元豐中，李憲建議，又會王師失利，神宗厭兵，不克行。貫嘗從憲，得其規模。政和初，議進築，至是

陳垣（1880～1971）（編纂），陳智超、曾慶瑛（校補）：《道家金石略》（北京：文物出版社，1988年6月），《林靈素詩刻》，（原載《越中金石志》卷三），頁331～332。

〔註6〕莊綽（？～1143後）（撰），蕭魯陽（點校）：《雞肋編》（北京：中華書局，1983年3月），卷上，「陰陽家不足泥」條，頁14；周密（1232～1298）（撰），張茂鵬（點校）：《齊東野語》（北京：中華書局，1983年11月），卷十一，「滕茂實」條，頁193。按宋末元初的周密卻記童貫與徽宗均以五月五日生，徽宗以俗忌移之十月十日。此說待考。

〔註7〕最早描述童貫容貌的是蔡京的兒子蔡絛所撰的《鐵圍山叢談》。參見《鐵圍山叢談》，卷三，頁56；《會編》，卷五十二〈靖康中軼二十七〉，靖康元年八月二十三日丙辰條，葉四下（頁391）；《東都事略》，卷一百二十一〈宦者傳·童貫〉，葉五上（頁1871）；陳均（1174～1244）（撰），許沛藻等（點校）：《皇朝編年綱目備要》（北京：中華書局，2006年12月）（以下簡稱《編年綱目》，卷三十，頁784；《宋史》，卷四百六十八〈宦者傳三·童貫〉，頁13662。

〔註8〕王明清（1127～1204後）（撰），汪新森、朱菊如（點校）：《玉照新志》（與《投轄錄》合本）（上海：上海古籍出版社，1991年2月），卷三，頁49；胡舜申：《乙巳泗州錄》，載《胡少師總集附錄》，《續修四庫全書》本，第1317冊，葉一上至二下（頁249）。

十餘年，遂得橫山之地。」《皇朝編年綱目備要》也說「及王師失利，李憲始獻進築之議，神宗厭兵，不克行。童貫本出李憲之門，欲成憲志，政和以來，合諸路兵，出寨進築，遂得橫山之地。」《宋史》亦稱他「少出於李憲之門」〔註9〕另陸游（1125～1210）也記，蔡京對人說，曾聽李憲說「憲輩已老，西事當得信臣，有童貫者，雖年少，奇才也」〔註10〕

　惟群書均沒有記載童貫在何時何地追隨李憲，而據現存的史料，李憲歷次征戰的將校都沒有童貫的名字，可能因童貫後來身敗名裂，他的生平被選擇地刪削，故他追隨李憲於西北的記載沒有留下來。考李憲在熙寧五年（1072）七月隨王韶（1030～1081）征熙河，此後被神宗委以開邊重任，攻取蘭州（今甘肅蘭州市），統領熙河一路，轉戰西邊十四年，直至元豐八年（1085）六月

〔註9〕李燾（1115～1184）：《續資治通鑑長編》（北京：中華書局點校本，1979年8月至1995年4月）（以下簡稱《長編》），卷三百五十二，元豐八年三月甲午朔條注，頁8449～8450；《會編》，卷五十二〈靖康中帙二十七〉，靖康元年八月二十三日丙辰條，葉一下至四下（頁390～391）；《東都事略》，卷一百二十一〈宦者傳‧童貫〉，葉一上至六上（頁1863～1873）；卷一百二十八〈附錄六‧夏國傳下〉，葉四下（頁1964）；《宋史》，卷四百六十八〈宦者傳三‧童貫〉，頁13658～13662；《編年綱目》，卷二十八，頁727～728；黎靖德（1227～1277）（輯），王星賢（點校）：《朱子語類》（北京：中華書局，1986年3月），第八冊，卷一百三十三〈本朝七‧夷狄〉，頁3190；馬端臨（1254～1323）（著），上海師範大學古籍研究所暨華東師範大學古籍研究所（點校）：《文獻通考》（北京：中華書局點校本，2011年9月），第十一冊，卷二百七十六〈封建考十七‧唐天寶以後藩鎮‧李仁福〉，頁7563。按《東都事略》及《宋史》的〈宦者傳〉，以〈童貫傳〉的篇幅最長。另《編年綱目》亦記「童貫本出李憲之門」。又《朱子語類》亦引述《長編》這一條的記載。而最晚出的《文獻通考》也因襲上述各書的記載，稱「及王師失利，李憲始獻進築之謀，神宗厭兵，不克行。童貫舊嘗從憲，得其髣髴，故獻議進築。遂領六路邊事，將諸路兵六七年，進築軍壘，建立堡寨，遂得橫山之地。」

〔註10〕陸游（撰），孔凡禮（點校）：《家世舊聞》（與《西溪叢話》合本）（北京：中華書局，1993年12月），卷下，頁204～206。據陸游所記，李憲向蔡京推薦童貫的說法，來自其父陸宰（1088～1148），而陸宰又聞自兩宋之交的著名內臣邵成章（？～1129後）。據陸游說，陸宰使淮南，被命與時任淮南廉訪使的邵成章鞫常州（今江蘇常州市）制獄，故有交往。按邵成章任淮南廉訪使，在宣和初年。童貫後來開邊，採用的進築城寨策略，群書都說師承李憲，本無異議。然酈家駒（1923～2012）則認為童貫其實沿用章惇（1035～1105）和章楶（1027～1102）「出寨進築」的策略，盡收橫山地區，惟未有引述根據。參見張澤咸、酈家駒、陳高華、孟繁清（合著）：《中國屯墾史》（北京：農業出版社，1990年7月），中冊，第四章〈北宋和遼、金統治地區的屯田〉，頁163～165。

罷職。童貫追隨他，相信當在此十四年中。按熙寧五年，童貫年十九。到元豐八年，童貫則已年三十二。這十四年童貫正當青壯之年，可能擔任李憲的親兵侍衛。李憲在元祐時期罷職閒居於陳州（今河南周口市淮陽縣），直至元祐七年（1092）六月病卒。童貫有否不時前往陳州探望，向李憲討教兵略，就沒有記載。另據《宋史·童貫傳》所載，蔡京在崇寧元年（1102）推薦童貫征青唐，便稱童貫曾十次出使陝右，於陝西五路事宜與諸將之能否最為熟悉。以此推論，童貫在哲宗朝，特別是紹聖、元符時期，可能曾多次出使陝右。惜《續資治通鑑長編》散佚了元祐八年（1093）七月至紹聖四年（1097）五月，以及元符三年（1100）二月以後的記載，我們就無從考究童貫早年具體的仕歷與事蹟。〔註11〕

　　童貫出仕最早的官職記載，據上述《三朝北盟會編》所引，是殿頭而為登州（今山東蓬萊市）巡檢。按殿頭當為內侍殿頭，在元豐新制是官正九品，位內侍省西頭供奉官下。《宋史·宦者傳二·甘昭吉》記仁宗朝內臣甘昭吉（？～1063 後）「初以內侍殿頭為英、韶州巡檢」。童貫的授職的情況應與甘昭吉相同。童貫在徽宗即位後官供奉官，當是由內侍殿頭遷陞。惟他在甚麼時候出為登州巡檢，就史所不詳。〔註12〕考紹聖四年（1097）七月戊辰（十七），哲宗以救護宮中失火之勞，獎勵自入內押班馮世寧（1051～1117）、藍從熙（？～1113 後）以下三十三名內臣，當中職位最低的有後來一直擔任童貫副車的譚稹。譚當時的職位是祗候內品，按祗候內品為從九品，視武階的三班借職，低於童貫的殿頭。童貫沒有列名於紹聖四年七月的獎勵名單，疑他已陞任供奉官，出為登州巡檢，不在宮中服役。〔註13〕

〔註11〕《會編》，卷五十二〈靖康中軼二十七〉，靖康元年八月二十三日丙辰條，葉三上（頁 391）；《宋史》，卷四百六十八〈宦者傳三·童貫〉，頁 13658；《編年綱目》，卷二十六，頁 675。據《會編》所記，是童貫向蔡京自言他以前「押衣襖茶藥使於陝西者凡十一，每為蔡京歷道五路利害與諸將之玩寇，京器之」。大概蔡京就據此向徽宗稱童貫之能。關於李憲與童貫的師生關係，可參見何冠環：《拓地降敵：北宋中葉內臣名將李憲事蹟考述》，第九章〈李規范隨：高太后垂簾後期范育治下的熙河〉，頁 283～284，294～295；〈結論〉，頁 357。

〔註12〕《會編》，卷五十二〈靖康中軼二十七〉，靖康元年八月二十三日丙辰條，葉一下至四下（頁 390～391）；《宋史》，卷四百六十八〈宦者傳二·甘昭吉〉，頁 13636。關於殿頭的名稱、職掌和品位，可參閱龔延明：《宋代官制辭典》（北京：中華書局，2017 年 12 月增補本），第一編〈皇帝制度類〉，〈九、宦官門〉，「內侍省內侍殿頭」條，頁 66。

〔註13〕《長編》，卷四百八十九，紹聖四年七月戊辰條，頁 11613。

　　童貫的出頭，要到徽宗即位後，《三朝北盟會編》記童貫在「元符末主杭州之明金局」，《東都事略》亦記「元符末，徽宗置局於錢塘，且訪求古法書圖畫之屬。貫以內供奉進之」。《宋史》亦記「徽宗立，置明金局於杭，貫以供奉官主之。」上述諸書均記在元符三年，徽宗選派懂得書畫，時任內供奉官的童貫往杭州為他搜羅珍貴的書畫。按《皇宋十朝綱要》和《皇朝編年綱目備要》所記，童貫在崇寧元年三月，才以入內供奉官至杭州「製造御前生活」。那是指這時加派他這一任務，而不是說他這時才到杭州。〔註14〕而吳曾（？～1162後）《能改齋漫錄》就記「童貫自崇寧二年始以入內內侍省東頭供奉官奉旨差往江南等路計置景靈宮材料，續差往杭州製造御前生活，又差委製修蓋集禧觀齋殿、本命殿、火德真君觀，緣此進用。」吳曾雖然將童貫出使的年份錯繫，但提供了他書沒記之童貫任務。〔註15〕

　　方誠峰考論徽宗朝供他揮霍的應奉局和應奉司的緣起，認為除了臭名昭著的蔡攸和朱勔（1075～1126）二人外，童貫才是更重要主持應奉的人。童貫這次往杭州，就是具體執行應奉的工作，包括計置景靈宮材料工作。直到大觀末年，童貫是一切應奉事務的總領。他後來推薦的朱勔就是他的下線。徽宗此時委他以如此要務，可見對他的寵信。〔註16〕

二、交結蔡京

　　童貫得寵，除了得自家學，懂得書畫，迎合徽宗的愛好，被徽宗視為同道外，〔註17〕陸游引述其父陸宰來自內臣邵成章（？～1129後）的說法，記

〔註14〕《會編》，卷五十二〈靖康中帙二十七〉，靖康元年八月二十三日丙辰條，葉三上（頁391）；《東都事略》，卷一百二十一〈宦者傳・童貫〉，葉一上（頁1863）；《宋史》，卷四百六十八〈宦者傳三・童貫〉，頁13658；《十朝綱要》，卷十六〈徽宗〉，崇寧元年三月條，頁433；《綱目備要》，卷二十六，頁659。

〔註15〕吳曾：《能改齋漫錄》（上海：上海古籍出版社，1979年11月新一版），卷十二，卷十二〈記事・打破筒潑了菜〉，頁373～374。

〔註16〕方誠峰認為應奉的動力不在於徽宗或宮廷的生活享樂之需，而是自其登基以來在東京城展開的種種建築工程，不少是與道教有關的。又方氏也考釋明金局是負責器物制作或建築裝飾。參見方誠峰：《北宋晚期的政治體制與政治文化》（北京：北京大學出版社，2015年12月），第五章〈徽宗朝的應奉〉，頁189～212。

〔註17〕據明人都穆（1458～1525）的記載，徽宗曾賜童貫畫貓圖，圖上有御書及御印。可見徽宗視童貫為識畫之人。此圖何時賜給童貫待考。據清初的孫岳頒（1639～1708）引述都穆所記，該畫由雍熙寺僧所藏，秘不示人，都穆讀書寺中，屢懇請於僧，方獲見之。可見此畫至明代尚存。另外孫岳頒及卞永譽

徽宗的顯肅鄭皇后（1079～1130）剛得幸居於房院時，童貫就給事她的閣內。在元符、建中靖國之間，鄭后（當時尚為美人、婉儀）派童貫詣杭州的天竺山佛寺向觀音菩薩祈求子嗣。鄭氏一直寵冠六宮，當顯恭王皇后（1084～1108）崩於大觀二年（1108）九月癸酉（廿六），她便在大觀四年（1110）十月丁酉（初二）被冊為皇后，終徽宗在位，她一直正位中宮。童貫相信因鄭后之故，鞏固徽宗對他的信任。陸游又記童貫與蔡京初交的情況，說蔡京在元符、建中靖國之間閒居杭州時，知道童貫到來，他雖然素與內臣有交，而且聽李憲稱許過童貫，但並不認識童貫。蔡京於是就在天竺山等候童到來，主動交結他，邀童回杭州置酒暢飲。他問童貫禱聖嗣以甚麼作為佛事？童以實情回答。蔡佯作驚奇，說富人家求子，亦不至如此微薄。童貫就說宮中人何從得錢。蔡京又嘆說朝廷不應如此處理，他說國家府庫如山如海，皆帝主之物，而為徽宗求子，何故如此吝惜？童貫歸京師，就向包括鄭后等妃嬪宮人大事傳播蔡京的話語，於是宮人近習，人人恨不得蔡京即日為相。有鄭后和童貫的內助，徽宗復用蔡京就順理成章。〔註18〕

（1645～1712）所編撰書畫考的也著錄了童貫所畫的窠石四幅。參見都穆：《寓意編》，文淵閣《四庫全書》本，葉四下；孫岳頒：《御定佩文齋書畫譜》，文淵閣《四庫全書》本，卷九十六，「宋童貫・御府所藏四」，葉十九上；卷九十八〈歷代鑒藏八・明都穆編〉，葉二下至三上；卞永譽：《式古堂書畫彙考》，文淵閣《四庫全書》本，卷三十二，葉四十七上。

〔註18〕陸游：《家世舊聞》，卷下，頁205～206；《十朝綱要》，卷十五〈徽宗・皇后五・顯恭王皇后、顯肅皇后鄭氏〉，頁387；〈皇子二十九・克王樫〉，頁391；〈公主三十四・嘉德公主、安德公主、豫國公主、蔡國公主、成德公主〉，頁397～398；《宋史》，卷十九〈徽宗紀一〉，頁359，362，365，368；卷二十〈徽宗紀二〉，頁377～378，381，385；卷二十三〈欽宗紀〉，頁421；卷二十四〈高宗紀一〉，頁439；卷二百四十八〈公主傳・徽宗三十四女〉，頁8783～8785。考鄭后在建中靖國元年（1101）九月乙酉（廿七）誕下徽宗次子克王樫，但望日（丙戌、廿八）即夭折，她在崇寧元年十一月戊子（初七），自婉儀晉為賢妃，二年（1103）五月辛巳（初三）再晉淑妃，三年（1104）二月丙午（初二）再晉貴妃。她後來又為徽宗誕下長女嘉德公主（嘉德帝姬，1101～1140）、四女安德公主（安德帝姬，1103～1127）、六女壽淑公主（即豫國公主，1104～1106）、十一女榮淑公主（即蔡國公主，1107～1110）、十三女成德公主（1108～1127後）。她在徽宗后妃中，生育兒女已算不少，應該相信送子觀音菩薩有靈，只惜不再誕下子嗣。又據葉寘（？～1279後）的《坦齋筆衡》所載，徽宗曾在宮中舉行內醮，命他寵信的方士劉混康（1037～1108）出神到天，向玉帝申表。劉說聞得玉帝已降敕命三十二天帝的元載孔昇大帝降鄭皇后閣。這時鄭后懷孕已足月，但不久降生的帝子卻是王皇后所生的欽宗。徽宗就說劉所言無驗。不久，韋才人（即高宗生母顯仁韋太后，1090～

　　童貫獲徽宗委以西邊重用，群書均記來自蔡京的極力推薦與支持，而蔡京在崇寧初年得以拜相當權，也靠童貫為之進言。關於蔡京及其弟蔡卞（1048～1117）在哲宗後期及徽宗初年的仕歷與權力陞降，徽宗所以重用蔡京，以及蔡京主導的「崇寧黨禁」始末，羅家祥與楊小敏的專著有很詳細的考論，可以參考。〔註19〕據《通鑑長編紀事本末》的記載，雖然蔡京在徽宗繼位初，向太后（1046～1101）垂簾，舊黨再度回朝時被貶出朝，但蔡京早簡在帝心，為徽宗所喜。元符三年二月戊午（廿一）回朝任門下侍郎的韓忠彥（1038～1109）與曾布（1036～1107）協議，在三月乙酉（十八），便將蔡京以翰林學士承旨遷端明殿學士兼龍圖閣學士出知太原府（今山西太原市），趕出朝廷。其弟尚書左丞蔡卞向徽宗申訴，說蔡京論事屢與時宰違戾，故人云為宰相所逐，但徽宗不答。四月戊戌（初二），徽宗詔蔡京留任翰林學士承旨，以便修史。曾布竭力反對，說蔡京留下來，他們不自安。徽宗仍推說向太后欲使之修神宗史，而不肯收回成命。同月乙丑（廿九），左正言陳瓘（1057～1122）嚴劾左僕射章惇（1035～1105），請將他罷職。五月己卯（十三），言官龔夬（1057～1111）及陳瓘繼續彈劾蔡卞，要求將他罷職。乙酉（十九），蔡卞便被罷為資政殿學士知江寧府（今江蘇南京市）。陳瓘沒有放過蔡京，甲午（廿八），再上殿論章惇及蔡京之罪，但徽宗說蔡京與蔡卞不同，不納其言。九月甲子朔（初一），章惇在壓力下自請罷政，辛未（初八），章罷知越州。章惇倒了，御史中丞豐稷（1033～1107）、殿中侍御史陳師錫（1057～1125）再嚴劾蔡京兄弟，指他們奸邪狠愎，兄弟同惡，迷國誤朝，為害甚大。蔡卞雖然去位，但仍任大郡守臣。蔡京則偃然任職朝廷，謂朝廷無識其奸，日夜交納內侍戚里，以覬大用。陳稱中外見徽宗容忍蔡留在京師，都說有大用蔡京之意，又

1159，　她在大觀元年（1107）二月丙戌（廿九）以平昌郡君晉才人，六月甲申（廿九）以誕下高宗晉婕妤在鄭皇后閣生下皇子，生時紅光滿室，即後來的高宗（1107～1187，1127～1162在位）。按欽宗生於元符三年（1100）四月己酉（十三）於坤寧殿，高宗生於大觀元年五月乙巳（二十）於東京之大內，鄭后第一胎則在建中靖國元年九月，時間均與葉寘這條資料不符。此條記載雖旨在神化高宗的誕生，但也看到徽宗甚盼望鄭皇后能誕下麟兒。參見葉寘（撰），孔凡禮（點校）：《愛日齋叢抄》（北京：中華書局，2010年1月），附錄一《坦齋筆衡二十一則》，「伏章」條，頁141。

〔註19〕參閱羅家祥：〈宋徽宗、蔡京與「崇寧黨禁」研究〉，載羅著：《宋代政治與學術論稿》（香港：華夏文化藝術出版社，2008年9月），頁403～447；楊小敏：《蔡京、蔡卞與北宋晚期政局研究》（北京：中國社會科學出版社，2012年3月），第三章〈蔡京的上台及崇寧、大觀時期的政事與人事〉，頁90～156。

說蔡京好大喜功，銳於改作，若果大用他，必會妄作，變亂舊政。辛巳（十八），豐稷又再劾蔡京兄弟，並抬出向太后來，並說蔡卞雖貶出外，但蔡京「猶泰然在朝，有自得之色。忠臣寒心，良士痛骨」。在言官洶洶之劾奏下，徽宗只得讓步，甲申（廿一），蔡卞落職提舉洞霄宮，太平州（今安徽馬鞍山市當塗縣）居住。龔夬繼續劾奏蔡京，說「蔡京與卞表裡相濟，天下共知，其惡播於民謠，云：『二蔡二惇，必定沙門。籍沒其家，禁錮子孫。』又云：『大惇小惇，入地無門。大蔡小蔡，還他命債。』十月丙申（初三），蔡京終於被逐出朝，以端明殿學士出知永興軍（今陝西西安市）。徽宗這時對曾布言，陳瓘指控蔡京交通內侍裴彥臣，託他向太后說情。曾布就乘機說蔡京如此行事，怎可立朝？蔡京在十一月癸亥（初一）再自永興軍徙知江寧府。但七天後（庚午，初八）侍御史陳次升（1044～1119）便上奏反對，並請重行黜責蔡京和蔡卞。他稱蔡卞為笑面夜叉，指他在前朝和章惇更迭唱和，相倚為重。造作事端，構成冤獄。說他看詳訴理，編類章疏。中傷士人，或輕或重，皆由其意。主其事雖由章惇，實由蔡卞啟之。於是徽宗詔蔡京落端明殿學士，提舉杭州洞霄宮，蔡卞由正議大夫提舉洞霄宮降太中大夫守少府監，分司南京（即應天府，今河南商丘市）依舊太平州居住。兩天後（壬申，初十），再降為中大夫依前分司，移池州（今安徽池州市貴池區）居住。〔註20〕

〔註20〕據陸游引述其父陸宰之言，蔡京在向太后垂簾時，議者說他必被罷去，但他神色自若，說向太后主之，欲委以修兩朝史。不久，向太后歸政，蔡既交結向太后親弟外戚向宗回（1053～1114）和向宗良，又交結內臣張琳、劉瑗和裴迪臣。故向太后雖歸政，他猶預政事。據說徽宗雖欲從眾議去他而不得，直至陳瑩中（即陳瓘）等上疏兩宮攻之，他才被奪職逐出朝。張林在2009年所刊一文從徽宗初年蔡京的去留，探究向太后垂簾時期與徽宗的爭權問題。指出蔡京一直討好向太后與向氏外戚。徽宗對蔡京本無惡感，不過是利用朝廷輿論逼向太后放權並將蔡京貶逐。至於蔡京在元符三年的處境，王化雨在2017年所撰一文則認為向太后為鞏固權力，就刻意留下對她有用而與她不信任的曾布有隙的蔡京於朝。王氏也認為徽宗借言官逐走蔡京，以削弱向太后的影響力。但他志在紹述父兄之政，故後來復用蔡京。張氏與王氏此說可以參考。參見楊仲良（？～1184後）：《通鑑長編紀事本末》（以下簡稱《長編紀事本末》），收入趙鐵寒（1908～1976）（主編），《宋史資料萃編》，第二輯（臺北：文海出版社，1967年11月），第七冊，卷一百二十〈徽宗皇帝·逐惇卞黨人·復用附見〉，葉七上、八下至十下、十二上至十三下、十五上下（頁3613，3616～3620，3623～3626，3629～3630；佚名（撰），汪聖鐸（校點）：《宋史全文》（北京：中華書局，2016年1月），第三冊，卷十四〈宋徽宗〉，頁921；吳曾：《能改齋漫錄》，卷十二〈記事·笑面夜叉〉，頁374；陸游：《家世舊聞》，卷下，第35條，「先君言蔡京之得用」，頁215～216；《宋史》，卷三百二十一

　　蔡京兄弟的仕途在建中靖國元年（1101）正月甲戌（十三）因向太后崩而有轉機。徽宗開始親政，他慢慢鞏固權力。十一月壬午（廿五），徽宗對曾布表示，起居郎鄧洵武（1055～1119）進《愛莫助之圖》，認為非相蔡京不可。曾布自然不同意，但徽宗這時已決定用蔡京。據《皇宋十朝綱要》所記，當向太后垂簾時，蔡京以翰林學士承旨因草制得進見徽宗，他即向徽宗數言紹述事。徽宗動心，密語蔡京，說因向太后反對，要他等待一下。向太后過世後，徽宗重用蔡京就沒有障礙。十二月戊戌（十二），蔡京首先復為龍圖閣直學士知定州（今河北保定市定州市），蔡卞也在同月戊申（廿二）復左正議大夫提舉崇禧觀，乙卯（廿九）委知大名府（今河北邯鄲市大名縣）。蔡京則在崇寧元年二月辛丑（十六），再遷端明殿學士知大名府，而蔡卞就徙知揚州（今江蘇揚州市）。蔡京到大名府上任不久，便在三月甲戌（十九）召還為翰林學士承旨兼修國史。這時韓忠彥與曾布交惡，想利用蔡京對付曾布，就支持蔡京回朝。〔註21〕

　　群書均記促成蔡京回朝的另一關鍵人物是童貫。正如上文所說，童貫使杭州時，適值蔡京謫居杭州，二人因而交結。這裡補充說明一下，按蔡京在元符三年十一月中提舉杭州洞霄宮，到建中靖國元年十二月離開杭州前往定州。《宋史‧蔡京傳》所記「童貫以供奉官詣三吳訪書畫奇巧，留杭累月，京與游，不舍晝夜。凡所畫屏幛、扇帶之屬，貫日以達禁中，且附語言論奏至帝所，由是帝屬意京。」二人相交當是建中靖國元年這一年中。蔡京一向善

<hr>

　　〈豐稷傳〉，頁 10425；張林：〈向太后攬權及其與徽宗之政爭——立足於蔡京去留問題之考察〉，載姜錫東、李華端（主編）：《宋史研究論叢》第十輯（保定：河北大學出版社，2009 年 12 月），頁 37～50；王化雨：〈蔡京去留與宋徽宗朝初年政治〉，《史林》，2017 年 6 期，頁 68～78。

〔註21〕《宋史全文》，第三冊，卷十四〈宋徽宗〉，頁 920，925～926；《十朝綱要》，卷十六〈徽宗〉，建中靖國元年十一月庚辰條，頁 432，435；《宋史》，卷十九〈徽宗紀一〉，頁 357～360；卷三百二十九〈鄧綰傳附鄧洵武傳〉，頁 10597～10601。卷四百七十二〈姦臣傳二‧蔡京〉，頁 13722～13723；《長編紀事本末》，第七冊，卷一百二十〈徽宗皇帝‧逐惇卞黨人‧復用附見〉，葉十八下至十九下（頁 3636～3638）。鄧洵武字子常，是神宗朝依附王安石，事事投機而為人不齒的佞臣鄧綰（1028～1086）子，鄧洵仁（？～1123 後）是其兄。他進士登第，在元符三年八月乙未朔（初一），獲蔡京之薦，自秘書少監為國史院編修官。撰《神宗史》，議論專右蔡卞，誣詆宣仁高太后（1032～1093，1085～1093 攝政）尤切。他一直靠阿附蔡京兄弟以進，蔡京得以復召，他有力焉。

於交結內侍，（按：他早前便交結內臣張琳、劉瑗和裴迪臣），在杭州遇到童貫，大概想起當年李憲向他推薦童貫可任的話（按：李憲卒於元祐七年六月，李憲向蔡京推薦童貫，最晚在元祐七年，距元符三年至少有九年）就刻意與童交結，與之同遊。據明人田汝成（1503～1557）所記，蔡京在杭州「建第西湖，酷極宏麗」，那就吸引童貫和他相交，「留杭累月，與京昵甚」。《三朝北盟會編》稱童貫「能媚事人」，說他向蔡京吹噓他曾押送衣襖茶藥往陝西十一次（《宋史》記十次），又歷道陝西五路利害及諸將能否，蔡大概受李憲先入之話影響，就以童為能。蔡京向有能書之名，就親書屏障扇帶，託童貫進呈徽宗，以博取徽宗的歡心。徽宗早有用蔡之意，經韓忠彥的力薦，蔡京召回復任翰林學士承旨。不到兩個月，在崇寧元年五月庚辰（廿六），蔡便拜尚書左丞，位列執政。本來一直排擠蔡京的曾布，見到徽宗用蔡京的意向，又想借蔡京來排去韓忠彥，就不再反對。韓忠彥於蔡京出任左丞二十天前（五月庚申初六）罷相。曾布枉作小人，蔡京回朝後，恃徽宗的眷寵，又有童貫的奧援，就反過頭來對付曾布，奏曾布用人，私其親陳祐甫，並發動言官攻擊曾布。閏六月壬戌（初九），曾布罷相。七月戊子（初五），蔡京拜相。十月戊寅（廿七），其弟蔡卞也自資政殿學士拜知樞密院事，兄弟分掌二府。《宋史》稱「京進，貫力也」。投桃報李，蔡京不久便盡力幫助童貫獲得建功的機會。〔註22〕

值得注意的是，徽宗在元符三年正月繼位之初，到建中靖國元年正月親政，就大大顯露展示他的帝王術：他在向太后尚在時，隱忍不發，聽任回朝的舊黨清算章惇、蔡京、蔡卞等人。到向太后崩，他又利用曾布、蔡京、韓忠彥的權爭和矛盾，以及言官的助力，將韓、曾罷免，復用蔡京兄弟，清算舊黨。到崇寧時期，他已大權在握，便推行他認同的熙豐新政，童貫與蔡京

〔註22〕《會編》，卷五十二〈靖康中軼二十七〉，靖康元年八月二十三日丙辰條，葉三上（頁391）；《東都事略》，卷一百二十一〈宦者傳·童貫〉，葉一上（頁1863）；《宋史》，卷十九〈徽宗紀一〉，頁361，363～365；卷四百六十八〈宦者傳三·童貫〉，頁13658；卷四百七十二〈姦臣傳二·蔡京〉，頁13722；《宋史全文》，第三冊，卷十四〈宋徽宗〉，頁925～926；《十朝綱要》，卷十六〈徽宗〉，崇寧元年三月條，頁433；田汝成（輯撰），劉雄、尹曉寧（點校）：《西湖遊覽志餘》（上海：上海古籍出版社，2018年3月），卷四〈佞倖盤荒〉，頁45。考楊小敏認為徽宗復用蔡京原因之一，因蔡京乃是他藝術上的知音。楊氏也引述了童貫穿針引線的作用。參見楊小敏：《蔡京、蔡卞與北宋晚期政局研究》，第三章〈蔡京的上台及崇寧、大觀時期的政事與人事〉，頁144～156。

兄弟都是他的棋子工具。據《宋史・豐稷傳》所記，時任御史中丞的豐稷見內臣這時權勢漸盛，當他面見徽宗時，就懷著《唐書・仇士良傳》誦於徽宗前，他才讀了數行，徽宗就說已明白了；但豐稷裝著聽不見，讀畢該傳才止。〔註23〕豐稷卻不明白，徽宗雖寵信內臣，但他絕非唐文宗（809～840，827～840 在位），他駕馭控制這些奴才，絕不會讓他們像仇士良（781～843）那樣反噬主子。

　　蔡京與童貫在徽宗初年的關係，基本上是在徽宗默許下朋比勾結，互相利用。蔡京比童貫年長七歲，他在崇寧元年拜相時年五十六，童貫是年四十九。比起他的業師李憲，童貫出頭可說頗晚，仕途算不上順利。不過，童貫的官運後來又比乃師亨通得多。下一章將討論童貫在蔡京的舉薦支持下，從熙河路走馬承受獲委西征鄯州和湟州的大任。〔註24〕

〔註23〕《宋史》，卷三百二十一〈豐稷傳〉，頁 10425。

〔註24〕據監察御史余應求（？～1152 後）在靖康元年（1126）四月丁酉初一所述，童貫佐王厚西征鄯州和湟州前，任熙河路走馬承受。據周煇（1127～1198 後）所記，童貫為走馬承受時，氣燄甚大，甚至受三路鈐轄庭參之禮。參見汪藻（1079～1154）（撰），王智勇（箋注）：《靖康要錄箋注》（以下簡稱《靖康要錄》）（成都：四川大學出版社，2008 年 7 月）；卷四，頁 577；《宋會要輯稿》，第七冊，〈職官四十一・走馬承受公事〉，頁 4069～4070；周煇：《清波別志》，收入朱易安、傅璇琮（主編）：《全宋筆記》第五編第九冊（鄭州：大象出版社，2012 年 1 月），卷上，頁 144。

寵信童貫至甚的宋徽宗　　　　童貫早年侍奉的徽宗顯肅鄭皇后

與童貫朋比的蔡京及其書法

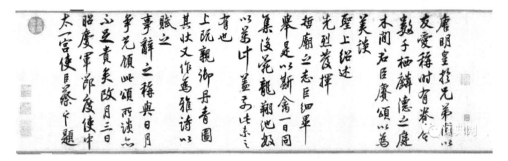

曾批評童貫才具平庸的蔡卞書法《題唐玄宗鶺鴒頌》

蔡卞行楷《曹娥碑》拓片

第二章　初露鋒芒：崇寧攻取湟州、鄯州、廓州

一、從征青唐

　　童貫軍旅生涯第一功就是在崇寧二年（1103）至四年（1105）以監軍身份，佐名將王厚（1054～1116）收復原屬青唐的湟州、鄯州、廓州等三州二十壘，讓他的主子徽宗繼位不久便建立顯赫輝煌的武功。〔註1〕

　　徽宗在建中靖國元年七月，透過他一手主導的蔡王府獄，將曾與他爭奪帝位的異母弟蔡王似（1083～1106）及支持他的人打垮。當宮中最尊的朱太妃（哲宗及蔡王生母，追封欽成皇后，1051～1101）在崇寧元年二月卒後，朝內外已無人可威脅徽宗的權力。〔註2〕徽宗在鞏固權力後，便通過收復湟州與鄯

〔註1〕王厚字處道，自少從父王韶兵間，暢習羌事，初以蔭累官通直郎，紹聖中換武資的禮賓副使。元符年間佐王瞻（？～1101）復湟州和鄯州。《宋史》卷三百二十八有傳。關於王厚的軍旅生涯及他在元符及崇寧年間取青唐的戰功，可參見羅家祥：〈北宋晚期的政局演變與武將命運──以王厚軍事活動為例〉，《學術研究》，2011年11期，頁98～106。羅氏對王厚的將業推崇備至，認為他對宋廷開拓湟州和鄯州之功甚大。這一場征戰，最近期的研究，可參閱顧宏義：〈宋徽宗朝王厚克復湟鄯之戰〉，載江西省歷史學會王韶研究專業委員會、南昌大學谷霽光人文高等研究院（合編）：《全國首屆王韶學術研討會論文集》（南昌：2019年11月），頁101～113。關於王厚這次所取之地，《宋史·地理志一》稱共取三州二十壘，《皇朝編年綱目備要》及《文獻通考》則稱三州二十餘壘，惟二十城壘的名字未有記載。參見《宋史》，卷八十五〈地理志一〉，頁2096；《編年綱目》，卷十七，頁406；馬端臨：《文獻通考》，第十三冊，卷三百十五〈輿地考一·總敘〉，頁8537。

〔註2〕《十朝綱要》，卷八〈神宗·皇后三·欽成皇后朱氏〉，頁252；〈皇子十二·楚王似〉，頁258。關於徽宗打垮蔡王集團勢力的始末，可參見張邦煒〈宋徽宗初年的政爭──以蔡王府獄為中心〉，頁242～258。按蔡王似卒於崇寧五年（1106）三月，年僅二十四。

州的輝煌軍功，以鎮懾臣下，並滿足個人能完成父兄未竟的大業的榮譽感。誠如楊小敏的分析，徽宗此一軍事行動，意義重大：

> 主要表現在兩個方面：第一，這是他紹述神宗、哲宗遺志的最好體現。元豐年間的永樂之敗和神宗壯年飲恨而終，對徽宗心理不可能不產生影響，而哲宗雖然取得了河湟，卻沒能夠保持長久。作為父兄皇位的繼任者，徽宗當然希望自己能夠完成其父、其兄未竟的事業。……第二，西夏對北宋長期以來騷擾不斷，歲幣並沒有換來永久的和平，而棄地求和更讓西夏的騷擾變本加厲，從制服西夏的戰略高度出發，征服河湟地區的吐蕃，可以削弱西夏與其聯合對抗北宋的威脅。〔註3〕

蔡京當然明白主子的用心，他也需要一場軍事勝利以固寵，以及塞反對他拜相的人的口。崇寧元年七月，拓邊之議再起。首先御史中丞錢遹（？～1106後）請求為元符二年（1099）取湟州和鄯州的王贍（？～1101）及王厚昭雪，並治當時提議棄地之人罪。徽宗於是詔將被貶的王厚復敘皇城副使知岢嵐軍（今山西忻州市岢嵐縣），十二月戊午（初八）再晉東上閣門副使，已死的王贍追復供備庫副使。十二月癸丑（初三），再將以韓忠彥、曾布為首的棄地論者十二人貶責。〔註4〕

崇寧二年正月丁未（廿七），復知樞密院事的蔡卞，因徽宗之問，推薦王厚及蕃官知岷州（今甘肅定西市岷縣）高永年（？～1105）領軍收復湟州與鄯州。王厚上奏分析取鄯州和湟州的形勢，說：「恢復故地，當以恩信招納為本，俟其頑悖不服，乃加誅，不過破蕩一二族，則皆定。以湟州舊治，人情浹洽，往則可得。鄯、廓須逾年再出，然後可定，此故地也。大河之南河源、積石之城，土廣人眾，隱然自成一國，亦宜以時撫有，大辟新疆。」徽宗大為欣

〔註3〕楊小敏：《蔡京、蔡卞與北宋晚期政局研究》，第三章〈蔡京的上台及崇寧、大觀時期的政事與人事〉，頁142。關於徽宗從即位初年棄守湟鄯到崇寧元年開始轉為繼志拓邊政策，鄭煒也有一篇文章考論之，並論及蔡京與童貫，尤其是童貫推動的作用，值得參考。參見鄭煒：〈從棄守湟鄯到繼述開拓──論宋徽宗西北邊策〉，《敦煌學輯刊》，2015年第3期，頁92～103。

〔註4〕《十朝綱要》，卷十六〈徽宗〉，崇寧元年十二月癸丑至戊午條，頁437；《宋史》，卷十九〈徽宗紀一〉，頁366；《宋會要輯稿》，第十四冊，〈兵九・出師三・青唐〉，頁8779。關於王贍、王厚及高永年（？～1105）在元符二年取湟州與鄯州，及後來被貶的經過，可參閱何冠環：〈北宋綏州高氏蕃官將門研究〉，載何著：《北宋武將研究續編》（新北：花木蘭文化出版社，2016年3月），頁447～454。

賞，賜對崇政殿，委為權發遣河州（今甘肅臨夏回族自治州臨夏市）兼洮西沿邊安撫司公事。王厚奉命後，因熙河帥姚雄（？～1109 後）有異議，他吸收了元符二年欠內助的教訓，就主動請求宋廷派心腹內臣為監軍從征。這正中徽宗和蔡京下懷，蔡京於是用李憲的故事，力薦王厚統諸路軍十萬，由童貫擔任監軍西征。二月，徽宗任童貫以入內東頭供奉官為熙河蘭會路勾當公事。蔡京、王厚與童貫在這次西征的配搭，又宛似熙寧時期王安石（1021～1086）、王韶和李憲征熙河的配搭。所不同的是王安石與王韶均不喜童貫的師傅李憲，但王韶子王厚就和童貫合作無間。三月癸卯（廿四），徽宗命王厚權管勾熙河蘭會路經略司職事。四月己巳（廿一），童貫趕至熙州（今甘肅定西市臨洮縣），與一月前抵熙州的王厚會合。王厚吸取元符二年的教訓，他首先查探清楚這兩年的羌情，並且派部將僚屬前往羌人諸部安撫。為安朝廷之心，王厚於五月甲戌（廿七）向宋廷申奏出兵的方略，就強調多次與童貫計議，乘蕃部相爭之機會措置出兵。六月辛酉（十四），王厚向諸將及童貫剖析利害，決定分兵兩路，他本人與童貫及蕃官新知熙州李忠、熙州將辛叔詹、河州將辛叔獻，親領大軍從南路出兵，出安鄉關，渡大河，直撲巴金嶺；而由高永年為統制官，統權知蘭州姚師閔、管勾招納王瑞及蘭州將劉仲武、通遠軍（崇寧三年十二月陞鞏州，今甘肅隴西市定西縣）將潘逢、王用、王亨、党萬等，率蘭州、岷州、通遠軍蕃漢兵二萬人出北路的京玉關（在今甘肅蘭州以西的河口對面的青石關）分道並進。起初童貫仍對王厚的方略猶豫未決，王厚說童貫日後到其地，就會明白，願他不要過疑。王厚與童貫的大軍在三天後（甲子，十七）抵安多關（亦作安鄉關），渡大河往前攻擊巴金城（舊稱安川堡），與多羅巴激戰連日。翌日（乙丑，十八）終於攻陷巴金城，多羅巴率眾逃去。高永年的北路大軍這時已出京玉關，乘勢收復通川堡及羅兀抹逋城。丙寅（十九），王厚、童貫大軍抵瓦吹城（舊名寧洮寨），為免後顧之憂，王厚留大軍守城，而與童貫及李忠率輕騎二千餘人趨亃當城（後改名來賓城，今青海海東市循化撒拉族自治縣東黃河以北），破不順部族，焚其巢穴，臨大河據險，得北城之北，命李忠及党萬率眾築而守之，然後於是日返寧洮寨。這時高永軍已進至把拶宗。羌人據把拶宗之險頑抗，高部將劉仲武及王亨諭之不肯降，高永年率眾急攻之，奪其險，殺獲甚眾，羌人潰逃，遂克羅瓦抹通城（舊名通湟寨）。戊辰（廿一），高永年率軍先至湟州，陣於城東坂上。本來羌酋見高軍兵少，想在翌日出奇兵攻擊。但王厚的大軍在翌日（己巳，廿二）已趕到，

兩軍合圍湟州。王厚與童貫引中軍登城南山視察，盡見敵軍戰守之備。王厚分遣諸將，各據一面急攻。這時敵軍援兵自城北的宗水橋上繼至，兵勢益張。戰至日暮，諸將有言敵軍生力軍至，而我軍已力戰多時，請暫休士卒以徐圖之。王厚此時對童貫言，「大軍深入至此，是為死地，不急破其城，青唐王子擁大眾來據橋而守，未易以旬日勝也。形見勢屈，將安歸乎？諸將不以計取，顧欲自便，豈計之得邪！敢再言者斬！」童貫在此危急之時，支持主將正確的決定，於是諸將用命，奮力攻城。庚午（廿三），王厚別遣騎將王用，率精騎出敵不意，據宗水上流，擊破敵軍援兵。是夜，王亨奪水門而入。辛未（廿四）清晨宋軍入湟州，溪巴溫及溪賖羅撒（即小隴拶，趙懷德弟）遁去，宋軍收復湟州，此役宋軍攻城三日，斬首八百六十四級，生擒四十一人，臨陣降者一百八十三人，前後招納湟州境內漆令等族大首領潘羅溪兼籛七百五十人，管戶十萬。王厚命高永年假知州事，令其完其城守之。〔註5〕

七月己卯（初二），徽宗收到捷報，百官入賀。辛巳（初四），以復湟州功進蔡京官三等，蔡卞以下二等。壬午（初五），王厚以功自東上閤門副使超擢威州團練使知熙州，童貫也自入內東頭供奉官超授入內皇城使領果州刺史依前熙河蘭會路勾當公事。立功至多的蕃官高永年也自皇城副使超擢為四方館使領利州刺史，充熙河秦鳳兩路兵馬都統制。因收復湟州，甲申（初七），徽宗又恩赦熙河蘭會路，減囚罪一等，流罪以下釋之。〔註6〕

在攻克湟州一場惡戰中，童貫有幸遇上堪稱名將的王厚，而獲建大功。〔註7〕童這次完全配合王厚，雖然間有不同意見，但最終均支持主帥行動。據

〔註5〕《長編紀事本末》，第八冊，卷一百三十九〈徽宗皇帝・收復湟州〉，葉一上至十下（頁4175～4194）；《宋會要輯稿》，第十四冊，〈兵九・出師三・青唐〉，頁8779；《東都事略》，卷八十二〈王韶傳附王厚傳〉，葉六上（頁1259）；卷一百一〈蔡卞傳〉，葉六下（頁1560）；卷一百二十九〈附錄七・西蕃傳〉，葉五上（頁1975）；《宋史》，卷三百四十九〈姚雄傳〉，頁11060；卷四百五十三〈忠義傳八・高永年〉，頁13316；卷四百六十八〈宦者傳三・童貫〉，頁13658；卷四百七十二〈姦臣傳二・蔡卞〉，頁13729～13730；《十朝綱要》，卷十六〈徽宗〉，崇寧二年六月甲子至甲戌條，頁439～440。

〔註6〕《長編紀事本末》，第八冊，卷一百三十九〈徽宗皇帝・收復湟州〉，葉十三下至十四下（頁4200～4202）；《宋史》，卷十九〈徽宗紀一〉，頁367；《十朝綱要》，卷十六〈徽宗〉，崇寧二年七月己卯條，頁440。

〔註7〕這場大戰的經過，可參閱何冠環：〈北宋綏州高氏蕃官將門研究〉，載何著：《北宋武將研究續編》，頁454～456。關於童貫的軍事才能，鄭燁就認為童貫在此役的表現顯現出指揮能力的不足，其軍事才能亦遠不如王厚。鄭氏也認為童貫在其後的伐夏戰爭中，也是昏招累出，使宋軍損失慘重，他所積累的軍功，也

群書所記，童貫和乃師李憲一樣，因得徽宗寵信而能相機行事。當宋軍進至湟州，適宋禁中的中太一宮失火，徽宗也許覺得出兵不吉，就下御劄以驛馬傳旨給童貫，令童貫停止進軍。童貫發密劄看完，馬上納於靴中。王厚問其故，童貫就說徽宗只命他們從速進兵，而不言徽宗其實令他們休兵。結果宋軍成功取得湟州。〔註8〕童貫此次能因時制宜，不盲目聽從徽宗旨意，具見他頗有李憲之風。他過去從未在沙場作戰，這次大戰，讓他能實踐從李憲學來的兵略。

　　為了配合下一波的軍事行動，童貫以熙河蘭會路勾當公事的身份，牒告宋廷，令熙、河、岷州、通遠軍各處，將見在茶存盡數支撥搬運至湟州，以應付支博蕃部物斛。八月癸丑（初七），都大提舉成都利州陝西等處程之邵（1040～1105）將童貫請求轉奏宋廷，程不俟報，就將茶運往博羅，發錢二十萬億佐用度。徽宗得報後，即詔程照辦。程也因此加直龍圖閣，再遷集賢殿修撰，三進秩而為熙河路都轉運使。王厚、童貫進軍，徽宗命程經制軍需，程即上言已備十萬騎可食三百日。〔註9〕

　　八月辛酉（十五），宋廷下詔嘉獎王厚弟權通判蘭州王端（？～1106後），說他究心邊事，招納有勞，特除他直秘閣，充西路運判，免簽書，專切管勾措置事。己巳（廿三），王厚向宋廷奏報，稱大河之南的生羌，連接河州和岷州，部族頑梗，若不先事安撫，據其要害，當宋軍不日向鄯州和廓州進兵時，

是虛報居多。筆者認為童貫統軍並非一無是處，純是因人成事。鄭氏的看法有商榷之處。參見鄭煒：〈從棄守湟鄯到繼述開拓——論宋徽宗西北邊策〉，頁102～103。

〔註8〕《東都事略》，卷一百二十一〈宦者傳・童貫〉，葉一上（頁1863）；《宋史》，卷十九〈徽宗紀一〉，頁367；卷四百六十六〈宦者傳三・童貫〉，頁13658；《十朝綱要》，卷十六〈徽宗〉，崇寧二年六月甲戌條，頁440；《編年綱目》，卷二十六，頁673。按群書均記崇寧二年六月，中太一宮火。

〔註9〕《宋會要輯稿》，第十一冊，〈食貨三十・茶法二・茶法雜錄一〉，頁6672；《宋史》，卷三百五十三〈程之邵傳〉，頁11150～11151。考程之邵字懿叔，是眉州眉山（今四川眉山市）人，蘇軾表弟。蘇軾的詩文集收有為他寫的制詞一篇、跋文一篇和贈詩三首。參見蘇軾（撰），王文誥（1764-？）（輯注），孔凡禮（點校）：《蘇軾詩集》（北京：中華書局，1982年2月），第五冊，卷二十七〈送表弟程六知楚州〉，頁1432～1434；卷三十〈送程七表弟知泗州〉，頁1591～1592；卷三十二〈送程之邵簽判赴闕〉，頁1717～1718；蘇軾（撰），孔凡禮（點校）：《蘇軾文集》（北京：中華書局，1986年3月），第三冊，卷三十九〈制敕・羅適知開封縣程之邵知祥符縣制〉，頁1112；第六冊，蘇軾佚文彙編卷五〈跋送表弟程懿叔赴夔州運判詩後〉，頁2564。

說不定他們會暗助叛羌，或在熙州、河州界出沒而牽制宋軍行動，其害甚大。得到宋廷同意後，王厚留其弟王端及部將王亨留守湟州，而與高永年率軍就近招納宗哥、青唐一帶部族，安撫新降羌人，而命第九將劉仲武權領湟州事，代替高永年的職務。王、高大軍繼續進軍，八月底，王厚從來賓城（今青海循化撒拉族自治縣東黃河以北）濟河而南，部將党萬在己巳（廿三）克當標城，辛未（廿五）克一公城，壬申（廿六）克南宗城（今青海海東地區樂都縣北乳酪河上源）。宋軍節節勝利；不過，羌人在乙亥（廿九）卻重奪來賓城。九月丙申（二十），王厚大軍至勝宗，大破羌兵，重築來賓城。宋廷稍後以一公城為循化城（今甘肅甘南藏族自治州夏河縣甘加鄉斯柔村），達南城為大通城，當標城為安強寨。〔註10〕

王厚完成收復湟州及附近城寨的任務後，十月甲寅（初八）大軍返回熙州，他派童貫帶同投降的西蕃大首領牟屻掞（亦作掌牟屻掞）等赴京師，童貫在丙辰（初十）以勞遷成州團練使，稍後再自皇城使遷內臣班官的昭宣使。考慕容彥逢（1067～1117）《摛文堂集》卷六所載一篇制詞〈皇城使成州團練使某人可依前成州團練使充昭宣使制〉的某人，當就是童貫。這是現存童貫授官最早一篇制詞：

> 勅具官某，朕惟爵賞之施，以勵天下，苟有勤績，其可弭忘？
> 爾曩以能稱，往督藝事。稽考其會，宜示襃優，序進使名，品秩增
> 顯，惟克祇服，尚有寵嘉，可。

當王厚以為戰事告一段落時，桀驁不馴的郎阿章（亦作郎阿克章）在是月丙子（三十）又領河南部族來寇新建好的來賓城和循化等城。王厚遣洮西安撫使李忠統兵從安強寨出兵援救。十一月己卯（初三），宋廷詔湟州置茶馬司。甲申（初八），李忠大軍次懷羌城（今甘肅甘南藏族自治州夏河縣麻當鄉當日卡山麓）。乙酉（初九），宋軍行軍二十五里，至骨延嶺，距循化城尚五六里，與羌兵遇，三戰三敗，李忠與部將李士旦、辛叔詹、辛叔獻均負傷，李忠當晚還傷重而死。王厚、高永年意外地折李忠此一大將，大大打擊宋軍士氣。〔註11〕

〔註10〕《十朝綱要》，卷十六〈徽宗〉，崇寧二年六月甲子至乙丑條，頁440；《長編紀事本末》，第八冊，卷一百三十九〈徽宗皇帝‧收復湟州〉，葉十七上至十九下（頁4207～4211）；《宋會要輯稿》，第十冊，〈選舉三十三‧特恩除職一〉，頁5894；第十四冊，〈兵九‧出師三〉〈青唐〉，頁8779。

〔註11〕《長編紀事本末》，第八冊，卷一百三十九〈徽宗皇帝‧收復湟州〉，葉十九下至二十下（頁4207～4214）；《十朝綱要》，卷十六〈徽宗〉，崇寧二年十月

王厚在十二月戊申（初三）遣洮西沿邊安撫使劉仲武等援循化城，與郎阿章軍戰於骨延嶺，敗之。郎軍解圍而去。為了進一步加強拓邊的力度，宋廷在十二月癸酉（廿八），下詔另建熙河蘭會措置邊事司，以王厚措置邊事，童貫副之。王厚仍兼領秦鳳路，方便調動節制兵將，作下一波的拓邊行動。〔註12〕

崇寧三年（1104）正月丁酉（廿二），王厚上奏宋廷，稱宗哥城首領結毡、廓州蕃僧、青丹谷首領阿丹等三人，均遣使表示願歸順。他認為鄯州靠宗哥城及廓州為屏障，如今二地願歸順，則青唐易取。三月壬辰（十九），童貫從京師返回熙州，他與王厚的意見一致，壬寅（廿九），王厚、童貫統大軍出節金平（亦作篩金平），以隴右都護的高永年為統制，統諸路蕃漢兵隨行，以知蘭州張誠（按：群書有作張誡）為同統制，任高永年的副將。王厚吸收元符二年的教訓，為防止夏人援助青唐，於蘭州及湟州界侵擾而引致不測，也防止河南蕃部乘虛侵襲牽制宋軍，他就命將佈防兩面：知通遠軍潘逢權領湟州，知會州姚師閔權領蘭州，防禦夏軍；河州劉仲武統制兵將駐安強寨，興築甘朴堡，打通南川寨（今甘肅臨夏回族自治州臨夏縣新集鎮）、安強寨、大通城往來道路。宋軍就無後顧之憂，專心西向進攻鄯州。〔註13〕

四月庚戌（初七），王厚和童貫率大軍抵湟州。諸將因連戰皆捷，以為青唐易取；但王厚分析利害，以青唐諸羌用兵詭詐，要防範羌人出綏遠關，斷宋軍糧道，然後諸部合兵夾攻渴驢嶺、宗哥川間。他主張出奇兵分道而進，最後宋軍分兵三路：王厚與童貫率中軍，由綏遠關、渴驢嶺詣宗哥城，都統制高永年就以前軍由勝鐸谷沿宗河之北；張誠同王厚弟、招納官王端以其所部由汪田、丁零宗谷，沿宗河之南，三軍約期在壬子（初九）會師於宗哥川。辛亥（初八）夜，王厚軍宿於河之南鶻子隘之左，高永年軍宿於丁零宗谷口。壬子（初九），王厚、童貫派選鋒五將前行，中軍渡河而北，高永年軍之後，

甲寅至十一月己卯至壬午條，頁441；《編年綱目》，卷二十六，頁675。慕容彥逢：《摛文堂集》，《四庫全書》本，卷六〈皇城使成州團練使某人可依前成州團練使充昭宣使制〉，葉十一下。

〔註12〕《長編紀事本末》，第八冊，卷一百三十九〈徽宗皇帝·收復湟州〉，葉二十上至二十一上（頁4213～4215）；《十朝綱要》，卷十六〈徽宗〉，崇寧二年十二月戊申至癸酉條，頁441～442。

〔註13〕《長編紀事本末》，第八冊，卷一百四十〈徽宗皇帝·收復鄯廓州〉，葉一上至八上（頁4217～4231）；《宋會要輯稿》，第十四冊，〈兵九·出師三〉〈青唐〉，頁8779。

張誠軍亦夾河而行。日未出，宋軍抵青唐羌軍屯兵所在。青唐羌軍有五六萬人，已據地理列陣，並張疑兵於北山下，其勢甚銳。王厚見此，即命部將馮瓛（？～1108後）統領所選之五將，與羌軍對陣，而命王亨統策選鋒在其後接應。擔任主將的高永年馳騎往前察視敵情，卻看不出羌軍的打算。王厚對童貫分析敵情，判斷羌軍以逸待勞，宋軍不可再遲緩行動，應該以中軍越過前軍，傍北山整陣而行，命選鋒急攻城以破敵。王厚軍既行，又發生一段小插曲：諜者報告青唐二酋溪賖羅撒與多羅巴對眾人說，張蓋者是王、童二人，命眾羌專擊之。童貫大概有點怕，就想召高永年查問羌人之勢。王厚不同意，但童貫堅持。高永年到來後，攬轡久之而不語。王厚即對高永年說：「兩軍相當，勝負在頃刻間。君為前軍將，久此可耶？」王厚的話說得高永年惶恐而去。高永年幸而遇上明白事理的主帥，才不致在此一觸即發的大戰失誤。而童貫臨陣卻顯出膽怯，其應變能力顯然不及乃師李憲。幸而他沒有以監軍的身份反對主帥的決定。〔註14〕

當羌軍與宋軍的選鋒對峙不動時，溪賖羅撒以精兵數十騎自衛，登上其軍北高阜之上，張黃蓋，列大旆以指揮羌兵。其北山下的疑兵只望見王厚和童貫引中軍傍山前來奔衝，卻不察王厚已派游騎千餘登山，暗攻其背。當羌兵察覺而遁逃時，宋之游騎就追擊之，雙方短兵相接。高永年聽到王厚的中軍伐鼓大響，就按計劃指揮選鋒攻破敵陣，而率大軍從後擊之，羌軍被迫少卻。這時張誠已率輕騎過河，搗破羌人的中軍，並奪取溪賖羅撒的大旆與黃蓋，還登高大呼說已擒獲羌酋。宋軍士氣大振，鼓聲震天。這時暴風忽從東南吹來，塵頭大作，羌軍視野大受影響。宋軍在鵐子隘乘機奮擊，自辰時至午時，大破羌軍，高永年率諸將追擊三十餘里，斬首四千餘級，降俘三千餘人。溪賖羅撒單騎奔宗哥城，城閉不納，只好奔青唐（即鄯州）。王厚判斷羅撒必走青唐，打算遣將連夜追之，但童貫以為追趕不及，遂止。是日宋軍入宗哥城。當晚，宋軍會合於河南。翌日，勝宗首領欽廝雞率眾來降。甲寅（十一），王厚、童貫大軍入安兒城。乙卯（十二），王厚、童貫大軍到鄯州，軍於城外五里，此時溪賖羅撒母、龜茲公主前封齊安郡夫人的青宜結牟及其酋

〔註14〕《長編紀事本末》，第八冊，卷一百四十〈徽宗皇帝・收復鄯廓州〉，頁2349～2350；《宋會要輯稿》，第十四冊，〈兵九・出師三〉〈青唐〉，頁8779；《十朝綱要》，卷十六〈徽宗〉，崇寧三年四月庚戌條，頁443；《宋史》，卷三百二十八〈王韶傳附王厚傳〉，頁10583。

豪李河溫率回紇、于闐諸部投降，鄯州平定。童貫這時才知道溪賒羅撒曾留宿鄯州一晚，然後遁去，當日放過了他，後悔莫及。童貫遂遣馮瓘統輕騎萬餘由州南青唐谷入谿蘭宗山。但溪賒羅撒發覺，就遁於青海之上。宋軍追捕不獲，因討其餘黨，撫定吹廝波部族。丙辰（十三），宋軍由種山谷狗地趨林金城，降其首領河奘等。林金城平，賜名寧西城。該城西去青海青鹽地各約二百里，王厚置兵將守之。丁巳（十四），馮瓘軍還，王厚另遣郭祖德率眾城谿蘭宗堡。賜名清平寨。己未（十六），王厚、童貫率大軍自鄯州趨保敦谷，過曬廝溫廝嶺南，入廓州界，羌酋廓州大首領落施軍令結以眾降。按宗哥城之戰中，落施被宋軍砍傷其首，至是拜於馬前投降。庚申（十七），宋軍再收復結囉城，山南大首領谿丁朴令骨降。辛酉（十八九），王厚將大軍入廓州城，馳表報捷，命部將陳迪守之。大軍駐於城西，青谷大首領阿撒四率眾詣軍前降。宋廷賞功，乙丑（廿二）超拜王厚自威州團練使為武勝軍節度觀察留後充熙河蘭會路經略安撫使兼知熙州，童貫也自寄資內客省使、成州團練使昭宣使遷景福殿使領澧州觀察使（《宋史》及《皇宋十朝綱要》、《皇朝編年綱目備要》均作襄州）依舊勾當內東門司。高永年遷賀州團練使知鄯州。王厚為加強防務，築勝鐸、鏊牛宗谷城。戊辰（廿五），又築五牟谷堡，又築比川南北大通城。五月乙亥（初三），徽宗再將童貫遷陞內臣班官最高的延福宮使晉定武軍節度觀察留後。按內臣寄資轉行至兩使，由童貫開始。丁丑（初五），徽宗詔以復鄯、廓州，遣親王奏告太廟，侍從官分告社稷諸陵。己卯（初七），詔以撫定湟、鄯之功，蔡京加司空，進封嘉國公。庚辰（初八），門下侍郎許將（1037～1111）等五人各遷三官。甲申（十二），宋廷曲赦熙河、秦鳳、永興軍路，並改鄯州為西寧州，仍為隴右節度使。當年主張棄地的原知熙州的姚雄，在是年六月戊午（十七），被王厚劾他罪不可恕，詔姚雄勒停，居住金州（今陝西安康市）。〔註15〕

〔註15〕《長編紀事本末》，第八冊，卷一百四十〈徽宗皇帝·收復鄯廓州〉，葉三上至九下（頁4221～4234）；《十朝綱要》，卷十六〈徽宗〉，崇寧三年五月乙亥至戊辰條，頁444；六月戊午條，頁445；《宋會要輯稿》，第十四冊，〈兵九·出師三〉〈青唐〉，頁8779；第十六冊，〈蕃夷六·吐蕃〉，頁9931；《宋史》，卷三百二十八〈王韶傳附王厚傳〉，頁10583～10584；卷四百五十三〈忠義傳八·高永年〉，頁13316；《編年綱目》，卷二十七，頁680～681。按王厚本來遙領之官，一作成州團練使，然童貫亦遙領成州團練使，不應二人同時領一團練使，當以《宋會要·蕃夷六》所記威州團練使為是。

另外，大力支援軍需，於河、湟州椿錢糧如期辦給的集賢殿修撰、熙河路都轉運使程之邵，亦遷顯謨閣待制。〔註16〕

據《宋史·趙隆傳》的記載，這次收復鄯、廓州，立功的還有隨王韶及李憲征戰多年的宿將趙隆（？～1118），他以熙河鈐轄將前軍出邈川。他後來也是童貫倚重的一員勇將。〔註17〕

這次王厚前後克復三州及河南土地，開拓疆土幅員三千餘里，招到首領二千七百餘人，戶口七十餘萬，前後六戰，斬獲一萬餘人的輝煌戰果，〔註18〕徽宗自然龍顏大悅，於是蔡京以下宰執，並王厚以下諸將，都蒙重賞，皆大歡喜。王氏後人在民國三十年（辛巳）（1941）重修的《茅田瑯琊王氏宗譜》收錄了罕見的宋廷多道賜王厚敕書，其中在崇寧三年八月初十日的一道，大大稱許王厚的功勞並列出給他的賞賜：

> 敕王厚：隴西興師，恢復境土，長驅深入，全勝為難。勉志繼先，克終有濟。卿以忠義，經略西都，鄯廓悉降，闢土千里，捷音屢上，深慰朕心。今賜卿金帶等物，酬爾勤勞，圖爾後效，至可領也。故茲詔示，想宜知悉。秋涼卿比平安，好遣書報，不多及。
>
> 右崇寧三年八月初十牒：　金合一具百兩，銀合一具百兩，龍

〔註16〕《宋會要輯稿》，第四冊，〈儀制十一·從官贈職〉，頁2537；第十五冊，〈兵二十四·雜錄二〉，頁9125；第十六冊，〈蕃夷六·吐蕃〉，頁9931；《宋史》，卷三百五十二〈程之邵傳〉，頁11151；李心傳（1167～1244）（編撰），辛更儒（點校）：《建炎以來繫年要錄》（上海：上海古籍出版社，局，2018年12月）（以下簡稱《繫年要錄》），第一冊，卷六，建炎元年六月己巳條，頁162。程之邵是王厚和童貫倚重的人，崇寧四年六月丁丑（十二），宋廷詔獎他以陝西茶馬司支茶五萬馱，收買戰馬二萬匹達每年之額，得以分配各路。他與孫鼇抃與各轉一官。後來敵軍犯熙河，他一度攝帥事，屯兵行邊境，敵兵解去。方錄功轉太中大夫，但不久得疾，不及拜，於崇寧四年十二月卒，贈龍圖閣直學士，官護喪歸。值得注意的是，他的兒子程唐（？～1138後），後來投靠了童貫，童征遼時用為隨軍轉運使及參謀，官至寶文閣學士。其事蹟見第六章、七章及九章。

〔註17〕《宋史》，卷三百五十〈趙隆傳〉，頁11090。

〔註18〕《十朝綱要》，卷十六〈徽宗〉，崇寧三年五月己巳條，頁444；《長編紀事本末》，第八冊，卷一百四十〈徽宗皇帝·收復鄯廓州〉，葉八上至九下（頁4231～4234）。今次王厚所得之地，上從蘭州京玉關，沿宗河而上，取湟州臨宗寨、乳酪河之西，入鄯州界管下宣威城、青海洗納本令波族，東南過溪哥城至河州循化城，入洮州。再從洮州取龐公原，循山後出懷羌、來羌城，沿黃河過來賓城，上巴金嶺，籛南谷抵京玉關，開拓疆境幅員三千餘里，其西至正北及東南，至西夏國界。西過青海至龜茲國界，西至盧甘國界，東南至熙河蘭岷州，接連階、成州界。

腦茶各一斤，湯藥一合三十兩，金帶一條三十兩，對衣五事，銀絹
一千五百疋，馬一疋八十兩，金鍍銀轡一副。〔註19〕

　　是役王厚指揮得宜，當膺首功。而高永年作為戰將之首，臨陣率眾將奮
勇擊敵，亦居功至偉。王厚最聰明的是，他知道要倚靠童貫作為內助，以取
得徽宗的支持。故他每事都與童貫商量，尊重他的意見，即使童貫至少有兩
次意見有問題，他也不堅持，讓童貫自行改錯。童貫這次有點因人成事；不
過，他大體上都能配合王、高二人，沒有恃監軍身份過份干預主帥指揮，並
且也臨陣督戰，功不可沒。顧宏義教授便指出王厚能順利克復青唐地區，還
與監軍童貫的合作大有關係。雖然宋朝以監軍牽制監視主將的做法，形成一
代之制。而童貫給人印象是作惡甚多，但這次他作為徽宗心腹宦官，克復青
唐的作戰中，他還是頗為協助和支持王厚的。童貫收到徽宗退兵的詔旨，卻
不動聲色收藏於靴中，不予宣示，仍堅持進兵，也就幫了王厚的忙。顧氏所
論公允。〔註20〕事實上，從徽宗到蔡京以及童貫本人，均需要一場重大的軍
事勝利鞏固他們的權位。童貫自然明白主子的心意。童貫在西征一役，因得
到王厚的提攜，而膺厚賞，才一年多，便從入內供奉官遷皇城使、昭宣使、
內客省使、景福殿使至延福宮使，並從領刺史到節度觀察留後，達到乃師李
憲最高的官位。最重要的是，他獲取珍貴的行陣經驗，為其日後獨當一面奠
下堅實的基礎。王厚麾下眾將，也成為他拓邊的得力部屬。

　　取得大勝後，王厚與童貫在六月庚午（廿九）率軍經湟州沿蘭州大河返
回熙州。宋軍在西夏東南境上耀兵巡邊，可童貫一時大意放走的溪賒羅撒，
仍成為宋軍的隱患。七月己亥（廿八），陞為隴右都護的高永年遣大將郭祖德
率九軍擊溪賒羅撒，軍至骨邾川，不見敵而還。八月癸卯（初二），王厚命築
南達堡和保敦谷，賜名通津堡和綏平堡。〔註21〕

〔註19〕參見三槐堂重鐫：《茅田瑯琊王氏宗譜》，民國三十年（1941）重修本，卷首
　　　　〈誥敕〉，葉十下至十一下（頁65～67）。考這本在民國辛巳年（三十）（1941）
　　　　重修的《茅田瑯琊王氏宗譜》，收錄了許多極珍貴的罕見王氏文獻，包括宋廷
　　　　賜給王韶和王厚的敕書，均不見錄於《全宋文》或其他史籍。其中宋廷賜給
　　　　王厚的敕書有三道（見該書頁61～69）。2019年12月筆者蒙邀參加在江西南
　　　　昌舉行的首屆全國王韶學術研討會，有幸得見此一珍貴的王氏宗譜原本。今
　　　　年（2020）初，更蒙王定劍先生賜贈此書的影印本。本章末即附有崇寧五年
　　　　九月宋廷贈王厚官的敕書影印本。
〔註20〕顧宏義：〈宋徽宗朝王厚克復湟鄯之戰〉，頁112～113。
〔註21〕《十朝綱要》，卷十六〈徽宗〉，崇寧三年七月己亥至八月癸卯條，頁445。

　　值得一提的是，徽宗在九月癸未（十三），賜王厚及童貫宅各一區於京師，以酬其功。據《東京夢華錄》所記，南金水河南去，在藥梁園附近有童太師園，不知是否就是徽宗賜童貫之第。與此同時，秦鳳路招納司在是月甲申（十四），又奏招得階州（今甘肅隴南市武都區）生羌納土，得邦州、潘州（今甘肅甘南藏族自治州瑪曲縣）、疊州（今甘肅甘南藏族自治州迭部縣）三州，計二千五百里，大小酋領一百二十人。徽宗即詔加秦鳳路經略使胡宗回（？～1108 後）樞密直學士，知階州郭景脩（1045～1108）為西上閤門使。但宋廷後來又以二人所奏並不實。〔註22〕

　　十月庚申（二十），王厚奏西蕃王征瞎拶連欺兀拶（即瞎征，？～1102）、河西節度使趙懷德（？～1105 後，即隴拶）率河南大首領出降。宋軍要進一步擴大勝果，同月壬戌（廿二），熙河統制張誠等復引兵自蓋朱城還自斫龍谷

〔註22〕　《編年綱目》，卷二十七，頁 681；《十朝綱要》，卷十六〈徽宗〉，頁 446；孟元老（？～1147 後）（撰），伊永文（箋注）：《東京夢華錄箋注》（北京：中華書局，2006 年 8 月），卷六，「收燈都人出城探春條」，頁 612～613；羅振玉（1866～1940）（撰）：《山左冢墓遺文》，收入國家圖書館善本金石組編：《宋代石刻文獻全編》，第二冊（北京：北京圖書館出版社，2003 年 3 月），〈宋郭景脩墓誌〉，葉七下至十七下（頁 4～9）。考《山左冢墓遺文》收錄了長達六千字的郭景脩墓誌，墓誌由朝奉大夫知涇州（今甘肅平涼市涇川縣）王允中撰寫，對郭的生平及軍旅生涯有很詳盡的記述。郭景脩字伯永，祖籍代州雁門（今山西忻州市代縣）。他在熙寧六年（1070）得呂大防（1027～1097）薦考中武舉，又得王珪的賞識。他在神宗元豐四年，從种諤（1027～1083）攻取西夏重鎮米脂寨（今陝西榆林市米脂縣城），到元祐時，又隨熙河帥范育（？～1095），曾受命修蘭州城，紹聖時期，又曾隨种諤子种朴（？～1099）。他屢任西北兩邊。元符三年徙知階州。崇寧初年他招撫階州生羌納土，得邦、潘、疊三州。惟《十朝綱要》稱他上報不實。他在元符末年又擊退青唐溪巴溫來犯，堅守要塞峰貼峽寨（今甘肅甘南藏族自治州舟曲縣城 20 公里，白龍江西岸）。他又上奏請先城疊州及外邊四城，以控降羌，而潘、邦二州更俟來日，請以七族大首領分隸三州。州置蕃兵將以統之，他守階州六年，有政積，累遷東上閤門使、四方館使，後徙知趙州（今河北石家莊市趙縣）、德順軍（今寧夏固原市隆德縣城關）。大觀二年八月卒於赴鎮戎軍（今寧夏回族自治區固原市原州故城）任上，年六十四。值得注意的是，他在崇寧以後的軍旅生涯，和童貫交集並不多，他並沒有隨王厚及童貫征青唐，到童貫在大觀以後執掌西北軍政，郭又因過早去世，沒有像劉仲武、劉法及种師道等與他同輩的人在童貫麾下作戰立功。墓誌作者不免美化了郭景脩的事功，也幸而有這篇出土墓誌傳世，我們乃知道這一個不屬於童貫麾下，幾為人遺忘的西北邊將的事蹟。游彪教授據郭氏墓誌及相關史料，寫了一篇精彩的武將傳記，值得參考。參見游彪：〈小人物與大歷史：一個被遺忘的北宋將官〉，《北京師範大學學報》，2008 年第 4 期（總 208 期），頁 81～90。

口，遇敵三萬餘追襲。這次宋軍失利，後軍都督總領麻宗永、同總領鄒勝戰死。張誠部勒中軍反擊，才擊退敵兵。十二月丙寅（廿七），宋廷改熙河蘭會路為熙河湟廓路，正式將新收復的湟、鄯州，納入熙河路的行政體系。瞎征等由童貫送之於朝，宋廷授之官，遣居河州。〔註23〕

　　就在宋軍奪取青唐時，徽宗在十月辛丑朔（初一）便詔以西夏不貢天寧節（徽宗誕辰），自絕臣子之禮，要陝西及河東諸路趁機掩襲。徽宗此時將兵鋒轉向西夏。從十月癸丑（十三）到十一月戊子（十八），西夏先後犯熙寧寨（今寧夏固原市城北頭營正東一公里處陸家古城堡，今名胡大堡）、盪羌寨及威德軍（宣和五年四月改石堡寨，今陝西榆林市靖邊縣東南李家城子村）。宋涇原經略使鍾傳（？～1107）在十月戊子（初八）即遣都統制折可適（1051～1110）等統軍至靈州川，與夏人力戰，斬五百餘級，擒大小首領統軍十餘名，牛馬馳馬七萬。〔註24〕

　　蔡京見到王厚用兵順利，又動了心要王厚招降西夏卓羅右廂監軍仁多保忠（？～1104後）。王厚回覆說保忠雖有歸降之意，但其屬下無依從者。章數上，但蔡京貪功不從，愈責王厚急。王厚無奈，於是派其弟見仁多保忠，但在路上被西夏邏者所獲，並令保忠赴夏主牙帳。王厚上言保忠這次縱不被夏主所殺，亦不能再預夏國政，得之無用。但蔡京不聽，怒令王厚以金帛招之。這就給夏人有借口發兵，向鄜延、涇原、環慶三路攻襲。〔註25〕

　　值得一提的是，現傳世有徽宗於崇寧甲申歲（三年）在宣和殿賜給童貫《千字文》書，據清內府修成於嘉慶二十一年（1816）《石渠寶笈》的著錄，該卷徽宗瘦金體御書，素箋朱絲闌本楷書，款識云：「崇寧甲申歲宣和殿書賜童貫」，上鈐御書之印，一璽卷前有長樂未央、雪堂二印。卷後有長樂未央仙客卞永譽印、式古堂、書畫、雪堂諸印。前隔水有古香書屋一印，卷高八寸八分，廣一丈一寸一分。〔註26〕該書題款沒有記徽宗賜童貫書的月日，疑當是童貫征青唐得勝回來，約在崇寧三年底，徽宗委他以新任之前。

〔註23〕《十朝綱要》，卷十六〈徽宗〉，崇寧三年十月庚申至十二月丙寅條，頁 446
　　　　～447；《宋史》，卷十九〈徽宗紀一〉，頁 370；邵伯溫（1056～1134）（撰），
　　　　李劍雄、劉德權（點校）：《邵氏聞見錄》（北京：中華書局，1983 年 8 月），
　　　　卷十三，頁 145。
〔註24〕《十朝綱要》，卷十六〈徽宗〉，崇寧三年十月癸丑至十二月戊子條，頁446～447。
〔註25〕《宋史》，卷四百八十六〈外國傳二・夏國二〉，頁 14019。
〔註26〕清內府編：《石渠寶笈》，文淵閣《四庫全書》本，卷二十九，「宋徽宗書千文
　　　　一卷・上等荒荒三」條，葉二十七下。

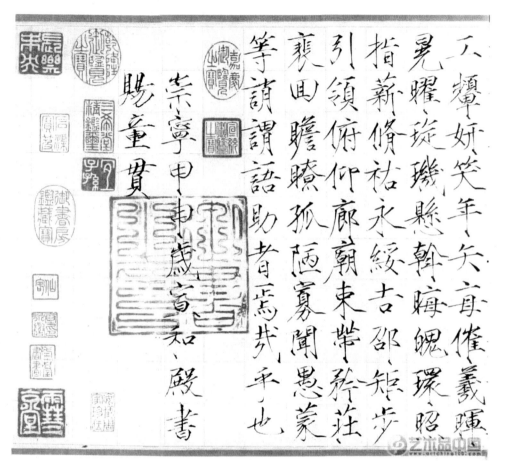

徽宗在崇寧甲申歲（三年）在宣和殿賜童貫御書《千字文》部份

二、出帥熙河

宋廷在崇寧四年（1105）正月庚午朔（初一），再改熙河蘭會路為熙河蘭湟路。丙戌（十七），令築溪哥城。童貫在宋軍攻取廓州後，徽宗對他倚重有加，同月丁酉（廿八），徽宗竟然再一次打破規矩，任童貫為熙河蘭湟、秦鳳路經略安撫制置使，位在王厚等諸將之上。童貫就像乃師李憲在元豐後期一樣，以內臣出任封疆大吏，執掌西北軍政大權。據載當蔡京以徽宗旨意任命童貫時，京弟知樞密院事蔡卞反對，在徽宗前認真地說「內臣為帥，非盛世事。貫聞臣此言，必不喜。然朝廷事體可惜。」徽宗表示可罷童貫兼領秦鳳路。蔡卞表示如此甚好。他退下後，不料尚書右丞張康國（1056～1109）迎合帝意，引李憲在元豐的故事以對。蔡卞說「用憲已非美事，憲猶稍習兵，

貫本無所長，朝廷乏人，何至遂用宦者？他日誤邊計者必貫也。」蔡卞一語道出童貫和李憲在能力上的分別。當蔡卞退下後，蔡京為討好主子，竟與吳居厚、張康國及鄧洵武（1055～1119）在徽宗前說乃弟的不是。蔡卞不是滋味，就求罷樞職，徽宗就在是月丙申（廿七）將他以資政殿大學士知河南府（即洛陽，今河南洛陽市）。〔註27〕按蔡卞是第一個批評童貫不真的知兵的大臣。

　　二月甲寅（十五），支持童貫的張康國繼任知樞密院事，兵部尚書劉逵（1061～1110）為同知樞密院事。童貫繼續他的拓邊行動在朝中就沒有阻力。閏二月乙亥（初七），徽宗詔熙河路發河南二州步騎三萬五千赴會州（今甘肅白銀市靖遠縣），同涇原、秦鳳兵馬築娘鑷城及光羊口。同月己丑（廿一），徽宗御端門接受趙懷德的投降，授趙感德軍節度使封安化郡王。辛卯（廿三），逃脫的羌酋溪賒羅撒結連夏四監軍司之眾包圍西寧州外圍重鎮宣威城，并犯西寧州。知州高永年派知河州劉仲武率兵五萬禦之。壬辰（廿四），宋廷曲赦熙河蘭湟路。〔註28〕

　　就在童貫認為取青唐一帆風順時，卻遇上重大挫折。他所倚重的隴右都護屢建大功的蕃官名將高永年，卻在三月丁未（初十）在宣威城被叛變的屬羌執送敵營而被殺。據《皇朝編年綱目備要》的記載，當高永年派劉仲武率兵五萬禦西夏青唐聯軍時，劉仲武主張持重，而高永年卻要出戰。三月丁未（初十），高永年親自率兵從西寧州往宣威城迎擊敵軍，行軍三十里而敵軍至，他的帳下親兵，都是他當年招納的蕃部熟戶。高永年一時大意，沒有做好防備，竟給這些背叛的羌兵所執，送給羌酋多羅巴，宋軍失去主將就慘敗而逃。多羅巴恨高永年極深，以至取其心肝而食，並對部屬說：「此人奪我國，使吾宗族漂落無處所，不可不殺也。」宋廷聞高死訊，主事者卻以高永年信任降羌，坐受執縛，故贈恤不多。這時奉命應援的鍾傳軍，因部將折可適所率之

〔註27〕《十朝綱要》，卷十六〈徽宗〉，崇寧四年正月丁酉條，頁448；《編年綱目》，卷二十七，頁683；《東都事略》，卷一百一〈蔡卞傳〉，葉六下（頁1560）；《宋史》，卷二十〈徽宗紀二〉，頁373；卷三百二十九〈鄧綰傳附鄧洵武傳〉，頁10600～10601；卷四百六十八〈宦者傳三‧童貫〉，頁13658；卷四百七十二〈姦臣傳二‧蔡卞〉，頁13730。按鄧洵武在崇寧三年獲蔡京薦拜尚書右丞，他一直靠依附蔡京兄弟晉身，這次他卻迎合蔡京而攻擊蔡卞。參見第一章注21。又在童貫獲任封疆時，秦鳳路的階州蕃部才真的獻邦、潘、疊三州。

〔註28〕《宋史》，卷二十〈徽宗紀二〉，頁373～374；《十朝綱要》，卷十六〈徽宗〉，崇寧四年閏二月乙亥至辛卯條，頁448。

軍隊遇雨失道，為夏軍所乘，而無功而還。高永年死後，真是將軍一去，大樹飄零，西寧州只餘弱兵四千，幸賴守將楊惟忠（1067～1132）以便宜發常平錢募死士堅守得保。因各處戍守被隔絕，廓州大首領洛施軍令結乘機叛去，而勇丁丹溪等六人在熙州亦叛去，並焚大通河橋，包圍廓州及懷和等寨，而溪賒羅撒又增兵四萬攻宣威城，又攻臨宗、塞門寨。四月，夏軍又乘機攻擊清平寨，賴劉仲武擊退之。宋軍一直備受羌人及夏人聯合攻擊，直至五月戊申（十二），宋將張誠、王亨引兵至宣威城，羌人才解圍而去。高永年的上司王厚這時竟不念他立之功多出於高的奮戰，反而上奏高永年「不稟約束，專用新羌，既坐受縛又不死」，請宋廷停給高的贈典。徽宗為高永年之死大為震怒，親書五路將帥從劉仲武以下十八人姓名，令給事中侯蒙（1054～1121）往秦州（今甘肅天水市）逮治，並罷王厚之職，聽逮於秦州。最後王厚坐逗遛不進，及失措置軍儲，先降為秦州觀察使，再降為郢州防禦使，劉被重譴配置雷州（今廣東湛江市）牢城。童貫失去了高永年，就力保劉仲武，徽宗聽從童貫請求，就許劉留下自效。宋廷稍後又將原先主張放棄湟州而被貶的大將姚雄復用為權經略熙河、安輯復新邊使。〔註29〕

〔註29〕《東都事略》，卷一百三〈侯蒙傳〉，葉四上下（頁1585～1586）；《宋史》，卷一百九十三〈兵志七〉，頁4817；卷三百二十八〈王韶傳附王厚傳〉，頁10584；卷三百四十八〈鍾傳傳〉，頁11038；卷三百四十九〈姚雄傳〉，頁11060；卷三百五十〈劉仲武傳〉，頁11082；卷三百五十一〈侯蒙傳〉，頁11113；卷三百五十三〈鄭僅傳〉，頁11147；卷四百五十三〈忠義傳八‧高永年〉，頁13316；卷四百七十二〈姦臣傳二‧蔡卞〉，頁13730；卷四百八十六〈外國傳二‧夏國下〉，頁14019；《宋會要輯稿》，第八冊，〈職官六十八‧黜降官五〉，頁4878；《編年綱目》，卷二十七，頁685；《十朝綱要》，卷十六〈徽宗〉，崇寧三年七月己亥至四年六月丙子條，頁445～450；《文獻通考》，第八冊，卷一百五十三〈兵考五〉，頁4596。考《宋史‧夏國傳》稱是夏人執高永年而去，當誤，另《宋史‧鍾傳傳》僅說「會別將高永年沒於西，而折可適遇雨失道，為虜所乘，乃班師。」也沒詳記高永年死事。而《東都事略‧劉仲武傳》及《宋史‧劉仲武傳》就說劉仲武「到高永年西征，仲武欲持重固壘，永年易賊輕戰，遂大敗。仲武引咎自劾，坐流嶺南。」另又記徽宗後來召見劉仲武，勞問之後說：「高永年以不用卿言失律，僕哥之降，河南綏定，卿力也。」將劉仲武的過失輕輕帶過，而批評高永年輕敵致敗。這只為劉仲武脫責，不足取。又據《皇朝編年綱目備要》、《東都事略‧侯蒙傳》及《宋史‧侯蒙傳》所記，侯蒙至秦州時，劉仲武等十八人以囚服聽命，侯蒙對他們說：「君輩皆侯伯，無庸以獄吏辱君，第以實對。」大概因侯蒙尊重的態度，讓劉仲武願自劾罪過。侯蒙審訊的報告未上，徽宗已加他為御史中丞。他隨即上謝表說：「漢武帝殺王恢，不如秦繆公赦孟明；子玉縊而晉侯喜，孔明亡而蜀國輕。今羌殺

宣威城的挫敗後，鄜延路在經略安撫使龍圖閣直學士陶節夫（？～1108後）指揮下，在三月戊午（廿一），派偏將耿端彥率兵疾驅至銀州（今陝西榆林市橫山縣党岔鄉黨岔村大寨梁，在無定河與榆溪河交匯處的西南岸，城居毛烏素沙漠與黃土高原的分界線上，無定河在其東北 2 公里處接納榆溪河），五日築好銀州城而守之，夏人從涇原至，城備已固，惟有退兵，總算為宋廷挽回一點面子。另外，雖然夏人從三月底到四月多次進攻鄜延路的塞門寨（今陝西延安市安塞縣北塞木城子）、順寧寨（今陝西延安市志丹縣北順寧鎮所在地，位於志丹城北 20 公里，故寨位於周河東岸，又名保勝寨）、湟州的臨宗寨及湟州北蕃市城，但均被守軍擊退。陶節夫在鄜延，不斷築城，每進築一城寨，就奏此是夏人要害必爭之地。又陳奏他日取西夏之策。他的主張為蔡京所用。本來蔡京任他經略陝西五路，但在崇寧四年六月，他被罷經略五路之職。大概徽宗既用童貫，就不必用他。〔註30〕

徽宗又於是月納河東轉運使洪中孚（1049～1131）的建議，於青海之側置馬監蓄馬，後來馬漸蕃息。到童貫後來出師，青海馬監的馬就為宋軍所徵用。說來洪中孚是幫了童貫的一大忙。〔註31〕

吾一都護，而使十八將縣之而死，是自艾其支體也。欲身不病，得乎？」徽宗覽奏而悟，就對劉仲武等釋之不問。因侯蒙及童貫的分別說情，劉仲武等才逃過嚴懲。不過，宋廷在靖康元年六月，河北路制置使劉韐（1067～1127）就上奏表示，當年高永年戰沒，一行將佐及中軍將、提轄等都未被軍法處置，才招致後來劉法及种師中敗死。他大概認為侯蒙放過劉仲武等人，沒有執行軍法用兵失主將，統制、將佐合行軍法為非。另外當年陝西各路的帥臣對於高永年戰死，又歸咎於較早前陝西都轉運使鄭僅建議將西邊閒田闢為官田的做法，認為此舉引致羌人怨畔。宋廷從之，罷籍閒田為官莊之制。考群書對高永年之死記載之岐異，清人黃以周（1828～1899）等輯錄《續資治通鑑長編拾補》時，已參考群書作出考證。參見黃以周等（輯注）、顧吉辰（點校）：《續資治通鑑長編拾補》（北京：中華書局，2004 年 1 月），第二冊，卷二十四，徽宗崇寧三年九月丁酉條注，頁 824～825；卷二十五，徽宗崇寧四年三月己未條注，頁 838～839。

〔註30〕《十朝綱要》，卷十六〈徽宗〉，崇寧四年三月戊午至四月丙申條，頁 449～450；《編年綱目》，卷二十七，頁 685～686；《宋史》，卷二十〈徽宗紀二〉，頁 374；卷三百四十八〈陶節夫傳〉，頁 11038～11039；《長編紀事本末》，第八冊，卷一百四十〈徽宗皇帝‧收復鄯廓州〉，「收復銀州」條，葉十一上至十二上（頁 4237～4239）。

〔註31〕《編年綱目》，卷二十七，頁 684。

　　童貫在高永年戰死，〔註32〕王厚在崇寧五年（1106）九月卒後，〔註33〕在西邊成為獨當一面的主帥。他就像李憲當年一樣，為籌措軍費開支及馬政而費心。另外也要處理蕃兵蕃將的使用問題。大概他從李憲治理熙河學到許多寶貴經驗。他在七月丁酉（初二），便上奏宋廷，報告他處置馬政事，說他

〔註32〕關於高永年戰死及後來宋廷給他的恩恤的始末，可參閱何冠環：〈北宋綏州高氏蕃官將門研究〉，載何著：《北宋武將研究續編》，中冊，頁459～465。

〔註33〕王厚在崇寧四年被貶降為郢州防禦使，因趙懷德約降未決，王厚以書諭之，懷德即納款。宋廷不久復王舊官武勝軍節度觀察留後。他後來入朝，提舉醴泉觀，在崇寧五年九月卒，徽宗顧念其功，在九月丙辰（廿八）就賜敕書褒獎，諡壯敏，贈寧遠軍節度使。《茅田瑯琊王氏宗譜》收有這道敕書，可參見本章末附影印本。關於他的死，洪邁（1123～1202）記王厚晚年歸京師，一日家集，菜碟的蘿蔔數十莖忽然起立而行於案上。據說王厚怒形於色，將這些怪蘿蔔吃掉，卻立時嘔吐，明日便死去。他的幼弟王寀（1078～1118）官至兵部侍郎、朝奉大夫知峽州（今湖北宜昌市），在重和元年（1118）六月己卯（廿八），卻被不同道教勢力的林靈素（1075～1119）陷害，說王寀父兄（即王韶和王厚）昔在西邊，密與西夏人謀叛，且圖不軌。徽宗起疑。當日，王寀與可致神降的鄭州書生至東華門，林靈素戒門卒只讓王寀進入。沒有鄭州書生，天神不降，徽宗齋潔敬待，越三夕卻無所聞。徽宗怒，於是下王寀大理獄，王坐稱天神降其家，實謗訕悖道，妖訛不道之罪而被棄市。洪邁以王韶二子均不得其死，人以為是王韶用兵多殺之報。王厚和王寀兄弟的遺文遺詩，當代王韶家族後人做了一番整理。至於隨王厚征青唐的王端，他在崇寧五年十二月壬戌（初五），本以顯謨閣待制知青州（今山東濰坊市青州市），但宋廷以他慢命不恭，輒自請留，稽違君命，責落職知黃州（今湖北黃岡市黃州區）。考王端在崇寧五年九月丁酉（初九），曾與童貫甚為賞識的章楶（1027～11023）子章綜（1062～1125），及熟知西事的名臣張舜民（？～1106後）同登京兆府（今陝西西安市）慈恩寺雁塔並題名（見本章末附圖）。王厚卻於九月底卒，王端大概即往京師奔其兄之喪。可能他留在京師遲遲不赴青州之任，就給言官奏劾，於是被落職改知小郡的黃州。他後來的事蹟不詳。考王端之貶與王寀被殺，童貫似乎沒有幫舊上司王厚之弟說過好話。參見《宋史》，卷三百二十八〈王韶傳附王厚、王寀傳〉，頁10584；《十朝綱要》，卷十八〈徽宗〉，重和元年六月己卯條，頁507；《宋會要輯稿》，第四冊，〈禮五十八·群臣諡〉，頁2076；〈儀制十一·武臣追贈·留後〉，頁2543；第八冊，〈職官六十八·黜降官五〉，頁4879；《東都事略》，卷八十二〈王韶傳附王厚、王寀傳〉，葉五下至六下（頁1258～1260）；洪邁（撰），李昌憲（整理）：《夷堅志·丁志》，收入戴建國（主編）：《全宋筆記》，第九輯第四冊（鄭州：大象出版社，2018年3月），卷七，「王厚蘿蔔」，頁269；王可喜（主編）：《王韶家族研究文獻集》（南昌：江西高校出版社，2018年5月），中篇，《詩文匯編》，〈王厚文存〉，頁127～135；〈王寀《南陔集》〉，頁136～199；中央研究院歷史語言研究所（編）：《宋代碑拓精華》網，http://www.ihp.sinica.edu.tw/~twsung/index.html，〈王端等題名〉，（拓片藏中國國家圖書館畫像973-4之五）。

依先前的命令在岷州置買馬一萬匹，作他的制置司所支用，等購齊後就奏請宋廷處分。他說已令知岷州馮瓘措置。據馮瓘申奏，已牒提舉買馬司急借撥名山茶貼作三萬馱支與岷州，等到確實數目後就申報朝廷，然後撥還。另外，他又奏已牒茶事司，依馮瓘所奏，并下秦、鞏、熙、河、岷州，依照所求請辦理。他在奏中詳述茶馬的抵價：良馬三等，並四赤四寸以上，上等見支名山茶二馱一頭，中等見支茶二馱二十斤十五兩半，下等見支茶二馱二十斤七兩半。綱馬四赤七寸，見支茶一馱一頭二十六斤半，四赤六寸半見支茶一馱一頭十九斤十二兩，四赤五寸見支茶一馱一頭十四斤一兩半，四赤四寸見支茶一馱一頭四斤十一兩，四赤三寸見支茶一馱四十九斤二兩，四赤二寸見支茶一馱三十二斤十二兩。他又奏報由於近日蕃客稀少，令買馬場全然收買不到。請求添加茶數，建議良馬添茶三十斤，綱馬權添茶二十斤。又奏若只買良馬一萬匹，約用名山茶三萬馱。現時岷州只存有三千餘馱，只能購得一千餘匹馬。他請求將秦、鞏、熙及河州等存的名山茶，撥三分二赴岷州，準備支用。又免運輸擁擠，並請諸州的大路榷茶鋪權行差那於本州沿路地分貼鋪，及下經由縣鎮堡寨，雇用人夫搬運。宋廷准其議。〔註34〕

童貫在十月申報宋廷，稱熙河蘭岷鞏五州舊管下的蕃兵，近年出入頻數，所死戰馬不少。雖然蕃官首領趕緊補添收買，但蕃兵例均缺乏貨財收買。在他請求下，樞密院在同月丙子（十二），奏上徽宗，請將熙河五州闕馬的蕃兵，於各州的茶場各量借茶添助收買五千匹，每匹借茶一馱，共借茶五千馱，仍許蕃兵將斛斗折納原價，其斛斗可充茶事司應付支給逐處茶場監官、巡鋪使臣、榷茶鋪兵的收入。宋廷准奏。童貫就為熙河的蕃兵爭取到配給馬匹的利益。〔註35〕

崇寧五年正月戊戌（初五），彗星出於西方，由奎貫胃、昴，至戊午（廿五）始沒。此一惡兆的出現，加上天旱多時，徽宗因應人心浮動，就斷然改弦更張，廢棄從崇寧元年所推行的政策。他首先在是月甲辰（十一）更換中樞人事，以中書侍郎吳居厚為門下侍郎，同知樞密院事劉逵為中書侍郎。乙巳（十二）避殿損膳，許中外臣僚直言闕失，又自禁中夜遣中使黃門至都堂，毀蔡京所立的元祐黨人碑，並令毀外州所立之黨人碑。庚戌（十七），敘復元祐舊臣劉摯（1030～1098）等官職，並讓被貶的臣僚一百七十五人並在外居

〔註34〕《宋會要輯稿》，第七冊，〈職官四十三‧都大提舉茶馬司〉，頁4152～4153。
〔註35〕《宋會要輯稿》，第七冊，〈職官四十三‧都大提舉茶馬司〉，頁4153。

住。徽宗又陸續罷去崇寧元年所推行的多項政策，而以蔡京作為星變的代罪羊。二月丙子（十三），蔡京罷為司空、開府儀同三司、安遠軍節度使、中太一宮使，而以他的對頭、半年前罷政的觀文殿大學士趙挺之（1040～1107）加特進，復為右僕射兼中書侍郎代為相。趙挺之本來請歸青州（今山東濰坊市青州市）家鄉，已辦好舟裝，準備上路，忽然徽宗召見，說蔡京所為皆如趙言。他就嚴劾「京援引私黨，布滿朝廷。又建四輔，非國家之利。」童貫當然是蔡京一黨，不過他得到徽宗之庇而無事。失去了蔡、王、高的襄助，童貫以後就要靠自己的本事來報效主子了。他在是年五月，派熙河都總管劉法率兵入西夏界，破席紅河、大鐵泉兩堡，又攻馬練川城，破之。〔註36〕他又在九月戊午（三十），以熙河蘭湟路經略安撫使司上奏，以查得鞏州管下通渭縣，原係守禦寨。他請將通渭縣復為寨，依舊置寨主、監押各一員防守。他指出通渭縣本是控扼淺井、乩羅、和市、結珠、龍化川子一帶的敵馬來路，逼近西夏界，若改復為寨，就經久穩便。宋廷從之。〔註37〕

　　童貫也向樞密院奏請如何處置逃亡軍人的問題。他指出陝西等處差官招諭逃亡軍人時，就許他們在所在自首，更不審問，並支口券令歸本營。他以為這樣太寬鬆。他說邊上的軍人憚於戍守之勞，往往逃竄內地，一旦自首便得口券歸營，恐怕就成習風，有害軍政。他請自今逃亡軍人自首，並須會問。而逃亡的赦限，也依現時的招諭命令。若是赦後逃亡，即依條例施行。宋廷從其請。〔註38〕宋廷言官在童貫失勢後上奏劾他敗壞軍政，說他任由軍士逃亡而不補缺，但從他在崇寧五年上奏整頓逃亡之風，到宣和二年再奏上更詳細的處置逃兵方案（參見第五章注27），廷臣在靖康年間這些指控恐怕是有失客觀的。

　　在守邊的工作上，童貫是用心的。然而，據王明清引述陸游的說法，當時已有文臣對他驟得大權，而恃寵驕倨很不以為然。據載童貫獲授熙河措置邊事大權後，陝西官員對他奉迎不暇，只有知秦州錢昂（？～1124 後）未嘗加禮。一日赴天寧節（十月初十，徽宗生日）之慶祝儀式，等候童的到來，

〔註36〕《十朝綱要》，卷十六〈徽宗〉，崇寧四年三月甲辰條，頁449；六月戊子條，頁451；崇寧五年正月戊戌至五月庚申條，頁452～454；《宋史》，卷二十〈徽宗紀二〉，頁374～376。趙挺之在崇寧四年三月甲辰（初七）以門下侍郎陞右僕射兼中書侍郎，到六月戊子（廿三），卻被罷為觀文殿大學士中太一宮使。

〔註37〕《宋會要輯稿》，第十六冊，〈方域十九‧諸寨雜錄‧復置寨主〉，頁9660；《編年綱目》，卷二十七，頁688～689。趙挺之入對時，力陳蔡京建議立四輔之弊，乃削弱京師的力量。蔡京也為此議失歡於徽宗。

〔註38〕《宋史》，卷一百九十三〈兵志七‧召募之制〉，頁4812～4813。

但童很久才至。錢昂問他為何來晚，童說他騎的騾小而難騎，動必跳躍，方才正想策之起行，騾子忽盤旋庭中甚久，所以來遲。錢昂故意問此騾是雄是雌。童貫回答是雄的。錢就說既然此騾難騎，為何不閹之？童貫對錢語帶相關的嘲弄，雖然一時愧怒，但又不能馬上報復。童懷恨於心，據說當他大用時，就將錢昂遷責。〔註39〕

除了錢昂外，據汪藻（1079～1154）的記載，吳興人陶甁（字季成，1067～1130），在元符三年進士乙科登第後，調任陝州司理參軍。童貫想延他入幕，但陶氏辭以軍旅之事非其所學。童貫再派人諭他，說幕府只是綜合文書而已，不關矢石。但陶仍固辭，童貫亦沒有再強他。他最後只官至朝請郎，卒年六十四。他也是少數不附童貫的人。〔註40〕

在邊臣中，在崇寧五年三月知鳳翔府（今陝西寶雞市鳳翔縣）的奉議郎直龍圖閣太常少卿馮澥（1057～1140）也對開邊收復湟、廓、西寧有異議，認為勞民傷財，得而無用，認為應恢復舊制。他在是年七月上奏便說：

> 臣竊以湟、廓、西寧三州，本不毛小聚，大河之外，天所限隔。陛下空數路，耗內帑，竭生靈膏血而取之。收復以來，何嘗得一金一縷入府庫，一甲一馬備行陣？而三州歲用以億萬計，仰於官也，而帑藏已空；取之民也，而膏血已竭。有司束手，莫知為計。塞下無十日之積，戰士飢餒，人有菜色。今殘寇遊魂，未即歸順，點羌阻命，公為唇齒，窺伺間隙，忽肆奸侮，則兵將復用，役必再籍，殘弊之後，尚安可堪？陛下以四海九州之大，德被萬方，威震四夷，奈何以二三小聚，困弊關陝一方生靈，長為朝廷西顧無窮之憂乎？臣愚欲采前世羈縻之義，擇其酋豪，授以旄鉞，第其首領，等級命

〔註39〕王明清：《揮塵錄．後錄》，卷七，第 231 條，頁 133；《宋會要輯稿》，第三冊，〈禮四十四．賻贈〉，頁 1702；第四冊，〈禮五十八．群臣諡〉，頁 2071；第五冊，〈職官三．舍人院〉，頁 3035；第八冊，〈職官六十八．黜降官五〉，頁 4883。據載錢昂生得短小精悍，老而瞿鑠。他治郡有聲名，以才能見稱於崇寧與大觀間。他就看不起剛獲徽宗重用的童貫，雖然對童開口閉口叫他太尉，但心存輕視童是刑餘之人，錢昂在大觀四年（1110）四月戊寅（初十）以行文內犯真宗廟諱，自知延安府被降一官，這大概是童貫報復他的結果。他後來的事蹟不詳，他在宣和六年（1124）四月以龍圖閣學士致仕，後以正奉大夫諡忠定。他知秦州並開罪童貫，年月不詳，當在崇寧五年至大觀初年。

〔註40〕汪藻：《浮溪集》，《叢書集成初編》本（北京：中華書局，1985 年新一版），卷二十六〈誌銘．朝請郎陶君墓誌銘〉，頁 323～324。

官。使失地無歸之虜，復得其巢穴，奔禽遁獸，各安其故。嚴其誓約，結以恩信，彼將畏威懷德，稽顙聽命，輸誠效順，長為漢守，有得地之名，無費財之患。兵革不用，藩籬永固，而又可以逆絕北虜之辭，旁釋西羌之怨，一舉而眾利得，策無上於此者。或以謂朝取暮與，取與無常為已甚者。此大不然。始朝廷慮其為邊患也，一舉而取之，易於探囊。今知無所用也，一舉而與之，輕若擲芥。其擒縱在我，取與不計，大度無所不包，神機不俟終日，利便所在，何常之有。又謂棄地之議未遠，罪斥之人未復，今而為此，彼將有辭。又大不然，羈縻之義，使為臣屬，與夫捐棄自不同。且此輩沮壞先帝功烈，宜加罪誅，今之利害，彼復何異議。方陛下以邊鄙生靈為念，含垢忍恥，猶或不辭，況茲小嫌，尚何所恤？臣望陛下下臣言於本路帥府，使之看詳，或遣近臣臨察可否。

然臣言一出，必為眾所咻沮。何者？蓋無邊事則朝廷之福，有邊事則臣下之福。用兵以來，州縣小官，反掌而登侍從，行伍賤夫，移足而專斧鉞。金錢充棟宇，田壤連阡陌。下至幕府偏裨，趨走廝役，計其所得，略皆稱是。故大者稱功德，小者論利害，欺罔熒惑，日陳於前。陛下雖欲不作邊事，尚安可得；雖愛民如赤子，亦無暇顧矣。

馮澥此奏最後一段正好說中童貫等主張開邊拓地的人的利益所在，真的是「用兵以來，州縣小官，反掌而登侍從，行伍賤夫，移足而專斧鉞。金錢充棟宇，田壤連阡陌。下至幕府偏裨，趨走廝役，計其所得，略皆稱是」。只要童貫打勝仗，跟隨他的人就會雞犬陞天，而蔡京等人也會立功而討得徽宗歡心而得以固寵。馮澥上此奏，自然大忤蔡京及徽宗之意。徽宗先以御批送吏部，與遠小處監當官。稍後以中書舍人侯綬及臣僚上言，馮在八月癸未（廿四）便坐責授永州別駕散官，道州（今湖南永州市道縣）安置。之後，就沒有人敢上言反對開邊。〔註41〕

───────────────

〔註41〕趙汝愚（1140～1196）（編），鄧廣銘、陳智超等（整理）：《宋朝諸臣奏議》（上海：上海古籍出版社，1999年12月），下冊，卷一百四十一〈邊防門・青唐〉〈馮澥・上徽宗論湟廓西寧三州・崇寧五年七月上，時知鳳翔府〉，頁1596～1597；《長編紀事本末》，第八冊，卷一百四十〈徽宗皇帝・收復鄯廓州〉，葉九下至十一上（頁4234～4237）；《十朝綱要》，卷十六〈徽宗〉，頁455；《編年綱目》，卷二十七，頁690。

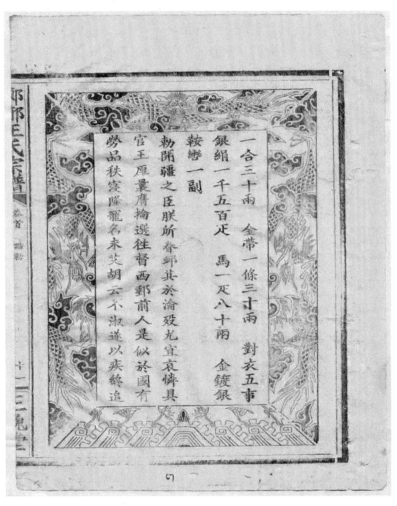

宋廷於崇寧五年九月廿八日追贈王厚官爵敕書（一）

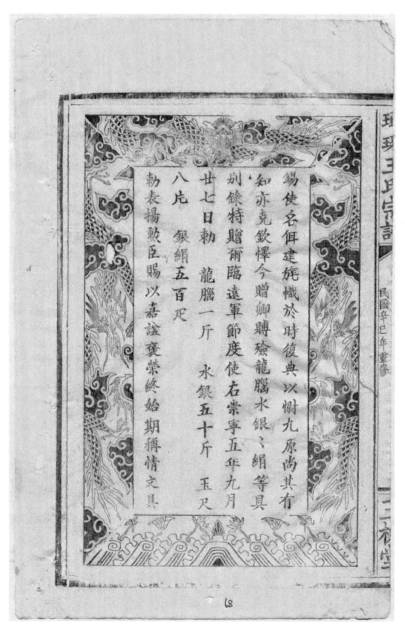

錫使名伹建旗幟於時復典以憫九原尚其有

知亦克欽懌今贈卿賻殮龍腦水銀、絹等具

別綵特贈霈臨遠軍節度使右崇寧五年九月

廿七日勅　龍腦一斤　水銀五十斤　玉尺

八片　銀絹五百疋

勅表揚勳臣賜以嘉諡襃榮終始期稱情文具

宋廷於崇寧五年九月廿八日追贈王厚官爵敕書（二）

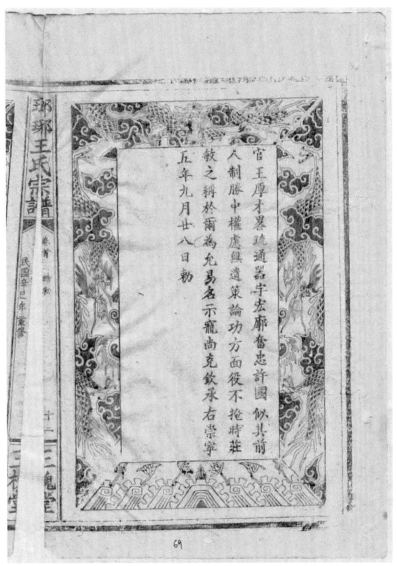

宋廷於崇寧五年九月廿八日追贈王厚官爵敕書（三）

王氏後人在江西九江市德安縣望夫山（敷陽山）所立的王厚墓

王厚弟王端於崇寧丙戌（五年）重九日與章綜、張舜民同登京兆
府（今陝西西安市）慈恩寺雁塔並題名

第三章　權重西疆：大觀攻取洮州、積石軍

一、黨同伐異：以蔡京為中心的宋廷黨爭

徽宗於崇寧五年七月壬寅（十三）詔明年改元。十二月己未（初二），徽宗開始中樞人事的改組，被徽宗疑擅政的中書侍郎劉逵（1061～1110）罷知亳州（今安徽亳州市）。翌年（1107）正月戊子朔（初一），改元大觀，大赦天下。甲午（初七），徽宗復用一年前罷政的蔡京為司空、左僕射兼門下侍郎為首相。壬寅（十五），門下侍郎吳居厚（1039～1114）罷為資政殿學士充太一宮使。壬子（廿五），以何執中（1044～1118）為中書侍郎（三月十一日丁酉遷門下侍郎），鄧洵武為尚書左丞，戶部尚書梁子美（1046～1123）為尚書右丞。三月丁酉（十一），次相右僕射兼中書侍郎趙挺之罷（他於同月廿七日癸丑卒），戊戌（十二），翰林學士鄭居中（1059～1123）擢同知樞密院事。鄧洵武陞中書侍郎（五月初五日庚寅罷），梁子美陞尚書左丞（六月初四己未陞中書侍郎），吏部尚書朱諤（1068～1107）為尚書右丞。因朱諤卒於六月乙亥（二十），徽宗於八月庚申（初七）以戶部尚書徐處仁（1062～1127）為尚書右丞（十一月廿七日戊寅以母憂去位），吏部尚書林攄（1065～1123）同知樞密院事。閏十月丙戌（初四），林遷尚書左丞。〔註1〕

〔註1〕《宋史》，卷二十〈徽宗紀二〉，頁 377～379；卷三百二十九〈鄧綰傳附鄧洵武傳〉，頁 10601；卷三百五十一〈劉逵傳〉，頁 11109；《宋會要輯稿》，第九冊，〈職官七十八・罷免上〉，頁 5206。鄧洵武因與妖人張懷素之黨連姻，故受牽連罷知隨州（今湖北隨州市）。劉逵無他能，起初依附蔡京以進，當蔡京

　　徽宗到大觀元年（1107）已在位八年，他已完全操控朝政，權力完全集中他個人。他比父兄的君權更大，宮中與朝廷並沒有可以制約他權力的人。曾與他爭奪帝位的蔡王似於崇寧五年三月丙辰（廿四）卒，同年十一月辛卯（初四）徽宗長兄陳王佖（1082～1106）亦逝世。〔註2〕宗室中已沒有潛在的帝位競爭者，宮中自向太后及欽成朱太后去世後，也再無徽宗得聽的尊長。二府大臣中，哲宗朝位至宰執的，到大觀元年尚在的只有蔡卞，他在崇寧五年三月癸丑（廿一）復為醴泉觀使兼侍讀，但徽宗並沒有復用他。大觀元年五月己丑（初四），蔡卞還因與之有往來的妖僧張懷素（？～1117）與朝散郎知和州（今安徽巢湖市和縣）吳儲、承議郎監潤州（今江蘇鎮江市）酒務吳侔等謀反事，與神宗朝位至參政的呂惠卿（1032～1111）同受牽連，自醴泉觀使被貶。〔註3〕

以星變去位時，他擢為中書侍郎時，就背叛蔡，首勸徽宗毀元祐黨人碑，寬上書邪籍之禁，凡蔡京所行悖理虐民之事，稍稍改正，他與宰相趙挺之卻沒有好好合作，反令徽宗疑他擅政，而給黨附蔡京的鄭居中及劉正夫（1062～1117）攻擊成功，授意御史劾其反覆專恣而罷。蔡京復相後，他再責鎮江節度副使安州（今湖北孝感市安陸市）居住。

〔註2〕《宋史》，卷二十〈徽宗紀二〉，頁 376～377；卷二百四十六〈宗室傳三・吳榮穆王似、楚榮憲王似〉，頁 8722～8724；《十朝綱要》，卷八〈神宗・皇子十二・吳王似、楚王似〉，頁 257～258。

〔註3〕《宋史》，卷二十〈徽宗紀二〉，頁 376；卷四百七十二〈姦臣傳二・蔡卞〉，頁 13730；《十朝綱要》，卷十六〈徽宗〉，崇寧五年三月癸丑條，頁 454；卷十七〈徽宗〉，大觀元年五月己丑條，頁 464；《編年綱目》，卷二十七，頁 691～692；王明清：《揮麈錄・後錄》，卷八，第 249 及 250 條，頁 140；曾敏行（1118～1175）（撰），朱杰人（點校）：《獨醒雜志》（上海：上海古籍出版社，1986 年 6 月），卷九，第 224 條，「張懷素謀反事覺蔡京幸免牽連」，頁 86。據王明清等所記，張懷素本來是舒州（今安徽安慶市潛山縣）僧人，元豐末年，作客京師的陳留縣（今河南開封市祥符區陳留鎮），常插花滿頭，佯狂縣中，自稱戴花和尚，言人休咎頗驗，於是群小從之如市。知縣畢仲游（1047～1121）怒其惑眾，將他擒於廷下，索其度牒，查出他的度牒是南唐李氏所給。畢不問，抹去之並杖一百，斷治他還俗，並將他押解出境，張於是留長髮，自稱落魄（托）野人，挾左道游公卿間。起初以占風水為生，又為淫巧之術走士大夫門，而不知收斂。元祐中，他見朝散郎吳儲，說他福似後秦主姚興（366～416），當為關中主。說金陵有王氣，欲謀非常，分遣其徒游說士大夫負名望的。崇寧中到京師，又在承議郎吳侔處言星變所主，就給本來追隨他的成都人范廖（寥）詣闕告發。張後來被捕於真州（今江蘇揚州市儀征市）城西儀真觀，據說室中有美婦十餘人。徽宗命御史中丞余深（1050～1130）及開封尹林攄並內侍審訊，蔡京本與張懷素書信往來甚密，怕受到牽連，就諷余、林二人，說若能使不見累，他日有以報答。余深二人會意，就盡焚中外與張及二吳往來，包括與蔡京

　　二府大臣自蔡京以下，全都是徽宗所拔擢的，他們沒有一人像熙豐至紹符的一些宰執大臣，還敢對主子持異議。他們對徽宗均刻意迎合，至於所用之御史言官，也不敢持異論。老奸巨滑的蔡京經過一年之貶責，領教了徽宗的厲害帝王術，知道他的主子可以隨時找一個理由將他罷黜。現在二度拜相，自然更懂得迎合徽宗的旨意，亦步亦趨，不敢有違逆。

　　徽宗在大觀元年所任用的二府大臣，除蔡京外，依附蔡京的鄧洵武及朱諤在同年便一罷一死，而並不依附蔡京的徐處仁丁母憂罷任。其餘各人大都是徽宗因私人關係提拔而能駕馭的人，並非靠依附蔡京而晉身。其中同知樞密院事鄭居中是寵冠六宮的鄭貴妃（即顯肅鄭皇后）族弟。據載他自鄭貴妃父處得知徽宗頗悔更改崇寧之政，就入對力言徽宗「建學校，興禮樂，以藻飾太平；置居養，安濟院，以周拯窮困，何所逆天而致威譴乎？」一番話打動了徽宗，他又歸語禮部侍郎劉正夫（1062～1117），劉請對，力為蔡京說話，人說蔡京得以復相，得二人之助為多。〔註4〕故鄭居中與蔡京的關係是互相勾結，他並非因蔡的推薦而獲官，他仍是聽徽宗的。後來因鄭貴妃寵信的內臣知入內內侍省事黃經臣（？～1126）力主外戚不當執政，本來蔡京已說樞密乃本兵之地，與三省不同，鄭可以不避親，但說不服徽宗。鄭居中罷樞，疑蔡京沒有助他，就怨之，而與張康國朋比而疏遠蔡京。〔註5〕

的書簡，開脫了蔡，也開脫了不少人。五月，誅張懷素、吳儲和吳俦三人。呂惠卿自知杭州貶為祁州團練副使，與吳儲及吳俦父吳安詩（按：吳安詩為仁宗朝宰相吳充，1021～1080，之子）為僚婿的蔡卞貶官情況不詳。關於張懷素獄，方誠峰據日本學者藤本猛的研究，對涉事官員有很詳細的梳理，另他指出此案是一次區域性（江淮地區）的異端教派的謀反事件。可以參考。參見藤本猛：《風流天子と君主獨裁制——北宋徽宗朝政治史の研究》，第二章〈妖人・張懷素の獄〉，頁 97～133；方誠峰：《北宋晚期的政治體制與政治文化》，第六章〈道教、禮樂、祥瑞與徽宗朝的政治文化〉，頁 245～249。

〔註 4〕《十朝綱要》，卷十七〈徽宗〉，大觀元年三月戊戌條，頁 464；《宋史》，卷三百五十一〈鄭居中傳〉，頁 11103；《宋會要輯稿》，第九冊，〈職官七十八・罷免上〉，頁 5206；張端義（1179～？）（撰），梁玉瑋（校點）：《貴耳集》（與《西台集》合本）（鄭州：中州古籍出版社，2005 年 4 月），卷中，頁 29。鄭居中起初攀附鄭貴妃，自認是妃族弟。鄭妃出身寒微，亦倚鄭居中為重，於是鄭居中得以擢陞。鄧洵仁在大觀元年五月被蔡京劾他與妖人張懷素之徒聯姻，故自中大夫、中書侍郎罷守本官知隨州。據宋人筆記所述，鄭妃之父鄭紳（？～1127）貧無籍，時鄭居中在太學任職前廊，仍未達，一日約鄭紳同往大相國寺前算前程。術士卜之，說二人都以異姓封王。是時二人都未顯貴。鄭居中與鄭紳素有交往，故後來敢去攀附鄭妃。

〔註 5〕《宋史》，卷三百五十一〈鄭居中傳〉，頁 11103。

　　至於何執中，原是徽宗的藩邸舊臣。徽宗即位後，就超拜寶文閣待制、遷中書舍人、兵部侍郎、工部尚書兼侍讀。他在崇寧四年拜尚書右丞，晉身執政。他雖然後來依附蔡京，但他的富貴實來自徽宗的提拔。〔註6〕

　　留任知樞密院事的張康國，則是徽宗用來牽制蔡京的棋子。本來張因蔡京的推薦而晉位，及得志，就與蔡為異。徽宗玩權術，陰令他發蔡京之姦，而許以他為相。蔡京知道，就使御史中丞吳執中（1034～1108 後）攻擊他。但他一早知道，就預先向徽宗稟告，果然吳執中入對就劾張康國，為徽宗叱退。〔註7〕

　　梁子美是仁宗朝宰相梁適（1000～1070）子，他是章惇的姻家，與蔡京沒有甚麼淵源。徽宗用他，也是在平衡蔡京的勢力。他在大觀二年（1108）八月以正奉大夫中書侍郎罷為資政殿學士知鄆州（今山東菏澤市鄆城縣），以言者劾他在河北措置便糴不寔。〔註8〕

　　至於徐處仁也是以治郡政績特別是開封府，而為徽宗所賞識。他與蔡京也毫無淵源。他任右丞才八月便去職。他後來在平陝西物價上與使陝西的童貫議不合，他是徽宗朝少數不迎合蔡京和童貫的大臣。〔註9〕

　　說得是蔡京死黨的是林攄，他字彥振，是福州長樂（今福州長樂區）人，和蔡一樣同是閩人。崇寧四年五月壬子（十六），蔡京推薦他以龍圖閣直學士，與徽宗心腹寵臣高俅使遼，為遼遣使質問宋攻西夏而報聘。蔡京密使他激怒遼方以啟釁。他到遼廷盛氣悖慢，見到遼天祚帝（1075～1128，1101～1125 在位）又故意激怒遼主君臣，遼人將他們拘於驛館三天始釋放。他返宋後仍除禮部尚書，後知開封府。他奉命與御史中丞的余深（1050～1130）及內侍審理妖僧張懷素獄，得民士交關書疏數百，他請盡數焚蕩，以安人心，眾人稱他為長者。其實他知蔡京與張懷素來往最密，就借此為蔡京開脫。蔡

〔註6〕《宋史》，卷三百五十一〈何執中傳〉，頁 11101～11102。

〔註7〕《宋史》，卷三百五十一〈張康國傳〉，頁 11107。

〔註8〕《宋史》，卷二百八十五〈梁適傳附梁子美傳〉，頁 9625；《宋會要輯稿》，第九冊，〈職官七十八・罷免上〉，頁 5206。

〔註9〕《宋史》，卷三百七十一〈徐處仁傳〉，頁 11518。考徐處仁從縣令做起，而且做既窮且遠的地方。據《金石萃編》的記載，他在紹聖元年（1094）秋擔任湖南的東安縣令（今湖南永州市東安縣）。參見王昶（1725～1806）輯：《金石萃編》，載《宋代石刻文獻全編》，第三冊（北京：北京圖書館出版社，2003 年 3月），卷一百三十三〈宋十一・澹山巖題名六十段・紹聖改元仲秋十二日徐處仁題〉，葉二十上（頁 216）。

京德之，就稱許他鞫獄明允，加秩二等，遷兵部尚書，推薦他任同知樞密院事。〔註10〕

　　出於蔡京門人本來有朱諤，但他在大觀元年三月丁酉（十一）自吏部尚書拜尚書右丞後才三月，便在六月乙亥（二十）卒於任上。〔註11〕

　　據張康國子張邦基（？～1148 後）所述，有小臣黃宰（字方叔）竟敢上書劾奏蔡京及童貫，說「蔡京姦邪，用之誤國。童貫閹官，只可灑掃宮廷，不宜預廟謀。」事下御史臺，時相（即蔡京）欲將他處以重典，幸而時任御史中丞的盧航（字彥濟，？～1115），請徽宗將黃的元奏給他看詳。這時禁中已焚掉其奏，徽宗有旨令宰執台諫析其言。盧航等刪去黃涉謗訕之語，於是得到寬貸。蔡京猶不忿，要重懲黃宰，幸而盧航力爭，只將他流海島。據《皇宋十朝綱要》的記載，在大觀元年九月己亥（十六），中書省言在崇寧五年上書意圖觀望朝廷意旨的有五百人，惟禁中已焚去這些上書。其中二十人情節嚴重，令擇其尤甚者李景直、曾綖、黃宰和方軫，指斥徽宗利害。詔李景直除名編管新州（今廣東雲浮市新興縣），曾綖依前斷，而黃宰及方軫以他罪鞫治，未完。記的就是同一事。據此，可知黃宰上書在崇寧五年。他幸得盧航解救，才不致遭重譴。〔註12〕黃的劾奏對象主要是蔡京；不過，他認為童貫

〔註10〕《宋史》，卷三百五十一〈林攄傳〉，頁 11110～11111；《十朝綱要》，卷十六〈徽宗〉，崇寧四年五月壬子條，頁 450；《編年綱目》，卷二十七，頁 691～692；《靖康要錄》，卷十，頁 992。考言官在靖康元年七月癸巳（廿九），便翻這時乞請以少傅、鎮西軍節度使提舉京西崇福宮致仕的余深的舊賬，說他靠欺君罔父，黨蔡京而得高位，說他為御史中丞時，與林攄力掩覆蔡京與妖人張懷素交往之跡，有疑言及蔡京的，必焚棄之。於是蔡京報答，擢二人至執政。言官說天下公論，說蔡京得力之多者，余深第一，林攄第二。欽宗於是詔余深落觀文殿大學士致仕。關於林攄出使遼國及他在宣和時期的事蹟，蔡京子蔡絛有一則很詳細的記述，蔡絛描寫林「氣宇軒昂，有王陵之少戇」。參見《鐵圍山叢談》，卷三，頁 54。是條的按語就說「林攄，亦蔡京死黨也」。
〔註11〕《宋史》，卷三百五十一〈朱諤傳〉，頁 11108～11109。朱諤字聖與，秀州華亭縣（今上海市松江區）人，原名朱綬，第二人進士登第。崇寧初由太常丞一直擢陞至吏部尚書。卒年僅四十，死後，蔡京請贈他光祿大夫，諡忠靖。他善附合君相，沒有建樹。蔡京惜其死，曾為他寫墓誌。
〔註12〕張邦基（撰），孔凡禮（點校）：《墨莊漫錄》（與《過庭錄》、《可書》合本）（北京：中華書局，2002 年 8 月），「點校說明」，頁 3，卷二，「盧彥濟為黃方叔陳情獲寬貸」條，頁 69～70；《宋會要輯稿》，第八冊，〈職官六十八・黜降官五〉，頁 4880～4881；《十朝綱要》，卷十五〈徽宗・御史中丞二十八人〉，頁 414；卷十七〈徽宗〉，大觀元年正月甲午條，頁 463；五月條，頁 464；九月己亥條，頁 465～466；《宋史》，卷二十〈徽宗紀二〉，頁 379。考盧航的前任

是內臣，不應委以重任。這時廷臣已有聲音反對童貫獨當一面出任西北疆臣。自然，徽宗不會理會黃宰這些文臣的意見，照樣重用童貫。

另據王明清及《宋史》的記載，在政和初年出任右正言的明州人陳禾（？～1123），大膽敢言，時稱得人。徽宗內批除給事中。這時童貫權勢益大，和知入內內侍省事的黃經臣共用事，「恃貴幸驕橫」，並「侵預朝政」，且與曾力救黃宰的御史中丞盧航相表裡為姦，縉紳側目，莫敢言者。陳禾說此國家安危之本，他若不言，一旦遷給事中或中書舍人，就非其職。他未拜命，就抗疏在徽宗前劾童貫，並劾黃經臣「怙寵弄權，誇衒朝列。每云詔令皆出其手，言上將用某人，舉某事，已而詔下，悉如其言。夫發號施令，國之重事，黜幽陟明，天子大權，奈何使宦寺得與？臣之所憂，不獨經臣，此塗一開，類進者眾，國家之禍，有不可遏，願亟竄之遠方。」徽宗聽不下去，就推說餓了，拂衣而起。陳禾牽徽宗之衣，請聽畢其言。徽宗衣裾掉落，並說陳禾碎其衣。陳禾不舍，說徽宗不惜碎衣，他豈惜碎其首以報。他危言童貫等今日受富貴之利，徽宗他日就會受危亡之禍。力陳說漢唐內臣之禍不可不戒。徽宗就作態說陳能如此，他復何憂。當內侍請徽宗易衣，他就說留此衣以旌直臣。但翌日，童貫及黃經臣一黨及盧航就連續上章劾陳禾一介書生，言事狂妄，謂國家正極治，他安作不祥之言？徽宗於是罷陳禾給事中之任，並責監信州（今江西上饒市信州區西北）酒。〔註13〕此則記載反映當時童貫雖然勢

是余深，余在大觀元年五月仍任中丞，按盧在大觀元年閏十月己丑（初七），被劾無所建明，自御史中丞罷知海州（今江蘇連雲港市），則盧任中丞當在大觀元年五月至閏十月。據此，盧航為黃宰力爭而寬貸其責，當在大觀元年五月後至閏十月前，而黃宰上奏論蔡京及童貫，應該在大觀元年正月蔡京復相，至閏十月盧航被罷中丞前。又黃宰被責後數年，梁子野以定州（今河北保定市定州市）帥上奏邊事，提到黃宰之兄黃寔。（按：梁子野在政和二年十月見任知定州）徽宗忽然想起黃宰。徽宗即日內批與量移，後來他獲赦放還而終於家。參見《宋會要輯稿》，第八冊，〈職官六十八·黜降官五〉，頁4880～4881；《十朝綱要》，卷十七〈徽宗〉，大觀元年正月甲午條，頁463；五月條，頁464；九月己亥條，頁465～466；政和二年十月壬寅條，頁480。

〔註13〕王明清：《揮塵錄·餘話》，卷一，第376條，「陳禾節義敢言」，頁226～227；《宋史》，卷三百六十三〈陳禾傳〉，頁11349～11350；《長編紀事本末》，第七冊，卷一百二十九〈徽宗皇帝·陳瓘被逐〉，葉六上下（頁3899～3900）；羅濬（？～1225後）：《寶慶四明志》，文淵閣《四庫全書》本，卷八，葉二十九上至三十上；劉統勳：《評鑑闡要》，文淵閣《四庫全書》本，卷八，葉十三上下。陳禾字秀實，明州鄞縣（今浙江寧波市鄞州區）人。元祐初試國子監擢第一，在太學有聲名。他中元符三年進士甲科。他歷任地方，徽宗聞其

大，連御史中丞盧航都依附他，但仍有朝臣不屈，敢去劾奏他。而官居知入內內侍省事的黃經臣這時也朋比童貫，結為一伙。

二、立功固寵

童貫在大觀時期的任務，就是進一步拓邊西疆，復取洮州（今甘肅甘南藏族自治州臨潭縣）及積石軍（今青海海東市循化撒拉族自治縣），鞏固熙河蘭湟路的統治。他在這時期也步步高陞，成為西邊最大權勢的封疆大吏，勝過當年的李憲。他和蔡京的關係仍然是合作和勾結。

據趙彥衛（1140～1205 後）的記載，後來名列宣和六賊的朱勔（？～1126），當蔡京在蘇州（今江蘇蘇州市）時，由其父朱沖攜之見蔡京，因此得入其門下，受蔡使令。當蔡京在是年正月復相後，就囑童貫以軍功補朱勔官，朱就取吳中的水窠以進，並以工巧之物輸上徽宗，於是徽宗在蘇州置應奉局，百工技藝皆役之。間以金珠為器，分送後宮，宮人皆德之，朱勔的譽言日聞，後來凡延福宮、艮嶽諸山皆仰他取的太湖巧石以建之。他累遷合州防禦使提舉惠民河公事。說起來，蔡京與童貫是他共同的靠山。〔註14〕

才召對稱旨，特改秩為監察御史遷殿中侍御史。他不斷獻言，徽宗嘉其忠，命為左正言。他被貶信州後，遇赦許自便還鄉。後來黃經臣奉命審理陳瓘父子狀告蔡京之獄，陳禾與陳瓘父子交好，黃經臣檄他取證，他答以事有之，罪不敢逃。黃經臣聽他這麼說，就失聲歎息，對陳說徽宗正欲知實情，右司就依此置對。想幫他也沒法。於是坐陳瓘黨停官。後來他再遇赦復職，這時王黼剛秉政，陳不肯依附他，甚至說寧餓死也不出其門。陳禾兄陳秉為壽春府教授，他侍兄於壽春（即壽州，今安徽六安市壽縣）。童貫平方臘，道過壽春，他不肯謁見童貫，也不受其餽贈。童貫大怒，返京時譖之於徽宗。不過，徽宗就說陳禾素來如此，反說童貫不能容他。陳禾是由始至終不附童貫的直臣。又考盧航在大觀元年閏十月已罷中丞，記他政和初年任「中執法」（中丞）不確。又黃經臣在政和二年五月被貶（事見第四章），則陳禾被責，當在政和二年五月前。另陳禾牽衣之事，清雍乾名臣劉統勳（1698～1773）便點破徽宗的矯飾，表面上好像接受臣下直諫，卻不肯除去寵信的內臣，而不旋踵便貶謫陳禾。

〔註14〕趙彥衛（撰），傅根清（點校）：《雲麓漫鈔》（北京：中華書局，1996 年 8 月），卷七，頁 121；《東都事略》，卷一百六〈朱勔傳〉，葉三下至四上（頁 1622～1623）。關於朱勔隸屬童貫，代他主持平江應奉局，負責采買花石以及其他應奉的始末，可參方誠峰：《北宋晚期的政治體制與政治文化》，第五章〈徽宗朝的應奉〉，頁 212～223。據方氏的研究，從徽宗初年到政和年間，整個應奉事務大抵分兩方面。一個是童貫—朱勔一線，他們代表了通常意義上的諸局所，二是蔡攸—監司、郡守一線，主要包括地方財政人員。

　　大觀元年三月乙卯（十一），於崇寧四年十月乙酉（廿一）夭折的徽宗第七女贈鄧國公主（1105）下葬於河南府永安縣永裕陵西北。童貫以內客省使、定武軍節度觀察留後、知入內內侍省事、熙河蘭湟秦鳳路經略安撫制置使的職位，擔任管勾官。他這時從熙河返回京師，故徽宗委以為愛女修墳之差使。〔註15〕

　　不知是否徽宗覺得童貫修墳工作駕輕就熟，三月乙卯（廿九），又委他監護神宗弟益端獻王趙頵（1056～1088）之妻魏國夫人（1057～1103），下葬河南永安縣（今河南鞏義市）先王之墓的差使。鄭居中所撰的墓誌銘記童這時帶的官仍是內客省使。〔註16〕他這時既擔任入內內侍省的主官，又擔任熙河蘭湟秦鳳路的主帥，可謂眷寵正隆。

　　七月丁未　（廿三），童貫落內客省使，正任節度觀察留後。〔註17〕八月

〔註15〕劉蓮青（1855～1930）等纂：《民國鞏縣志》，民國二十六年（1937）涇川圖書館刻本，載國家圖書館善本金石組編：《宋代石刻文獻全編》，第四冊（北京：北京圖書館出版社，2003年3月），卷十七〈金石二・宋故鄧國公主追封記〉，葉二十五上至二十六下（頁687～688）。按鄧國公主在崇寧四年閏二月丙申（廿八），修容王氏所生，冊拜惠慶公主。但同年十月乙酉（廿一）卻夭折，權厝於奉先資福之精舍。到大觀元年三月始下葬。撰寫冊文是翰林學士朝奉大夫知制誥鄧洵仁，管勾修墳的還有內臣入內內侍省內殿承制梁元弼。監護官則為翰林學士、朝請大夫、知制誥兼侍讀、實錄修撰鄭安中，由翰林書藝局玉冊官曹惠良刻石。

〔註16〕曾棗莊、劉琳（編）：《全宋文》（上海：上海辭書出版社，2006年8月），第一百二十九冊，卷二七九一〈鄭居中・宋皇叔益端獻王妻魏國夫人墓誌銘并序〉，頁263～266（原載周到：〈宋魏王趙頵夫妻合葬墓〉，《考古》，1964年第7期，頁349～354；魏國夫人墓銘錄文見頁353～354）；《宋史》，卷二十〈徽宗紀二〉，頁377～378；卷二百四十六〈宗室傳三・益端獻王頵〉，頁8721～8722。按魏國夫人卒於崇寧二年五月己丑（十一），享年四十七。徽宗特輟視朝三日，贈魏越國夫人，命景福殿使、宣州觀察使、簽書入內內侍省事楊震（？～1115）典喪事，諸子在七月丁酉（二十）奉夫人之柩殯於居所。到大觀元年三月才由童貫及時任禮部尚書的「臣諤」監護下葬，從三月丁酉（十一）啟攢，乙卯（廿九），與其夫益王合葬。並由時任翰林學士的鄭居中撰寫墓誌銘。考這個「臣諤」疑即是蔡京門人朱諤。按朱在大觀元年三月丁酉（十一）自吏部尚書擢尚書右丞，而與墓誌所記的禮部尚書官職不合，不知是否另有別人。待考。

〔註17〕《長編》，卷七十五，大中祥符四年四月丙寅條注，頁1720～1721；《十朝綱要》，卷十七〈徽宗〉，大觀元年七月丁未條，頁465。據李燾引蔡延慶（1029～1090）孫蔡興宗所著的《祖宗官制舊典》所記，內客省使累朝不置，到崇寧後，只除童貫一人（按：童在崇寧三年四月前是寄資內客省使，後來才真除，到大觀元年七月落內客省使）。據蔡氏說，童貫所得恩數同執政，以元自

乙丑（十二），為了加強事權統一，他以熙河蘭湟秦鳳路安撫司上言，請罷熙河路轉運司，合陝西為一路，而添置轉運使副，令兩員應副熙河。宋廷從其請。〔註18〕他也效李憲所創的經制財用司，亦稱經制，所措畫的足以供熙河一方之用。〔註19〕

　　大觀二年正月丙子（廿五），童貫以招降蕃部之功，破格授武康軍節度使、提舉龍德宮、熙河蘭湟秦鳳路宣撫使。他是宋代第一個內臣授節度使的人。同日拜太師的蔡京並未反對授童貫節度使。童貫是年五十五歲，他的師傅李憲戰功比他彪炳得多，神宗在元豐五年（1082）十一月曾想授他節度使，因大臣反對不成，童貫則得到蔡京的支持而膺此不賞之職。據內臣邵成章所言，本來舊制內臣不拜節度使，蔡京卻為童貫說話，稱徽宗降旨有邊功者，不必遵舊制。後來楊戩、藍從熙（？～1115 後）、譚稹、梁師成等內臣便援童貫例獲建節。據說蔡京討好諸人，又說「繕郊廟，建明堂，鑄九鼎，治大河，制禮作樂，皆大勣勞，豈減邊功耶？」於是群閹都得以建節。王稱便批評蔡京這樣順從徽宗，當「童貫始用事擢節度使，凡內侍寄資，一切轉行，祖宗之法，蕩然無餘。」呂中（？～1252 後）也斥蔡京「寬恩濫及於貂璫，而峻法反加於善類。高俅、童貫之徒，妄加節鉞，而元祐、元符之黨不使容身於天地之間。」〔註20〕

樞密副使換內客省使。不過，李燾質疑換官之說，他以太祖朝從吳廷祚（911～964）、李處耘（920～966）、李崇矩（924～988）到曹彬（931～999），都先後從內客省使居樞密使副之任，卻未見有人從樞密使副換內客省使。

〔註18〕《宋會要輯稿》，第十二冊，〈食貨四十九・轉運司〉，頁 7108。

〔註19〕葉適（1150～1223）（撰），劉公純等（點校）：《葉適集》（北京：中華書局，1961 年 12 月），第三冊，《水心別集》，卷十一〈外稾・經總制錢一〉，頁 774；楊時（1053～1135）（撰），林海權（校理）：《楊時集》（北京：中華書局，2018 年 2 月），第三冊，卷三十三〈誌銘・錢忠定公墓誌銘〉，頁 837～839；黃震（1213～1280）（撰），王廷洽（整理）：《黃氏日抄》（五），收入戴建國（主編）：《全宋筆記》第十編第十冊（鄭州：大象出版社，2018 年 4 月），卷六十八〈讀文集十・水心外集・經總制錢〉，頁 482～483；《文獻通考》，第一冊，卷十九〈征榷考五〉，頁 553。按黃震讀葉適文集，亦提及李憲及童貫推行的經制錢。

〔註20〕陸游：《家世舊聞》，卷下，頁 206；《十朝綱要》，卷十七〈徽宗〉，大觀二年正月己未至丙子條，頁 467；《編年綱目》，卷二十七，頁 695；《東都事略》，卷十〈本紀十・徽宗一〉，葉七下（頁 210）；卷一百一〈蔡京傳〉，葉二下（頁 1552）；《宋史》，卷二十〈徽宗紀二〉，頁 380；卷四百六十八〈宦者傳三・童貫〉，頁 13658；卷四百七十二〈姦臣傳二・蔡京〉，頁 13724；呂中（撰），張其凡（1949～2016）、白曉霞（整理）：《類編皇朝大事記講義》（與《類編皇朝中興大事記講義》合本）（上海：上海人民出版社，2014 年 1 月），卷一

　　童貫剛建節，為報答主子，就在四月甲辰（廿四）派統制官辛叔獻、知岷州馮瓘等率兵收復洮州，改臨洮城仍舊為洮州。按洮州東至岷州界一百十三里，西至喬家族生界二百里，南至魯黎族生界一百五里，北至河州界一百二十里。因宋軍自收復浪黎廝江諸族之後，又有結篤籛者，率羌兵萬餘逼近峰貼峽寨，守軍將之擊退，但羌人又圍大通城、宣威城、順寧寨、連彤山一帶。叛羌出沒新邊者數年。辛、馮大軍出岷州入洮州南境，逼近魯黎諸族，其首領結篤迎拒宋軍，以蕃字書覆童貫，其辭倨甚。谿谷（哥）城（溪哥城）王子臧征撲哥欲與宋軍戰鬥，亦不肯出降。辛叔獻等於是更整軍迫之，諸羌駭散，於是具板築城洮州，招納洮州一帶蕃部，共命部將潛率輕騎破斫其城，前鋒所及，臧征撲哥來不及服鞍而騎，奔往丹寅嶺。宋軍盡獲其號箭、旗鼓和胡床，並招撫其部眾。童貫又派統制官劉法、張誡及王亨自循化城，焦用誠、陳迪自廓州分兵兩路追擊。劉法等以盛兵示威於前，焦用誠等攻其巢穴。童貫再令隴右都護劉仲武於谿哥城對岸的撒逋谷口結橋而過，並命從征的趙懷德往諭原屬他部族的臧征撲哥以恩信。因結篤籛出兵，故臧征撲哥（亦作僕哥）紛紛嘯聚。當他東失魯黎族之援，窮迫無路，就以銀飾鞭獻趙懷德，為投降之信物，留在谿哥城以待宋軍。據葉夢得（1077～1148）所記，徽宗在五月辛亥（初二）以復洮州功，就比照王安石當年收復熙河獲神宗賜玉帶，賞蔡京方團玉帶，並從其請加佩金魚。童貫獲加授檢校司空仍任宣撫使。官位未達三師之位的童貫、何執中、鄭居中、王黼及蔡攸五人稍後都獲此恩賜。壬子（初三），臧征撲哥遣其弟荃廝波率領河南首領撒廝金等來向宋軍納款。童貫就在同日派諸將至谿谷城受降，將谿谷城建為積石軍。考積石軍東至廓州界八十里，西至青海一百餘里，南至蓋龍崪八十里，北至西寧州界八十里。徽宗詔俘臧征撲哥獻京師。這場算不上大捷的軍事行動，又給蔡京奉迎主子的機會。童貫並未親自出馬，卻在同月丁巳（初八）獲得厚賞，再換鎮為奉寧軍節度使，賞取洮州和積石軍，並降臧征撲哥之功。壬戌（十三）詔臨洮城依舊為洮州。戊辰（十九），詔官蔡京子孫一人，執政官自知樞密院事張康國、門下侍郎何執中、中書侍郎梁子美、尚書左丞林攄、同知樞密院事鄭居中，全部加官一等。徽宗又命戶部侍郎洪中孚奏告天地宗廟社稷。童貫這次

〈治體論〉，頁 37～38。關於李憲在元豐五年十一月不獲授節度使的經過，可
參見何冠環：《拓地降敵：北宋中葉內臣名將李憲事蹟考述》，第六章，頁 149。
按大觀元年正月丙子（廿五），徽宗以受八寶，青唐蕃酋趙懷德改封順義郡王，
河南蕃部都總領縉什羅蒙為兩使留後，賜名趙懷忠。趙是童貫招撫的蕃部。

－62－

以泰山壓卵姿態收復洮州和積石軍，不過為了滿足主子的虛榮。值得一提的是，他的大將劉仲武曾派子劉錫（？～1147）為人質以安臧征撲哥之心，另奇兵渡河迫敵失援投降。童貫卻掩沒其功，止錄他修河橋之勞。據《東都事略・劉仲武傳》和《宋史・劉仲武傳》所載，童貫在出征前，因藏底河城（即積石軍）與西寧接境，於是召劉問計，劉說宋大軍入境，羌人或窮走西夏，路必經西寧，可掩捕之，若他們降，可予以招納，他們或退伏巢穴，可乘其便。只是河橋功力大，不是倉卒可成，緩急要預辦，若稟命待報宋廷，怕失時機。童貫許以便宜行事，於是劉造好橋，預先渡河設伏，臧征撲哥果然降。劉後來並沒有自申其功，幸而後來為徽宗所知，召對，對他撫慰良久，並說納臧征撲哥，撫定河南，都是他之力。徽宗又特加其子劉錫為右班殿直閤門祗候，其餘八子都補三班借職，命他復知西寧州。〔註21〕又據出土的〈王溫墓誌〉所記，隨童貫收積石軍的還有真宗朝庸將馬步軍都虞候王超（951～1012）的曾孫京西第二將王溫（1056～1112），墓誌記「朝廷恢復疆土，拓地千里。命太師（按：當指童貫）將天威選將勵兵，仁義之師，不戰而醜虜遯伏，遂取□石（當是積石）故區。公以選行，奏功第賞，乃有上閤遙刺之拜。」王溫以功拜西上閤門使高州刺史。這則碑記揭示這一仗確是不戰而勝。王溫在政和二年四月丙辰（三十）卒於京師延慶里第，年五十七。〔註22〕

　　徽宗從何得知劉仲武之功受童貫所掩？筆者認為來自徽宗另一寵臣，長期為他執掌禁軍的高俅。據筆者所考，高俅早在崇寧二年以後，已隨劉仲武西征，獲劉不次推功而讓徽宗以他有邊功而擢為管軍。高俅很有能在崇寧四年六月使遼回來，自客省使擢管軍（應是最低一階的龍神衛四廂都指揮使），

〔註21〕《長編紀事本末》，第八冊，卷一百四十〈徽宗皇帝・收復鄯廓州・收復洮州積石軍〉，葉十二下至十五下（頁4240～4246）；《宋會要輯稿》，第十四冊，〈兵九・出師三，青唐〉，頁8760；《東都事略》，卷一百四〈劉仲武傳〉，葉五上下（頁1597～1598）；《宋史》，卷二十〈徽宗紀二〉，頁380～381；卷八十七〈地理志三・陝西・洮州、積石軍〉，頁2166，2169；卷三百五十〈劉仲武傳〉，頁11082；卷四百六十八〈宦者傳三・童貫〉，頁13658；《十朝綱要》，卷十七〈徽宗〉，大觀二年四月甲辰至五月戊辰條，頁468；《編年綱目》，卷二十七，頁695；葉夢得（撰），宇文紹奕（考異），侯忠義（點校）：《石林燕語》（北京：中華書局，1984年5月），卷七，頁104～105。按：《皇朝編年綱目備要》記劉法為蕃兵將，而從征的將校還有楊德。
〔註22〕樊遠（撰）：〈宋故西上閤門使持節高州諸軍事高州刺史上柱國太原郡開國侯食邑一千三百戶王公墓誌銘并序〉，載河南省文物研究所、中國文物研究所（編）：《新中國出土墓誌・河南卷（壹）》，下冊（北京：文物出版社，1994年），第381篇，頁337～338。

然後在大觀二年十月前已任步軍副指揮使。高俅後來在宣和二年（1120）推薦劉仲武子劉錡（1098～1162），是感念劉仲武提拔之恩的。〔註23〕故很有可能是他向徽宗報告童貫賞罰不公的事。

徽宗好玩權術，在宰執大臣裡常常拉一派牽制一派，不讓好像蔡京這樣一人獨大。同樣，有理由相信，他也一樣在軍中放下不同的棋子，以收互相制衡的作用。童貫雖是他寵信的內臣，但他可不許童一人坐大。高俅正是他在軍中安插的心腹親信以監視童貫。我們觀乎日後童、高的關係是微妙的，高從來不用看童的面色行事。

童貫為徽宗主持拓邊大業，徽宗仍是全力支持，滿足他的合理要求。好像在大觀二年十月己亥（廿三），童貫以熙河蘭湟秦鳳路宣撫使上奏，稱軍馬朝廷所賴非輕。現時聞知馬數出少，川茶卻價低。要解決其弊，在於知致此之原委。他說川茶如初榷買，搬運至秦鳳、熙河等路來換馬，係以原買本錢添搭腳稅，隨市增減而價例不定。在熙豐年間，馬賤，茶價亦賤。而今馬貴，茶價隨市亦貴。近年以來，諸場買馬比熙豐間，雖逐等量有增添茶數，為原降指揮每歲買馬以一萬五千匹為額，今時係以二萬匹為額，除添五千匹外，逐時又有泛拋匹數甚多，若不量行添搭，恐怕無以招誘蕃客收買。他請求且依現今價格收買。他又說在元豐四年，擔任提舉川陝茶馬司郭茂恂（？～1098後）請以茶充折外，其餘數支見錢、物帛，增立年額為二萬匹，比舊額常買不足。徽宗就像神宗當年支持李憲一樣，詔准童的請求，依見今的斤馱比價收買馬匹。〔註24〕

宋廷也同時責成童貫做好新拓數州的屯田工作。大觀二年，陝西轉運副使孫琦（？～1108後）上言西寧、湟、廓三州，良田沃野，并給族部，並未課稅。他請今日進築之初，宜召諸首領與族長開諭，令量立租課，責期限，並委族長使之催諭。宋廷詔童貫相度合宜程度以行之。〔註25〕

〔註23〕參閱何冠環：《水滸傳》第一反派高俅（？～1126）事蹟新考〉，載何著《北宋武將研究》（香港：中華書局，2003年6月），頁526～530，545。

〔註24〕按童貫所指的，是元豐四年（1081）八月乙亥（廿一），時任奉議郎、新差專切提舉陝西買馬監牧兼同提舉成都府、利州、秦鳳、熙河等路茶場公事郭茂恂所奏，茶場買馬併為一司後，如何靈活推行之建議，當時神宗均准其奏。童貫這時據郭的原議而論奏。郭的原奏及童的請求參見《宋會要輯稿》，第七冊，〈職官四十三‧都大提舉茶馬司〉，頁4139，4156。

〔註25〕《宋會要輯稿》，第十三冊，〈食貨六十三‧屯田雜錄〉，頁7639；《文獻通考》，第一冊，卷七〈田賦考七‧屯田〉，頁168。按孫琦所奏的月日不詳。

　　據費袞（？～1192 後）的記載，童貫在宣和五年（1123）後來對河北都轉運使呂頤浩（1071～1139）說，他收復青唐時，宋廷支降一千八百萬貫，許辟置官屬六百餘員。每一次犒賞，得金盂百十兩者比比皆是。至結局奏功，上等轉五官，陞五職，其下增秩亦如是。〔註 26〕若費氏所記屬實，徽宗對童貫之支持可謂有求必應。

　　徽宗在大觀三年（1109）二月丁酉（廿二），又以行復洮州之賞，特授童貫自檢校司空、奉寧軍節度使為檢校司徒、鎮洮軍節度使，童貫卻堅辭不接受。據岳珂（1183～1243）所記，童貫並非不想接受，只是因文臣的反對而罷。時任翰林學士的葉夢得早就以授童貫武康軍節度使不妥，只是不敢反對。這時聞說徽宗欲授童貫開府儀同三司的使相的官位，葉怕由他撰寫草制，會招致物議，就出言反對，以童貫憑八寶恩除節度使，已非祖宗之法，今又以執政之任付之。青唐是朝廷必欲得之地，若童成功，則以何官職賞之？蔡京這時頗愧於眾論，在是日鎖院，仍令將童貫進官檢校司徒易鎮洮軍鎮。葉夢得勉為其難，撰寫童貫這篇陞官之制詞。制出後，一向不喜葉夢得的鄭居中，就摘取制中文句，向童貫挑撥，說葉欺童，至借制詞來暗諷他。童貫問其故，鄭居中說，首句有云：「眷言將命之臣，宜懋旌勞之典」。他解釋今日凡是內侍省差一小中官降香，就說「將命」；修一處宮觀，造數件服用，轉官時就曰「旌勞」。鄭說本來童以二府故事晉官，故用白麻撰辭的規格。葉這樣寫就是以小黃門的身份來視他。鄭又說制詞末云：「若古有訓，位事惟能，德因敵以威懷，于以制四夷之命，賞眡功而輕重，是將明八柄之權。」鄭居中向童解釋，《尚書·周官》分明上面有「建官惟賢」一詞，但葉不引用，卻用下一句「公非賢爾，眡功輕重」之語。明顯是諷童貫的功止於此，不值厚賞。據載童貫起初真是垂涎開府儀同二司之賞，今次不能獲得已失望不已。聽完鄭居中的說話，就面露不悅，即時回衙，向館中的幕賓質問，要他們逐字解釋制詞的意思。果然，幕賓所解釋的多符鄭所言。童貫大怒，就向徽宗泣訴，將制詞納還徽宗榻上，不接受此官職。徽宗為了安撫童貫，在五月戊午（十四），便罷葉翰林學士，以龍圖閣直學士出知汝州（今河南平頂山市汝州市），理由是言官說葉內行不修之故。上奏之言官相信是秉承徽宗與童貫之意而劾葉。葉未幾落學士職領洞霄宮。童貫且遷怒於蔡京，認為蔡京有份沮他。據岳珂

〔註 26〕費袞（撰），傅毓鈐（標點）：《梁谿漫志》（太原：山西人民出版社，1986 年10 月），卷六，「青唐燕山邊賞」條，頁 73。

的說法，葉夢得這時甚得寵信，鄭居中要排擠他，就以此陰招挑撥，想不到這竟然張大內臣童貫之威。〔註27〕群書均記童貫在取洮州及積石軍後，「頗恃功驕恣，選置將吏，皆捷取中旨，不復關朝廷」，於是惹來蔡京的不滿。徽宗自然看在眼內，就樂得讓蔡京和童貫爭權。蔡京和童貫關係轉差，大概就在大觀三年以後。〔註28〕

相比之下，童貫始終得到徽宗寵信，蔡京卻在大觀三年由得寵到失寵：首先是他的黨羽林攄在四月戊寅（初四），以言者論他不學無術，倨傲不恭，狠愎專恣，失人臣禮，被徽宗開刀，將他自中書侍郎罷守本官知滁州（今安徽滁州市）。〔註29〕

徽宗隨即調整二府人事，以補在三月壬申（廿八）卒的張康國和罷職的林攄：四月癸巳（十九）鄭居中知樞密院事，吏部尚書管師仁（？～1109）同知樞密院事（按：管在六月甲戌初一以疾請罷，未幾卒）。癸卯（廿九），以同知樞密院事余深為中書侍郎，兵部尚書薛昂（1056～1134）陞尚書左丞，工

〔註27〕岳珂（撰），吳企明（點校）：《桯史》（北京：中華書局，1981年12月），卷四，「葉少蘊內制」條，頁43～44；《宋史全文》，第三冊，卷十四〈宋徽宗〉，頁940；《宋會要輯稿》，第八冊，〈職官六十八‧黜降官五〉，頁4882；《會編》，卷五十二〈靖康中帙二十七〉，靖康元年八月二十三日丙辰條，葉三上下（頁391）；李幼武（纂集）：《宋名臣言行錄‧別集》，文淵閣《四庫全書》本，上卷四，「葉夢得」，葉三上下；《宋史》，卷四百四十五〈文苑傳七‧葉夢得〉，頁13133。據李幼武所載，童貫取得青唐歸，葉夢得問蔡京，何以賞童。蔡京沉思未答。葉說節度使之上就是開府儀同三司，不知朝廷會否授童貫。蔡說不會。葉就說幸甚，因外人都以為童必晉此官。蔡說真的給童進官使相，他就一定不肯當制撰寫制詞。惟葉夢得在童貫得勝歸朝時已罷翰林學士，此記真實性存疑。

〔註28〕《宋史》，卷四百六十八〈宦者傳三‧童貫〉，頁13658；《東都事略》，卷一百二十一〈宦者傳‧童貫〉，葉一下（頁1864）。

〔註29〕《宋史》，卷二十〈徽宗紀二〉，頁382；卷三百五十一〈林攄傳〉，頁11110～11112；《靖康要錄》，卷十，頁990～991；《宋會要輯稿》，第四冊，〈儀制十一‧尚書丞郎追贈〉，頁2530；第八冊，〈職官六十九‧黜降官六〉，頁4899～4890。林攄後來歷知越州、永興軍、東平府（即鄆州，今山東菏澤市鄆城縣），徙大名府，加觀文殿學士，拜慶遠軍節度使。宣和二年（1120）八月甲午（廿六），言者復論他往昔守東平府，今移大名府，陵轢官吏，恣行吞噬。徽宗因罷之，授正奉大夫提舉亳州明道宮。他後還蘇州，於宣和五年六月瘍生於首而卒，年五十九。徽宗念其奉使之勞，自觀文殿大學士宣奉大夫贈開府儀同三司，錄其子林偉直秘閣。但到靖康元年七月壬辰（廿八），言官論他是蔡京死黨，同為欺君誤國之姦，說他「佞愎姦回，志在寵利，平居言論風旨惟京是從。」又說他罪姦不在蔡京下，請奪贈林的所有恩典。欽宗准奏，追貶林為節度副使。

部尚書劉正夫為尚書左丞。余深與劉正夫都是蔡京一黨。這時蔡京仍得寵，但在六月丁丑（初四），因御史中丞石公弼（1061～1115）、侍御史劉安上（1069～1128）、殿中侍御史毛注（？～1111後）與張克公（？～1118）交相上奏論蔡京專國擅權，罪惡甚眾，徽宗在四年內第二度將蔡罷相為中太中宮使；不過，徽宗仍許其請給恩數並依見任宰相例。石公弼等再論奏蔡誤國害民，事非一端，請將他逐出京師。辛巳（初八），徽宗擢陞次相何執中繼為首相。七月丁未（初四），徽宗為收人心，詔除元祐黨籍及得罪宗廟外，其餘被貶之人量才試用。乙丑（廿二），追復蔡京政敵故相趙挺之贈官。到十一月己巳（廿九），令蔡京進封楚國公以守太師致仕，仍提舉編修《哲宗實錄》，許於朔望朝請。毛注極言不可，請早令他離開京師，但徽宗不聽。徽宗在大觀四年（1110）二月己丑（二十），再將蔡之黨羽余深陞為門下侍郎，而以蔡京政敵張商英（1043～1122）為中書侍郎，另擢戶部尚書侯蒙同知樞密院事。蔡京失寵之餘，在大觀四年三月，居於明州（今浙江寧波市）的前言官陳瓘遣其子陳正彙以事往杭州，告蔡京謀反，並引曾劾蔡京兄弟的朝請大夫前殿中侍御史陳師錫為證，時知杭州的蔡薿（？～1122後）方與蔡京聯宗，就將陳正彙執送京師，下詔獄，並將陳瓘從明州逮至京師受審。徽宗罷蔡京相，卻留他修實錄，其實只是教訓警告他，未有置他死地之意。陳瓘看不透徽宗之意，貿然上告，結果在徽宗授意下，是月己酉（十一）陳正彙以所告不實，流海島，陳瓘安置通州（今江蘇南通市），陳師錫安置郴州（今湖南郴州市）。四月癸未（十五），蔡京上《哲宗實錄》，不過並未為此得到復職。五月甲寅（十六），蔡京政敵故相章惇落罪籍。甲子（廿六），徽宗詔蔡京權重位高，人屢告變，卻全不知引避，為公議不容，令降授太子太保致仕，任便居住，後令出居杭州。同月丙寅（廿八）執政才兩月的門下侍郎余深以疾請罷。徽宗授資政殿學士出知青州。六月戊辰朔（初一），章惇追復特進。己丑（廿一），徽宗以張商英為次相。尚書右丞薛昂是月也請罷，徽宗就授資他政殿學士出知江寧府。七月乙巳（初八），又追復曾布等官。八月乙亥（初九），徽宗進一步改組二府人事：以劉正夫為中書侍郎，侯蒙為尚書左丞，翰林學士承旨鄧洵仁（？～1123後）為尚書右丞。庚辰（十四），以資政殿學士吳居厚為門下侍郎。閏八月辛酉（廿五），詔書申戒士大夫分朋植黨。以太學生陳朝老（《宋史全文》作張朝老）上書說蔡京跋扈，說他盜徽宗之恩賞以植私黨，以結人心，故有此詔。十月丁酉（初二），徽宗冊鄭貴妃為皇后，后族弟的知樞密院事鄭居中

以外戚嫌罷守觀文殿學士中太一宮使。戊戌（初三），吳居厚復為知樞密院事。十一月丁卯（初三），徽宗祀昊天上帝於圜丘，大赦天下，並詔明年改元。戊寅（十四），徽宗又詔劾告蔡京的陳瓘自便。〔註30〕隨著蔡京的失勢，迎來了新的政和時期。

　　徽宗借二度罷蔡京相位來展示他的君威，並警告臣下不要恃寵專權植黨。他利用不滿蔡京一黨的言官發難彈劾蔡京，而用平庸如何執中以及蔡的政敵張商英繼相，清除蔡京的勢力。當然，得寵的內臣如童貫是他對付蔡京的耳目。宋人對蔡京罷相，但何執中為相，童貫及高俅用事，曾有童謠譏刺：「殺了種蒿割了菜，喫了羔兒荷葉在。」就是說蔡京雖去，佞臣如何、童、高三人尚在。據與他同時的董棻（？～1161）所記，何執中為首相，只知廣殖貲產，他名下邸店之多，甲於京師。時人譏刺他退朝之暇，就日掠百二十貫房錢，猶說貧窶。〔註31〕

〔註30〕《長編紀事本末》，第八冊，卷一百三十一〈徽宗皇帝‧蔡京事迹〉，葉十三上至十五上（頁 3989～3993）；《宋史》，卷二十〈徽宗紀二〉，頁 383～385；卷四百七十二〈姦臣傳二‧蔡京〉，頁 13725；《宋史全文》，第三冊，卷十四〈宋徽宗〉，頁 941～946；《十朝綱要》，卷十七〈徽宗〉，大觀三年六月丁丑至大觀四年十一月戊寅條，頁 470～474；《宋會要輯稿》，第九冊，〈職官七十八‧罷免上〉，頁 5206～5207。石公弼劾蔡京「姦惡雖中外憤怒，而畏京之威，人莫敢言，一犯其怒，宗族莫保。每託以紹述神考之政，而京率意無所畏忌。外則生事於四夷，內則殫竭於民力，託爵祿以廣私恩，濫錫予以盡經費。」毛注則劾他「位極人臣，爵無可加，擅持威福，震動中外，四方多士，惟知奔走宰相之門，而不知君父之尊。知徇流俗之習，而不知法令之可長畏。文昌舊省，一毀而盡，遠傷元豐之偉迹，近累陛下之述事。謂忠於君可乎？臨平新塔乃京私域之高原，土木百出，一境騷然。上假朝廷之威力，下便宰相之私計，謂忠於君可乎？」

〔註31〕曾敏行：《獨醒雜志》卷九，第 225 條，「京師童謠」，頁 86；佚名（撰），燕永成（整理）：《東南紀聞》，收入戴建國（主編）：《全宋筆記》第八編第六冊（鄭州：大象出版社，2017 年 7 月），卷一，頁 284；董棻（撰），唐玲（整理）：《閒燕常談》，收入戴建國（主編）：《全宋筆記》第九編第二冊（鄭州：大象出版社，2018 年 3 月），頁 98。考宋史學者對何執中的研究不多，鄧小南教授在考述其曾姪孫何澹（1146～1219）與其龍泉何氏家族的專文中，略有提及何執中起家的事蹟，惟沒有評論其相業的平庸。參見鄧小南：〈何澹與南宋龍泉何氏家族〉，原載《北京大學學報》（哲學社會科學版），2013 年第 2 期（2013 年 3 月），現收入鄧著：《宋代歷史探求：鄧小南自選集》（北京：首都師範大學出版社，2015 年 8 月），頁 449～493，有關何執中的論述，見頁 455～460。

　　童貫在是年卻連折兩員得力大將，首先在是年七月戊辰（廿五）陞任客省使、榮州刺史知滄州（今河北滄州市）的辛叔獻被罷，以他久在邊郡，豪橫不守法度，而到八月甲戌（初二），童的大將馬軍都虞候知熙州、彰化軍留後的劉法罷熙河蘭湟路經略安撫使，以不體君命罷任，令赴京師聽候發落。熙河轉運使許天啟（？～1111 後）降兩官，差遣依舊。通判劉師民降兩官冲替，以頒大樂至熙州，法不出迎，繼而安頓州學法，許天啟與劉師民始同來州學看，故并坐之。十月丁酉（廿六），劉法行至鄭州（今河南鄭州市），降為武康軍節度副使亳州安置。童貫沒有力保劉法，據邵博（？～1158）所記，劉法在崇寧興儒學時，他處分舉子無賴者，到宣和興道學時，他就處分道士中無賴的。他大概開罪了徽宗寵的道士，而被罷職，故童貫就沒為他說話。〔註32〕

三、群閹用事

　　需要一提的是，在大觀時期的宋宮高級內臣。童貫從官職名位早已超過在宋宮兩省任主官的高級內臣。他出仕以來，曾在大觀元年兼任知入內內侍省事（原為都知，崇寧二年五月改）的職務，後來他加官晉爵，就沒有再記他繼續兼任知入內內侍省事的職務。這正是徽宗的權術，在大觀以後，只委童貫統兵拓邊的權力，而宮中的事務就另委親信。考在大觀時期，任簽書、同知及知入內內侍省事的高級內臣，有官至內客省使奉國軍節度觀察留後知入內內侍省事的郝隨（？～1109）、鄭貴妃所寵的延福宮使、建雄軍節度觀察留後、知入內內侍省事直睿思殿黃經臣、官至通侍大夫（原內客省使改）保寧軍節度觀察留後、知入內內侍省事的藍從熙、原知入內內侍省事、內客省使彰化軍節度觀察留後致仕的馮世寧（？～1117）、內客省使保康軍留後、知入內內侍省事的賈祥，和早在崇寧二年任簽書入內內侍省事、徽宗藩邸舊臣楊震（？～1115）等數人。除了黃經臣倚鄭貴妃之援，主元祐之政，似與童貫

〔註32〕《宋會要輯稿》，第八冊，〈職官六十八・黜降官五〉，頁 4882～4883；邵博（撰），劉德權、李劍雄（點校）：《邵氏聞見後錄》（北京：中華書局，1983年 8 月），卷三十，頁 235；《長編紀事本末》，第八冊，卷一百三十六〈徽宗皇帝・當十錢〉，葉一上下，五下，十三下至十四上（頁 4111～4112，4120，4136～4137）。按這個許天啟被認為是蔡京一黨，他在崇寧二年二月就向蔡京建議推行當十錢，蔡任他為提舉陝西鑄錢。到政和元年六月，他就被言官狠批他倡改錢法，以一當十。說陝西之銅未嘗生發，許卻妄以坑冶烹采之說取悅大臣，穿鑿山谷，斂取器用，以資鼓鑄，銅尚不納，遂乞鑄大錢當十行使。

政見不合外，餘下各人與童貫基本上是相安無事。〔註33〕不過，在大觀年間已出任知入內內侍省事的楊戩和後來居上的權閹梁師成卻成為童貫最大的競爭者。

首先要說的後來與童貫分庭抗禮，權勢相當的梁師成，他在大觀三年二月乙丑（廿一）的殿試中，居然高中第一甲第十一名進士，自此得到徽宗另眼相看。梁也有很高的書學造詣，徽宗後來曾命他與蔡京及黃冕編類秘府所藏的法書，辨別真贋。他這種本領就博得雅好書法的徽宗賞識。目前的記錄，沒有梁師成擔任入內內侍省主官的記載，但他受到徽宗的寵信卻是越來越大，對朝政的影響力也不可低估。〔註34〕他的黨羽譚稹也在大觀二年三月己卯（廿

〔註33〕《長編紀事本末》，第七冊，卷一百二十二〈徽宗皇帝‧禁元祐黨人下〉，葉九下（頁3692）；卷一百二十四〈徽宗皇帝‧追復元祐黨人〉，葉三上下（頁3731～3732），十一上（頁3747）；《宋會要輯稿》，第三冊，〈禮三十四‧后喪四‧顯恭皇后〉，頁1506；第四冊，〈禮五十八‧群臣謚〉，頁2063～2064；〈儀制十三‧內侍追贈‧贈使相、贈節度使〉，頁2569～2570；第六冊，〈職官二十‧宗正寺‧修玉牒官〉，頁3598；第七冊，〈職官三十六‧內侍省〉，頁3899；第八冊，〈職官六十八‧黜降官五〉，頁4886；第九冊，〈職官七十八‧罷免上〉，頁5007；《宋史》，卷三百五十一〈鄭居中傳〉，頁11103；《金石萃編》，卷一百四十六〈宋二十四‧崇恩園陵采石記〉，葉二十三上下（頁440）。考崇寧二年五月丙戌（初八），詔改入內內侍省都知為知入內內侍省事，副都知為同知入內內侍省事，押班為簽書入內內侍省事。郝隨在崇寧三年四月自延福宮使奉國軍留後知入內內侍省事，落職提舉醴泉觀，他在崇寧五年正月以大赦令任便居住，後卒於大觀三年七月，謚榮恪，贈開府儀同三司。黃經臣在大觀元年，曾建議鄭貴妃，以外戚秉政不妥，於是罷鄭居中樞職。大觀二年八月戊寅（初一），他以延福宮使建雄軍節度觀察留後知內侍省管勾太廟，擔任都管勾奉安玉牒。同年十月，他再以知入內內侍省事為顯恭王皇后園陵按行事。他在政和二年五月被貶（事見第四章）。藍從熙在大觀二年十月顯恭王皇后之喪時，已以知入內內侍省事監修園陵。政和三年（1113）十一月壬辰（十五），落通侍大夫及罷知入內內侍省事，依舊保寧軍留後，特授直睿思殿。馮世寧卒於政和七年（1117）七月，謚恭節，贈開府儀同三司。又賈祥在政和三年（1113）三月，即以入內內侍省武功大夫（按：當為知入內內侍省事）計置哲宗崇恩皇后（即昭懷皇后劉氏，1079～1113）陵園事。他在大觀後期當已任此職。又通侍大夫、昭慶軍節度觀察留後、直睿思殿梁和（？～1116）未載他任知入內內侍省事，但以他的官位甚有可能任此職。梁和卒於政和六年（1116）三月，贈安化軍節度使。另關於徽宗即位至崇寧時期宋宮內臣的陞遷貶降情況，可參閱何冠環：〈北宋閻氏內臣世家第三、四代人物閻士良與閻安〉，頁286～294。

〔註34〕《十朝綱要》，卷十七〈徽宗〉，大觀二年三月乙丑條，頁470；《宋史全文》，第三冊，卷十四〈宋徽宗〉，頁941；《宋史》，卷四百六十八〈宦者傳三‧梁師成〉，頁13662～13663；宋高宗（趙構）（1107～1187，1127～1162在位）

九），以符寶郎之職奉徽宗命使舒州（今安徽安慶市潛山縣）、江州（今江西九江市）、滁州（今安徽滁州市）及揚州（今江蘇揚州市）等州。到政和年間便已擢同知入內內侍省事。〔註35〕

　　徽宗寵信的另一內臣楊戩也在大觀年間開始冒起。楊戩少給事宮廷，主掌後苑，善測徽宗意。崇寧以後日漸有寵，負責立明堂，鑄鼎鼐，起大晟府，並提舉龍德宮。他在崇寧五年七月癸巳（初四），當徽宗恩待高道劉混康（1037～1108），為建道觀，特命楊戩負責題額，而由善書的蔡卞撰文。崇寧五年底至大觀初年，他已任景福殿使、明州觀察使，他大概在大觀初年已任知入內內侍省事。大觀末年，他已官至留後，政和元年初，徽宗一度要擢他為節度使，以宰相張商英反對才止。不過，楊戩和梁師成有所不同，他和童貫的關係較佳，被人視為童的同黨。他也和童一樣，有份參預搖撼欽宗儲位之謀。他最受詬病之處，是採用胥吏杜公才之策，立法索民田契，自甲之乙，乙之丙，展轉究尋，至無可證時，就度地所出，增立賦稅。他此種措施始行於汝州，然後浸淫於京東西和淮西北各路，括廢隄、棄堰、荒山、退灘及大河淤流之處，都勒索民主佃。定額為一後，雖衝蕩回復不可減，號為「西城所」，他又築山瀼於古鉅野澤，綿亙數百里，濟、鄆州數州，賴其蒲魚之利，他就立租算船納值，犯者以盜論。導致一邑於常賦外增租錢至十餘萬緡，水旱均不得蠲免。那個為他出主意的杜公才，被他薦為觀察使。他括削民脂以自肥的做法，為禍其實不亞於童貫收受官員賄賂。〔註36〕

　　（撰），儲玲玲（整理）：《翰墨志》，收入戴建國（主編）：《全宋筆記》第九編第二冊（鄭州：大象出版社，2018 年 3 月），頁 93。考《宋史》記梁師成在政和才登進士第，當為誤記。《皇宋十朝綱要》及《宋史全文》記他中賈安宅榜一甲十一名如此具體，當是。

〔註35〕《十朝綱要》，卷十七〈徽宗〉，大觀二年三月己卯條，頁 468。（按：原書作癸卯日，惟是月無癸卯日，當為己卯）。

〔註36〕《宋史》，卷三百五十一〈張商英傳〉，頁 11097；卷四百六十八〈宦者傳三·楊戩〉，頁 13664；劉大彬（？～1317 後）編撰：《茅山志》，《正統道藏》本，卷三〈賜劉混康詔·崇寧五年七月四日〉，葉十上；慕容彥逢：《摘文堂集》，卷八〈景福殿使明州觀察使楊戩親堂姪茂實可借職制〉，葉十一上；〈附錄·慕容彥逢墓誌銘〉（蔣璨撰），葉四下至八下；陸游：《家世舊聞》，卷下，第 39 條，「先君言徽宗崇方士」，頁 217。據慕容彥逢的墓誌所記，慕容彥逢在崇寧元年拜中書舍人，但三年春以母喪去位，五年中起復為中書舍人。大觀元年權翰林學士，他這篇制詞疑撰於崇寧五年中至大觀元年初。劉混康是常州晉陵（今江蘇常州市）人，據陸游所記，劉混康是茅山派道士，其師祖朱自英（977～1029），以傳籙著名。早在章獻劉太后（970～1033，1022～1033

　　另外，李憲之子李轂也在政和年間出頭，但他似乎和童貫並不走得近。
〔註37〕徽宗並不專寵童貫一人，他也在內臣裡刻意培植可以制衡童貫的人。

攝政）臨朝時，朱獲召至京師。劉頗有識，善劾鬼神，然未嘗行。每曰：「安
能敲枷擊鎖作老獄吏耶？」他於大觀二年四月丁亥（初七），應詔自茅山來京
師，號華陽先生。徽宗命道士二百人具威儀導迎，館於上清儲祥宮新作元符
之別觀。他已病不能朝見。同月丁酉（十七）即病死，徽宗命內臣賜金營喪，
特贈太中大夫。又命時任檢校少保、鎮東軍節度使、開府儀同三司、中太一
宮使兼侍讀修國史的蔡卞撰寫碑文並書。《句容金石記》收入這篇碑文以及其
師祖朱自英的碑文。又清乾嘉史學大師錢大昕（1728～1804）提到他遊茅山，
看到世傳的茅君玉印，驗其文，云：「九老仙都君印」，他說此乃是宋徽宗在
崇寧初年刻以賜葆真觀妙先生劉混康的。其文九疊，不是漢篆。他說所訪的
元符觀本是劉混康所居庵，徽宗就改名元符萬寧宮。宮之道士世守此印，俗
傳為漢印，又說是卞和所獻玉。參見楊世沅（？～1900後）（撰）：《句容金石
記》（鉛印本），收入國家圖書館善本金石組編：《宋代石刻文獻全編》，第二
冊（北京：北京圖書館出版社，2003年3月），卷四〈華陽先生解化之碑〉，
葉十八下至二十下（頁152～153）；〈上清大洞國師乾元觀妙先生幽光顯揚之
碑〉，葉二十三上至二十六上（頁154～156）；錢大昕（撰），陳文和（主編）：
《嘉定錢大昕全集》（南京：江蘇古籍出版社，1997年12月），第九冊，《潛
研堂文集》，卷二十〈游茅山記〉，頁322～323；第十冊，《潛研堂詩續集》，
卷三〈游茅山三首〉，頁52～53。
〔註37〕岳珂：《寶真齋法書贊》，文淵閣《四庫全書》本，卷二〈欽宗皇帝御押內藏
御筆·行書四行〉，葉十一下至十二上；《長編紀事本末》，第七冊，卷一百二
十二〈徽宗皇帝·禁元祐黨人下〉，葉一上（頁3675）、六下至七上（頁3686
～3687）；《宋會要輯稿》，第一冊，〈后妃四·內職雜錄〉，頁329。李轂在崇
寧三年前仍入元祐黨籍，尚未被赦。據《長編紀事本末》卷一百二十二所記，
崇寧三年四月甲辰朔（初一），「尚書省勘會黨人子弟，不問有官無官，並令
在外居住，不得擅到闕下，令具逐路責降安置編管等臣僚姓名下項除名勒停
編管人」，在淮南路下，編管泰州（今江蘇泰州市）的有「李轂落觀察使降授
皇城使提舉鴻慶宮」。疑這個「李轂」是李轂的訛寫。若所疑屬實，則李轂這
時仍被貶責泰州。李轂甚麼時候被召回朝？據岳珂的《寶真齋法書贊》所記，
大概在政和元年初，時為太子的欽宗曾手書四行並加押賜李轂，命他向內藏
庫支錢一萬貫，支給徽宗鄭皇后作修造使用。李轂因這差使乃與欽宗親近。
據此，李轂大概在大觀年間已獲召還並復得徽宗寵信。他於政和四年七月已
任同知入內內侍省事。

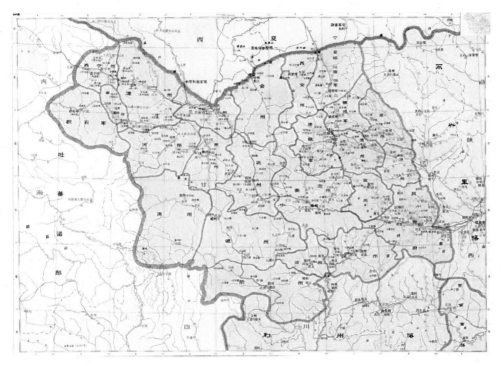

北宋陝西六路圖

北宋涇原路、秦鳳路、熙河路

第四章　攻夏謀遼：政和時期童貫的
軍功與作為

　　徽宗冊立鄭皇后兩月後，改元政和。在復相的張商英秉政下，徽宗似乎有更革之意。政和元年（遼天慶元年，1111）正月甲子朔（初一），罷廢多年的直臣鄒浩（1060～1111）復直龍圖閣，而徽宗又詔明州將陳瓘所撰的《尊堯集》取往政典局。壬辰（廿九）。詔百官厲名節。三月己巳（初七），詔監司督州縣長吏勸民增植桑柘，課其多寡為賞罰。癸酉（十一），又以吏部尚書王襄（？～1131後）同知樞密院事。四月乙卯（廿三），又罷陝西、河東鑄土錫錢（按：夾錫錢即夾錫鐵錢，下文將詳述）。丙辰（廿四），立守令勸農黜陟法。丁巳（廿五），以淮南旱，降囚罪一等，徒以下釋之。徽宗施政，給人與民休息的印象。據《宋史‧張商英傳》的說法，張為政持平，指出蔡京明說紹述，但借以劫制人主，禁錮士大夫而已。他這番話正中徽宗下懷，罷蔡而用張。在張商英主政下，於是大革弊政，「改當十錢以平泉貨，復轉般倉以罷直達，行鈔法以通商旅，蠲橫斂以寬民力」。他又勸徽宗節華侈，息土木之建，並抑僥倖。當徽宗要擢楊戩為節度使時，他堅持不與，以祖宗之法，內侍無至團練使的，有功則別立昭宣使及宣政使以寵之。他所持的自然是正論，卻開罪了童貫以下的內臣，加上他志廣才疏，行事不密，很快便失寵。他不知徽宗只是因病而做一些安撫人心的善政，放緩他在崇寧及大觀的政策，並非真的改絃易轍。而張作為佛教的護法，更與崇信道教的徽宗格格不入。〔註1〕

〔註1〕《十朝綱要》，卷十七〈徽宗〉，政和元年正月甲子朔條，頁475；《宋史》，卷二十〈徽宗紀二〉，頁385～386；卷三百五十一〈張商英傳〉，頁11097。據黃

六月甲寅（廿三），徽宗便復蔡京為太子太師，依前楚國公致仕。七月壬申（十一）徽宗病了近百日終於痊愈後，更無顧忌。八月丁巳（廿七），張商英便因施政粗疏，與給事中劉嗣明（？～1118 後）互訟。御史中丞張克公定劉得直，並劾張商英十罪。加上何執中與鄭居中日夜醞釀織其短，這時徽宗已厭張，就將他罷為觀文殿大學士出知河南府。九月辛酉朔（初一），再將他落職改知鄧州（今河南南陽市鄧州市）。壬申（十二），再降兩官。他所推薦的王襄也在九月戊寅（十八）罷樞。誰都看得出，蔡京很快便回朝秉政。〔註2〕

一、封疆陝西

當宋廷人事出現反覆時，在熙河的童貫仍努力經營開拓邊地，特別是在均糴事上建議作出相對合理的安排。是年五月戊寅（十七），他以熙河蘭湟秦鳳路宣撫使、措置陝西、河東路邊事的身份上奏，請下轉運司推行均糴之法，他說若只依坊郭鄉村等第均定石數收糴，緣元定等第內家業錢就往往不等，好像家業錢六千貫至一萬貫為第一等之類，作一等均糴，切實施行後，就不得均濟。徽宗詔依所奏，惟命令不得因緣作弊，騷擾及糴買不均等。徽宗詔仍委本路的提刑、提舉常平司、走馬承受，需常常切實覺察，按劾以聞，當重行典憲。又詔所有河北、河東州縣，由逐路監司限半月共同從詳商議，考究委實可行抑或不可施行，另有無窒礙未盡事理的，需要保明核實，以急入遞

啟江學長的研究，張商英歷仕神宗、哲宗及徽宗三朝，他在大觀四年繼蔡京任相，以主持短期的政治改革而名重一時，惟正史對他評價不高，《宋史》說他以「傾詖之行，竊忠直之名，沒齒尤見褒稱，其欺世如此。」《東都事略》說他受天下之推重是因為蔡京異論，又說他「詭譎不常」。洪邁評他為「奸人之雄」，說他是沒原則，善沽名譽之人。但也有不少人如唐琳和田楫肯定他的功績。他大致上是一個有爭議的人物，而他與佛教的密切關係，堪稱為護法，黃氏即有詳盡深入的研究。可參見黃啟江：〈張商英護法的歷史意義〉，收入黃著：《北宋佛教史論稿》（臺北：臺灣商務印書館，1997 年 4 月），頁 359～416。關於蔡京在崇寧二年據其黨陝西轉運副使許天啟之議，至大觀年間推行當十錢之始末及弊害，《長編紀事本末》專立一節述之。可參見《長編紀事本末》，第八冊，卷一百三十六〈徽宗皇帝‧當十錢〉，葉一上至十四下（頁 4111～4138）。

〔註2〕《十朝綱要》，卷十七〈徽宗〉，政和元年六月甲寅至十月辛亥條，頁 476～477；《宋史》，卷二十〈徽宗紀二〉，頁 386；卷三百五十一〈張商英傳〉，頁 11097；《長編紀事本末》，第八冊，卷一百三十一〈徽宗皇帝‧張商英事迹、蔡京事迹〉，葉七上至八下（頁 3977～3980），十五上（頁 3993）；《邵氏聞見錄》，卷五，頁 44。邵伯溫也批評張商英「無術寡謀，覬視同列，間言並興。」於是徽宗不樂而罷之。另王襄在政和元年十月辛亥（廿二），隨著張商英再貶，與吳執中、范鏜、范致虛（？～1129）等八人並坐張商英黨，落職宮觀。

聞奏。庚寅（廿九），童貫又上言均糴之法，鄉村若以田土頃畝均敷，則上等
所均斛斗數少，實為優幸。下等均定斛斗數多，不易供辦。他提出若以家業錢
均，則上等所均斛斗數少，下等均定斛斗為多，就不易供辦。他認為若以家業
錢均，則上等所均斛斗數多，下等人各均定斛斗少，委實是兩事利害不同。他
說轉運司具到坊郭戶均數目看詳，請求依舊例，只於家業錢上均糴。徽宗接受
童貫建議，詔下轉運司攤定一州一縣合糴都大石數，會計一州一縣逐等都計家
業錢紐筭，訂出每家業錢幾文，合糴多少石斗，所貴均一。〔註3〕從推行均糴
一事看來，童貫不全是只懂戰場上廝殺，也頗有治邊之才。當然，這很可能是
他幕僚的建議，他手下懂得財貨的人不少，如程唐（？～1138 後）便是。

　　童貫推行的均糴法，一開始便有邊臣知定州王漢之（？～1122）反對。
徽宗雖然在政和二年（1112）三月乙丑（初八），將王漢之落職，提舉杭州洞
霄宮，〔註4〕但反對的人仍多。據《宋史・食貨志・和糴》的綜述，在政和三
年（1113）以後，以歲稔，令各路都行均糴法。政和五年（1115），言者謂「均
糴法推行往往不齊，故有不先樁本錢已糴而不償其值，或不度州縣力而敷數
過多，有一戶而糴數百石者。」徽宗見此弊，就詔諸路毋輒行均糴。後以州
縣以和糴為名，低裁其價，而轉運司督責越加峻急，令到科率倍於均糴，就
詔約止之。到宣和三年（1121）方臘平，兩浙亦量官戶輕重行均糴。翌年（宣
和四年，1122），荊湖南北亦行均糴，以家業為差別。後來新收復的鄯州、廓
州和積石軍，也行勸糴之法，惟蕃部患之。按此法推行時即有負面的評論。
大儒楊時（1053～1135）便評說，當童貫行此法時，「賤入民粟，增估金帛以
償之，下至蕃兵射士之授田者，咸被抑配。」於是「全陝騷然，幾至生變。
帥臣諸司不視利病，奉承推行惟恐後。」只有鄜延經略安撫使知延安府錢即
（1054～1124）以為不可，上書極陳利害。他說「勸糴非可以久行。均糴先入
其斛乃給其直，於是有斛斗之家未有害也。坊郭之人，素無斛斗，必須外糴，
轉有煩費。」然其章上不報。據稱當時童貫方用事，權傾中外，人們均為錢
上書而為他擔憂，但錢仍繼續上章，其言更益切直。〔註5〕

〔註3〕《宋會要輯稿》，第十二冊，〈食貨四十一・均糴〉，頁 6920～6921；第十三冊，
　　　　〈食貨七十・均糴雜錄〉，頁 8190；《文獻通考》，第一冊，卷二十一〈市糴考
　　　　二・常平義倉租稅〉，頁 617。
〔註4〕《宋會要輯稿》，第八冊，〈職官六十八・黜降官五〉，頁 4886。
〔註5〕《宋史》，卷一百七十五〈食貨志上三・和糴〉，頁 4245～4246；《楊時集》，
　　　　第三冊，卷三十三〈誌銘・錢忠定公墓誌銘〉，頁 839；李幼武（？～1172 後）

　　錢即除了反對均糴法外，還批評童貫這時奉詔推行夾錫錢以平物價的措施為非。按童貫更改錢法，必欲鐵錢與銅錢等值，讓物價率十減其九。錢即的前任知永興軍徐處仁便指出「此令一傳，則商賈弗行，而積藏者弗出，名為平價，適以增之。」徐甚至有「餓殺長安一城」之嘆。鄜延路轉運使迎合童貫，指徐違旨倡異論，徽宗乃詔徐罷任赴闕。徐在政和元年六月被貶知蘄州（今湖北黃岡市蘄春縣）。但繼任的錢即卻不懼，還直言「詳考詔旨，謂鐵錢復行，與夾錫並用。慮姦民妄作輕重，欲維持推行，俾錢物相直。非欲以威力脅制百姓，頓減物價於一兩月間。今宣撫司裁損米穀、布帛、金銀之價，殆非人情。徐處仁言雖未盡，所見為長，望速詢其實，如臣言乖謬，願同處仁貶。」朝臣聽聞錢連番上章攻擊童貫，且論事多質直語，就爭相傳誦。但徽宗信任童貫，不納忠言，反而詔責錢即妄有建明，毀辱使命，將他貶為永州團練副使，永州（今湖南永州市）安置。〔註6〕

　　據俞兆鵬教授的考證，夾錫錢即是夾錫鐵錢的劣幣，由蔡京於崇寧二年令其親信陝西轉運副使許天啟推行，以夾錫錢一當二及當十銅錢使用。俞氏認為宋廷推行此一錢法，除了推行通貨膨脹政策外，另一原因就是聽了河東轉運判官洪中孚之言，以遼夏均以鐵錢為兵器，若雜以鉛錫，則脆不可用。俞氏認為，雖然夾錫錢鑄造技術要求較高，又只能折二行用，故不見私鑄，但民間卻有偽飾夾錫錢冒充當十大銅錢圖利。而因宋廷後來禁止夾錫錢在東南鑄造，令全部運往陝西，於是造成陝西夾錫錢貶值達四十倍。蔡京及童貫推行此法，俞兆鵬認為導致了徽宗朝惡性通貨膨脹，物價暴漲的惡果。〔註7〕

（纂集）：《宋名臣言行錄·續集》，文淵閣《四庫全書》本，卷二，「錢即忠定公」，葉十三上至十五下；黃震（撰）、王廷洽（整理）：《黃氏日抄》（四），收入戴建國（主編）：《全宋筆記》第十編第九冊，卷四十一〈讀本朝諸儒理學書九·龜山先生文集·行狀〉，頁261；《文獻通考》，第一冊，卷二十一〈市糴考二·常平義倉租稅〉，頁617。

〔註6〕楊時：《楊時集》，第三冊，卷三十三〈誌銘·錢忠定公墓誌銘〉，頁839；李幼武（纂集）：《宋名臣言行錄續集》，文淵閣《四庫全書》本，卷二，「錢即忠定公」，葉十三下，十五上下；吳曾：《能改齋漫錄》，卷十二〈記事·陳瓘行外制落職〉，頁375；《金石萃編》，卷一百三十三〈宋十一·慈恩寺塔題名二十二段·睢陽徐處仁等政改元孟夏十三日〉，葉三十七下（頁225）。考徐處仁在政和元年孟夏（四月）十三日尚在永興軍，到六月即被召赴闕諭知蘄州。撰寫徐處仁告詞的陳瓘行卻被劾所撰的用詞錯誤，落職知和州（今安徽巢湖市和縣）。

〔註7〕關於夾錫錢推行的背景和經過，可參見俞兆鵬：〈論宋徽宗時期的通貨膨脹〉，〈論夾錫錢幣材的成分〉，載俞著：《求真集──俞兆鵬史學文選》（南昌：江

　　雖然童貫擠走了錢即，但錢即的後任賈炎（？～1116 後）也反對童貫將錢法屢改。據《宋史‧賈炎傳》所載，起初鐵錢復行，其輕如初，自關中以西皆罷市，民不聊生。賈炎主張一切馳禁，且禁裁物價，民商貿易，各從其便。但童貫又以兩者重輕相形，復請與舊法鐵錢並折二通行，遂盡廢夾錫錢不得用。民益以為苦。賈炎後徙知延安府，仍奏上錢法屢變之弊，批評童貫的做法。另外，涇原帥种師道雖見徐處仁和錢即坐異議貶，也不肯改行新法，仍用金銀準折。徽宗見此，詔陝西都轉運使任諒（1068～1125）與童貫商議。任諒覆奏，稱此舉為陝西六路帶來傷害，宋廷終於在政和六年（1116）四月己丑（廿六），下令全國停上使用夾錫錢，並撤銷各路提舉鑄夾錫錢官，同時令陝西路鑄小鐵錢，復鑄鐵鑄監院。〔註8〕

　　宋代貨幣史研究大家汪聖鐸教授對於徽宗及蔡京發行夾錫錢的經過，及童貫推行夾錫錢，弄至錢法混亂的責任，有詳細及客觀的論述。汪氏指出童貫奉行徽宗的詔書不遺餘力，像陸師閔（？～1099 後）一樣，強令物價下落（十減其九），結果引起許多地方商人罷市，社會秩序處於混亂狀態，只因某些地方官變相抵制，才使事態沒有擴大，汪氏認為有些記載將責任完全歸於童貫，顯然不恰當，因為童貫只是執行徽宗詔旨過於急迫，而當本路官員反對其錯誤做法時，徽宗不但不聽，還將反對者貶斥，這說明造成這次錢法混亂，徽宗應負主要責任。後來宋廷又在陝西局部再行夾錫錢，正如汪氏所說，徽宗仍堅持那種不現實的銅鐵錢比價。〔註9〕

　　西教育出版社，2004 年 10 月），頁 205～244；俞兆鵬：〈論北宋末期的惡性通貨膨脹〉，原載《南昌大學學報》（人文社會科學版），2014 年第 4 期，增補後收入俞著：《探索集——俞兆鵬史學文選之三》（南昌：江西人民出版社，2015年 5 月），頁 157～187，有關夾錫錢的討論，見頁 167～175。

〔註8〕《宋史》，卷一百三十三〈食貨志下二‧錢幣〉，頁 4393；卷二百八十五〈賈昌朝傳附賈炎傳〉，頁 9621～9622；卷三百五十六〈任諒傳〉，頁 11221；卷三百七十一〈徐處仁傳〉，頁 11518；《十朝綱要》，卷十七〈徽宗〉，政和六年四月戊子至己丑條，頁 489；《東都事略》，卷一百二十一〈宦者傳‧童貫〉，葉五上；《楊時集》，卷三十三〈誌銘‧錢忠定公墓誌銘〉，頁 839；《會編》，卷六十〈靖康中帙三十五〉，靖康元年十月二十九日辛酉條，葉十四下（頁 450）。考錢即後來復職，一度獲任河東帥兼知太原府，但他以童貫領河東宣撫使而奏請辭避，徽宗卻不允。

〔註9〕汪聖鐸：《兩宋貨幣史》（修訂版）（北京：社會科學文獻出版社，2016 年 3 月），下冊，第三編第三章〈陝西河東鐵錢及陝西河東貨幣區〉，第二節「強行維持夾錫錢與銅錢官定比價的舉措」，頁 535～540。據汪氏所考，宋廷在政和六年四月下令停夾錫錢，但到六月又重新下令允許陝西路行夾錫錢，並重申舊日的規定，一直到宣和二年仍行之。那不知是童貫的堅持，還是徽宗的固執。

比起錢法毀多於譽，童貫推行的均糴法，也因童貫最後敗死，宋人對之均沒有好評。明中葉通曉經濟的名臣丘濬（1421～1495）在論邊事時也提到均糴一法，指它是童貫在政和元年奏行，以人戶家業田土均數。丘氏稱宋廷行此法，只取之於民，而不復墮商人低價估貨，高價入粟之弊。雖然計其家產而均敷之，量其蓄積而括索之，甚至或不償其值，或強敷其數，又會產生另外之弊，惟丘氏對童貫所行此法，並無苛評。〔註10〕

晚明的貨幣專家胡我琨（？～1620後）據上文所引的《宋史‧食貨志‧和糴》論述北宋中葉開始在西北推行的寄糴法、括糴法、勸糴法，到童貫在政和元年宣撫陝西所行的均糴法時，首先引述錢即的議論，然後記述宋廷在政和五年因執行之弊而詔廢止此法的經過。胡氏基本上也是客觀地記述均糴法推行的過程，並沒有帶著偏見評論之。〔註11〕

當代學者對童貫推行的均糴法的研究不算多，魏婭婭把均糴法作為宋代和糴制度的一種來討論其利弊，而提到均糴法主要實行於陝西，最早始於政和元年童貫宣撫陝西時，其辦法是由「轉運司攤定一州一縣，合糴都大石數，會計一州一縣逐等第都計家業錢，紐算每家業錢幾文，合糴多少石斗。」魏氏認為均糴和其他幾種糴法，雖然不完全等同於賦稅，也沒有發展到白取強奪，但已多少帶有強制科配的性質。而和糴一旦失去它的自願性，勢必會在不同程度上對農民造成危害。〔註12〕

李曉的研究就指出宋廷在購買制度上，是力求均平，以減少強制交易的危害，他指出在北宋末實行攤派徵購的所謂均糴，本來規定各地州縣對轄區內的官戶民戶皆「一例均定石斗科納」，「官戶無減免之文」。二是根據財力狀況之高低，差別對待。只是在實際執行過程中，這兩項原則徒具空文。李氏指出北宋末年和南宋時期，官戶規避強制徵購的現像較多，豪猾以賄移，而苦了貧民。李氏認為只要是強制性的攤派徵購，無論按照戶等，還是依據土地，或家業錢攤派，對農民構成的實際負擔不可能均平。李氏也沒有苛責童貫，只說均糴法最終因執行不善而沒有達到均糴的原意。〔註13〕

〔註10〕丘濬：《大學衍義補》，文淵閣《四庫全書》本，卷二十五，葉二十五上下。

〔註11〕胡我琨：《錢通》，文淵閣《四庫全書》本，卷十，葉十四上至十五上。

〔註12〕魏婭婭：〈宋代和糴利弊初探〉，《中國社會經濟史研究》，1985年10月，頁27～37，有關均糴法的討論，見頁32～33。

〔註13〕李曉：〈中國歷史上的政府購買制度對農民經濟的影響——以唐宋為中心的考察〉，《清華大學學報》（哲學社會科學版），2006年第5期（第21卷），頁69～78。相關討論見頁77～78。

二、出使遼邦

童貫在政和元年九月辛巳（廿一），以奉寧軍節度使之官，獲徽宗委副禮部尚書端明殿學士、提舉醴泉觀鄭允中（？～1114後）出使遼國，充遼主天祚帝生辰副使。以節度使為副使，是不尋常並無先例的安排。三天後（甲申，廿四），徽宗又給童貫加官，從檢校司空進檢校太尉移鎮武信軍節度使加食邑實封，以壯行色（按：《宋史·徽宗紀三》將童貫加太尉繫於政和二年十二月初三丙戌）。徽宗又許童貫與正使鄭允中俱乘狨座。不知那位當制的翰林學士，大筆除列出童當時的官職差遣與階勳爵邑外，又極其稱揚其材及功，說他「謀略精深，材資敏達，忠純夙著，雅推心膂之良；智勇自將，久寄爪牙之任。威名儋於夷俗，誠節簡於予衷。有開疆拓地之膚公，有足國裕民之至計。」也言及他在大觀三年二月辭卻檢校司徒之謙德，今次就一併加官高兩階的檢校太尉：

> 門下。柔遠能邇。聖人所以保安民之功，戢兵豐財，先王所以為經武之實。眷予宿將，蔚有成勞。矧將命之甚勤，豈疇庸之可緩。式疏褒典，誕告瞩廷。中太一宮使、奉寧軍節度、鄭州管內觀察處置等使、檢校司空、持節鄭州諸軍事、鄭州刺史、提舉龍德宮、熙河湟秦鳳路宣撫使、上輕車都尉、雁門郡開國公、食邑二千三百戶、食實封五百戶童貫，謀略精深，材資敏達，忠純夙著，雅推心膂之良；智勇自將，久寄爪牙之任。威名儋於夷俗，誠節簡於予衷。有開疆拓地之膚公，有足國裕民之至計。比將指使，偏撫邊陲。出王瑜時，慮無怨素。言皆底績，寔寬四顧之憂。事不辭難，克稱忠權之重。頃揚綸制，力抗封章，尤高謙挹之風，益顯靖共之操。是用併疇嘉蹟，特侈殊榮，進掌武之崇階，易遂寧之巨鎮，陪敦多邑，載衍真租，以昭懋賞之功，以示勸能之厚。於戲，內外無患，既先烈之彌先，輕重眠功，宜明恩之甚渥。尚欽眷獎，茂對寵休。可特授檢校太尉、持節遂州諸軍事、遂州刺史、充中太一宮使、武信軍節度使、遂州管內觀察處置橋道等使、依舊提舉龍德宮、熙河蘭湟秦鳳路宣撫使、加食邑五百戶、食實封二百戶、勳封如故。〔註14〕

〔註14〕 不著撰人（編），司義祖（點校）：《宋大詔令集》（北京：中華書局，1962年10月初版，1997年12月二版），卷九十四〈將帥·賞功〉，〈童貫進檢校太尉移鎮武信軍節度加食邑實封制·政和元年九月二十四日〉，頁344；《宋會要輯

　　童貫輝煌地出使，這時在杭州閒居，與童有隙的蔡京卻不以為然。他使人附密奏徽宗，批評童貫其實並無大能，偶以復青唐事而竊威名，應深藏之以懼外夷。今次派他出使，豈不為遼人所識破？而且以宦官為使，會被遼人笑國中無人。但徽宗回覆蔡說，是遼主聽知童貫破羌，故欲見之，而且可以派他覘察遼國虛實，實是善策。〔註15〕

稿》，第二冊，〈禮二十・諸祠廟・雜錄〉，頁 992；第五冊，〈崇儒一・宗學〉，頁 2728；《宋史》，卷二十〈徽宗紀二〉，頁 386；卷二十一〈徽宗紀三〉，頁 390；卷一百六十三〈職官志三・吏部・司勳郎中〉，頁 3839；《編年綱目》，卷二十八，頁 703；《會編》，卷一〈政宣上帙一〉，政和七年秋七月四日庚寅條，葉一上至二下（頁 1）；葉隆禮（？～1279 後）（撰），賈敬顏（1924～1990）、林榮貴（點校）：《契丹國志》（北京：中華書局，2014 年 1 月），卷十〈天祚皇帝上〉，頁 113；鄭興裔（1126～1199）：《鄭忠肅奏議遺集》，文淵閣《四庫全書》本，卷下，「狨座」條，葉二十一下至二十二上；王明清：《揮麈後錄》，卷七，第 244 條，頁 137；朱彧（？～1148 後）（撰），李偉國（點校）：《萍洲可談》（與《後山談叢》合本）（北京：中華書局，2007 年 11 月），卷一，頁 116，附錄〈宋史卷三四七朱服傳〉，頁 180；李心傳（1167～1244）（撰），崔文印（點校）：《舊聞證誤》（與《遊宦紀聞》合本）（北京：中華書局，1981 年 1 月），卷四，頁 56；周煇：《清波別志》，卷上，頁 147～148。按周煇、王明清及鄭興裔均將宋正使訛寫作鄭居中或鄭久中，均誤。鄭允中《宋史》無傳，他在大觀二年九月至三年三月見為朝散郎禮部尚書。到政和四年（1114）官工部尚書，他曾編國朝勳德臣僚職位姓名錄。又鄭興裔則記大觀庚寅（四年），其從父中國恭靖公鄭久中（？～1113 後），為相國文正公（即鄭居中）弟，以禮部尚書為賀遼正使，童貫時方得幸，以泰寧軍承宣使充副使，俱賜乘狨座，張繳金帶金魚，於是成為例。據鄭所記，狨座是兩制及節度使以上許用，每年九月乘，三月撤，無定日，視宰相乘則乘，撤亦如是。狨似大猴，生川中，其脊毛最長，色如黃金，取而縫之，數十片成一座，以籍衣不皺，價值百千。背用紫綺，緣以簇四金鵰法錦。其制度無殊別。本來一向只有正使乘狨座，副使乘紫絲座。到這次鄭、童出使，童就獲賜乘狨座。王明清《揮麈後錄》亦引韓勉夫（即韓膺胄，？～1158 後）的說法，與鄭興裔所記相同。王明清將童貫在大觀二年正月授泰寧軍節度使訛為泰寧軍承宣使，並將二人出使遼國訛作大觀中、大觀四年。朱彧的《萍洲可談》與鄭興裔所記狨座的使用制度相同，他說其父朱服（？～1095 後）在紹聖年間使遼時已為兩制（按：中書舍人），故乘狨座，但副使武臣就乘紫絲座。他這則記載仍錯記鄭、童二人在大觀中出使遼國，惟更正童貫為副使時已為奉寧軍節度使。李心傳則已辨明童貫在大觀二年已建節，久之進檢校司空易鎮泰寧軍，另童出使遼國是政和元年，而承宣使是在政和七年才自節度觀察留後改。

〔註15〕《東都事略》，卷一百二十一〈宦者傳・童貫〉，葉一下（頁 1864）；《宋史》，卷二十〈徽宗紀二〉，頁 386；卷四百六十八〈宦者傳三・童貫〉，頁 13658；《十朝綱要》，卷十七〈徽宗〉，政和元年九月辛巳條，頁 476；《會編》，卷五十二〈靖康中帙二十七〉，靖康元年八月二十三日丙辰條，葉一下至三下（頁

　　蔡京子蔡絛（1097～1158 後）所撰的《北征紀實》，稱是天祚帝想與童貫相見，故徽宗派童貫出使以覘遼國。其實徽宗這時已有攻遼之意，只是中外臣僚尚未知徽宗的意圖。《皇朝編年綱目備要》則記那是童貫在西邊得志後，又想再邀新功，於是自請出使，他託遼使蕭至忠向徽宗言及天祚帝想見他。徽宗相信，便派鄭允中及童貫出使。〔註16〕

　　童貫使遼是徽宗的主意，徽宗早有心實現他掃平遼夏的鴻圖，派心腹實地偵察，是他大計的第一步。至於說遼主想見童貫，完全是託辭。童貫窺知主子心意，就加以迎合，並掩飾他的出使實發自徽宗。黃曉巍認為徽宗、蔡京及童貫均共具有謀遼的想法，並成為政和年間謀遼行動的發生發展的中樞推動力量，此後謀遼一事，就由徽宗授意蔡京及童貫共同執行。蔡、童均有意主持此一大計以固寵領功，但二人又矛盾重重，這種既合作又對立的複雜關係，對政和年間謀遼之事的結果有著重要的影響。黃氏的意見可取。至於童貫使遼的月日，據黃曉巍的研究，天祚帝本生於太康元年（1075，即熙寧八年）閏四月庚戌（十九），但遼有改期受賀的習慣，故鄭、童一行就連同賀正旦一併使遼，因準備禮物需時，故二人大概在十一月或十二月初起行，而在十二月底抵遼京，賀遼主正旦。〔註17〕

　　據周輝（1127～1198 後）引述陳公輔（1077～1142）聞於蔡京心腹高揀之言，童貫出使前，向徽宗奏稱遼人知他出入宮禁，親近天子，必求珍奇異物。徽宗也以天祚帝方享樂放縱，於是就在宮中親擇數件與之。鄭、童二人抵遼廷後，贈送天祚帝的生辰禮品都殊異珍腆，連兩浙髹漆之具、火閣、書櫃、床椅都盡贈之，務以璀侈相誇。天祚帝獲贈厚禮，也回贈童貫珍玩厚禮，以誇富鬥侈。並且置酒密室，獨召童貫和二夫人同席會飲。而正使鄭允中反而不預。周輝說童貫還撰寫密室錄，記載遼主和他的談話，其中有遼主向他

<hr>

390～391）；《鐵圍山叢談》，卷二，頁 32～33；彭百川（？～1209 後）：《太平治蹟統類》（揚州：江蘇廣陵古籍刻印社影印適園叢書本，1999 年 12 月），卷二十六〈契丹女真用兵始末〉，葉十一上。按蔡絛將正使鄭允中誤作鄭居中，又記其父蔡京密奏反對，但已不及。徽宗密覆他，已有覘國之意。

〔註16〕《編年綱目》，卷二十八，頁 703；《會編》，卷一〈政宣上帙一〉，政和七年秋七月四日庚寅條，葉二下（頁 1）。

〔註17〕黃曉巍：〈宋徽宗政和年間謀遼復燕史事考論〉，《史學月刊》，2017 年 5 期，頁 44；脫脫（撰），劉浦江（1961～2015）等（修訂）：《遼史》（北京：中華書局點校修訂本，2016 年 4 月），卷二十三〈道宗紀三〉，頁 314；卷二十七〈天祚皇帝紀一〉，頁 355。

盛道蔡京德望的話，說宋朝不用蔡京不能致太平。依周煇所記，遼主待童貫很厚；不過，群書卻記天祚帝與臣下羞辱童貫，指著他笑說宋朝乏人如此，竟派一「腐夫」為奉使官。當童貫受此凌辱，人們就明白所謂遼主要見識童的威名，全是假話。倘果如《皇朝編年綱目備要》所記，遼主想見他之說，原來是童貫自己杜撰出來，他就可說是自取其辱。童貫返宋途中，在燕地的盧溝河，有一個不容於遼的燕京霍陰人馬植（即李良嗣、趙良嗣，？～1126）連夜求見童貫侍者，自陳有滅遼的奇計。馬植據載「世為遼國大族，仕至光祿卿。行污而內亂，不齒於人。」卻又「涉獵書傳，有口才，能文辭，長於智數」，童貫召見，他向童貫析說遼為女真所侵，邊害益深，盜賊蜂起，遼早晚必亡。童貫大奇之，就約他有機會歸宋。周煇說童貫給馬植副使印信，令邊臣不得阻障。據蔡絛《北征紀實》及王稱《東都事略》所記，馬植果然在政和二年正月潛逃來宋。童貫薦之徽宗。徽宗命童貫的養子童師敏齋御筆，但書馬植二字，傳旨詢問可納否。馬植這時藏於童貫家中，遼人曾多次移檄索他，但童貫諱而不與。童貫收納馬植，一方面為報遼人辱他之仇，另一方面，也是徽宗要他查探遼國的虛實。馬是燕地大族，自然知道遼的國情。〔註18〕

政和二年二月戊子朔（初一），徽宗特別命這時已官至四方館使、榮州防禦使的童師敏齋詔召蔡京從杭州回朝，復太師，仍舊楚國公致仕，徽宗賜第

〔註18〕周煇：《清波別志》，卷上，頁147～149；《會編》，卷一〈政宣上帙一〉，政和七年秋七月四日庚寅條，葉一上至三上（頁1～2）；《十朝綱要》，卷十七〈徽宗〉，政和元年九月辛巳條，頁476；《編年綱目》，卷二十八，頁703～704；《繫年要錄》，第一冊，卷一，頁2～3；《宋史》，卷四百六十八〈宦者傳三·童貫〉，頁13658～13659；卷四百七十二〈姦臣傳二·趙良嗣〉，頁13733～13734；《東都事略》，卷十一〈本紀十一·徽宗紀二〉，葉一下（頁214）；卷一百二十一〈宦者傳·童貫〉，葉一下（頁1864）；卷一百二十四〈附錄二·遼天祚帝〉，葉一上（頁1909）；《會編》，卷五十二〈靖康中帙二十七〉，靖康元年八月二十三日丙辰條，葉三下（頁391）；《契丹國志》，卷十〈天祚皇帝上〉，頁113。按《遼史》沒有記載童貫這次出使。關於馬植入宋的年月，有政和元年、二年及五年之說，王煦華和金永高認為是政和五年，後出的黃曉巍則考證當是政和二年，獲賜名李良嗣的馬植，後來再返遼連結反遼的燕雲人士，到政和五年再度入宋。政和二年及五年入宋之說並不矛盾。至於趙永春就認為童貫在政和元年並沒有挾馬植歸。參見王煦華、金永高：〈宋遼和戰關係中的幾個問題〉，原載《文史》第九輯（1980），現收入歷史研究編輯部（主編）：《遼金史論文集》（瀋陽：遼寧人民出版社，1985年8月），頁272～276；黃曉巍：〈宋徽宗政和年間謀遼復燕史事考論〉，第二節「趙良嗣入宋考」，頁44～47；趙永春：《金宋關係史》（北京：人民出版社，2005年9月），第一章，頁35，注29。

京師。並發了一道恩詔，讚許「太子太師致仕蔡京兩居上宰，輔政八年，首建紹述，勤勞百為，可特復太師，仍舊楚國公致仕，於在京師賜第居住」。三月壬午（廿五），蔡京入見。四月甲午（初八），徽宗宴宰執、親王等於太清樓，蔡京預焉。庚子（十四），以何執中為司空。五月己巳（十三），蔡京落致仕，徽宗許他三日一至都堂議事。蔡京重獲寵信，以太師執政。這次是他第三度秉政。〔註19〕

　　蔡京得以復相，童貫的幫忙很重要。楊小敏認為這是二人互相利用的結果。童貫這時深受徽宗寵信，蔡京就是與他有隙，也要仰賴他幫助才有機會復出。童貫謀取燕山，需要在朝中有人襄助，蔡京無疑是合適人選。〔註20〕據周煇所記，童貫明知蔡京曾向徽宗密奏，批評他燕山之謀不可；他回京後卻回奏，說天祚帝盛稱蔡京的功勳，問蔡京何在。徽宗聽罷默然。翌日，召問鄭允中可知有密室錄否。鄭回奏不曾與宴，不知密室錄之事。徽宗追問遼主稱許蔡京之事，鄭只唯唯而已。不數日，蔡京復相。據周煇的解釋，童貫這樣以德報怨，就是要蔡京欠他一大人情，交換支持他聯金攻遼。當蔡京復相視事後，童貫就以其謀告蔡京。據說蔡京見天下已匱乏，邊境無備，就不敢應許。這時金使到來商議攻遼，徽宗命童貫延金使及李良嗣（馬植）會於蔡京私第密議。蔡京即派心腹高揀來見童貫，說他與童貫相知至深，近聞童在徽宗前主張不同，凡事若有未副意的，就請見告，不必致疑。童貫就起立對高說了一番很謙卑的話，說「童貫小內臣，蒙太師蔡京提挈今官職至此，豈敢相忘？煩覆知太師，不可信人言語，遂成嫌間也。」當高揀退下時，童

〔註19〕徽宗在政和二年四月壬子（廿六），許張商英自便。六月己丑（初四），以資政殿學士余深為門下侍郎。十二月乙酉（初二），鄭居中授特進。又考童師敏的官職，最早的記載就是在政和二年官四方館使榮州防禦使。按《道家金石略》頁284記在崇寧二年四月己酉朔（初一），有入內殿頭童師放奉命往曲陽嶽廟醮禱還闕，在同月戊辰（二十）在真君觀題名。這個自稱雁門童師放疑即是童師敏，當時他的官職是入內殿頭。因童貫當時爵封雁門郡開國公，故童師放也自稱郡望為雁門。參見王明清：《揮麈錄·餘話》，卷一，第365條，「蔡元長作〈太清樓特燕記〉」，頁213；《宋史》，卷二十一〈徽宗紀三〉，頁389～390；卷四百七十二〈姦臣傳二·蔡京〉，頁13725；《十朝綱要》，卷十七〈徽宗〉，政和二年二月戊子至五月己巳條，頁478～479；《編年綱目》，卷二十八，頁705～706；《宋史全文》，第三冊，卷十四〈宋徽宗〉，頁949；《全宋文》，第一百三十三冊，卷二八七二〈童師放·真君觀題名·崇寧二年〉，頁179。

〔註20〕遼天祚帝有否與童貫密室之晤，楊小敏氏也懷疑其真實性，但童貫幫助蔡京復出是實在的。參見楊小敏：《蔡京、蔡卞與北宋晚期政局研究》，第四章第一節〈蔡京與童貫的交惡〉，頁161～162。

貫又呼之曰：「更煩賢問太師在杭州靜坐，今日至此，誰之力。童貫所以報太師亦盡矣。」高揀回去報告蔡京，具道童貫所言。據載蔡京雖知童貫已把話說盡了，但此一大事他不敢輕易聽從，但只憂懼而已。〔註21〕

三、逢迎上意

值得注意的是，在政和二年四月甲午（初八），徽宗大宴復相的蔡京於太清樓，據蔡京所作之記，總領其事的高級內臣有內客省使保大軍留後譚稹、同知入內內侍省事楊戩（？～1121）、內客省使保大軍留後帶御器械賈祥（？～1114 後）、引進使晉州觀察使勾當內東門司梁師成等人，而以西上閣門使尚藥局典御鄧忠仁等十三人掌內謁者職。赴宴的除蔡京外，還有宰執大臣鄭紳（鄭后父，？～1127）、吳居厚、劉正夫、侯蒙、鄧洵仁、鄭居中、高俅及童貫本人。內臣中，譚、楊及梁三人已出頭。〔註22〕

蔡京的回朝，象徵徽宗重行紹述之政。五月庚辰（廿四），言官迎合徽宗之意，嚴劾知入內內侍省事黃經臣，指他附張商英朋姦害政，力排紹述，傾搖國是，欲復元祐舊政，並列其十罪。壬午（廿六），徽宗詔黃經臣自內客省使建雄軍留後責授右衛將軍致仕，任便居住。乙丑（廿七），詔黃經臣單州（今山東菏澤市單縣東南）居住。六月戊子（初三），再責散官安置單州。癸卯（十八），內侍李石（？～1127 後）、王棻並罷職，李石提舉亳州明道宮，王棻提舉西京崇福宮。樞密都承旨曹曚（？～1126 後）也受牽連罷職提舉西京崇福

〔註21〕邵伯溫記蔡京在童貫出使前，密結童貫，故童貫回來，就說遼主問起蔡何在，於是徽宗復用蔡京。另《宋宰輔編年錄》卷十二引用李丙（？～1172 後）編的《丁未錄》，亦記述蔡京秘密結納童貫，童貫使遼歸，就詐言遼主問蔡京何在。徽宗信之，於是召還蔡京，復太師仍舊楚國公致仕，又賜詔書開諭之。惟筆者認為此時蔡、童二人尚有隙，要說蔡秘密結交童為他說項，他就不應密奏徽宗，說童的壞話。故邵伯溫及李丙說蔡童深結之說存疑。參見周煇：《清波別志》，卷上，頁 147～149；邵伯溫：《邵氏聞見錄》，卷五，頁 44；徐自明（？～1220 後），王瑞來（校補）：《宋宰輔編年錄校補》（北京：中華書局，1986 年 12 月），第二冊，卷十二〈政和二年〉，頁 765。

〔註22〕王明清：《揮麈錄·餘話》，卷一，第 365 條，頁 213～214；《長編紀事本末》，第八冊，卷一百三十一〈徽宗皇帝·蔡京事跡〉，葉十五下至十六上（頁 3994～3995）；莊綽：《雞肋編》，卷中，「論蔡京太清樓記與皇帝重幸鳴鑾堂記」條，頁 62；《繫年要錄》，第一冊，卷五，建炎元年五月辛亥條，頁 139。鄭紳是鄭皇后父，開封人，本為直省官，因后父故，屢獲封太師、鎮南軍節度使、中太一宮使、樂平郡王。靖康元年（1126）閏十一月城破，被金人所執，既而獲釋，建炎元年（1127）五月卒，高宗諡僖靖，並許他改葬江浙。

宮，以言者論其與黃經臣表裡倡為更替之議。己丑（廿二）國子司業胡伸及其婿知河南府李譓（？～1116後）亦坐貶。[註23]

　　黃經臣被貶，就讓楊戩、梁師成等有機會在內廷掌權。《皇宋十朝綱要》記徽宗在政和二年八月始大增造延福宮，命楊戩等五內侍提舉。其他四內侍還有賈祥、藍從熙、何訴（？～1119後）和李憲子李轂。另譚稹亦在是年於民間訪得玉珪，獻給徽宗，徽宗大喜，以示蔡京等輔臣。由是譚得邀寵。十月壬辰（初八），蔡京等上元圭議。十一月戊寅（廿五），徽宗南面受元圭於大慶殿，大赦天下。辛巳（廿八），蔡京進封魯國公，左僕射何執中進少傅，換太宰，仍兼門下侍郎。童貫在十二月丙戌（初三），也以武信軍節度使晉位檢校太尉。[註24]

〔註23〕《十朝綱要》，卷十七〈徽宗〉，政和二年五月庚辰至六月戊子條，頁479；《宋會要輯稿》，第八冊，〈職官六十八‧黜降官五〉，頁4886；《要錄》，第一冊，卷二，建炎元年二月丙寅至丁卯條，頁41～42。考李石在欽宗即位後獲復用，他還在開封城破後以入內侍內侍省都知奉欽宗命往金營求和。

〔註24〕《長編紀事本末》，第七冊，卷一百二十八〈徽宗皇帝‧玄圭〉，葉六上（頁3861）；《東都事略》，卷一百一〈蔡京傳〉，葉四下（頁1556）；《宋史》，卷二十一〈徽宗紀三〉，頁390；卷八十五〈地理志一〉，頁2100；卷四百七十二〈姦臣傳二‧蔡京〉，頁13726；《十朝綱要》，卷十七〈徽宗〉，政和二年八月丁酉至十一月辛巳條，頁480；《編年綱目》，卷二十八，頁710～711；洪邁（撰）：《容齋隨筆》（上海：上海古籍出版社，1978年7月），《容齋三筆》，卷十三，「政和宮室」條，頁568～569；李心傳：《舊聞證誤》，卷三，頁43。李濂（1488～1566）（撰），周寶珠、程民生（點校）：《汴京遺蹟志》（北京：中華書局，1999年12月），卷一，「宋大內宮室‧延福宮」條，頁7，10。按《容齋隨筆》所記，蔡京在政和間既固位，就招童貫、楊戩、賈祥、藍從熙、何訴等五名大宦官，分任延福宮的營建事。另《東都事略‧蔡京傳》、《宋史‧蔡京傳》及《皇朝編年綱目備要》在政和四年八月延福宮成一條下，也記蔡京「欲以宮室媚上，一日，召內侍童貫、楊戩、何訴、藍從熙諷以禁中逼窄之狀。五人聽命，乃盡徙內酒坊諸司，又遷二僧寺並軍營於他所。五人者既有分地，因各出新意，故號延福五位。」惟李心傳對此說法有所質疑，他引述舊說，謂徽宗在政和初年欲建延福宮，一日命蔡京召諸大宦官來，當時童貫、楊戩、賈祥、藍從熙及何訴皆奏稟。蔡京奉命對五人戒以應幹之事。但他考證後來的延福五位，並沒有童貫，而是以何、藍第一，李轂第二。他認為童貫時已官太尉，當不會應蔡京之召至都堂。事實上童貫時在熙河，不在京師。若童貫參預營建延福宮之事，《皇宋十朝綱要》所記應以他領銜，而非楊戩。考《宋史‧地理志一》及明人李濂所撰的《汴京遺蹟志》，記延福宮在政和三年春，新作於大內北拱辰門外。舊宮在後苑之西南，今其地乃百司供應之所，凡內酒坊、裁造院、油醋、柴炭、鞍轡等庫悉移他處。又遷兩僧寺和兩軍營而作新宮。由於南向，殿因宮名曰延福。但李濂並沒有參考李心傳的考證，仍說蔡京命童貫、楊戩等五人分任宮役，五人者因各為制度，不務沿襲，故號延福五位。

　　政和三年正月丁丑（廿四），徽宗罷吳居厚，以觀文殿學士鄭居中知樞密院事。鄭與蔡早有隙，徽宗故意用鄭來牽制蔡京。四月癸巳（十二），徽宗也將交結黃經臣的尚書右丞鄧洵仁罷免，己酉（廿八），薛昂（1056～1134）以資政殿學士為尚書右丞代之。〔註25〕徽宗在調整中樞人事不久，又在閏四月辛酉（十一），手詔諸路將帥，說遼政不綱，命各條上備禦之策，施設之宜。〔註26〕徽宗的意思，當然不是單純是防禦性的，他希望邊臣能述說伐遼的意見。黃曉巍引《三朝北盟會編》的記載，考出當時便有邊臣知保州（今河北保定市）洪中孚上奏建議伐遼復燕。〔註27〕

　　是年七月乙丑（廿二），貴妃劉氏（1083～1109）薨，徽宗諡曰明達懿文皇后。八月辛卯（十九），追冊明達皇后。庚子（廿八），內臣楊戩以保靜軍留後直睿思殿負責製造冊寶及造神主。時在京師的童貫在這次大喪也獲一份差使，九月丙辰（十五），童貫以檢校太尉武信軍節度使，與吏部侍郎慕容彥逢同任奉諡冊官。十二月癸丑（十二），徽宗又加他食邑實封，制詞稱許他「智略沉雄，器模宏達。挺忠君之操，密侍禁嚴。懷經遠之謀，助綏四裔，往共武服，屢奏膚公。」又表揚其功為「來旬來宣，燕及皋蘭之境，于疆于理，誕延積石之區。漠北慕義以願交，河右畏威而效順。寬我西顧」。〔註28〕

　　值得一記的是，原為遼臣屬的女真首領完顏阿骨打（漢名完顏旻，金太祖，1068～1123，1115～1123 在位）在政和二年（遼天祚帝天慶二年）已隱有不臣之心，到政和三年（遼天慶三年）三月，率五百騎突至咸州（今遼寧開原市北老城鎮），遼詳穩司召之不至，阿骨打已決心反遼。阿骨打不臣遼的事，宋人也知聞。政和三年二月甲午（十二），宋廷詔以遼、女真相持，河北州郡須治好邊防。惟阿骨打此時仍未成氣候，故童貫雖納李良嗣於幕，命他

〔註25〕《宋史》，卷二十一〈徽宗紀三〉，頁 390～391；《繫年要錄》，第四冊，卷九十，紹興五年六月丙寅條，頁 1553～1554。考紹興五年（1135）六月丙寅（廿四），中書舍人劉大中（？～1140）反對給鄧洵仁贈官，除了劾他和其弟鄧洵武在政宣間相繼執政，卻專以佞諛，保固寵祿外，又指鄧洵仁在暮年與內侍鄧文誥通家往來，謂同譜系。

〔註26〕《十朝綱要》，卷十七〈徽宗〉，政和三年閏四月辛酉條，頁 481～482。

〔註27〕黃曉巍：〈宋徽宗政和年間謀遼復燕史事考論〉，第二節「趙良嗣入宋考」，頁48～49；《會編》，卷十九〈政宣上帙十九〉，宣和六年九月癸丑條，葉八上下（頁 136）。

〔註28〕《宋會要輯稿》，〈禮三十四·后喪四·明達皇后〉，頁 1511～1512；《宋大詔令集》，卷九十四〈將帥·賞功·童貫移鎮武信軍節度使加食邑實封制·政和四年十二月十二日〉，頁 344～345。

聯絡燕地反遼勢力，但聯女真攻遼之議仍待時機。童貫仍將精力放在攻西夏方面。〔註29〕

　　徽宗在政和四年（天慶四年，1114）五月甲午（二十），賞製樂傳宣之勞，擢陞並無戰功的直睿思殿楊戩為彰化軍節度使。楊戩是繼童貫第二個獲授節度使的內臣。早在是月癸巳（十九），御史中丞蔣猷（1065～1130）聞知楊將建節，即上奏反對。他以祖宗時，未嘗有內臣建節。之前童貫首違舊制建節，當時士論已不平。徽宗卻說有非常之功，則有非常之賞。蔣猷仍堅持說「事塞其源，則人無缺望。若使攀緣展轉，人人有意外之得，則所謂非常者反為常矣。」他的正論卻不為徽宗接納，徽宗只敷衍地說「官爵得之易，則名器卑，誠如卿言。當為卿杜來者。」為了安撫蔣猷，就詔三省、御史臺常遵守彈劾。但楊戩仍然建節如儀。楊之後，很快梁師成等又相繼建節。這對總算立下不少汗馬功勞的童貫不公。〔註30〕李心傳評說自真宗以來，宦者官雖尊，

<hr>

〔註29〕《遼史》，卷二十七〈天祚皇帝紀一〉，頁364～366；《十朝綱要》，卷十七〈徽宗〉，政和二年三月壬午條，頁478；政和三年二月甲申至三月甲戌條，頁481。據黃曉巍的研究，李良嗣從政和二年到五年主要是在燕雲一帶連絡反遼勢力。他到五年初才再入宋。參見黃曉巍：〈宋徽宗政和年間謀遼復燕史事考論〉，二、「趙良嗣聯結燕雲反遼人士」，頁47～48。關於阿骨打在天慶四年前部署反遼的背景，可參見趙永春：《金宋關係史》，第一章，頁1～5。

〔註30〕《十朝綱要》，卷十五〈徽宗·御史中丞二十八人〉，頁414；卷十七〈徽宗〉，政和四年五月甲午條，頁484；《編年綱目》，卷二十八，頁710；《宋史》，卷三百六十三〈蔣猷傳〉，頁11351；卷四百六十八〈宦者傳三·楊戩〉，頁13664；《宋史全文》，第三冊，卷十四〈宋徽宗〉，頁953～954；汪藻：《浮溪集》，卷二十七〈誌銘·徽猷閣直學士左宣奉大夫致仕贈特進顯謨閣直學士蔣公墓誌銘〉，頁344～347；羅濬（？～1225後）：《寶慶四明志》，文淵閣《四庫全書》本，卷八，「蔣猷」條，葉二十八上至二十九上；袁桷（1266～1327）：《延祐四明志》，文淵閣《四庫全書》本，卷四，「蔣猷」條，葉三十八下至三十九上；《宋會要輯稿》，第四冊，〈輿服二·政和宣和鹵簿〉，頁2193；第六冊，〈職官十七·御史中丞〉，頁3483；第八冊，〈職官五十五·御史臺〉，頁4504。蔣猷字仲遠，先世是丹陽縣（今江蘇鎮江市丹陽市）人，後徙昌國縣（今浙江舟山市），《宋史》以他為潤州金壇縣（今江蘇常州市金壇區）人。元豐八年（1085）登進士第，徽宗朝以勞積遷中書舍人，善書，學者宗之。他約在政和四年接陞任戶部尚書的王甫（即王黼，1079～1126）為御史中丞兼侍讀，有直聲。他曾論今群臣無他能，惟善伺人主意，承望宰執風旨向背，以特立不回者為愚，共嗤笑之。他說此風不可長。故事，內侍省隸御史台六察，到崇寧中，內臣竊弄詔旨，奏免所隸。他任中丞後，就上疏駁正，他又查得內侍劉友端（？～1113後）等違擅事。他對內臣一直不假以詞色，於是論童貫和楊戩不該授節度使，不過，徽宗一力維護童、楊二人。他在政和七年遷兵部尚書，由王安中繼任中丞。他後改工部陞吏部。以言者劾罷。到宣和四年自宮祠起知明州，以不樂應奉再請奉宮祠。

止於遙郡承宣使（即留後）而已，到宣政間，始除童貫、楊戩、梁師成、譚稹、李彀、梁方平等十許人。到靖康初年，就皆貶奪之。南宋以後，就再沒有內臣而為節度使。宋人即以徽宗授內臣為節度使為弊政。〔註31〕

阿骨打在是年七月開始進攻遼，敗遼師於寧江州（今吉林松原市石頭城子東），再在十月及十一月大破由遼司空蕭嗣先、副都統蕭撻不也的七萬大軍於出河店（今黑龍江大慶市肇源縣西南）、都統蕭敵里的遼軍於斡鄰濼東，震動遼廷。宋廷在是年八月已知道阿骨打叛遼，稍後也知道遼軍敗於出河店。〔註32〕

四、厲兵秣馬

是年冬，宋邊臣又偵知西夏在西邊蠢動。西夏原本在大觀元年曾向宋入貢，但並不真的臣服。環州定邊大首領夏人李訛移（？～1116），寫信給西夏統軍梁哆陵，說他居漢地二十年，每見宋邊春廩既虛，秋庾未積，而糧草轉運，例給空券。在秋天已過，春天未到之時，若夏軍乘虛攻襲，直取定邊軍（今陝西延安市吳起縣西鐵邊城鄉政府所在），就唾手可得。既得定邊城，旁邊十餘城就不攻而下。他說夏國儲糧累年，闕地而藏之，定邊也是如此。夏軍到來，可以不需帶糧而坐飽，他這番話打動了梁哆陵，於是發兵萬人往環州。幸而陝西轉運副使任諒早知其謀，亟輸粟定邊軍及諸城堡，又募民盡發窖穀，得數十萬石。當梁哆陵率夏軍進圍定邊軍時，卻找不到窖藏。因為缺糧，七天後，夏軍只能無功而返。不久，夏軍再圍觀化堡（今陝西延安市吳起縣西北城灣村），見邊儲已足，梁訛移只好解圍而去，而夏崇宗乾順（1083～1139，1086～1139 在位）隨後築臧底河城（今陝西榆林市靖邊縣東南李家村城）。〔註33〕

〔註31〕 李心傳（1167～1244）（撰），徐規（1920～2010）（點校）：《建炎以來朝野雜記》（北京：中華書局，2000 年 7 月），甲集卷十二，第 310 條，「宦官節度使」，頁 240。

〔註32〕 《遼史》，卷二十七〈天祚皇帝紀一〉，頁 366～367；《十朝綱要》，卷十七〈徽宗〉，政和四年八月至十一月庚寅條，頁 484；《宋史全文》，第三冊，卷十四〈宋徽宗〉，頁 953～954～955；《編年綱目》，卷二十八，頁 711～712；趙永春：《金宋關係史》，第一章，頁 5～6。

〔註33〕 《宋史》，卷三百五十六〈任諒傳〉，頁 11221；卷四百八十六〈外國傳二·夏國下〉，頁 14109～14020；《東都事略》，卷一百二十八〈附錄六·西夏傳〉，葉四上（頁 1963）。李訛移與其子李遇昌是環慶蕃將，在大觀間叛歸其國，後來數度引西夏入寇。

　　面對西夏的攻勢，徽宗在政和五年二月庚午（三十），即委童貫兼領陝西六路邊事及承奉御前處分，並以新設的承奉御前處分邊防司為名，令童貫總攬河東及陝西路的軍政大權。徽宗全力對付西夏之餘，也在同月壬子（十二），詔以遼與女真相持，萬一遼軍侵邊，令河北帥臣嚴備。徽宗也在甲寅（十四），冊立長子定王桓（即欽宗）為太子。〔註34〕

　　為準備應付夏軍的進攻，童貫令熙河路做好糧儲，並申報宋廷處置方法。二月壬戌（廿二），已復職熙河蘭湟經略安撫使兼知熙州的勇將劉法，所轄的熙河蘭湟路經略安撫使司上奏，以轉運副使趙佺已支到諸州軍糴本錢物，並且已馬上糴買糧草應付支遣，應付至去年十月終。稱自十一月以後，大段缺乏，已將封樁糧斛借撥支用。本路十一州軍及管下的關城堡寨歲用糧一百二十萬石，惟合用本錢浩瀚，趙佺糴買的只足應付去年十月終的支用。他又申述現在糴買已過時，物價漸增，轉運司應付到的錢物，不免亦隨即目價例計算。童貫請求下榷茶司依原來的糴價兌撥所糴斛斗，付轉運司應付年計的軍糧，而將榷茶司合應付轉運司額錢揩除。他再請早令漕臣一員盡快到本路專責辦理相關事務。徽宗同意其請，詔茶馬司於封樁錢內支一百萬貫，仍令熙河路具奏糴到數目及支付本錢奏訖，委官點檢。至於所乞糧食就依奏，徽宗在三月乙酉（十五）再發一詔，以熙河重地，當罷兵無事之際，尚爾闕乏，緩急之際，何以應付？責令漕臣不可暫闕，令吳亮專一應付本路，限指揮到日，得兼程前去。要多方劃刷糴本，措畫糴買。詔旨以趙佺已起發錢鈔一百五十八萬貫，由吳亮交割，督促措畫施行，令具次第應付過斛斗、糴本數奏。〔註35〕

　　童貫方才上奏措置軍糧，西夏已於三月底入寇鄜延。童貫獲得徽宗同意，即出兵兩路大舉進攻西夏。熙河蘭湟經略安撫使兼知熙州劉法將步騎十五萬出湟州，童另一員大將秦鳳經略安撫使劉仲武將兵五萬出會州。童貫以中軍駐蘭州，為兩路聲援。劉仲武軍到清水河，築城屯守而還。劉法則與夏右廂

〔註34〕《十朝綱要》，卷十七〈徽宗〉，政和五年二月壬子至庚午條，頁485；《編年綱目》，卷二十八，頁713；《宋史》，卷二十一〈徽宗紀三〉，頁394。

〔註35〕《宋會要輯稿》，第十二冊，〈食貨四十·市糴糧草二〉，頁6879；《宋大詔令集》，卷一百五〈武臣三·劉法檢校少保制·政和四年四月七日〉，頁390。考劉法在政和四年四月壬子（初七）已任保大軍節度使充熙河蘭湟路經略安撫使兼馬步軍都總管、兼知熙州軍州事及管內勸農使、彭城郡開國侯、食邑一千七百戶、食實封四百戶，他以破洮州之功，四月壬戌（十七）加檢校少保。

軍戰於古骨龍，大敗之，斬首三千級。童貫向宋廷報功。請賞賜有功文武臣僚。這場宋夏大戰，童貫雖並未親臨戰陣，但居中策應，也功不可沒。〔註36〕

宋廷為加強西邊防禦，早在政和五年二月戊午（十八），復置陝西和河東提舉弓箭手司。擊敗夏軍後，童貫在四月丙寅（廿七），又據麾下大將提舉陝西河東路弓箭手何灌等所申，提出下面十七條更革提舉弓箭手司的計劃：

一、新邊地多有侵冒，自來將寨官已失覺察。今慮隱庇前非，無緣得定，欲乞於近裡州軍，差出文武官及本處將寨官同共打量根括，本州軍知通覺察情弊。候打量了日，逐官連銜保明申。

一、所立首限，乞自今年七月一日為頭，其打量自十月一日為頭，庶不妨農事。

一、新邊官員職田，多是挑揀膏腴地，有害招置良法。今欲並行拘收，依條於近裡州軍支給價錢。

一、檢承《崇寧弓箭手通用勑》：『給田，所屬出給戶帖。』又勑稱『所屬』者，謂州縣城寨。緣此，諸路自來出給戶帖不一，不無移易情弊。乞今後並從提舉司出帖，下所屬州縣城寨給付。如有阻節情弊，聽赴訴。

一、沿邊騎兵，最為先務。今逐路弓箭手闕馬甚多，自來雖有馬社錢補助買馬，緣所積不多，馬價倍貴，歲給買馬不過三五四，若非朝旨支降，無緣增置騎兵。今欲乞支降綱馬，均配逐路弓箭手。內熙河路乞依舊令弓箭手選買，官支價錢。其支綱馬，乞專委邊防司計置分撥。

一、逐路各許指名抽差手分三人、貼書二人。緣今來復司之始，文移繁冗，欲乞逐路添差典書二人、貼書二人，請給遷轉、出職，並依提舉保甲司已得指揮施行。兼先罷司日，人吏多在諸司充役，諳知本司行遣，欲乞許本司勾抽，諸司不許占留。仍許通理在司月日，聽從優處出職。

一、弓箭手租田，其所出租子見隸經略司。緣弓箭手借助牛、糧、種子及賑貸之類，並係提舉司責限支給，今欲乞將前項租子撥隸提舉弓箭手司，不惟支遣不至留滯闕誤，兼得職事專一。

〔註36〕《編年綱目》，卷二十八，頁713；《十朝綱要》，卷十七〈徽宗〉，政和五年三月，頁485；《宋史》，卷四百八十六〈外國傳二‧夏國下〉，頁14020。按劉法這次出征，《宋史》只記是年春，疑在三月夏人入寇後。

一、欲乞逐路踏逐奏差校尉已上小使臣二員，充本司準備差使，並依經略司準備差使條例。如有違礙，乞特行差注一次。

一、按試弓箭手武藝，舊分三等支賞：出等人支三錢銀椀，第一等支二錢銀楪子，二等支一錢銀楪子。其所支賞物，雖可以激勸，緣極邊難得射甲竹箭，今欲乞逐路各支降射甲箭三五萬隻。遇按試，武藝精熟及開耕土地、招置人馬數多，量輕重支給，充為激賞。

一、弓箭手指射堪好地土盡絕，內有薄弱稍堪耕種者自合增給，其不堪耕種者若一例品搭，則全無所得地利，贍家不足，遂致逃亡，深害招刺良法。今欲乞將不堪耕地土除豁，更不品搭。

一、弓箭手自來均糴雖分等第，緣物力貧富不同，遂至輕重不均。今欲乞上等均糴三碩，中等二碩，下等一碩，依在市中價，及乞依《崇寧弓箭手敕》本戶結糴法，預借價錢。其新招到人，權免二年均糴。

一、元降指揮，提舉弓箭手官理任、請給、恩數等並依提舉保甲司條例施行。契勘逐官次序不等，緣曾任都鈐轄、鈐轄、知州軍、路分都監資序，所有請給、人從、隨行指使、接送人，並乞依上項從高條令支破施行。

一、契勘提舉弓箭手司，舊視提舉常平司。檢承崇寧三年正月敕節文：提舉弓箭手官歲舉改官縣令，比提舉常平官減半。今來本司係依提舉保甲，與提點刑獄條例並同，欲乞薦舉改官縣令，依提點刑獄官減半外，有分曾建椽後來添舉改官員數內零分，更舉一員。其逐路城寨當職使臣並係奉行弓箭手職事，所有薦舉大小使臣，乞並依提舉保甲司條例，更不減半。

一、元指揮禮部每路各支降空名度牒一百道，應副新邊招刺。今來法行之初，招刺人便合支借錢糧，所用不少，竊慮度牒難以便行變易，欲將上件度牒共六百道並回納，卻乞逐路各支降錢三二萬貫，令平貨西場計置物帛起綱，前去應副。

一、保甲司歲賜公使錢四百貫，今來本司創置之初，犒設得力官吏，比保甲司不同，支用不足。欲乞逐路各添賜錢六百貫，以係省頭子錢充；如不足，支轉運使錢，欲逐司添支錢三百貫。

　　一、弓箭手所置耕牛，欲乞於角上官用火印。如不堪使用，即
令別買，赴官呈驗火印訖，却將替下牛火印退字，方得貨賣。如違，
許人告捉，支賞錢五十貫，買賣人均備，仍依質賣兵器法。

　　一、熙河新邊一帶土地荒蕪太久，開墾甚難，又人貧少力，種
糧倍貴，故弓箭手旋募旋散。今雖當厚借貸以廣召募，亦宜委曲措
畫，以成地利。如前日湟州東原近千頃，亦以荒曠太久，人悉置而
不問。因得漢、唐引水故渠，修葺引水，不一月間，其田悉為膏腴，
人之占射者溢數。今西寧、湟、廓一帶，可入水之地甚多，又漢、
唐故渠間亦依稀可考。今欲乞於本路近裡弓箭手步人內，輪差三五
百人，每月一替，開渠引水，以變荒曠難闢之田，以勸富強難募之
民。又地之所入，可數倍於旱田，庶得新邊立見富強。

　　童貫這篇改革陝西河東弓箭手管理的奏議，既具體也合情合理，甚有乃
師李憲治邊的遺風。過去人們都批評童貫才庸而貪功，觀此奏議，他對進一
步利用弓箭手開發新收復的湟、廓、西寧諸郡，是很用心的。他可行的建議，
自然得到徽宗的同意施行。另據《宋史‧何灌傳》的記載，何灌初任熙河都
監時，見童貫不拜，童貫不悅。何灌後來調知滄州，奉詔運粟三十萬石於邊
塞的三州。他奏上用陸運方法。卻被安撫使所忌。後來徙回熙河，童貫任人
惟才，就不計前嫌而重用。〔註37〕

　　童貫除了將注意力放在弓箭手的招募與管理外，他明白需要得到有幹才
的文臣擔任州通判以輔州政，就像乃師李憲一樣，靠一班文臣佐僚治理熙河。
九月辛卯（廿五）他以奉承御前處分邊防司上言：

　　　勘會西寧、湟、廓、積石四州軍最處極邊，郡事繁重，兼邊防
司近管認逐州軍歲計，合行事務不少。緣知州軍皆係武臣，須藉有
才幹通判協力倚辦。伏望聖慈詳酌，特許邊防司奏舉上四州軍通判
一次，並替見任人任滿闕，所貴遠邊得人幹當。

〔註37〕《宋會要輯稿》，第七冊，〈職官四十四‧提舉弓箭手司〉，頁4231～4232；第
　　　十四冊，〈兵四‧弓箭手〉，頁8688～8689；《東都事略》，卷一百七〈何灌傳〉，
　　　葉六下至七上（頁1644～1645）；《宋史》，卷三百五十七〈何灌傳〉，頁11225
　　　～11226。按何灌從知湟州時，已引邈川水灌開田千頃，號廣利渠。他提舉熙
　　　河蘭湟路弓箭手時，獲徽宗召對，他奏上湟州引水灌田之經驗，請開蘭州漢
　　　唐舊渠。徽宗准奏，他還至本部，行之，得善田二萬六千餘頃，應募者七千
　　　四百餘人，馬九百餘匹，為他路之最。童貫所奏上之方案，就是根據何灌之
　　　議。

徽宗從其請，命先降指揮奏舉一次，仍申尚書省差。〔註38〕

童貫在兩天後（癸巳，廿七），以奉承御前處分邊防司奏上之前有關改革提舉弓箭手司的成效，他引述何灌的申報：

> 檢承二月十七日聖旨，招到弓箭手，並於合給地土數內，各增給地土一頃，有馬者更增三十畝。緣極邊土地甚重，不宜容易添展，又弓箭手舊得二頃，若能使自耕，則人人自己富強。今徧詣新邊，自湟州以次西寧等州諸城寨，相視得地土悉皆膏腴，不消別有增添。惟有西寧州清平寨、積石軍懷和寨，地高氣晚，間歲種收，緣此少人願募，理宜增地。今相度每名欲只增地土五十畝，共作二頃五十畝，餘並依舊。

童貫向宋廷建議接受何灌的建議，而請弓箭手有馬的，並依元降指揮施行。徽宗照准他的請求。〔註39〕

十一月壬申（初七），他又以奉承御前處分邊防司上奏，為河東及陝西提舉弓箭手司的人手調配請命：

> 檢會崇寧二年五月十一日樞密院奏，提舉河東弓箭手兼營田司申：營田司使臣五員，並分差在新邊城寨，往來照管耕種，催納租課等事，最為勞苦。緣逐人依指使例，各差破白直兵士二人，委是使喚不著。欲乞依監當官條例，差破白直兵士五人，於數內差識字軍人一名應副文字。若不足，並從下差禁軍。詔依所申。本司今相度，本司準備差使官員合破人從。欲乞並依上項提舉弓箭手兼營田司已得朝旨差破。如遇差出有公案文字，依監司差出小使臣勾當。政和重修格，破檐擎鋪兵二人。陝西諸路亦乞依此施行。本司看詳，欲乞陝西、河東路提舉弓箭手司所差本司小使臣，並權依河東路弓箭手司上項所申事理差破，候招刺就緒日依舊。

他照顧下屬的建議也獲徽宗批准。〔註40〕

三天後（乙亥，初十），童貫再以邊防司上奏提舉熙河蘭湟路弓箭手何灌的另一份報告：

〔註38〕《宋會要輯稿》，第十冊，〈選舉二十九‧舉官三〉，頁5809～5810。
〔註39〕《宋會要輯稿》，第十四冊，〈兵四‧弓箭手〉，頁8690～8691。
〔註40〕《宋會要輯稿》，第七冊，〈職官四十四‧提舉弓箭手司〉，頁4232。

本路邊遠，土地至重，非特養兵待戰，而收復之初，艱難亦甚，深宜寶惜。今在弓箭手雖已不容侵冒，而漢置蕃田尚甚泛濫。近緣打量，其人亦不自安，首陳已及一千餘頃。若招弓箭手，即可以招五百人。若納租稅，依條每畝三斗五勝、草二束，一歲之間亦可以得米三萬五千碩、草二十萬束。今相度，欲乞將漢人置到蕃部土田願為弓箭手者，兩頃已上刺一名，四頃以上刺二名。如不願者，依條立定租稅輸納。其巧為蕃部將已買到地土別為名影占者，重為禁止，庶邊遠重地，不至僥冒。

童貫亦請依何灌所議，只提到有別為名影占者，許人首告，以所告地三分之一予之。所貴有以革去影占之弊。徽宗亦從其議。〔註41〕

同日，童貫又奏上提舉河東路弓箭手司所申報的情況：

檢會崇寧陝西、河東路弓箭手通用勅：諸戶絕田土，委本州具頃畝、姓名申本司，招置弓箭手。今點檢得管下州縣戶絕財產，條內有合給者，州縣公人作弊，將地土小估價直，給與得財產人，若不申請，即戶絕田土無緣拘收招置民兵。欲乞應本路沿邊戶絕財產依條給與者，先給見錢、物帛、斛斗、什物、畜產之類，次給舍屋，或不足，許給地土。所貴戶絕田土本司拘收，招置漸有增廣，以備邊防。

徽宗同樣從童貫之請。〔註42〕

同月戊寅（十三），童貫的邊防司又奏上提舉涇原路弓箭手司的報告：

據通安寨等處蕃官耕種外，餘剩冒占地土，往往荒閑，不曾耕種，及不曾牧放牛馬，止是虛冒占恡，不令漢人請射。今欲將蕃、漢所占地土，除已開耕熟地着業外，將不曾承準朝旨，止是州軍、安撫司一時狥情所撥地土，及不曾耕種，見今荒閑川原慢坡地土，並打量給發，招置見闕人馬。將不堪耕種去處，撥充牧放地土，庶幾得盡地利，增廣民兵。

徽宗照准童貫之奏。〔註43〕

〔註41〕《宋會要輯稿》，第十四冊，〈兵四‧弓箭手〉，頁8691。
〔註42〕《宋會要輯稿》，第十四冊，〈兵四‧弓箭手〉，頁8691。
〔註43〕《宋會要輯稿》，第十四冊，〈兵四‧弓箭手〉，頁8691。

同月丁亥（廿二），童貫再奏上提舉鄜延路弓箭手司張琚的申奏：

> 近巡歷管下新邊城寨包占到地土，召人請占，往往多是近裡城
> 寨管蕃官指占地土，有及千頃，或至五、七百頃。既已拘占，招刺
> 只及百餘人，或五、七十人，遂生僥倖，不肯招刺，贏落官中空閑
> 地土，恣意冒種。且如威戎城四至界內，見今却有黑水、安定堡蕃
> 弓箭手請射地土住坐耕種之人。洎至威戎地官前去根括打量勾呼，
> 却稱我隸黑水、安定堡管轄；至如黑水等堡勾呼，又妄稱威戎城地
> 界管轄。似此互相推避，不唯有害根括打量，又妨平日檢察奸細、
> 理斷公事。既是近裡城寨所轄，卻在近邊別寨地內住坐，緩急有害
> 邊防大事。自來官司失於理會，因循至於今日。已牒逐地分、將寨
> 官照會，如有別寨漢蕃弓箭手請射本城寨界內地土耕種住坐，合依
> 天下諸州軍縣鎮體例，隨地隸屬逐城寨管轄。所貴易為根括地土，
> 及就便覺察奸細，勾呼理斷公事。萬一起遣，各得就便專一，免致
> 兩處亂有推避。

徽宗同樣准奏。〔註44〕

童貫在十二月甲辰（初九），再以邊防司奏上提舉涇原路弓箭手司的申報：

> 承朝旨，打量官若事未畢而任滿，許新官就任，其打量官並候
> 打量了日罷任。本司契勘、根括地土，地分闊遠，限內難以周徧、
> 陰雪泥滑，農務未畢，不免等候。其打量官內有已替之人，別無請
> 給、人從，委是難以坐待，乞從本司時暫差權。本路州縣、城寨闕
> 官去處，其請給、人從、管幹月日，並依逐處見任，及所差官別無
> 通理在任月日明文，亦乞特降指揮。

徽宗也照准。〔註45〕童貫在政和五年除了大破夏軍外，更在管理陝西、
河東六路的弓箭手的改革注下許多心血。當然，童貫也有擺架子逞威風的一
面，屬下不能逆其意。據《東都事略・种師道傳》、《宋史・种師道傳》、〈种
師道行狀〉及《宋史全文》的記載，「童貫握兵柄而西，翕張威福，見者皆旅
拜，師道長揖而已。」童貫曾建議徙內郡弓箭手實邊，而指為新邊所募，以
滿足徽宗之意。徽宗問時知懷德軍（今寧夏固原市原州區黃鐸堡鎮）宿將种

〔註44〕《宋會要輯稿》，第十四冊，〈兵四・弓箭手〉，頁8692。
〔註45〕《宋會要輯稿》，第十四冊，〈兵四・弓箭手〉，頁8692。

師道的意見，种有異議，以勤遠之功未立，而近擾之患先及。這時陝西五路都授提舉弓箭手官，徽宗特任种為提舉秦鳳弓箭手，並稱种是他親擢，童貫知道後不悅。种不敢接受，徽宗就不勉強，授他提舉西京崇福宮。〔註46〕

　　童貫雖有上述的缺點，但在管理和改革陝西河東弓箭手的事務上實是有功的。他所制訂的措施制度直至北宋末仍沿用不替。朱德軍據《俄羅斯黑水城文獻》的《宋西北邊境軍政文書》所收的八份文書紀錄，考證從宣和七年（1125）到建炎二年（1128）宋廷對西北弓箭手供給的管理，包括上番支給、恩賞支給和募選支給。文書涉及的弓箭手來自鄜延路的金湯城（今陝西延安市志丹縣西洛河東岸金鼎鎮金湯城村，南距德靖寨 30 公里）和保安軍（今陝西延安市志丹縣），所屬的部隊為鄜延第七將和蕃落第七十二指揮。值得一提的是，其中〈北宋宣和某年六月第七將弓箭手仕千自申狀為催促早日賜推恩事〉的一份稀有的出土文書，還提到這個自行請賞的弓箭手長行仕千（？～1124後），曾在宣和五年（1123）四月隨童貫入燕山府（即今北京市），隸於童的前軍統制下，並得以立功而徽宗御筆許轉一資：

　　　　仕千元係保安軍通慶城漢弓箭手長行，先於宣和四年十月二十
　　三日隨□□╱…復□到……宣和五年四月十四日，隨從童宣撫下前軍
　　統制□□╱□，復入燕山府，奉御筆轉壹資。蒙經略使銜出給到承局
　　文帖壹道。自後卻蒙經略使銜指揮追取了當，至今未蒙推恩。伏乞
　　□將備狀申所屬，早賜催促推恩施行。謹具申。〔註47〕

〔註46〕《東都事略》，卷一百七〈种道傳〉，葉一下（頁 1634）；《宋史》，卷三百三
　　　　十五〈种世衡傳附种師道傳〉，頁 10750；《會編》，卷六十〈靖康中帙三十五〉，
　　　　靖康元年十月二十九日辛酉條，〈种師道行狀〉（折彥質撰），葉四下至七上（頁
　　　　444～447）；《宋史全文》，卷十四〈宋徽宗〉，頁 959～960。
〔註47〕朱德軍：〈宋代西北邊境弓箭手供給問題的歷史考察——以俄藏黑水城文獻為
　　　　中心〉，《西夏學》第五輯（首屆西夏學國際論壇專號・上）（上海：上海古籍
　　　　出版社，2010 年 10 月），頁 70～78；孫繼民：《俄藏黑水城所出【宋西北邊
　　　　境軍政文書】整理與研究》（北京：中華書局，2009 年 3 月），第 87 篇，「北
　　　　宋宣和某年六月第七將弓箭手仕千自申狀為催促早賜推恩事」，頁 165～167；
　　　　陳瑞青：〈從俄藏黑水城宋代文獻看北宋收復燕山府之役〉，載姜錫東、李華
　　　　瑞（主編）：《宋史研究論叢》第七輯（保定：河北大學出版社，2006 年 5 月），
　　　　頁 236～247。考這份提到童貫名字的出土文書，陳瑞青在 2006 年刊出的一文
　　　　已留意，然後孫繼民一書再注引之。陳瑞青認為仕千在宣和五年在宋前軍統
　　　　制麾下，則四年十月也應隸前軍。故他認為仕千在宋軍第一次征遼也當在前
　　　　軍統制楊可世麾下。不過，這是想當然的推論，殘留的出土文書並沒有記載
　　　　仕千第一次征遼時所屬的部隊。另陳氏也認為仕千不可能直接追隨童貫入燕

　　考這個仕千，和上面提到的原為鄜延路蕃弓箭手長行，累立戰功，轉至武功大夫的鄜延路第二將張安，都是童貫從蕃弓箭手長行提拔為將官的人。可見童貫用人不拘蕃漢。而從上述的幾份文書即可作為童貫訂立的弓箭手管理制度，沿用至北宋末至南宋初仍不改的旁證。

　　據《宋史・夏國傳》所記，宋軍也在這年秋為夏軍所敗，據載是秋劉仲武與王厚再度合涇原、鄜延、環慶、秦鳳之師攻夏臧底河城，宋軍慘敗，死者十四五。秦鳳第三軍全軍萬人皆沒。據說王厚懼，厚賄童貫而匿此敗。這年冬，夏人又以數萬騎略蕭關（今寧夏中衛市海原縣高崖鄉草場村蕭關故址）而去。〔註48〕惟此事不見於其他史籍，包括《遼史》，而且王厚早已於崇寧五年九月卒，而以地位而言，王厚是童貫的上司，他怎會厚賄童貫，而劉仲武的地位，不可能統率四路宋軍攻夏。此事的真偽待考。另史載西夏在是年十月戊午（廿二）入貢。〔註49〕若夏軍大破宋軍，沒有理由會向宋入貢。

　　值得一提的是，是年七月丁丑（初十），宋廷詔祀明堂，蔡京以太師魯國公為明堂使，其長子宣和殿學士蔡攸任討論指畫制度，蔡京另外兩子顯謨閣

山府，並認為仕千出身陝西軍，當然是隨楊可世的陝西軍入燕山。惟童貫在五年四月入燕山的前軍統制是李嗣本（？～1127），而非楊可世。另外，仕千獲御筆遷官，若非是童貫的推薦，那有此特恩？他若非給童貫看中，用為心腹，他的申狀也不敢提童貫的名字。筆者認為這個仕千應是童貫提拔的人，從弓箭手長行任童貫的親衛，隨童貫入燕山。他申狀的年份很有可能是宣和七年六月，當童貫已東山復出之時，故他申狀請求推恩。

〔註48〕《宋史》，卷四百八十六〈外國傳二・夏國下〉，頁14020。
〔註49〕考清人周春（1729～1815）及吳廣成（？～1825後）所輯的兩種西夏書均在政和五年照抄《宋史・夏國傳》的說法而未有考證，也沒能徵引相關的記載，而二書的校補者也沒有看出其誤。另外，當代不少西夏史學者，也未加考究而採用《宋史・夏國傳》上述一條有問題的記載，說劉仲武和王厚四路大軍攻夏卻慘敗。參見《宋史》，卷二十一〈徽宗紀三〉，頁395；周春（著），胡玉冰（校補）：《西夏書校補》（北京：中華書局，2014年9月），第三冊，卷八〈載記四・崇宗〉，頁1357；吳廣成（撰），龔世俊、胡玉冰等（校證）：《西夏書事校證》（蘭州：甘肅文化出版社，1995年5月），卷三十二，夏雍寧元年至二年，頁373；王天順（主編）：《西夏戰史》（銀川：寧夏人民出版社，1993年10月），第五章〈西夏中期同北宋的相持戰爭〉（陳明猷撰），頁326～327；杜建泉：《西夏與周邊民族關係史》（蘭州：甘肅文化出版社，1995年5月），第二章〈夏宋關係〉，頁94～95；李華瑞：《宋夏關係史》（保定：河北人民出版社，1998年9月），第六章〈宋夏戰爭論（中）——宋夏戰爭重要戰役概述〉，11，「統安城之戰」，頁197～199；王德忠：《西夏對外政策研究》（長春：吉林人民出版社，2005年7月），第六章〈周旋於宋遼金之間〉，頁166。

待制蔡條、蔡絛、殿中監宋昇參詳。徽宗又委已任興德軍留後的梁師成為都監，童貫長子保康軍觀察留後童師敏為承受。中書舍人翟汝文（？～1155後）所撰的〈梁師成觀察留後制〉，稱許梁師成「被服儒術，敏而有文」，這是童貫所欠奉的：

> 朕馭羣臣，均以一德，不以名譽而加功，實不以近習而輕爵列。審可材也然後得之，所以示位次有叙，而名器益崇。具官某，被服儒術，敏而有文，砥礪廉隅，柔而能整。始者進止有度，得於踐修，已而勞謙用光，信其忠力，其畀後務，以旌乃庸，汝其戒哉！豈惟靖共爾位，朕所寵嘉。

翟汝文也撰〈內侍童師敏除尚食奉御制〉，稱擢用童貫子的緣由：

> 朕自家刑國，必先內朝為官，擇人必嚴近習。若近習者不擇，縉紳何觀焉？法以篤謹，進止有度，朕方訓迪百工，大正名實，六尚之職，俾爾嗣事，古之言曰，守道不如守官。汝謹乃官，守思不出位，以克顯庸。〔註50〕

童貫父子均得寵用，不過，徽宗也以拔擢梁師成以平衡內臣的勢力。梁師成在管幹書藝局的賈祥死後，得領睿思殿文字外庫，在這時已日見得寵。順帶一提的是，不喜童貫的蔡卞也於七月甲申（十七），自昭慶軍節度使授開府儀同三司。〔註51〕

〔註50〕政和四年九月，宋廷命趙霖充兩浙提舉常平，興修水利，差時官中衛大夫（即政和二年前的引進使及宣政使）的童師敏充承受，奏報文字。童師敏又上言，指東南州郡例闕廂軍，凡有役使，並是逐急和雇。於理不便。他說若令諸郡守臣並提刑司措置招填，就可免逐急僱人之費。徽宗從其請。此事可見童師敏論地方軍政，徽宗不但不以為忤，還嘉納其言，寵信之情具見。童師敏在政和七年已陞任通侍大夫（即政和二年前的內客省使）保康軍節度觀察留後直睿思殿，他奉徽宗命以御筆賜其父曾攀親的韓粹彥（參見第一章），不許他求補外官。參見范成大（1126～1193）（撰），陸振嶽（校點）：《吳郡志》（南京：江蘇古籍出版社，1986 年 10 月），卷十九〈水利下〉，頁 288；《長編紀事本末》，第七冊，卷一百二十五〈徽宗皇帝・明堂〉，葉五上（頁 3771）；《編年綱目》，卷二十八，頁 713；《文獻通考》，第四冊，卷七十四〈郊社考七・進熟〉，頁 2295；第八冊，卷一百五十六〈兵考八・郡國兵・鄉兵〉，頁 4672；《宋史》，卷一百九十三〈兵志七・召募之制〉，頁 4806；趙鼎臣（1070～1124後）：《竹隱畸士集》，文淵閣《四庫全書》本，卷十七〈行狀・故龍圖閣學士宣奉大夫中山府路安撫使兼馬步軍都總管兼知定州軍府事提舉本府學事兼管內勸農使開封縣開國子食邑六百戶贈特進資政殿學士韓公行狀〉，葉七下。

〔註51〕翟汝文：《忠惠集》，文淵閣《四庫全書》本，卷十六〈內侍童師敏除尚食奉御制、梁師成觀察留後制〉，葉十三下至十四上、十六上；《宋史》，卷二十一

五、燕雲之謀

　　值得注意的是，徽宗在是年底又將注意力轉向北疆。天祚帝在是年正月下詔親征女真，遼軍卻一敗再敗。九月丁卯朔（初一），女真陷黃龍府（今吉林長春市農安縣）。而任天祚帝征女真的都監、遼將同知咸州路兵馬事耶律章奴（即耶律張家奴，？～1115）又叛變。章奴與燕王耶律淳（即北遼天錫帝，1063～1122）妻兄蕭敵里及其甥蕭延留欲廢天祚帝，改立耶律淳，卻因耶律淳猶豫不決而事敗。十二月丁未（十二），阿骨打率兵二萬大破天祚帝親統的大軍號稱七十萬於護步答岡（今吉林長春市榆樹市一帶），遼軍死者相屬百餘里，丟棄軍械軍資寶物牛馬不可勝計。天祚帝一晝夜馳奔了五百里，退保長春州（今吉林前郭爾羅斯蒙古族自治縣西北他虎城，一說在洮南縣城四家子古城）。〔註52〕

　　誠如趙永春所論，徽宗君臣十分關注金遼戰爭形勢的發展和變化，他們看到金軍連連勝利，遼軍節節敗退，便從僥倖取利的心理出發，意欲通過聯金以滅遼，取回幽燕。〔註53〕徽宗收到遼軍喪師的密報後，就想起那個童貫引薦、獲賜名李良嗣的燕人馬植。十二月庚申（十三），徽宗加授李為祕書丞。關於李良嗣獲授職之年月，《三朝北盟會編》引《封有功編年》記，李早在是年三月辛未朔（初一），以遼光祿卿的身份，密遣人來雄州（今河北保定市雄縣），投蠟彈丸書予知雄州和詵（1058～1124），言及遼為女真所侵，國將傾危，他準備舉家投宋。於是和詵具其事奏上。徽宗令蔡京與童貫共議可否納之。同月庚辰（初十），二人同意納之。和詵令李良嗣在四月庚子（初一）夜從界河入境。戊申（初九），李抵雄州，丁巳（十八），李入見徽宗於延慶殿。李歷數天祚帝失德及女真之攻陷遼州縣，建議徽宗伺機伐遼，免失先機。徽宗嘉納之，於是賜姓趙，授朝請大夫祕閣待詔。〔註54〕然《宋史全文》則記和

〈徽宗紀三〉，頁395；卷四百六十八〈宦者傳三・梁師成〉，頁13662。按梁師成自晉州觀察使遷興德軍留後，他以習文法知書得寵，並無一點戰功。

〔註52〕《遼史》，卷二十八〈天祚皇帝二〉，頁371～373；脫脫：《金史》（北京：中華書局，1975年7月），卷二〈太祖紀〉，頁26～29；《宋史全文》，卷十四〈宋徽宗〉，頁958；趙永春：《金宋關係史》，第一章，頁7。

〔註53〕趙永春：《金宋關係史》，第一章，頁8～9。

〔註54〕《十朝綱要》，卷十七〈徽宗〉，政和五年十二月庚申條，頁487；《遼史》，卷一百〈耶律章奴傳〉，頁1574～1575；《會編》，卷一〈政宣上帙一〉，政和七年秋七月四日庚寅條，葉三下至四上（頁2）。

訛要到政和六年正月才引李良嗣來歸。〔註 55〕考《宋會要輯稿・兵十七》則記李良嗣為遼人，嘗為光祿卿，在政和五年四月歸朝，初授直秘閣。另《宋會要輯稿・選舉三十三》記李在政和六年閏正月丁酉（初二）以秘書丞直龍圖閣提點萬壽觀。均與《封有功編年》所記吻合，只是記李良嗣要到政和七年（1117）正月丙申（初七），才自承議郎右文殿修撰賜姓趙。〔註 56〕

為了讓童貫總攬對遼夏的經略，徽宗於政和六年正月戊子（廿三），正式授童貫自太尉、武寧軍節度使、中太一宮使直宣和殿為陝西、河東、河北路宣撫使。童貫成為西北三路最高的軍政長官。童貫受命後，即請進築橫山，以困西夏。〔註 57〕

值得一提的是，蘇軾幼子蘇過（1072～1123）的詩文集《斜川集》卷八，收有一則據載他在太原時代人作的賀啟。受賀的人不錄其名。賀詞云：

> 伏審遠揚大斾，已屆提封。爰擇剛辰，已諧禮上。坐受石城之版籍，控臨全晉之山河。號令蕃夷，屹長城之千里，拊循將士，爭挾纊橫於三軍。某官柱石元臣，股肱重望，才兼文武，學造天人。入則論道於三公之閒，出則為連帥於十國之帥。故膺方面之寄，允踐元戎之尊。豈惟報頗牧於禁中，蓋欲試望之於馮翊。初開幕府，宣布上恩。邊吏畏威，諸羌受職。買臣歸郡，陋印綬之私懷；光弼入軍，歎旌旗之改色。某繆持使節，攝領州符。雖行將拜弩矢之前驅，而不得奉橐鞬於道左，實同僚吏，喜被風聲。

據舒大剛等所考，蘇過在政和二年開始任監太原稅，仕於太原，到五年罷任，移居潁昌府（即許州，今河南許昌市）。童貫如前所記，在政和五年二月庚午（三十），兼領陝西六路邊事及承奉御前處分，總攬河東及陝西路的軍政大權。到六年正月正式出任三路宣撫使。至於知太原府的，據李之亮的考證，從政和三年初至五年春的，是與童貫有過節的錢即。而繼任的是張近（？～1116 後），直至政和六年才由薛嗣昌代之。蘇過這道賀啟中自稱「繆持使節，攝領州符」的太原守臣當為張近，而非不肯逢迎童貫的錢即。從賀啟受文人

〔註 55〕《宋史全文》，卷十四〈宋徽宗〉，頁 958。

〔註 56〕《宋會要輯稿》，第十冊，〈選舉三十三・特恩除職一〉，頁 5898；第十五冊，〈兵十七・歸明〉，頁 8958。

〔註 57〕《宋史》，卷二十一〈徽宗紀三〉，頁 395；卷四百六十八〈宦者傳三・童貫〉，頁 13658；《宋會要輯稿》，第七冊，〈職官四十一・宣撫使〉，頁 4008；《編年綱目》，卷二十八，頁 714。

的身份地位是「坐受石城之版籍，控臨全晉之山河。號今蕃夷，屹長城之千里，柎循將士，爭挾纊橫於三軍。某官柱石元臣，股肱重望，柱石元臣，股肱重望」，及可以教「邊吏畏威，諸羌受職」，也只有童貫可當之無疑。蘇過代張近撰寫這道官樣賀啟，當他在宣和五年去世後，也許其子編輯遺文，以蘇氏名家子不應為奸臣童貫撰寫諛詞，就隱去受文人的名字，以及不詳記撰寫的年月地點，就像詩文集故意隱去蘇過賀另一權臣高俅的陞官賀啟。無論如何，蘇過詩文集保留了這一道罕傳的賀童貫的妙文，也可反映當時宋廷文臣畏懼以至諂附童貫的情況。〔註58〕

正月，渤海高永昌（？～1116）叛遼，殺留守蕭保先自立為大渤海皇帝，據遼東五十餘州，僅瀋州（一說即今遼寧瀋陽市）未下。遼國的處境可謂雪上加霜。〔註59〕收到遼越加窘迫的消息後，徽宗又派內臣譚稹往河北和河東，問諸帥可用兵否？真定府路安撫使兼知成德軍的洪中孚一改政和三年的主張，以數百言回答譚稹以為不可。他說「遊邊久，熟知燕人情狀，質直尚氣，義少文華，因曩時遼主洪基用其相劉六符之言，大蠲燕雲賦。遼雖弱，其民心不忘也。朝廷與遼人通好久，一旦欲與大金共覆滅之，於理安乎？恐滅遼之後，大國不易之事。」當譚來議事，洪又以舊時內臣禮待之，譚受到蔑視，就奏以洪老耄，請罷之。徽宗令洪具實以奏。洪覆奏在政和三年時燕山富饒，取之可獲土地人民之實；但現時只剩空城，機會已失，不可復舉。而且燕雲土人，並沒有歸宋之意。另國家承平日久，兵驕將惰，動輒糜潰，如何可伐人之國。同時反對伐遼的還有保州通判張蓫（？～1133後），他指出遼雖屢為金所敗，然上下未叛，其國尚立，他處極邊的保州，知之甚詳。只是邊帥往

〔註58〕蘇過（撰），舒大剛、蔣宗許、李家生、李良生（校注）：《斜川集校注》（成都：巴蜀書社，1996 年 12 月），卷八〈文・代人賀啟四〉，頁 576～578；附錄〈蘇過年表〉，頁 768～776；蘇過（撰），舒星（校補），舒大剛、蔣宗許等注：《蘇過詩文編年箋注》（北京：中華書局，2012 年 12 月），卷八〈文・代人賀啟四〉，頁 773～776；附錄〈蘇過年表〉，頁 1022～1031；李之亮：《宋河北河東大郡守臣易替考》（成都：巴蜀書社，2001 年 5 月），〈并州 太原府〉，頁 290～291。考蘇過代寫這道賀啟，有兩個可能的時間，一是他在政和五年初尚在太原時，當時童貫已奉委同管河東路，二是政和五年底或六年初，當宋廷正式詔童貫出任三路宣撫使時。從賀啟稱受文人的地位，似乎近於童貫以太尉擔任河北河東陝西三路宣撫使時，文集中蘇過稱在太原寫的，可能誤記，或是離開太原前受委託。關於蘇過為高俅撰寫賀啟的考論，可參見何冠環：〈水滸傳第一反派高俅（？～1126）事蹟新考〉，頁 515～517。

〔註59〕《十朝綱要》，卷十七〈徽宗〉，政和六年正月條，頁 488。

往迎合，探報不實，多裝點事端。除了洪中孚外，邊臣中韓琦之子韓粹彥也力言不可。然洪、韓及張逆耳之言，自不為徽宗所納。〔註60〕

　　徽宗在四月開始又調動中樞人事，辛未（初八），一直庸碌不任事，只知迎合上意的次相何執中以臥疾久而致仕，徽宗許他於朔望朝請。庚寅（廿七），比何執中還要年長的蔡京卻得以太師正相位，號稱公相，總治三省事，三日一朝。五月甲午朔（初一），詔蔡京遇朔望許朝，三日一知印當筆。庚子（初七），以知樞密院事鄭居中為少保、太宰兼門下侍郎；中書侍郎劉正夫為特進、少宰兼中書侍郎。壬寅（初九），以保大軍節度使鄧洵武知樞密院事。他們三人過去都依附蔡京，後來卻爭權而不睦。徽宗用他們，同樣為了不讓蔡京一人獨大。〔註61〕

　　值得一提的是，楊戩在是年九月前後獲徽宗委派總理編纂醫書《重修政和證類本草》，並輔助蔡京執行奉安九鼎的重要工作。他以其才幹贏得徽宗的寵信，不讓童貫專美。〔註62〕

〔註60〕《會編》，卷十九〈政宣中帙十九〉，宣和四年九月癸丑條，葉八上至十一上（頁136～138）；《繫年要錄》，第三冊，卷五十一，紹興二年二月丁丑條，頁932；《宋史》，卷三百二十八〈薛向傳附薛嗣昌傳〉，頁10588；黃曉巍：〈宋徽宗政和年間謀遼復燕史事考論〉，頁48～49；程敏政（1446～1499）（纂）：《新安文獻志》，文淵閣《四庫全書》本，卷七十三〈劉岑·行實·勳賢·宋故中大夫龍圖閣待制致仕丹陽縣開國子食邑六百戶贈光祿大夫少師洪公中孚神道碑〉，葉一上至三上。據黃曉巍的考證，洪中孚和張覺上書在政和六年。按洪中孚以龍圖閣待制致仕卒於紹興元年（1131）十一月丁巳（廿四），年八十三。

〔註61〕《宋史》，卷二十一〈徽宗紀三〉，頁396；卷三百五十一〈何執中傳〉，頁11102；《十朝綱要》，卷十七〈徽宗〉，政和六年四月辛未至五月壬寅條，頁488～489。

〔註62〕考在政和六年九月辛卯（初一），內臣中衛大夫、康州防禦使、勾當龍德宮總轄修建明堂所醫藥、提舉入內醫官、編類《聖濟經》、提舉太醫學曹孝忠（？～1121），呈上校訂畢、由蜀人唐慎微（？～1082後）所編纂的《政和新修經史證類備用本草》三十卷凡六十萬言。這本醫學巨典是徽宗朝最後編訂的《本草》。它從金代至元代的流傳經過，錢大昕有所介紹。考徽宗在政和四年八月壬申（三十）頒詔求方書藥法，差曹孝忠（按：《宋大詔令集》訛寫為曾孝忠）就提舉入內醫官所編類御前所降方書，而差文臣米肪、劉植充檢閱官，等候逐路進到奇方善術，並送到本部編集，俟書成進呈，仍以《政和聖濟經》為名，下國子監刊印頒行。到政和五年正月己丑（十八），曹孝忠就以左武大夫、康州防禦使、提舉入內醫官、編類《政和聖濟經》職銜上奏，請諸州縣並置醫學，隸於州縣學。據曹孝忠所上書序稱，楊戩負責總工刊寫，曹孝忠負責校正潤色。楊戩在此事上功不可沒。九月癸卯（十三），徽宗詔奉安九鼎，特差蔡京為定鼎禮儀使，又命楊戩以提舉官充都大管勾。又曹孝忠在宣和三年（1121）四月丙寅（初二），以醫治徽宗寵愛的劉貴妃（後追冊明節劉皇后，1089

看到眾人陞官，童貫也想再上一層樓。據邵伯溫所記，童貫這時想當樞密使，以為重掌大政的蔡京會投桃報李相助；但蔡京卻反對，童貫大失所望，就開始怨蔡京。〔註63〕

六、出將入相

遠在西邊的童貫這時卻為西夏的入寇而忙碌；不過，也就給他最好機會開展進築橫山以經略西夏的機會。徽宗對他極大支持，將蔡京在政和二年以後在澤潞、京西、山東及河北經營的馬監的牧馬盡賜童貫，及補陝右諸軍之闕馬者，共九萬餘匹。〔註64〕

另一方面，童貫的門人同管勾成都陝西等路茶馬監牧公事程唐，也為他營造了馬眾糧足的基礎。程唐在政和六年二月癸未（十九）向樞密院稟奏，他依元豐舊法減茶買馬，共買得馬四萬五千二十一匹，收稅息錢四百八十三萬五千餘貫。他又說契勘陝西自承朝旨復行錫錢後，物價已平，是致鬻茶通快。現時熙秦兩路共收到稅息四百七十萬三千四百餘貫。程唐奏上令宋廷滿意的數字後，言官就沒話可說。當是童貫的推薦，徽宗詔程唐除直秘閣外，餘分優等及第一、第二、第三等優等轉一官，選人循兩資，第一等減三年磨勘，選人循一資，占射差遣，第二等減二年磨勘。人吏支賜絹，優等二十四，第一等十五匹，第二等一十五匹，第三等五匹。〔註65〕

～1121）無狀，劉氏死，他與劉貴妃閤的內侍王堯臣被下獄鞫治，同日誅死。參見《長編紀事本末》，第七冊，卷一百二十八〈徽宗皇帝·九鼎〉，葉九下（頁3868）；第八冊，卷一百三十五〈徽宗皇帝·四學〉，葉九下（頁4108）；《宋會要輯稿》，第五冊，〈崇儒三·醫學〉，頁2796～2798；唐慎微：《重修政和證類本草》，《四部叢刊》本，〈序一·政和新修經史證類備用本草序（曹孝忠撰）〉，葉一上下；錢大昕（撰），陳文和（點校）：《嘉定錢大昕全集》，第九冊，《潛研堂文集》，卷三十〈題跋四·跋重修政和證類本草〉，頁508；《宋史》，卷二十二〈徽宗紀四〉，頁407～408；卷二百四十三〈后妃傳下·徽宗劉貴妃〉，頁8644～8645；《十朝綱要》，卷十五〈徽宗·皇后五·明節皇后劉氏〉，頁388；卷十八〈徽宗〉，宣和三年五月癸卯條，頁520；《宋大詔令集》，卷二百十九〈政事七十二·醫方·求方書藥法御筆·政和四年八月三十日〉，頁843。

〔註63〕 邵伯溫：《邵氏聞見錄》，卷五，頁44。

〔註64〕 《文獻通考》，第八冊，卷一百六十〈兵考十二·馬政〉，頁4790～4791。按《文獻通考》此則記載引自蔡京子蔡絛的《國史補》，蔡絛記童貫取得這些賜馬後，卻不加恤，於是馬於道斃者十之八九。而徽宗就將本來作牧場之土收回以賜諸苑囿及道宮等。

〔註65〕 《宋會要輯稿》，第七冊，〈職官四十三·都大提舉茶馬司〉，頁4160；《繫年要錄》，第一冊，卷六，建炎元年己巳條，頁162；第三冊，卷七十五，建炎

是年二月，環州定邊軍的夏人李訛移叛宋，他在四月再誘其統軍梁哆陵入寇，夏軍圍定邊軍，築城佛谷口，名洪夏軍。童貫即命涇原兵馬都鈐轄知西安州（南牟會新城，今寧夏中衛市海原縣西安州古城）兼管內安撫使种師道率軍擊之。宋軍抵達，夏軍佔據水源。軍中渴甚。种師道指山之西麓說那裡一定有水，他命副將渭州兵馬都監郭浩（1087～1145）率精騎數百奪之，命工求之，果然得水滿谷，夏人以种為神。夏軍圍城七日解圍而去。种以功遷龍神衛四廂都指揮使洺州防禦使知渭州（今甘肅平涼市）。他又督諸道兵築席葦平城，城剛畢工，西夏軍便來攻，據葫蘆河堅壁以困宋軍。种師道暗中派偏將曲充、趙朴出橫嶺，故意對夏人諜者揚言援兵至。而派楊可世（？～1123後）潛軍其後，再命姚平仲以精兵擊之。夏軍大潰，斬首五十級，獲駝馬無數，符印數百，築城而還，敵首阿山兆精僅以身免。种師道稍後再率陝西及河東七軍攻臧河底城的成德軍，期以旬日克之，但抵城下，夏軍守備甚固，宋軍小怠，有列校據胡床小休，种立斬之號令軍門，下令必於今日攻下。宋軍股栗，安邊巡檢楊震率壯勇拔劍先登，斬數百級，城即潰，种軍花了八天，在四月辛卯（廿八），即攻克臧底河城。种以功遷馬軍副都指揮使應道軍承宣使，賜賞優渥。六月甲戌（十二），熙河蘭湟路經略安撫使劉法與宿將知西寧州隴右都護趙隆等率熙河軍西征，以奇兵襲羌人，勇將何灌破之，進築古骨龍谷及清水河新城，前者賜名震武城，後者賜名德威城（今甘肅白銀市會寧縣西南）。庚辰（十八），童貫向宋廷奏捷，稱修復的湟州古骨龍城、會州清水城都已畢工。現在首先條具到漕運應副等官，請求優與推恩，其中都統制官劉法已降制外，統制何灌、趙隆，同統制辛叔詹等請加恩。徽宗接受童貫的推薦，屬下人人陞官：何灌轉拱衛大夫吉州防禦使，趙隆、辛叔詹二人並換正任防禦使，統兵修築清水河城官、統制劉仲武除觀察使，辛叔獻轉遙郡防禦使，內臣中侍大夫隨軍走馬承受鄧珪（？～1127後）、劉彥遵、王端（王

四年四月癸未條，頁1268；《會編》，卷一百五十八〈炎興下帙五十八〉，紹興四年四月四日癸亥條，葉八至九上（頁1146～1147）。考程唐是童貫在崇寧三年征青唐時，對童支援甚大的熙河都轉運使程之邵子（參見第二章）。《要錄》卷五記他奴事童貫以進，參其謀議。而卷七十五就詳細記載殿中侍御史常同，在紹興四年（1134）四月癸未（初四）劾奏他如何奴事童貫（按：《會編》所記相同）。常同說程唐本為成都富人，當他想投入童貫門下，在大雪中乞憐於童貫的門壼，於是得見童貫於庭下。童貫給他杌子，坐於其側，飲以卮酒，若祠奴僕，但程唐不以為恥。因獻渾金佛羅漢像一堂，就獲得成都府路提舉茶馬司的肥缺。常同大概不知童貫與程唐父程之邵的淵源。

厚弟）、李君諒各轉一官。經略使趙遹（？～1125）、馬防、張壯、姚古、李譓各轉一官。內有止法，回授親屬，應副錢糧孫俟，轉兩官。程唐轉兩官，內一官除直龍圖閣。應副熙河路劉韐（1067～1127）、張仲英（已歿）轉兩官。劉韐一官除直龍圖閣，張仲英回授白身親屬。蓋佚、郭允迪、張深各轉兩官，內一官除直秘閣。高衛、席貢除直龍圖閣。軍前照管張大鈞轉兩官，內一官轉遙郡刺史。修築照管趙遇敘兩官，應副本司官任諒、張構、梁兢各轉一官。楊震也自承信郎遷成忠郎。值得一提的是，劉韐原為熙州狄道（今甘肅定西市臨洮縣）令小官，在西邊為童貫所知，擢提舉陝西平貨司，他為童貫籌餉，以金帛向諸酋易糧粟，遂為轉運使。他後來一直追隨童貫，預其軍事，成為童貫主要的幕僚。〔註66〕

〔註66〕《宋大詔令集》，卷一百五〈武臣三·劉法保大軍節度使充熙河蘭湟路經略安撫使馬步軍都總管知熙州制·政和六年五月二十六日〉，頁389；《宋會要輯稿》，第十五冊，〈方域八·修城上·清水城〉，頁9437～9438；《十朝綱要》，卷十七〈徽宗〉，政和六年二月條，頁488；四月條，頁489；《東都事略》，卷十一〈本紀十一·徽宗二〉，葉三上（頁217）；卷一百七〈种師道傳、何灌傳〉，葉一下至二上（頁1634～1635），七上（頁1645）；卷一百二十八〈附錄六·西夏傳〉，葉四上（頁1963）；《宋史》，卷二十一〈徽宗紀三〉，頁396；卷八十七〈地理志三·陝西·震武軍〉，頁2169；卷三百三十五〈种世衡傳附种師道傳〉，頁10750～10751；卷三百五十〈趙隆傳〉，頁11091；卷三百五十七〈何灌傳〉，頁11226；卷三百六十七〈郭浩傳〉，頁11440；卷三百六十九〈張俊傳〉，頁11469；卷四百四十六〈忠義傳一·劉韐、楊震〉，頁13162～13164，13166；卷四百八十六〈外國傳二·夏國下〉，頁14020；《會編》，卷六十〈靖康中帙三十五〉，靖康元年十月二十九日辛酉條，〈种師道行狀〉（折彥質撰），葉七上（頁447）；許容（？～1750後）（監修）：《甘肅通志》，文淵閣《四庫全書》本，卷二十二，「會寧縣·德威城」條，葉二十四下；《鐵圍山叢談》，卷六，頁111。據〈种師道行狀〉，种師道在政和四年除涇原都鈐轄，政和五年築威川及飛泉兩寨。而據《東都事略》，他大敗夏軍於臧底河城的成德軍，在四月辛卯（廿八）。又按《宋史·夏國傳》記在政和六年春，劉法與劉仲武合熙河、秦鳳軍十萬攻夏仁多泉城，三日不克。夏人以援不至，就請降。劉法受其降卻屠之，獲首三千級。考《宋大詔令集》記劉法在政和六年五月己未（廿六），獲重授熙河帥，疑他以屠殺夏降人被解熙河帥，到五月底獲敘復職。制文說他「茲統銳兵，往築新疆，悉乃心力，濟予事機。誅斬寇雠，曾隻輪之不返，肅清邊徼，方百堵之皆興」，可能與此事有關。另南宋抗金名將張俊（1086～1154）也曾參預攻仁多泉城，以功始授承信郎。又楊震是西北邊將楊宗閔（1061～1127）長子，他的長子則是南宋抗金大將楊存中（1102～1166）。他是代州崞縣（今山西忻州市原平市）人，年冠從戎，以斬馘功補三班差使，調河東經署司指使。秩滿改授慶州監酒，繼授安邊城巡檢，太原帥薛嗣昌遣將自豐州寧遠、保寧等寨進討西夏，楊震隸嵐石路軍馬，至爬沙

　　以上的一份名單大部份是童貫在陝西六路宣撫司屬下的文臣武將，這次童貫乘機市恩，讓屬下人人陞官。

　　順帶一提的是，上文提到的楊可世，後來一直追隨童貫南征北戰，成為陝西軍得力的戰將。考《八瓊山金石補正》卷八十七著錄了楊可世和其弟楊可韓、楊可昇（？～1132）、楊可輔（？～1146）、楊可弼、楊可晟在上述那場大戰的前兩年，即政和四年二月初三，往華山參拜西嶽神於金天順聖帝祠，並留下題名。除了楊可世本人，他的幾個弟弟，可能也有參加政和六年與夏作戰。楊可世在政和八年（即重和元年，1118）二月，以定邊軍安撫司公事向樞密院申奏，說環慶路自從李訛移作亂後，戰馬減了不少。現時沿邊諸將缺少騎兵，怕緩急之際步兵難以倚仗，他請於同州沙苑監支撥堪披帶戰馬三五百匹，交赴定邊軍，並揀選缺馬精銳軍兵、蕃漢弓箭手乘騎。宋廷詔支三百匹。楊可世於戰後的陞賞如何，惜沒有記載。〔註67〕

　　童貫這場大捷，翟汝文的〈賀破夏賊界捷表〉，就歌功頌德一番：

　　　　臣某言：今月十六日準都進奏院牒。伏覩宣撫使童貫奏出兵攻破夏賊界仁多泉城及臧底河賊城，有雷電暴雨繼至，進築靖夏、制戎等城寨二十八所。幅員千餘里，及斬首萬計，俘獲不可勝數。皇帝御紫宸殿受文武百僚稱賀者，申命偏師出征小醜，天誅赫怒，猶雀鼠之偷生。王旅如飛，與雷電而皆至，殲平大憨，永底諸羌。憬彼西戎，世為外圉，處劉邊鄙，背潰齊盟，干羽懷柔，久傲七旬之格，戎車載飭，大興六月之征，俘肆醜以勞還，裂山川而屯戍，蓋師眾能以順為武。〔註68〕

───────────────

流遇敵，斬首三百餘級，進至傾吳堆盤，生擒酋長屈闐，復斬級二百，以功轉三班借職，官制行改承信郎。宋軍攻破臧底河城，上功第一，遷成忠郎。他以後的戎馬生涯下文會再述。他的生平除見《宋史》外，詳見劉一止（1078～1161）：《苕溪集》，文淵閣《四庫全書》本，卷四十八〈宋故敦武郎知麟州建寧寨累贈太師秦國公楊公墓碑〉（以下簡稱〈楊震墓誌銘〉），葉十上至十二上。

〔註67〕陸增祥（1816～1882）（編），陸繼輝（校錄）：《八瓊室金石補正》，載國家圖書館善本金石組編：《宋代石刻文獻全編》，第一冊（北京：北京圖書館出版社，2003年3月），卷八十七〈宋六‧華嶽廟題刻五十六段〉，葉十一上（頁86）；《宋會要輯稿》，第十五冊，〈兵二十四‧馬政‧雜錄二〉，頁9126。

〔註68〕翟汝文：《忠惠集》，卷六〈賀破夏賊界捷表〉，葉三下至四上；《宋史》，卷二十一〈徽宗紀三〉，頁400；卷三百五十七〈何灌傳〉，頁11226。據《宋史‧何灌傳》所記，宋軍攻仁多泉城，何灌率軍急攻，砲傷足不顧，卒拔城，斬首五千級。正拜廓州防禦使。

　　七月壬辰朔（初一），宋廷詔改震武城為震武軍（今甘肅蘭州市永登縣連城鎮連城村水磨溝口古城）。宋人以自崇寧元年用王厚之議，再收復湟鄯後，此時已將唃廝囉之地盡收為郡縣。辛亥（二十），宋廷詔將李訛移子李世恭於定邊軍梟首七日。〔註69〕

　　八月癸酉（十二），童貫奏鄜延路自去年五月夏軍進犯後，保甲家丁守城，搬運軍儲，已是勞費，若再行方田，深慮民力困乏。他請曾應副軍儲去處的人戶，權住方量。宋廷從之。九月丙申（初六），宋廷再應童貫之請，詔河東、陝西路依鄜延路例權停方田。〔註70〕

　　同月己未（廿九），童貫本人也以進築震武軍諸城之功，加檢校少保、護國軍節度使、開府儀同三司，仍任陝西、河東、河北宣撫使。翰林學士慕容彥逢當制，翌日（庚申，三十），再次為童貫撰寫制詞，除表揚童貫功勳與才具外，又將之比為周宣王（前841～前782）時伐玁狁之尹吉甫（前852？～前775？）及平淮夷的召穆公：

　　　　門下。朕經武以綏萬邦，信賞以勵群辟。有懷寧考，不忘疆場之虞；肆命信臣，爰整干戈之衛。總護諸軍，屢奏膚功，誕揚獻告之言，寵錫勞還之禮。太尉、武信軍節度使、充太一宮使、直宣和

〔註69〕《十朝綱要》，卷十七〈徽宗〉，政和六年七月壬辰至辛亥條，頁490；《宋史》，卷二十一〈徽宗紀三〉，頁396；《編年綱目》，卷二十八，頁716。關於震武城的位置，一說是青海海北藏族自治區門源回族自治縣克圖古城，二說是在甘肅武威市天祝藏族自治縣、青海海東市互助土族自治縣和門源三縣交界處的一段大通河谷，三是今甘肅蘭州市永登縣連城鎮連城村水磨溝口古城。楊善德在張生寅等研究基礎上，再據1989年趙德才在連城水磨溝發現的一處磨崖石刻（見本章後附圖），並考證在宣和七年（1125）仲夏十八日，在該石刻題名的陝憲（陝西提點刑獄公事）郭傳師，是英宗、神宗將宿將，官至簽書樞密院事郭逵之孫郭仲荀（？～1145），他在靖康元年（1126）時任遂安軍承宣使、馬軍副都指揮使，主管本司公事。他從童貫平方臘之事見第五章。楊氏認為震武軍當在永登縣連城鎮連城村水磨溝口古城。參見馬光祖（？～1269）（編）、周應合（？～1275後）（纂），王曉波（校點）：《景定建康志》，收入王曉波、李勇先、張保見、莊劍（點校）：《宋元珍稀地方志叢刊》甲編，（成都：四川大學出版社，2007年6月），卷二十六〈官守志三‧侍衛馬軍司題名記〉（郭倪撰），頁1246；張生寅：〈北宋震武軍城位置考辨——兼談門源縣境內幾座古城的始築年代〉，《青海社會科學》，2009年第1期（2009年1月），頁102～106；楊善德：〈宋震武軍治考〉（2012年7月16日發佈於《國學網》），頁1～7。

〔註70〕《宋會要輯稿》，第十冊，〈食貨四‧方田〉，頁6040；第十三冊，〈食貨七十‧方田雜錄〉，頁8169；第十四冊，〈兵二‧義勇保甲〉，頁8645。

殿、陝西、河東路宣撫使、雁門郡開國公、食邑四千五百戶、食實
封一千三百戶童貫，直方莊重，敦厚裕和，器任大而有容，謀經遠
而克斷。秉忠自奮，內宣心膂之勤；仗義不回，外著爪牙之助。頃
膺中詔，往撫西陲，事靡辭難，言皆底績。出入韜鈐之略，縱橫帷
幄之籌。日百里以開疆，新城列峙；月三捷而獻馘，狂敵殄殲。招
來逋逃，懲革姦矯，點羌請命，遠近鄉風。茲聆奏凱之音，特舉疇
庸之典。視秩上宰，聯袞繡之盛儀；易節雄藩，峻旌麾之寵寄。名
進貳公之貴，封陪多戶之優。凡厥恩章，時惟襃律，蔽自朕志，協
於師虞。於戲！吉甫以伐玁狁之功，來歸自鎬；召公以平淮夷之美，
告成於王。迺眷壯猷，無愧前哲。往綏祉福，豈俟訓言！可特授檢校
少保、充護國軍節度使、開府儀同三司，依前中太一宮使，加食邑
五百戶、食實封三百戶，差遣封如故。〔註71〕

據李心傳所記，因童貫仍帶宣撫使，故他又被稱「宣相」。宣撫使稱「宣
相」，就自童貫開始。〔註72〕

對此逾度的任命，蔡京反對，認為使相豈能授宦官。他不奉詔，但徽
宗照樣授童貫。蔡京這次反對童貫陞官，為童貫自收洮州及積石軍後，恃
功驕恣，選置將吏，皆直接向徽宗取旨，而不關報三省，就令蔡京不快。
二人愈見交惡。十月甲戌（十四），徽宗再用童貫之言，罷提轄陝西、河東
路鑄錢坑冶官。十一月辛卯（初二），徽宗再除童貫簽書樞密院事，詔樞密
院應差除武臣并調發兵將事，悉令童貫預之。有需要面議的，許童赴樞密
院面議，當同進呈者，許同進呈。早在是年二月，徽宗已詔童貫權簽書樞
密院河西、北面房公事。據載童貫獲授此職時，因錢法與童貫意見相左，
又因制疆事不合，為童所沮的賈炎，這時自知永興軍入為工部侍郎。侍從
邀賈炎俱往賀童貫，賈炎卻諷故事無簽書兩房者，說童並非執政，賀他甚

〔註71〕《宋史》，卷二十一〈徽宗紀三〉，頁396～397；《十朝綱要》，卷十七〈徽宗〉，
政和六年九月己未條，頁491；《宋大詔令集》，卷九十四〈將帥‧賞功‧童貫
檢校少保開府儀同三司護國軍節度使制‧政和六年九月三十日〉，頁345；慕
容彥逢：《摛文堂集》，文淵閣《四庫全書》本，卷三〈除檢校少保充護國軍
節度使開府儀同三司依前充太一宮使加食邑食實封差遣如故某制〉，葉十二上
至十三下。按《摛文堂集》及《宋大詔令集》所收的制詞內容基本上相同，
只是《摛文堂集》略去童貫的名字和他的官職差遣。
〔註72〕李心傳：《建炎以來朝野雜記》，乙集卷十一，第101條，「宣相詔使稱謂不典」，
頁679。

麼？很可能童貫聽到賈炎的話，向徽宗反映，於是徽宗正式授他簽書樞密院事執政之官。〔註73〕

　　徽宗的宣諭一出，自蔡京以下都噤若寒蟬，不敢有異議。自英宗治平三年（1066）十月武臣郭逵（1022～1088）罷簽書樞密院事後，〔註74〕五十年間再沒有武臣任樞臣，更不要說有內臣任樞密。童貫以內臣授開府儀同三司，已是宋代開國以來所未有，現時再授樞密，就像回到中唐時以內臣任樞密使。徽宗授予童貫教文臣側目的執政高位，完全違反了祖制。徽宗寵信童貫至極，為了童能完成他降伏西夏的鴻圖。觀乎下文所引的制詞所引之典故及文辭，似又是慕容彥逢的手筆。該制詞洋洋灑灑，除表揚童貫開疆西邊之勳外，更具言其既忠孝又敏識過人。又說他「端莊而肅毅，敦裕而剛明。氣鍾海嶽之英，材擅邦家之傑」。還將童貫比為周宣王的母舅、命鎮撫南方的申伯和出征玁狁的尹吉甫。官樣文章，莫過於此。細考童多年的戰功，不免有言過其實：

　　　　安疆者，道德之威，莫重本兵之寄；經綸者，文武之用，式隆
　　　　馭遠之圖。乃眷勳臣，久宣廟略。爰正樞機之任，仍蕃命數之加。
　　　　肆輯朝紳，宣孚詔綍。具官童貫，端莊而肅毅，敦裕而剛明。氣鍾
　　　　海嶽之英，材擅邦家之傑。精神享上，備忠孝於一身，敏識造微，
　　　　洞毫釐於千里。匪由師錫，凤簡朕知。方恢疆土，以昭先人之功，
　　　　首崇詩禮，而謀中軍之師。有截其所，誕開河隴之區；弗迓克奔，

〔註73〕《十朝綱要》，卷十七〈徽宗〉，政和六年十月甲戌至十一月辛卯條，頁491；《編年綱目》，卷二十八，頁716；《東都事略》，卷十一〈本紀十‧徽宗二〉，葉三上（頁217）；徐自明：《宋宰輔編年錄校補》，第二冊，卷十二〈政和六年〉，頁773；《宋史》，卷二十一〈徽宗紀三〉，頁396；卷一百六十二〈職官志二‧樞密院〉，頁3800；卷二百二十二〈宰輔表三〉，頁5523；卷二百八十五〈賈昌朝傳附賈炎傳〉，頁9622；卷四百六十八〈宦者傳三‧童貫〉，頁13658；費袞：《梁谿漫志》，卷一，「同知簽書虛位」條，頁8～9；潘自牧（？～1209後）：《記纂淵海》，文淵閣《四庫全書》本，卷二十六，「少師」條，葉十五上。李心傳：《建炎以來朝野雜記》，甲集卷十，第257條，「樞密參用文武」，頁203。按宋廷除授童貫少保時，制文有「極貳公之位敘」之句。又據費袞所考，簽書樞密院事一職，自紹聖元年（1094）五月劉仲馮（即劉奉世）由簽書出知真定府後，不再除授此職，直至政和六年童貫才以內臣為簽書。李心傳也記政和末年，始命童貫簽書河西、北面兩房事，後遂領院。李心傳指自童貫之後，皆因事用人，並非常典。另《宋史‧職官志二》亦記「政和六年，以內侍童貫權簽書樞密院河西、北面房事。」按《東都事略》記童貫在政和六年春二月簽書樞密院事宣撫陝西河東河北。當是指他簽書樞密院河西、北面兩房事。
〔註74〕《十朝綱要》，卷七〈英宗〉，治平三年十月丁亥條，頁245。

坐襲氐羌之域。裔俗聞風而面內，殊鄰慕義而納交。比參穆於台躔，兼猶庸於籌幄。增峻撫邊之舊，載遄殄寇之行。獢獢虎臣，悉遵號令；嘽嘽王旅，惟所馳驅。摧堅城於障塞之衝，俘醜虜於軒墀之下。實庸實壑，外安六路之虞，足食足兵，內復兩河之利。屬攸司之軍務，嘉底積以疏恩。更大鎮之節旄，極三公之位敘。進專密席，併衍真租。予無作好之私，時乃懋功之勸。於戲！申伯言邁，既四國之於蕃；吉甫來歸，宜萬邦之為憲。其益資於協濟，庶克迪於丕平。諒肩乃心，奚俟多訓。〔註 75〕

童貫陞任樞臣後，仍全力關注陝西各路事務，但求精簡人力，事權統一。十月甲戌（十四），他以陝西、河東路宣撫使上言，奏稱契勘陝西路提轄鑄錢官，近已有指揮來，得鼓鑄惟所領坑冶事，仍然依舊管勾。他以坑冶之利，所出不見很大，卻虛設提轄官吏等，實是冗員。他請求將陝西、河東路提轄鑄錢坑冶官並罷，所有見領職事，並歸提舉常平司。徽宗從其請，詔令常平司兼領。〔註 76〕

對於麾下文臣將校的管理，童貫也毫不放鬆，對於監司與郡守權力的制衡問題，他以陝西、河東路宣撫使奏，指出朝廷置監司、郡守之官，皆付以按察之權，所以澄清所部。若不法之吏，以被按察官所發而告論按察官之罪，欲以遷延苟免，則按察之職不得行法。雖囚禁不許告論，在律已有明文。然近年以來，陝西頗有類此。十一月癸巳（初四），尚書省將其奏上。宋廷詔今後法官已被按察所劾而輒論告按察官者，雖是指斥等事，仍須結斷罪了絕，再將論告之人與按察官同共推勘，以明正典刑。如查出不實，即將誣告的人特於法外別行重斷。〔註 77〕

同月丙申（初七），他轄下的熙河蘭湟路經略司上言（按長官為劉法），武翼大夫同總領洮州蕃兵將竇調，有女近與本路廉訪使者劉彥遵男為親。認

〔註 75〕徐自明：《宋宰輔編年錄校補》，第三冊，卷十二〈政和六年・童貫簽書樞密院事〉，頁 772～775。徐自明沒有記是誰撰此制詞，而稱在是年二月除授。王瑞來已考此說誤，童貫是在十一月辛卯除此職。據上注 73，童貫授權簽書樞密院河西、北面房事，當是政和六年中。另和上文所引九月己未（廿九）慕容彥逢所撰之制詞比較，此制文用辭用典均甚相似，而兩篇制詞撰寫的時間也接近。

〔註 76〕《宋會要輯稿》，第七冊，〈職官四十三・提點坑冶鑄錢司〉，頁 4179；《十朝綱要》，卷十七〈徽宗〉，政和六年十月甲戌條，頁 491。

〔註 77〕《宋會要輯稿》，第十四冊，〈刑法三・勘獄〉，頁 8430。

為應依條合行回避。劉彥遵是隨童貫新近立功的內臣，童並不姑息。徽宗依其議，就詔劉彥遵罷廉訪使者。並令今後廉訪使者不得與本路在任官為婚姻。〔註78〕

童貫也招攬有賢名的人入其幕，據張守（1084～1145）的說法，「童貫宣撫五路，氣焰赫然，方借寵賢德以取名，然小忤意則禍辱隨之。」不過，只是小官的鞏州教授陳戩（1081～1133）卻不肯依附童貫，部使者（熙河路轉運使）本來薦他於童貫，陳卻稱病不出。有人勸他一見以避禍，他說：「內侍怙寵市權，吾所切齒也，忍復見其面耶！」好像陳戩這樣不附童貫的人，當是極少數。〔註79〕

道學家邵雍（1011～1077）子邵伯溫（1057～1134）當時主管永興軍耀州三白渠公事，當童貫宣撫陝西，士大夫爭相巴結出迎，邵伯溫聞知他來，就求徙知他州而避之。〔註80〕另外，西充（今四川南充市西充縣）人長安令馮子修（1066～1141）也不阿附童貫，當童貫來到陝西，士大夫入謁的皆拜庭下，他卻長揖而入。童貫怒，劾奏馮修建神霄宮，並未依時興作。馮坐奪官。馮很晚才獲起知普州（今四川內江市安岳縣），治有能名。到紹興五年（1135）十二月，獲召見，他上章請老，以左朝請大夫致仕。此外，還有不識相的小官左文林郎江州（今江西九江市）管內安撫司幹辦公事胡執上書，指蔡京誤國，童貫和梁師成等不當用事。胡自然被奪官，舒州編管。他在紹興六年（1136）十月辛亥（十七），才因趙鼎（1085～1147）之薦復左宣教郎。高宗說胡所上疏，極為忠憤，而他只被編管，已是徽宗仁厚，若據童貫眾人之意，必殺之。〔註81〕

〔註78〕《宋會要輯稿》，第八冊，〈職官六十三·避親嫌〉，頁4759。

〔註79〕陳戩字沖休，建州松溪（今福建南平市松溪縣）人。崇寧初年入太學，中乙科，授懷州（今河南焦作市沁陽市）司理，後除鞏州教授。他不肯見童貫後，據說朝廷聞而嘉之。他後移處州（今浙江麗水市西）教授，未至而除國子博士，改宣教郎。以父母喪守制，還朝後權諸王府記室，成為高宗潛邸僚屬。高宗朝仕至徽猷閣待制兼侍講，卒於紹興三年（1133）六月，年五十三。參見張守（撰），劉雲軍（點校）：《毘陵集》（上海：上海古籍出版社，2018年1月），卷十四〈誌銘·徽猷閣待制贈左正議大夫陳公墓誌銘〉，頁185～188；李幼武（纂集）：《宋名臣言行錄·別集》，文淵閣《四庫全書》本，上卷五，「陳戩」，葉十七上下。

〔註80〕《宋史》，卷四百三十三〈儒林傳三·邵伯溫〉，頁12853。

〔註81〕《繫年要錄》，第四冊，卷九十六，紹興五年十二月戊辰條，頁1645；卷一百六，紹興六年十月辛亥條，頁1781～1782。按馮子修入見高宗時已逾七十，致仕後六年卒。

　　童貫在政和六年前，注意力還是進築橫山，盡取青唐故地，進一步壓迫西夏。他在是年又命環慶路進築勒瓟臺等處新城，他向宋廷奏報，說此數城正據控扼，包占邊面，請依環慶帥姚古所請，於定邊軍置倚郭一縣。徽宗就詔賜名定邊縣。〔註82〕他對收復燕京以至平遼，還是停留在設想的階段。要到政和七年後才有重大的突破。

　　正如上文所說，童貫建議聯金攻遼，始於政和元年九月他副鄭允中出使遼國時。據蔡絛所記，徽宗一度因遼叛將來歸而動心，但蔡京反對輕率攻遼，於是與金結盟之事，一直束諸高閣。雖然徽宗有意，但宰執大臣均不主張輕舉。據李天鳴的研究，在政和六年八月初二，徽宗忽然下詔訓示北邊帥臣，要維持盟約，不許生事。李氏說蔡京當時已準備用道士王仔昔（一作王仔息，？～1118）為大將，擔任伐遼的指揮官，但王仔昔不久以意圖謀反被誅，李氏認為這事也許令徽宗停止北伐構想的部份原因。不久，遼降人董才（龐兒）（？～1127 後）的部眾被遼西京（即雲中府，今山西大同市）留守蕭乙薛大敗於易水西，向宋歸降，上表自號「扶宋破虜大將軍」。蔡京與童貫均喜，以董才可用；但真定路安撫使趙遹卻上奏反對接納他，並在奏中說「不可輕信童貫規取全燕以開邊釁。」〔註83〕

〔註82〕《宋史》，卷八十七〈地理志三・陝西・定邊軍〉，頁 2153～2154。

〔註83〕蔡絛：《鐵圍山叢談》，卷二，頁 32～33；《宋史》，卷三百四十八〈趙遹傳〉，頁 11045；《遼史》，卷一百一〈蕭乙薛傳〉，頁 1582；高斯得（？～1276 後）：《恥堂存稿》，文淵閣《四庫全書》本，卷五〈題跋・跋趙遹所受徽宗皇帝御筆〉，葉六下至七上；朱勝非（撰），史泠哥（整理）：《秀水閒居錄》，收入戴建國（主編）：《全宋筆記》第九編第一冊（鄭州：大象出版社，2018 年 3 月），「佚文」，頁 358～359；李天鳴：〈宋徽宗北伐燕山時期的反對意見〉，頁 263～264；《會編》，卷七〈政宣中帙七〉，葉一下（頁 46）。據蔡絛所記，徽宗因見遼國發生叛亂，有董龍兒（龐兒）乘機舉兵，殺牛欄寨禪將，並將其首獻予宋廷，於是徽宗動心。賴蔡京沮之。這個董龍兒後改名董才。朱勝非則記此人名董龐兒董才，是易州淶水（今河北保定市淶水縣）人，少貧賤，沉雄果敢，募鄉兵戰女真，戰敗。主將要斬之，他就亡命山谷，遂為盜，劫掠州縣，眾至千人，遼患其蹂踐。他踰飛狐、靈丘，入雲、應、武、朔等州，斬牛欄監軍，以其首來獻。他在政和七年被知嵐軍（今山西忻州市嵐縣）解潛（？～1149）招降。又蔡絛在是條將出使遼的鄭允中訛為鄭居中。考李天鳴稱蔡京欲以道士王仔息（昔），服錦袍鐵幘為大將軍伐遼，乃據《三朝北盟會編》引《吳曾漫錄》，恐有誤記。蔡京就算如何胡塗，也不會隨便找一個江湖術士統軍伐遼。何況這時蔡正與童貫暗鬥，他既沮容納董龐兒歸降，又怎會輕率派人出兵。何況王仔昔後與蔡京反目，蔡京怎會舉薦他？關於王仔昔得寵的背景和他誅死的情況，可參見第六章注 31 的考證。

　　據李氏所考，政和七年二月癸未（廿五），司封員外郎陶悅（？～1122）及副使莊宅副使知霸州（今河北廊坊市霸州市）李邈（？～1127）使遼歸，返抵京師，剛好童貫導從人出門，與二人相遇，童貫就想借陶、李二人使遼的報告，加強宋廷伐遼的決心。他請徽宗命陶、李二人先到他府中議事。次日，陶、李二人抵童宅時，童故意問陶，遼邦是否真的有寇？當陶回答沒有聽聞時，童就續問他何以知無寇。陶就說他「所行道，日行一程，既不留，且又不改行他路，以此知之。」童再問何以知他處無寇，陶回答「所至皆以物賂聽頭，訪其國中事宜，但云惟時與女真爭戰，別無他寇。」童又故意說聽聞遼邦人多流移。陶卻說「所行路皆有居人，田皆耕墾。所過處觀者滿道，不見有流移。」童又說已有人據易州（今河北保定市易縣）。陶就說易州並非他所經之路，但他仍有打探採訪，卻不聞此事。童貫怒說今遼軍已圍霸州，朝廷已起兵，陶為何不說。陶就說他自雄州（今河北保定市雄縣）和莫州（今河北滄州市任丘市北）來，去霸州甚近，亦不聞有此事。因童貫虛報遼軍犯霸州，想陶迎合他的說法。陶卻說遼人譚裏想擁立燕王耶律淳，已被遼人所殺，以此觀之，遼國人心未至離異。童貫又想勸說副使李邈附和他，但一早便以忤蔡京和童貫致從文官轉武階的李邈，並不肯討好童，反力言遼人未厭其主。童貫怕李有異議，即奏不俟召對，就令他復本任。李邈卻隨後上書，力言「契丹不可滅，苟誤幾事，願誅臣以謝邊吏」。因陶、李二人都不肯附和童貫，具言敵未可圖，因此童貫也就不敢隱瞞事實，而將陶悅出使所得情報向徽宗稟明。徽宗在次日便令停止北伐行動。並且優遷陶悅為吏部員外郎。加上真定帥趙遹和知樞密院事鄧洵武也反對，伐遼之事乃暫止。〔註84〕

〔註84〕李天鳴：〈宋徽宗北伐燕山時期的反對意見〉，頁265～266；《會編》，卷六〈政宣上帙六〉，宣和四年四月二十三日辛亥條，葉一下至四上（頁38～39）；《繫年要錄》，第一冊，建炎元年正月辛卯朔條，頁3；《宋史》，卷四百五十七〈忠義傳二・李邈〉，頁13177。陶悅與李邈與童貫的對話，載《會編》卷六所引之《使北錄》。據載陶悅陞官，中書舍人王安中撰寫制詞，稱美他「持聘復命，忠實可嘉」。徐夢莘評說當時朝廷不敢峻其褒擢，詞臣不敢指其事實，則童貫之氣焰可知。又言士大夫雖心服之而不敢言，故陶悅之說罕傳，五年後（即宣和四年）陶悅卒，於是童貫又重提前議。到了建炎末年，臣僚以此上言，於是有旨褒獎之，特贈秘閣修撰。按《使北錄》又稱北伐並非徽宗之意，是童貫狂妄誤國。另說徽宗聽畢陶悅之言，即日下詔抽回已發禁軍，拘收已降宣旨，而停北伐。另《要錄》引陶悅《奉使錄》又云：「二月中旬，貫北伐，前軍發。悅歸，奏敵未可圖。事乃寢。」筆者以為陶悅之覆奏可能導致徽宗中止伐遼之計劃，但說童貫北伐軍先鋒在七年二月中旬已出發，不大可能。

七月庚寅（初四），知登州王師中奏，有遼人薊州（今天津市薊州區）漢兒高藥師、曹孝才與僧郎榮等率親屬二百餘人，乘二舟浮海，本來往高麗避難，卻漂流至文登縣之駝基島（今山東煙台市長島縣砣磯島）。備言女真在政和六年十一月斬殺渤海國高永昌。渤海漢兒群聚為盜，遼不能制，而女真攻遼，已奪其地過遼河之西。徽宗本已想聯金攻遼，聞之甚喜，即命中使押高藥師等來京，至蔡京第，令與童貫共議。蔡、童二人奏宋廷過去以市馬女真為名，察訪邊事。於是詔王師中選將校七人，各借以進武校尉官，用平海軍指揮兵船，載高藥師等帶市馬詔泛海同往女真，探問女真聯合攻遼之可能。八月戊午（初三），高藥師等兵船出發。八月丁丑（廿二），他們到達蘇州（遼之蘇州，金改為金州，今遼寧大連市金普新區）界，望見岸上女真甲兵多，不敢近前。幾為邏者所殺，只得返航。政和八年（1118）正月丙戌（初三），他們返抵青州。安撫使崔直躬具奏其事。徽宗怒，詔元募借補人并將校一行並編配遠惡州軍。徽宗令王師中再選有智勇能吏再與高藥師過海，體問事宜，通好女真，軍前講買馬舊好。徽宗降御筆，令通好女真事，監司帥臣並不得干預。這次不成功的浮海，仍被視為史稱「海上之盟」之肇始。徐夢莘所編的《三朝北盟會編》即以高藥師來宋為全書的首章。而楊仲良（？～1184 後）也以政和七年七月高藥師來宋的事作為「金盟」一章的開始。〔註85〕

關於「海上之盟」以及「聯金滅遼」的始末，前人論述已甚多。陶晉生師多年前的專著，對海上之盟的始末及宋決策的得失，即有很精辟的見解。陶師指出，宋之失敗主要還是如清儒王夫之（1619～1692）所論，用人不當

至於說徽宗本無意北伐，不過為徽宗開脫責任。另童貫恨李邈不附他，河北都轉運使沈積中（？～1123）就迎合童貫，羅織李邈五十三條罪，但鞫治一無所得，乃以建神霄宮不如詔，將李免官。趙遹也上書反對伐遼，可參見下文及注 89。

〔註85〕《會編》，卷一〈政宣上帙一〉，政和七年秋七月四日庚寅至政和八年正月三日丙戌條，葉一上至六上（頁 1～3）；《長編紀事本末》，第八冊，卷一百四十二〈徽宗皇帝‧金盟上〉，葉一上下（頁 4281～4282）；《契丹國志》，卷十〈天祚皇帝上〉，頁 125。按此事亦載《宋會要輯稿》，第十六冊，〈蕃夷二‧遼下〉，頁 9758；《十朝綱要》，卷十七〈徽宗〉，政和七年七月庚申條，頁 494；《編年綱目》，卷二十八，頁 720～721；《東都事略》，卷一百二十五〈附錄三‧金國傳〉，葉二上下（頁 1923～1924）；趙永春：《金宋關係史》，第一章，頁 12～13。

所致。他的新作《宋代外交史》相關的章節更值得一讀。〔註86〕童貫就是徽宗在這次行動所用之人。為此，本節主要考論童貫及徽宗君臣動念與金結盟的原委，以及宋廷文武大臣贊成和反對的取態及其原因。

　　童貫早就有圖遼之意，一方面報在遼廷受辱之仇，更為了迎合徽宗以固寵。他大概在政和五年就取燕雲事，問當時特召入闕的宿將趙隆的意見，趙隆極言不可。童就說若趙隆能助他，當有殊遷。趙卻說他只是一介武夫，豈敢為賞而敗祖宗百年之好。異時起邊釁，他萬死不足以謝責。童貫知不能奪其志，就將趙知西寧州充隴右都護。趙隆後來在政和六年六月佐童貫與劉法襲羌兵，築震武城（事見上文）。趙隆於政和八年（1118）五月，以捧日天武四廂都指揮使溫州防禦使熙河路馬步軍副都總管任上卒。他是童貫麾下大將中最早明確反對童貫聯金伐遼之議的。〔註87〕

〔註86〕陶晉生師：《宋遼關係史研究》（臺北：聯經出版事業公司，1984 年 7 月），第九章〈對於北宋聯金滅遼政策的一個評估〉，頁 203～215；陶晉生師：《宋代外交史》（臺北：聯經出版事業公司，2020 年 3 月），第十章〈聯金滅遼與北宋滅亡〉，頁 207～238。按前引王煦華及金永高刊於 1980 年論宋遼和戰一文的第六節也論及馬植（李良嗣）奔宋獻策和宋聯金取燕問題，王、金二氏認為反對伐遼的人看不清遼已衰敗，金滅遼後，一定會兵臨宋境，宋趁機取燕地，就可以將燕地作為河北之屏障，而不是所謂唇亡齒寒。二人以為李良嗣聯金取燕的主張，在客觀上符合當時廣大人民的利益。說李良嗣是奸臣是不正確的。至於贊成取燕的宋徽宗、蔡京、王黼和童貫，是為了提高自己統治的威望。王、金二人的意見和陶師的沒有不同。參見王煦華、金永高：〈宋遼和戰關係中的幾個問題〉，頁 227～283；有關海上之盟一節，見頁 272～283。

〔註87〕《東都事略》，卷一百四〈趙隆傳〉，葉五下至六上（頁 1598～1599）；《宋史》，卷三百五十〈趙隆傳〉，頁 11091；《宋會要輯稿》，第四冊，〈儀制十一·武臣追贈·軍職防禦使〉，頁 2541；第五冊，〈崇儒六·御書〉，頁 2869；第十冊，〈食貨二·營田雜錄一〉，頁 5988；第十三冊，〈食貨六十三·營田雜錄〉，頁 7655；周煇：《清波別志》，卷上，頁 150。趙隆是秦州成紀（今甘肅天水市秦安縣）人。早年隨李憲屢立邊功，徽宗特召入朝，慰勞說鐵山之戰，卿之力也。在政和五年已知西寧州（今青海西寧市），故童貫問他伐遼之事，當在政和五年前後。他卒於政和八年（即重和元年）五月，宣和五年贈鎮潼軍節度使。徽宗命詞臣製碑，親篆額曰「旌忠」。又李天鳴教授討論宋文武官員於各階段反對伐遼的意見時，也引述《東都事略·趙隆傳》這條，列為最早反對伐遼的意見，惟李氏沒有詳考趙隆回答童貫之問的年月。參見李天鳴：〈宋徽宗北伐燕山時期的反對意見〉，載宋史座談會主編：《宋史研究集》，第三十二輯（臺北：蘭臺出版社，2002 年 10 月），頁 258。

　　童貫大將中，种師道當時沒有表態，但後來童貫命他為都統制伐遼時，他便諫道「今日之舉，譬如盜入鄰家不能救，又乘之而分其室焉，無乃不可乎？」〔註88〕相信种一開始便不同意童攻遼的。

　　邊臣中與童貫意見相左的是在政和五年十一月平定晏州夷卜漏有大功，受徽宗器重的龍圖閣直學士趙遹。他在平亂後授熙河蘭湟經略安撫使，但以疾請宮觀，徽宗不許。他入對賜上舍出身拜兵部尚書，但他以與童貫有隙而求去。政和六年再出知成德軍（即鎮州、真定府，今河北石家莊市正定縣），拜延康殿學士。他再上奏反對童貫納遼降人董才以攻燕，他說遼人不知存亡，遽增邊戍以啟釁端。徽宗納其言，並以御筆答之，詔沿邊軍兵停止調動。〔註89〕

　　積極附和童貫，推動聯金攻遼的卻大有人在。邊臣中知雄州和詵便最積極。和詵是將家子，父和斌（1011～1090）為狄青（1008～1057）部將，多立戰功，官至步軍都虞候。和詵以蔭為河北副將，累官至右武大夫威州刺史知雄州，他曾上制勝強遠弓式，能破堅於三百步，邊人號為鳳凰弓。他在雄州十年，頗能偵敵，他志切邊功，迎合徽宗與童貫之意，招攬叛遼之人，鼓吹取燕。他以厚賂結納燕地豪強，又以《收燕山圖》獻上宋廷。〔註90〕

〔註88〕《宋史》，卷三百三十五〈种世衡傳附种師道傳〉，頁10751。

〔註89〕《宋史》，卷三百四十八〈趙遹傳〉，頁11043～11046；《十朝綱要》，卷十七〈徽宗〉，政和五年四月丙辰至十一月庚寅條，頁485～487；高斯得：《恥堂存稿》，卷五〈題跋・跋趙遹所受徽宗皇帝御筆〉，葉七上；《繫年要錄》，第三冊，卷七十一，紹興三年十二月丁酉條，頁1224。考趙遹在政和五年四月丙辰（十七）以梓州路轉運副使任招討統制使，率秦鳳、涇原、環慶兵共一萬人出師，另民夫四萬五百人。十一月庚寅（十九）擒獲卜漏。是役凡破六十五村二十五囤，生擒賊首十人，斬首七千級。十二月丁未（初六），趙遹班師。徽宗即加趙為龍圖閣直學士。趙在政和六年再任真定帥，並上書反對伐遼。南宋末之史官高斯得在景定四年（1263）九月記，他曾看到徽宗覆趙遹的御筆。但紹興三年十二月丁酉（十七），當趙遹的家人援故事以遺表恩為請，高宗許之時，給事中胡交修（1078～1142）卻上言，指瀘南開邊之禍，趙為之首。他說稽之公論，宜在褫奪。他請追削趙的舊職，以謝瀘南無辜之民，並為開邊誤國之戒。高宗於是將趙的延康殿學士追落職名，而其遺表恩不行。

〔註90〕《東都事略》，卷一百四〈和詵傳〉，葉六下（頁1600）；《宋史》，卷三百五十〈和斌傳附和詵傳〉，頁11079～11081；《會編》，卷一〈政宣上帙一〉，政和七年七月四日庚寅條，葉一下至二上（頁1）；《宋史全文》，卷十四〈宋徽宗〉，頁958。

　　主張取燕的文武臣僚除了知登州王師中外，知中山府（即定州，今河北保定市定州市）張杲、高陽關安撫使兼知河間府吳价、河東經略安撫使薛嗣昌（？～1125）亦獻議燕雲可取。薛得河朔諜人之辭，往往潤色以迎合徽宗。每次召對論及北事時，都請興師取燕。他又委知代州（今山西忻州市代縣）安撫王機探伺遼人之隙，上奏攻取之策。於是遼所轄的應州（今山西朔州市應縣）及武州（今河北張家口市宣化區）不斷有人來投附，王機均接納。王師中就是這時全家來忻代投宋，而為徽宗任為知登州的。河東的文臣大力推動伐遼，據《東都事略‧趙隆傳》記，武將卻並未全是頭腦發熱，有邊將劉延壽路過太原，帥臣（當是薛嗣昌）問他經營燕雲之事，劉卻表示：「可伐不可守，可守不可久；矧祖宗盟誓，一旦敗之，恐有不測之變。」〔註91〕

　　徽宗在在政和七年正月丙申（初七），將聯金伐遼的原議人李良嗣賜姓趙，〔註92〕那傳遞一個清楚的訊息，徽宗有意攻遼。三月庚寅（初二）（《宋史‧宰輔表三》作二月），童貫以陝西、河東、河北宣撫使仍帶行同簽書樞密院事，乙未（初七），改權領樞密院事，並拜太保領河中節度使封益國公，正式執掌兵符。徽宗稍後更宣諭大臣，說元豐官制，樞密院置知院、同知院事，其同簽書院事未嘗除授。趙瞻（？～1090）、王巖叟（1044～1094）、劉奉世（1041～1113）都是元祐時差除。現在童貫宣撫陝西等路，帶簽書與官制有礙。童貫現時已係開府儀同三司，即宰相之任，可以改為權領樞密院事。據徐處仁子徐度（約1106～1176後）的解釋，徽宗當時只要童貫所掌只是邊防一事，且

〔註91〕薛嗣昌是神宗朝官至同知樞密院事薛向（1016～1081）的中子，他在宣和元年（1119）五月己酉（初四），以刑部尚書罷為提舉西京嵩山崇福宮，以奏請吏部掌格誕謾。他入朝為刑部尚書，是否童貫所薦，待考。據楊倩描的考證，他在宣和六年還任鄜延路經略使兼知延安府。似在是年或七年初卒。宋人筆記引朱希亮言，薛嗣昌臨死時，其號呼如受罪狀，他指臥榻甘金帶，令人收去，並說他正坐帶。論者就說薛嗣昌在定州首開邊隙者故受此報。參見《會編》，卷一〈政宣上帙一〉，政和七年七月四日庚寅條，葉一下（頁1）；《宋史全文》，卷十四〈宋徽宗〉，頁958；《宋會要輯稿》，第八冊，〈職官六十九‧黜降官六〉，頁4897～4898；《東都事略》，卷一百四〈趙隆傳〉，葉六上（頁1599）；《宋史》，卷三百二十八〈薛向傳附薛嗣昌傳〉，頁10588～10589；吳幵（1067～1144後）（撰），趙龍（整理）：《漫堂隨筆》，收入戴建國（主編）：《全宋筆記》第九編第一冊（鄭州：大象出版社，2018年3月），頁125；楊倩描：〈北宋末年鄜延路經略安撫使考〉，載姜錫東（主編）：《宋史研究論叢》第十一輯（保定：河北大學出版社，2010年12月），頁442～446。

〔註92〕《十朝綱要》，卷十七〈徽宗〉，政和七年正月丙申條，頁492。

始使為之而已。〔註93〕值得一提的是，一直對童貫有意見的元老大臣、蔡京弟蔡卞，就在童貫陞官的同月，以檢校少保、鎮東軍節度使、開府儀同三司卒。徽宗贈他太傅。蔡卞早罷政多時，他對童貫伐遼，就是反對也無能為力。〔註94〕

　　童貫陞官後，自是對主子之意心領神會。不過西邊仍有動亂，三月，茂州（今四川阿壩藏族羌族自治州茂縣）蕃部寇石泉縣（今四川綿陽市北川羌族自治縣），知縣李安國率兵禦之，不勝，將官李泳、呼延潛、王玘、李宋臣和王澤戰死。辛卯（初三），宋廷詔秦鳳路遣將邱永壽率兵二千往討之，那個在政和六年逃去的李訛移又在是年春發兵圍定邊軍觀化堡，前後四十五日，到三月底才解圍而去。〔註95〕

　　童貫起家的陝西各路仍執行他的進築策略，繼在是年正月築舊南宗城，將大同堡連作一城（按正月丁巳廿八賜名大同城）。童貫的大將知熙州劉法於六月癸酉（十六），既解震武軍之圍，就派部將王德厚率兵進築睗令古城（七月壬辰初六賜名德通城）。辛巳（廿四），涇原路又築密多臺、飛井塢兩寨。宋廷賜名威川和飛泉。〔註96〕而為童貫大軍供應糧草馬匹的心腹程唐，就繼續努力籌餉。大概是童貫的表功，政和七年三月癸卯（十五），宋廷以程唐管

〔註93〕徐度（撰），朱凱、姜漢椿（整理）：《卻掃編》，收入朱易安、傅璇琮（主編）：《全宋筆記》第三編第十冊（鄭州：大象出版社，2008 年 1 月），卷上，頁115；《東都事略》，卷十一〈本紀十一・徽宗二〉，葉四上（頁 219）；卷一百二十一〈宦者傳・童貫〉，葉一下至二上（頁 1864～1865）；徐自明：《宋宰輔編年錄校補》，第二冊，卷十二〈政和六年〉，頁 773；《宋史》，卷二十一〈徽宗紀三〉，頁 397；卷一百六十二〈職官志二・樞密院〉，頁 3800；卷二百十二〈宰輔表三〉，頁 5524；《十朝綱要》，卷十七〈徽宗〉，政和七年三月庚寅至乙未條，頁 493；《編年綱目》，卷二十八，頁 717～718；李攸（？～1134後）：《宋朝事實》，《國學基本叢書》本（上海：商務印書館，1935 年 4 月），卷十，頁 170；《宋會要輯稿》，第二冊，〈禮十二・群臣士庶家廟〉，頁 708。考童貫擔任簽書樞密院事及權領院事、領院事的年月，李攸所記與《宋史》、《皇朝編年綱目備要》及《皇宋十朝綱要》不同，李攸記童貫在政和六年二月自少保、護國軍節度使、陝西、河東路宣撫使簽書樞密院事，五月除檢校少傅、威武軍節度使權領院事。十二月除檢校少師、寧江軍節度使領院事。而《宋會要・禮十二》則記童貫在政和六年十月丁亥（廿七）時任權領樞密院事。疑《宋朝事實》及《宋會要》有誤。

〔註94〕《宋會要輯稿》，第四冊，〈儀制十一・使相追贈〉，頁 2527。

〔註95〕《十朝綱要》，卷十七〈徽宗〉，政和七年三月庚寅至乙未條，頁 493。

〔註96〕《十朝綱要》，卷十七〈徽宗〉，政和七年六月癸酉至七月壬辰條，頁 493～494；《宋史》，卷八十七〈地理志三・陝西・震武軍〉，頁 2169。

勾川陝茶事程，應副陝西運司年額有勞，特除右文殿修撰，又詔其合用收買四色綱茶本，令尚書省每歲給降度牒三百道付給他，自政和六年下半年為始使用。〔註97〕

　　值得注意的是，童貫雖權領樞密院事，這時還帶著陝西、河東、河北路宣撫使的職位，處理宣撫使司各樣事務。是年四月己巳（十一），他以陝西、河東、河北路宣撫使上奏，稱見自今諸路廉訪使者（按：即走馬承受），凡所法禁與監司一同，以至州郡飲食之會，例皆不赴，但以嚴毅自守。他認為這現像甚妨採聽，並非設官之本意。他請加以詳酌，應廉訪使者舊例，筵會聚食，請令依舊趁赴。徽宗從其議。〔註98〕

　　五月己酉（廿二），他再度上言，以今具合用屬官六員，內文臣二員充宣撫判官，文武臣二員充參議官，文武臣二員充勾當公事。徽宗亦從之。〔註99〕

　　在樞密使任上，童貫在九月癸巳（初八）。建議在東京和西京一百一處並依舊通行解鹽，得到宋廷的同意。據《皇朝編年綱目備要》所記，童貫與再拜相的鄭居中相表裡，他主用解鹽，就為了充實陝西而擅其利，鄭居中就為之而罷東北鹽。是月童貫在陝西的部屬在攻略西夏及進築橫山又有進展，西蕃王子、董氈弟益麻結党征（？～1165）來降，九月丁酉（十二）來京入見於紫宸殿。童貫奏賜姓名趙懷恩（？～1165），授團練使。值得一提的是，據李石（1108～1181）所載，益麻結党征在「宣和間」（按：李石所記有誤）以其部族世有之地西海內屬，徽宗賜名趙懷恩，授武功大夫留京師。趙懷恩獲賜對便殿，徽宗問他疆場安否。他卻不顧會開罪童貫，而說「獨苦童貫擾邊生事」。據李石所說，當時童貫執掌兵柄，意務開拓，就百計以禮撫存，意欲厚結趙懷恩，以收服諸羌，來張大邊勢。他聽到趙懷恩批評他，雖陽與唯諾，而內沈鷙不變色。與他一黨的楊戩，就劾奏趙懷恩謗訕大臣，要求將趙貶逐。不久，宋廷給趙的訓詞就有「抑於權臣之語」。不過，《宋史・鄭驤傳》稱他是冒充的。庚子（十五），昭慶軍節度使環慶路經略安撫使知慶州（今甘肅慶陽市慶城縣慶城鎮慶陽故城）姚古率兵破西夏成德軍，生擒首領屈賞。姚古在辛丑（十六）以功加檢校少保。宋廷給他加官的制詞特別提到「比命樞臣，

〔註97〕《宋會要輯稿》，第七冊，〈職官四十三・都大提舉茶馬司〉，頁4160。
〔註98〕《宋會要輯稿》，第七冊，〈職官四十一・走馬承受公事〉，頁4067；第十冊，〈選舉三十三・特恩除職一〉，頁5899。
〔註99〕《宋會要輯稿》，第七冊，〈職官四十一・宣撫使〉，頁4008。

出宣廟算，式煩總護，往遂逃除。臨衝閑閑，傅堅城而亟下，征夫捷捷，俘群醜以具來」。提及他的功績時，仍要討好出宣廟算的樞臣童貫。〔註100〕

　　徽宗在十二月庚午（十七），以童貫領樞密院事，落權字。據徐度所考，童貫自此以領樞密院事任職，不再改知樞密院事或樞密使。其後蔡攸和鄭居中也稱領樞密院事。〔註101〕童貫正式成為樞密使，他是年六十四歲，可說是仕途得意。當時蔡京以太師領三省事，被稱為公相，童貫以開府儀同三司領樞密院事，被稱為媪相。〔註102〕童貫此時已和蔡京平起平坐，權勢相當。二人的爭權也開始白熱化。

　　同為徽宗心腹寵臣、執掌禁軍的殿前都指揮使高俅在政和七年正月庚子（十一）拜太尉，成為武臣之首。徽宗使高俅握兵而由童貫掌兵符，不將兵權掌於一人之手，既是祖宗家法，也是徽宗馭下的帝王術。〔註103〕高俅從來不需依附蔡京或童貫而得高位，他是徽宗心腹中之心腹，童貫也要忌憚他三分。

〔註100〕《十朝綱要》，卷十七〈徽宗〉，政和七年九月癸巳至辛丑條，頁494～495；《編年綱目》，卷二十八，頁722；《宋大詔令集》，卷一百五〈武臣三・姚古檢校少保制・政和七年九月十六日〉頁390；《宋史》，卷一百八十一〈食貨志下三・鹽上〉，頁4426；《宋史》，卷二十一〈徽宗紀三〉，頁398；卷三百五十七〈劉延慶傳〉，頁11237；卷四百四十八〈忠義傳三・鄭驤〉，頁13202～13203。李石：《方舟集》，文淵閣《四庫全書》本，卷十六〈趙郡王墓誌銘〉，葉二十六上至二十八下；《繫年要錄》，第一冊，卷六，建炎元年六月乙酉條，頁171。據《宋史・劉延慶傳》，破夏人成德軍，擒屈賞和降益麻結党征，都是劉延慶的功勞。惟據《皇宋十朝綱要》，破夏人成德軍及擒賞屈實是姚古之功，而據《宋史・徽宗紀三》及《皇宋十朝綱要》，益麻結党征入見均在九月丁酉（十二），都在姚古擒屈賞之前。按招降益麻當是劉延慶，而擒屈賞當是姚古。又《宋史・鄭驤傳》卻記這個益麻結党征是假冒的，說在大觀中有羌人冒充他自西夏來歸，宋廷賜名趙懷恭。趙懷恩後在建炎元年（1127）六月乙酉（廿七）獲高宗自右武大夫恩州觀察使主管西蕃部族封隴右郡王。

〔註101〕《十朝綱要》，卷十七〈徽宗〉，政和七年十二月庚午條，頁495；《東都事略》，卷十一〈本紀十一・徽宗二〉，葉四上（頁219）；《宋史》，卷二十一〈徽宗紀三〉，頁399；卷二百十二〈宰輔表三〉，頁5524；徐度：《卻掃編》，卷上，頁115。

〔註102〕《宋史》，卷四百六十八〈宦者傳三・童貫〉，頁13658。

〔註103〕《宋史》，卷二十一〈徽宗紀三〉，頁397。關於北宋開國以樞密使副及三衙管軍分掌兵符及禁軍的祖制的討論，可參閱羅球慶師：〈北宋兵制研究〉，原載《新亞學報》第三卷第一期（1957年8月），頁169～270。現收入羅著：《羅球慶學術論文集》（香港：新龍門書店，2020年9月），第一章第三節〈內外兵權的分守〉。

另外與童貫各立門戶的梁師成也在政和七年六月己未（初二），以祀明堂恩，獲授檢校少保、興德軍節度使，童貫則加檢校少傅、威武軍節度使依前開府儀同三司。徽宗並降制褒之。〔註104〕梁師成是繼楊戩後，第二名並無軍功而建節的內臣。徽宗另外在九月庚戌（廿五），派已陞為保康軍承宣使（按：六月十一日戊辰改節度觀察留後為承宣使）、直睿思殿譚稹往淮南督捕起事的劉五。〔註105〕譚則是繼童貫後第二名徽宗寵信的內臣領兵出征及平亂。此後，徽宗不時任譚稹統兵，遇大征戰時任童貫的副手。這也可說是徽宗的馭下手段。

七、海上之盟

據《三朝北盟會編》、《通鑑長編紀事本末》及《宋史全文》所記，童貫是年上「平燕策」，大略謂「雲中根本也，燕薊枝葉也，當分兵撓燕薊，而後以重兵取雲中」（按：《東都事略·童貫傳》則云該策為趙良嗣所條上）。可惜他這篇奏議不像乃師李憲的許多談兵的奏議得以保存下來。《通鑑長編紀事本末》稱這篇奏議，「其語汗漫無取，蓋時貫尚未有名士大夫從之，以文飾其姦耳。」值得注意的是，據載童貫（一說是徽宗）又派其子童師敏將此平燕策向蔡京宣示。蔡京甚惡之，但留之而無奏報。徽宗多次派童師敏來問蔡京此策如何。當蔡京久久不報時，徽宗又派人來索，蔡只是唯唯而已。有一次，蔡京留身向徽宗批評童貫，說童徒有虛名爾，無能為也。他又說伐國大事，安危之繫，徽宗怎可以付託予童貫？徽宗說童貫前取青唐之功，蔡京忘了嗎。蔡京回答說，崇寧間下青唐，初時只派童為監軍，他負責調兵而委王厚統軍，謀劃皆由他。他說今日取青唐尚不可為，況伐遼國。徽宗聽罷意頗沮喪，蔡京跟著劾童貫前後壞邊事，又說童貫是他推薦為監軍的，現童權重過當，他日或會累及他，不能無言，而且童貫現已位極人臣，和自己同列，蔡實恥之。蔡京跟著連上四章求罷。徽宗安撫蔡京，於十一月庚寅（初六），詔蔡京細務特免簽書，可五日一朝，次赴都堂治事。並議下除童貫司空令其致仕，並罷其所領。當時置三少（少師少傅少保）而無司空，蓋徽宗仍給童貫特恩。童貫知道後大懼，於是以其城西外圃與蔡京的西湖鄰牆流水相接為名，邀請蔡

〔註104〕《長編紀事本末》，第七冊，卷一百二十五〈徽宗皇帝·明堂〉，葉五下至六上（頁 3772～3773）；《宋會要輯稿》，第二冊，〈禮二十四·明堂制度〉，頁 1183。

〔註105〕《十朝綱要》，卷十七〈徽宗〉，政和七年六月戊辰條，頁 493；九月庚戌條，頁 495；《編年綱目》，卷二十八，頁 719。

攸、蔡絛、蔡翛兄弟三人出城相見，議定園界。三人到來後，童貫就置酒相待甚厚，並送兩條犀帶給蔡攸，求他代向蔡京陪罪。蔡攸回去稟告蔡京，蔡也就不再提致仕之議。這時蔡京罷省細務，五日一朝。童貫時領樞密院，他赴朝班，倘遇到蔡京於同日入朝，他就避不入朝，其他日就如故。蔡、童選擇公事上不見面，二人關係於是疏遠。這時徽宗對蔡京的眷寵亦稍衰。《宋史全文》的編者及徐自明均評說，本來童貫附蔡京以進，到他貴顯時，就不再附蔡，故蔡疾之。到童貫兼宣撫河北，是想獨專北事，更教蔡京不能堪。本來蔡京建議北伐，甚至說「北事只我了得，他人為之必鑿枘」。當他與童貫爭權不勝，就反過頭來說遼國不可伐。為此，徽宗也不盡信童貫之言。但《宋史全文》的編者及徐自明均認為蔡京其實沒有向徽宗這麼說，只是後來蔡絛假託此言以欺後世，為其父脫罪。〔註106〕

　　蔡京與童貫在政和末年爭權已是公開的秘密，但蔡京也深知伐遼是徽宗之願，他不會逆主子之意，只是不願由童貫獨專其事而領全功，而超越自己的權力地位。當童貫向他輸誠，他就不說話了。

　　順帶一談的是童貫子童師敏與蔡京的關係。據馬純（？～1164後）所記，童師敏任蔡京府承受。每有奏請，就由他傳達御前，而徽宗也多次由童師敏傳旨蔡京。政和六年春，童師敏從駕過延福宮宴飲，故當日童沒有到蔡府，他即以狀申白蔡京。蔡京卻沒有擺太師架子，反以絕句答之，云：「聞說曇花爛漫開，知君醉賞不能來。臨風對酒空惆悵，不得相從把一杯。」相信是童師敏向徽宗呈上蔡京此詩，後十餘日，徽宗召蔡京以下輔臣曲宴。〔註107〕蔡

〔註106〕《會編》，卷二〈政宣上帙二〉，政和八年五月二十七日戊寅條，葉十一上（頁14）；卷五十二〈靖康中帙二十七〉，靖康元年八月二十三日丙辰條，葉四上（頁391）；《長編紀事本末》，卷一百四十二〈徽宗皇帝‧金盟上〉，葉二下至三下（4284～4286）；《宋史全文》，卷十四〈宋徽宗〉，頁962～963；《十朝綱要》，卷十七〈徽宗〉，政和七年十一月庚寅條，頁495；《編年綱目》，卷二十八，頁719；《東都事略》，卷一百二十一〈宦者傳‧童貫〉，葉二下（頁1866）；《宋宰輔編年錄校補》，第二冊，卷十二〈政和六年〉，頁774。考童貫上平燕策，《長編紀事本末》說在是歲（重和元年，即政和八年），沒言月日，《三朝北盟會編》繫於政和八年五月戊申（廿七）安堯臣（？～1126後）上書後，而與《宋史全文》繫於政和七年十一月不合。疑童貫上平燕策應早在政和七年。又李天鳴認為蔡京及童貫都贊同趙良嗣的建議伐遼取燕，惟李氏未細考蔡、童二人其實各有打算，意見並不一致。參見李天鳴：〈宋徽宗北伐燕山時期的反對意見〉，頁259～260。

〔註107〕馬純（撰），程郁（整理）：《陶朱新錄》，收入戴建國（主編）：《全宋筆記》，第五編第十冊（鄭州：大象出版社，2012年1月），頁145～146。

京是老奸巨滑之人，他向童師敏假以詞色，無非向童貫示好。他與童貫既爭權又勾結。

　　政和八年（十一月朔改元重和）正月丙申（十三），遼燕王耶律淳與金兵戰於徽州（今遼寧阜新市西北）東，陣未合而潰。當遼軍慘敗時，童貫與知青州王師中在二月庚午（十八），便遣武義大夫馬政、善女真語的平海軍卒呼延慶等將校七人，兵級八十人同高藥師及曹孝才等二度使金，以買馬為名，重提海上之盟，約夾攻遼。二府大臣中，太宰鄭居中反對童貫之建議，請罷遣使女真。他且於朝堂上責備蔡京，為何不反對此議？認為朝廷欲派人入女真軍前，議夾攻遼國，出自李良嗣的私欲。他力稱不守兩國盟約，輒造事端，並非廟算。他說宋遼訂盟以來，堅守誓約，至今一百十四年，四方無虞，今若導徽宗棄約復燕，恐天怒民怨，而且用兵之道，勝負不常。即使勝則府庫乏於犒賞，編戶困於供役，蠹國害民莫過此。若敗了，更禍患不測。但蔡京說徽宗厭給遼歲幣五十萬匹，故有伐遼之意。鄭力言歲幣五十萬匹，遠少於漢代給匈奴和西域近二億之幣，故今之歲幣未為失策，比之東漢初年用兵諸羌十四年所費二百四十億為少。但蔡京說徽宗已意決，不可阻止。鄭馬上說他日使百萬生民肝腦塗地，就是蔡京的責任，不知他日蔡京如何處置，然後作色而起。本來依附蔡京的知樞密院事鄧洵武也反對聯金之議，據載蔡京密奏徽宗，不讓鄧洵武參預伐遼之謀。鄧就約童貫到樞密院，具言伐遼的利害，但童貫反說鄧在樞密院時願承當商量此事，為何現在違逆徽宗之意？。鄧知道童貫及蔡京之意，就請見徽宗，據朱勝非（1082～1144）《秀水閒居錄》所記，鄧「密疏伐燕利害二十七條，名曰北伐，問目皆有注，其一云：出師之名。注云：恃此盟誓，百年一見兵革，絕之必有名，以令吾民，以告敵國。」他又引述太宗（939～997，976～997 在位）時趙普（922～992）諫伐遼的故事。據載徽宗意動，翌日對蔡京說「北事難做，則休祖宗盟誓，違之不祥。」據說蔡京聞之色變，其議遂寢。然而，徽宗很快又反悔。四月己卯（廿七），他依舊派遣馬政與高藥師等人過海。馬政等在閏九月戊午（初九）入蘇州地界，卻被金人所縛而行，幾經辛苦，才到達阿骨打住處阿芝川淶流河（今吉林松原市扶餘縣拉林河）。馬政向阿骨打表示，宋廷知悉金人已攻下遼五十餘城，故想與金通好，共伐遼國。雖未有書來，惟特遣他來建議，若金人應許，就必有國使來。據《金史‧太祖紀》所記，馬政在天輔元年（即政和七年）十二月（按年月有誤）以登州防禦使以國書來，其略為「日出之分，實生聖

人。竊聞出征，屢破勁敵。若克遼之後，五代時陷入契丹漢地，願畀下邑。」阿骨打與姪粘罕（完顏宗翰，1080～1137）、兀室（完顏希尹，？～1140）等商議數日，就留質登州小校王美、劉亮等六人，而遣渤海人李善慶、熟女真散覩、生女真勃達三人，帶國書及北珠、生金、貂子等禮物來宋。他們在十二月乙卯（初三）至登州，登州即遣赴闕。宋金開始了第一次交涉。據姜青青所考，阿骨打當時已有聯金攻遼之意，今次馬政送上門來，自然正中下懷。〔註108〕

　　就在童貫力主聯金攻遼時，在二月癸丑朔（初一），西疆再起烽煙，環慶路奏夏軍攻濟義原堡，守將張迪戰死。為與西夏相抗及壓服西夏，宋廷在西邊繼續進築城堡。四月癸丑朔（初一），涇原路築席葦平城，鄜延路築天降山

〔註108〕《長編紀事本末》，第八冊，卷一百四十二〈徽宗皇帝・金盟上〉，葉三下至五上（4286～4289）；《十朝綱要》，卷十八〈徽宗〉，重和元年正月丙申至二月庚午條，頁505；十二月戊寅朔至乙卯條，頁509；《東都事略》，卷一百二〈鄭居中傳〉，葉五下至六上（頁1574～1575）；《宋史》，卷二十一〈徽宗紀三〉，頁399；卷三百五十一〈鄭居中傳〉，頁11104；《會編》，卷一〈政宣上帙一〉，政和八年四月二十七日己卯條，葉六上至十下（頁3～5）；《金史》，卷二〈太祖紀〉，頁30；《編年綱目》，卷二十八，頁720～721；《繫年要錄》，卷一，建炎元年正月辛卯朔條，頁3；朱勝非：《秀水閒居錄》，「佚文」，頁358～359。李天鳴：〈宋徽宗北伐燕山時期的反對意見〉，頁264～265，268～269。考鄭居中與鄧洵武上言及密疏反對伐遼，《會編》繫於政和八年四月二十七日己卯條下，疑二人上言在四月二十七日馬政出發赴女真前。按李天鳴將鄭居中的上言繫於政和八年（重和元年）（沒說月日），卻將鄧洵武的上言繫於政和七年，李氏大概是根據《建炎以來繫年要錄》卷一所記，政和七年春，陶悅使遼歸來，反對伐遼，「會知樞密院事鄧洵武亦不以為然，事得暫止」一語而推斷。鄭、鄧二人進言的年月待考，又考馬政是洮州人，責官青州，寓家牟平縣（今山東煙台市牟平區），王師中言其可用，遂以武義大夫出使，據《會編》，馬政一行在四月己巳（十七）抵蘇州，惟《長編紀事本末》則記馬政等在閏九月乙卯（初六）下海才達北岸，再為邏者所執，奪其物並欲殺之。後來縛之行經十餘州至阿骨打所居的阿芝川淶流河，阿骨打之姪粘罕詰問遣使之原由，馬政以實對，並呈上徽宗的御筆，表達宋廷的意願。按《金史》記馬政在天輔元年十二月持國書抵金，既與宋人所載年月不合，而據宋人記載，馬政只有徽宗的御筆，而沒有正式的國書。至於金所派的使者，《金史》記阿骨打在天輔二年（政和八年）正月庚寅（十三），派「散覩」來宋報聘，國書曰：「所請之地，今當與未夾攻，得者有之。」所繫年月也不符，至於「散覩」，疑即熟女真散都。關於馬政有否向阿骨打提及聯金攻遼的事，姜青青認為馬政已有提到，只是馬擴後來撰寫《茆齋自敘》時，刻意隱諱此事，免人怪罪其父馬政有份挑起靖康之難。參見姜青青：《馬擴研究》，第一章〈初時海上，嶄露頭角〉，頁35～40。

城。詔賜名靖夏城與制戎城。五月甲辰（廿三），童貫又轉上鄜延路經略使賈炎所奏，請今後城寨官、公使庫官員與使臣，收買漢蕃弓箭手、廂禁軍、馬遞鋪之類的請受文旁，興販轉放，違犯之人仍請宋廷不以入己各依本罪外，不論有無戰功，并不以去官、赦降原減，一例重行廢斥。惟內中確實有膽勇戰功、禦邊得力之人，就建議由帥臣相度奏留，充本路準備使喚或充效用，候立到奇功與甄敘。徽宗詔從之。為此，童貫以前提到的鄜延路第二將張安，原為鄜延路蕃弓箭手長行，累立戰功，轉至武功大夫，前因買文旁事追官送韶州（今廣東韶關市）編管。童貫以他實有膽色，緩急可用，就請依詔許留自效。這樣的小事徽宗自准奏。六月，宋廷赦陝西及河東，以童貫奏破夏人及建築城寨。七月壬午（初二），童貫加檢校太保。癸未（初三），熙河路築乢䃫嶺新寨，賜名制羌寨。八月甲寅（初四），童貫以築西夏的靖夏、制戎及制羌三城之功，自檢校太保進太保領樞密院事兼三路宣撫使，並自寧江軍節度使移河東節度使，自成國公改封涇國公。〔註109〕童貫也為屬下表功，同月庚申（初十），他以陝西、河東、河北路宣撫使司上奏，稱平蕩仁多泉、臧底河兩軍城，及進築靖夏、制戎、制羌三城寨了當，陝西茶馬、提舉、轉運、提刑等各司官員，宜被賞典。他的心腹程唐等七人於是獲各升職二等，仍轉一官。〔註110〕

是月北疆再有變化。遼冊阿骨打為東懷皇帝。但遼使至女真，阿骨打卻以儀物不純用天子之制，怒遣還之。金遼交惡，也令阿骨打在是年十二月見到馬政後有興趣與宋聯盟。〔註111〕

〔註109〕《宋史》，卷二十一〈徽宗紀三〉，頁400；卷二百十二〈宰輔表三〉，頁5525；《十朝綱要》，卷十八〈徽宗〉，重和元年二月癸丑朔條，頁505；《編年綱目》，卷二十八，頁722；《宋大詔令集》，卷一百六十四〈政事十七・官制五・太師魯國公以下兼神霄萬壽宮使副・政和八年六月三日癸未〉，頁628；《宋會要輯稿》，第五冊，〈職官一・三公三少〉，頁2935；第十四冊，〈刑法四・配隸〉，頁8466。惟據《宋大詔令集》，童貫在政和八年（即重和元年）六月三日癸未，以檢校太保領樞密院事兼充神霄玉清萬壽宮使。現從《宋史》。

〔註110〕《宋會要輯稿》，〈方域十九・諸寨雜錄・修寨被賞〉，頁9661。

〔註111〕《十朝綱要》，卷十八〈徽宗〉，重和元年八月條，頁507～508；《宋史全文》，卷十四〈宋徽宗〉，頁966。按《宋史全文》記在八月丙辰（初六），阿骨打稱帝，改元天輔，國號金，並即遣使詣遼議和。實乃誤記。阿骨打早在政和六年正月壬申朔（初一）稱帝，改元收國，改國號為金。參見《金史》，卷二〈太祖紀〉，頁26。

　　值得一記的是，是年五月，內臣譚稹平定淮南廬州（今安徽合肥市）及壽州（今安徽六安市壽縣）亂，生擒賊首劉五。六月癸酉（廿二），譚以功進一官，自協忠大夫遷通侍大夫，授同知入內內侍省事。詔書稱他「奉使淮西，自冬徂夏，渠魁生致，餘黨殆盡，一方塗炭之民悉獲奠居。」因譚的報功。他麾下的統領捉殺官、淮西兵馬都監武功大夫鄭昌朝，轉遙郡刺史陞本路鈐轄。都大提舉淮西捉賊盜所勾當、通直郎俞向（？～1127 後）除直秘閣，差充淮西提刑。應副事務、差募人兵知廬州朝散大夫充顯謨閣待制景靖，降詔獎諭，仍除學士，權知壽春府。九月丙戌（初七），誅劉五。〔註 112〕

　　徽宗為何派譚稹平亂？ 群書皆言譚為梁師成黨羽，很有可能是梁的推薦，而徽宗樂用之以分童貫的勢力。〔註 113〕徽宗後來派他副童貫討方臘，以他有此平亂經驗，也可牽制童貫。

　　反對童貫伐燕的人沒有停下來，早在五月戊申（廿七），廣安軍（今四川廣安市）布衣安堯臣（？～1126）便洋洋萬言，上書指斥童貫深結蔡京，同納李良嗣之謀，建平燕之議，必啟邊釁。他上言甚切直，將童貫多年來的作為，特別將他敗壞軍政的惡行，罵得狗血淋頭，並提醒徽宗，童貫專權就會皇綱不振：

　　　　比年以來，言事之臣，朝奏夕貶，天下之人，結舌杜口，以言為諱，乃者，宦者專命，交結權臣，共唱北伐之議。而宰執以下，無一人肯為陛下言者。……臣愚謂燕雲之役，興則邊隙遂開，宦者之權重，則皇綱不振。……臣前所謂燕雲之役興，則邊隙遂開者也，此也。臣觀自古國家之敗，未嘗不由宦者專政。……請以誤國之大者，借童貫而論之。臣謹按貫起自卑微，本無智謀，陛下付以兵柄，俾掌典機密，自出師陝右，已彌歲禩，專以欺君岡上為心，虛立城砦，妄奏邊捷，以為己功。汲引群小，易置將吏，以植私黨，交通

〔註 112〕《十朝綱要》，卷十八〈徽宗〉，重和元年五月至六月癸酉條，頁 506～507，九月丙戌條，頁 508；《宋會要輯稿》，第十四冊，〈兵十二・捕賊二〉，頁 8843～8844；《繫年要錄》，第一冊，卷六，建炎元年六月癸亥條，頁 154；己巳條，頁 162。考俞向在宣和末累更事任，靖康初年被斥去，相信是受譚稹所累。到高宗即位，在建炎元年六月，自勒停人復朝請郎充秘閣修撰知河南府兼西道都總管，代替姚古。稍後改知陝州（今河南三門峽市陝州區）。
〔註 113〕《宋史》，卷四百八十六〈宦者傳三・梁師成〉，頁 13663。

饋遺，鬻賣官爵，超躐除授，紊亂典常，有自選調，不由薦舉而改
京秩者；有自行伍不用資格而得防團者；有放逐田里，不應甄敘而
擢登清禁者；有託儒為姦，懵不知書而任以蘭省者。或陵德鮮禮，
不通世務，徒以家累億金，望塵羅拜，公行賄賂而致身青雲者，比
比皆是；或養驕恃勢，不知古今，徒以門高閥閱，搖尾乞憐，僥倖
請託而立登要津者，紛紛接踵，一時鮮廉寡恥之人，爭相慕悅，侵
漁百姓，奉其所欲，惟恐居後。《兵法》：「戰士冒矢石被傷，生有金
帛之賜，死有褒贈之榮。」自兵權歸貫，紛更殆盡，戰傷之卒秋毫
無所得，死者又誣以逃亡之罪，賞罰不明，兵氣委靡，凱旋未久，
秩品已崇。庖人廝卒，掃門執鞭之隸，冒功奏賞，有馴致節鉞者，
名器一何輕哉？山西勁卒，貫盡選為親兵，實以自衛。方戰伐之際，
他兵躬行陣之勞；振旅班師之後，親兵冒無功之賞，意果安在？此
天下所共憤，而陛下恬然不顧也。貫為將帥，每得內帑金帛，以濟
軍需，悉充私藏，乃立軍期之法，取償於州縣，依勢作威，依法肆
貪，暴征橫斂，民不堪命，將士為之解體。貫方且意氣洋洋，自為
得計，兇焰勃然。臺諫之臣，間有剛毅不回之士，愛君憂國，一言
議及，則中以危法，遂使天下不敢言而敢怒，歸怨陛下矣。今者中
外之人，咸謂貫深結蔡京，同納燕人李良嗣以為謀主，並倡北伐之
議。經營既久，國用匱乏，乃更方田以增常稅，均糴以充軍儲。茶
鹽之法，朝行暮改，民不奠居，加之以饑饉，迫之以重斂，其勢必
無以自全。陛下苟能速革其弊，則赤子膏血，不為此曹涸也。……
劉蕡謂：「自古宦者領軍政，未有不敗國喪師。」其言載之青史，雖
愚夫愚婦莫之或非。……臣前所謂宦寺之權重，則皇綱不振者，此
也。

　　不知何故，安堯臣五月上之奏，要數月之久徽宗才將其書送尚書省議，
以蔡京為首的大臣自然大為震驚，請將安堯臣加以貶竄。出乎意料的是，是
年十一月辛酉（十三）（《玉照新志》作九月二十二日），徽宗認為不可以此蔽
言路，反而命授安堯臣以官。御筆言：「比緣大臣建議，欲恢復燕雲故地。安
堯臣遠方書生，能陳歷代興衰之迹。達於朕聽，臣僚咸謂毀薄時政，首沮大
事，乞重行竄殛。朕以承平日久，言路壅蔽，敢諫之士，不當置之典刑，優
加爵賞，僉論何私。堯臣崇寧四年已曾許用安惇遺表恩澤奏補，因安惇責降，

遂寢不行。今安惇未盡復舊官，可特追復正奉大夫，給還遺表恩澤，令吏部特先次補堯臣承務郎。」〔註114〕

徽宗為何有此反應？大概一方面他這時對伐遼仍猶豫不決，另一方面他想借此警告童貫以下，不要以為主子不知他們幹的事，不要以為皇綱不振，以為皇權被架空。安堯臣痛劾童貫，是在童權勢薰天之時，是目前所見文臣劾奏他的劣行最屬害切直的一篇。文臣再一次痛擊內臣不可委以軍政的死穴。

徽宗對安堯臣痛劾童貫之處置如此，童貫自然要作態待罪請辭。翟汝文寫了一道徽宗不許童貫求罷的詔旨，疑正是寫於此時，徽宗在詔旨中對童貫安撫一番：

> 朕求賢而逸於任使，委任而責其成功。震揚天聲，躬秉武節，繫乃忠力，紓予顧憂，而每聞嘉言，願避所職，尚須夏人誓表之至，永底西土疆場之寧。功成不居，實惟爾能，自把損人，實求舊無，無俾我不承權輿。〔註115〕

〔註114〕《宋史》，卷二十一〈徽宗紀三〉，頁401；卷三百五十一〈鄭居中傳〉，頁11105～11106；卷四百七十一〈姦臣傳一‧安惇〉，頁13717～13718；《十朝綱要》，卷十八〈徽宗〉，重和元年十一月庚申條，頁509；《編年綱目》，卷二十八，頁724；《東都事略》，卷九十七〈安惇傳附安堯臣傳〉，葉六下至七上（頁1502～1503）；《會編》，卷二〈政宣上帙二〉，政和八年五月二十七日戊申條，葉一上至十下（頁9～13）；十一月十三日辛酉條，葉十二上至十三上（頁14～15）；《宋史全文》，卷十四〈宋徽宗〉，頁964～966；王明清：《玉照新志》，卷一，頁11～19。考《宋史全文》將安堯臣上書繫於五月壬午朔（初一）。而王明清的《玉照新志》將安堯臣上書的始末及其上書，以及徽宗御筆批示的全文著錄。安堯臣是被《宋史》列為姦臣，依附新黨、崇寧二年官至同知樞密院事安惇（1042～1104）的族子（亦作姪孫）。他屢舉進士不第，重和元年，他以布衣到京師，扣閣上書。徽宗因他上書，命以安惇的恩典授他官。考安惇長子安郊後坐指斥被誅，次子安邦被流於涪州（今重慶市涪陵區）而亡。安惇絕祀，故安堯臣得以承受安惇遺恩得官。

〔註115〕翟汝文：《忠惠集》，卷四〈賜內侍童貫乞罷職不允詔〉，葉十四下至十五上。陸游曾記翟汝文（字公巽）曾作童貫告詞云：「爾祖汪錡」，實用典錯誤。因所引「童汪錡」能執干戈以衛社稷，本來說幼而能赴國難，汪錡並非姓童。典出《左傳》哀公十一年（前484）。陸游稱有人說翟汝文故意戲之。惟此則告詞不見本《忠惠集》，此則笑話也為清初張尚瑗（？～1701後）所注意。他說《戴記》作「童汪錡」，而《左傳》並無童字。他說翟汝文以嬖僮汪錡來斥童貫，用典既隱而刻。參見陸游（1125～1209）（撰），李劍雄、劉德權（點校）：《老學庵筆記》（北京：中華書局，1979年11月），卷四，頁52；張尚瑗：《左傳折諸》，文淵閣《四庫全書》本，卷二十八，「公為與其嬖僮汪錡乘」條，葉三上。

此外，徽宗又在是年八月，授童貫太保、河中節度使，安撫他一番。〔註116〕

像安堯臣這樣批評童貫推行鹽法，卻朝令夕改的，還有任利州路轉運判官、建州人謝孚（1077～1120），據胡寅（1098～1156）所記，當童貫宣撫陝蜀，妄更鹽法，民以為病時，謝孚請奏罷之。謝孚敢開罪童貫，可能因他與另一權閹楊戩有交，據說有一次楊戩給他寫信，要他不要奏劾部內一知州。謝則覆信楊，稱若徇私，就有負天子之託，他寧可有負楊侯。言氣中可見二人親密關係，若童貫要對付他，會有童貫一黨的楊戩為他說項。〔註117〕

低級官員反對海上之盟的，還有不少人。據陸游所記，他的母舅唐意（字居正，？～1127後），曾因人之問，反對聯女真伐遼，他說：

> 今與女真共斃契丹，未必能得地也，而先棄信義，無以復御夷狄。況女真、契丹勝負尚未決，萬一契丹復振，能敗女真，我海上結約之事，理無不知。一旦以大義責我，師直為壯，何以待之？若中道遽絕女真，亦未必能全契丹舊好，而徒又與女真交怨，皆非計也。為今之計，莫若厚禮重幣以通女真，而書之之大指則曰：聞契丹得罪大國，兵久未解，本朝與契丹，有百年兄弟之好，不忍坐視。今欲與契丹議備封冊建立大國，各捐細故，共圖休息。若契丹車服、儀物有未備早，本朝當為相給。」又遣使告契丹曰：「聞女真連年侵犯未已，本朝念祖宗盟誓之重，兄弟急難之義，已自海道，遣使和解。又慮北朝和輯，女真或須金帛，欲先借歲幣一二年者，亦惟命。」使契丹不忘其德，我既深和好，當益堅使女真滅契丹，亦服中國禮義，易以懷柔，此邊鄙百年無事之策也。

當然，唐意官小職低，宋廷大臣不會重視他這番巧計。〔註118〕

徽宗這時意氣風發，要大修宮殿，準備改元。是年八月，他下詔修建宣德樓和集英殿，因需要大量木材，就詔下鼇州令計置巨材，自五丈至百，共用二千三百七十餘方。命轉運、提刑、常平司錢充其費。負責此一事的是陝西轉運

〔註116〕李攸：《宋朝事實》，卷十，葉十六上。

〔註117〕胡寅（撰），容肇祖（1897～1994）（點校）：《斐然集》（與《崇正辨》合本）（北京：中華書局，1993年12月），卷二十六〈墓誌銘・朝請郎謝君墓誌銘〉，頁581～582。

〔註118〕陸游：《家世舊聞》，卷下，頁223～224；陸游：《老學庵筆記》，卷七，頁97。按唐意與其兄唐恕只仕至州縣，唐意的卒年，陸游一說卒於宣和中，一說卒於建炎初。不知誰是。

使張孝純（？～1144）、防禦使王子夕、提舉木檻葉蒙正。九月辛巳（廿六），合州縣官吏董其役，到十一月己巳（廿一），歷時一百九日畢功。負責的州縣官員包括知州董序道和通判魏潤博等三十餘人，當中有城寨官辛叔傑，疑是辛叔詹等兄弟。立碑的是官位最高的張孝純，他這時已成為童貫的僚屬。〔註119〕

十一月己酉朔（初一），徽宗詔改政和八年為重和元年，大赦天下。十二月癸巳（十六），以蔡京子宣和殿待制蔡鯈尚皇五女茂德帝姬（1103～1128），以安撫蔡京，大概要蔡京不再在伐燕事上堅持。九月庚寅（十一）門下侍郎薛昂罷，徽宗以中書侍郎白時中（？～1127）繼為門下侍郎，尚書左丞王黼為中書侍郎，翰林學士承旨馮熙載（1075～1123）為尚書左丞，刑部尚書范致虛為尚書左丞。辛丑（廿二），反對伐燕的太宰鄭居中罷，至此大臣中反對伐燕的人已不多，值得注意的是王黼，他後來成為最支持童貫伐燕的人。〔註120〕

最後需要一提的是，在政和時期，童貫得勢不在話下，其餘楊戩、梁師成以至譚稹等權閹也相繼用事；不過，徽宗仍巧妙地操弄他的平衡術，任用一些人們認為性情梗直，不附童、梁、楊一伙的內臣出任要職。好像徽宗藩邸宮僚，早在崇寧二年五月已任簽書入內內侍省事（即舊制押班）的楊震（見第三章註 16）便是。據宋人所記，他為人最為周慎，而且誠實。據載有一次雙鶴降於中庭，左右皆賀。他急逐去，說是鸛而不是鶴。現存一幅徽宗在政

〔註119〕考張孝祥在鞏州所立的摩崖石碑，在 1965 年秋，為灘歌小學漆榮老師發現於甘肅天水市武山縣威遠鎮圈子闔北山的石碑灣南麓。西北師範大學的漆子揚在 2001 年中秋，在漆秋德先生的幫助下，前往看視此碑，在漆榮先生的抄文為底本，據原碑逐字作了核對。並寫成考證文章。列名於碑上的除上述各人外，還有諸司屬官張菘、高荷、范直方、王南朋、劉熹、編攔將官庫規錄事蒲慶餘、曹官錢野、張侃、隴西令張希荀、丞梅亮、城寨官高公翰、王佖、馮康安、李嗣良、張公彥、馬鈞、周溫之、元熹、趙繼賢、安寔、辛叔傑、盧國華、呂公裕、張岩、王宗、許淳，監木務賈傳、朱憲、李芾。這份官員名單有助我們了解這時西北的官員。他們都隸於童貫之下。參見漆子揚：〈北宋威遠鎮圈子闔石碑文獻稽考〉，《西北師大學報》（社會科學版），第 40 卷第 4 期（2003 年 7 月），頁 111～114。

〔註120〕《十朝綱要》，卷十八〈徽宗〉，重和元年九月庚子至十二月癸巳條，頁 508～509；宣和元年正月戊午條，頁 510；《編年綱目》，卷二十八，頁 722～723；《宋史》，卷二十一〈徽宗紀三〉，頁 400。據《編年綱目》所記，曾支持童貫行解鹽的鄭居中罷相後，徽宗改行鹽鈔對帶法，以解鹽法造成商販無利，邊糴不行。於是改用蔡京所建議的鹽鈔對帶法，結果一日閒入納三十萬緡。又考王黼在翌年（宣和元年）正月戊午（十一）再遷少宰兼中書侍郎，余深晉太宰兼門下侍郎。

和壬辰（二年）畫的瑞鶴圖，不知是否與此事有關？（見本章附圖）。又一日芝生於寢閣，左右又稱賀。他急將之刈除，說是菌而不是芝。徽宗由是更信任他。到政和五年二月，欽宗立為太子，即以楊震由知入內內侍省事，與另一內臣董慤（？～1131）任提舉左右春坊事，惟他於是年十月卒，以通侍大夫安德軍留後贈開府儀同三司（按：蔡絛曾記「楊十承宣使」死事不明，這個楊十承宣使疑指楊震）。考徽宗冊欽宗為太子，卻未委童貫、楊戩、梁師成、譚稹或李彥等為太子宮僚，相信是故意以此平衡內臣的權勢。童、梁後被指涉嫌搖動欽宗的儲位，改擁鄆王楷。也許和他們不任欽宗宮僚有一點關係。除了楊震外，有墓誌傳世、人品端正，不貪權位的內臣李中立，據載也受到徽宗的信任，以武功大夫忠州刺史先後出任華原郡王趙楙（1109～1124）和康王構（高宗）的宮僚，並曾在宣和初年佐欽宗治京師水患。至於後來彈劾童貫的邵成章，也獲徽宗任以要職。顯見徽宗眷寵童貫等人同時，也留下一手，來一個忠佞並用。就像他既用蔡京，又用他的對頭張商英等一樣，秉承祖宗「異論相攪，不敢為非」的家法。〔註121〕

政和二年徽宗畫瑞鶴圖

〔註121〕 參見吳曾：《能改齋漫錄》，卷十三〈記事‧楊震急逐鶴去〉，頁 378；《靖康要錄》，卷一，頁 20；第三章注 16；《宋會要輯稿》，第四冊，〈儀制十一‧武臣追贈‧留後〉，頁 254；蔡絛：《鐵圍山叢談》，卷六，頁 109～110；何冠環：〈兩宋之際內臣李中立事蹟考〉，頁 344～346。按欽宗冊為太子時，除楊震與董慤提舉左右春坊事外，內侍容機、黎景年、全淵、張彥卿、周珣、王若沖（？～1134 後）、王珂管勾左右春坊事，劉淵為家令，皇甫僅為承受。邵成章劾童貫事，見第五章注 81。諸內臣中，王若沖對欽宗忠心耿耿，靖康之難後，他一直陪著徽宗和欽宗北行，還留下徽宗父子在金的事蹟記錄《北狩行錄》。參見第九章注 30。

震武軍石刻郭仲荀（字傳師）
題名
（轉載自網上，作者阿康）
宣和乙巳（七年）仲夏十八
日，巡按震武回，留題捧麻
灣石壁。陝憲郭傳師。
「水噭寒敲玉，山光翠潑藍。
雖然居塞北，卻似到江南。」
准大同（堡）副將陳思恭、
監押王勵、知震武軍嚴永吉

金太祖完顏阿骨打畫像，藏
於哈爾濱金上京歷史博物館

第五章　西討南征：宣和元年至三年
　　　　　　童貫的軍功

　　徽宗在政和八年（1118）十一月朔詔改元重和，到翌年重和二年（1119）二月庚辰（初四），以籍田禮成，又詔改元宣和。〔註1〕童貫在宣和元年至三年（1121），先繼續拓邊橫山，迫西夏稱臣，再南討方臘，壓平北宋中葉以來最大一次民變，建立他一生最大及最後的功業。徽宗在宣和三年九月乙酉（廿四）給他極高的評價，讚賞他「開疆辟國，殄滅姦兇，殊勳昭著」。〔註2〕徽宗在宣和元年六月命翰林學士王安中（1076～1134）所撰的〈定功繼伐碑〉，大事歌頌宋廷從熙寧五年（1072）到宣和元年拓邊西北二十餘年的成就。其中從崇寧二年到宣和元年那一段，雖沒有言明是童貫的勳勞，但那正是他執掌西北軍政之時。〔註3〕然考諸事實，他在征夏過程中，有大將劉法覆師，最後所謂得勝，只不過是夏人不想與宋糾纏下去，而讓童貫得以有體面下台。而童貫以強勢的陝西軍，以泰山壓頂之勢，對付近於烏合之眾的方臘民軍，得勝是意料中事。他在這三年，繼續推動海上之盟，聯金攻遼，志在收復燕雲。這段時期是童貫軍旅生涯由盛轉衰的轉折點。他不斷加官晉爵，得到主子無比寵信，權勢之盛，已超過蔡京等宰執大臣。撰於宣和三年前後的《宣和畫譜》，對童貫稱美備至，近於阿諛奉承：

〔註1〕《十朝綱要》，卷十八〈徽宗〉，宣和元年二月庚辰條，頁510。
〔註2〕《十朝綱要》，卷十八〈徽宗〉，宣和三年九月乙酉條，頁522。
〔註3〕王安中（撰），徐立群（點校）：《初寮集》（與《李清臣文集》、《李忠愍集》合本）（保定：河北大學出版社，2017年4月），卷十〈碑文・定功繼伐碑・奉敕撰文，御筆賜名〉，頁504～509。

內臣童貫，字道輔，一作道通，京師人。性簡重寡言，而御下寬厚有度量能容，喜慍不形於色。然能節制兵戎，率有紀律。……自古之用兵者如諸葛孔明，亦能畫，故《八陣圖》之形勢，見於分佈粲然可觀。如馬援聚米為山川，亦有畫意。豈非方寸明於規畫，不期乎能而能耶？貫於此亦然。貫策功湟、鄯，與夫西鄙拔城而俘馘夷醜，體貌鎮重，不嚴而威。凡進退賞罰，初不見運動之跡，故莫得以窺之。貫獨寬惠慈厚，人率歸心，至號為著腳赦書，蓋言其所在，推恕有恩惠，以及物也。其如出處勳庸，自有正史詳載，此得以略也。今貫歷官任太傅、山南東道節度使、領樞密院事、陝西河東等路宣撫使，封涇國公。〔註4〕

　　陳傳席認為《宣和畫譜》把童貫及其他內臣吹捧得如此高，其作者很有可能是特喜書畫且靠書法起家，而又得童貫之助拜相的蔡京。陳氏之說比認為是徽宗御撰，或童貫門人所撰較合理。雖然蔡京與童貫的關係在宣和年間有反覆，但蔡京借此書吹捧童貫，以博取他的好感也是可能的。〔註5〕

　　南宋人吳曾回顧童貫得寵之事，就說童自從崇寧年間出使江南後被進用，繼在西邊用兵，又以功進，於是縉紳無恥者皆出其門，而士論開始沸騰，以至將他與蔡京為比。吳曾及周煇均記當時天下諺曰：「打破筒，潑了菜，便是人間好世界」。可惜徽宗不悟，二人終於亂天下云。〔註6〕

　　童貫有否聽過吳曾所傳述的時諺，不得而知。他與其依附者卻沒有料到光輝過去後，在宣和四年（1122）始，就走上敗亡之路。本章先考論童貫在

〔註4〕《宣和畫譜》，卷十二，頁276。考童貫授太傅、山南東道節度使領樞密院事在宣和元年七月。參見注12。則《宣和畫譜》此節當撰於宣和元年七月後。又徽宗用真宗故事，以宰執兼玉清萬壽宮使副。政和八年（重和元年），即授童貫與蔡京、鄭居中、余深等宰執並兼充神霄、玉清萬壽宮使。參見祝淵（？～1300後）：《古今事文類聚》，文淵閣《四庫全書》本，遺集卷十五，「宮觀使」條，葉二十九上下；《文獻通考》，第二冊，卷六十〈職官考十四·宮觀使〉，頁1820～1821。

〔註5〕陳傳席：〈《宣和畫譜》的作者考及其他〉，《阜陽師院學報》（社科版），1986年第二期，頁89～91。

〔註6〕吳曾：《能改齋漫錄》，卷十二〈記事·打破筒潑了菜〉，頁374；周煇：《清波別志》，卷上，頁149。據明人所引述，有安岳人（即普州，今四川內江市安岳縣）杜孟，少遊太學，時蔡京與童貫用事，他即歸家，並訓子孫說：「忠孝吾家之寶，經史吾家之田。」這個杜孟是少數不肯阿附蔡京與童貫以進的士人。參見曹學佺（1574～1646）：《蜀中廣記》，文淵閣《四庫全書》本，卷四十四，葉四十七上。

宣和元年至三年征西夏，平方臘，和積極推動伐遼的種種作為及評價其得失。

一、一波數折

在重和元年（1118）十二月抵宋的金人使團，翌年（宣和元年）正月丁巳（初十）抵京師，館於寶相院。徽宗命蔡京、童貫和另一內臣鄧文誥見之。議事後，徽宗又按決決大國澤惠小邦的一貫做法，好像對青唐諸部一樣，詔補金使李善慶修武郎、散都（覿）從義郎、勃達秉義郎，給三人全俸。他們都欣然接受。三月甲子（十八），再遣歸朝官、直秘閣朝議大夫趙有開（？～1119）為正使，武義大夫馬政及忠翊郎王瓖（王師中子）為副使，齎詔書及禮物與李善慶等渡海往聘之。姜青青指出，宋廷這次並未與金使簽署任何協議，也沒具體談到收復燕雲失地的條件。只計較以何規格外交文書回覆金人，及以何種禮儀待金朝君臣。趙良嗣主張用國書禮，平等待金。趙有開認為用詔書已足，反對與金平起平坐。他們問李善慶，李說二者皆可，於是用趙有開議。幸而李善慶也是庸碌之人，並無異議。宋使一眾才至登州，趙有開卻病死。這時宋廷收到河北奏報，說遼已割遼東地並封阿骨打為東懷帝，又說金常盼與遼修好，使詐來騙宋廷。河北的報告卻不知阿骨打已拒受遼的冊封。由於不實的情報，徽宗即詔馬政等暫不前往，只命平海軍校呼延慶持比詔書還低一級的登州牒文送李善慶等歸金。〔註7〕

當海上之盟一波數折時，宣和元年三月庚戌（初四），童貫在西邊卻遭受空前的挫敗，他麾下頭號大將熙河路經略使劉法兵敗身亡於統安城（今甘肅蘭州市永登縣通遠鄉新站附近）。據群書所記，童貫為了討好徽宗，在伐遼前先破夏，他在六、七年間，效法乃師李憲進築橫山之策略，將陝西和河東的精兵，深入河隴，立軍壘，建堡砦，平陽瞎令古、仁多泉、臧底河城，築靖夏、制戎、伏羌等城以至蕭關（今寧夏中衛市海原縣高崖鄉草場村蕭關故址）與古骨龍城（即震武城）間，開池置烽燧，扼據要害，就可制夏人於死命。

〔註7〕《十朝綱要》，卷十八〈徽宗〉，正月丁巳條，頁510；《編年綱目》，卷二十八，頁725；《會編》，卷三〈政宣上帙三〉，重和二年正月十日丁巳條，葉一上（頁16）；葉十三下至十四下（頁22）；卷四〈政宣上帙四〉，葉一上下（頁24）；《長編紀事本末》，第八冊，卷一百四十二〈徽宗皇帝・金盟上〉，葉五上下（頁4289～4290）；《宋史》，卷二十二〈徽宗紀四〉，頁403；彭百川：《太平治蹟統類》，卷二十六〈契丹女真用兵始末〉，葉十二下；姜青青：《馬擴研究》，第一章，頁40～42。

他命劉法統大軍二萬北取朔方（即靈州，今寧夏吳忠市利通區古城鎮）。劉法反對冒進，童貫迫他說：「君在京師時，親受命於上前，自言必成功，今乃以難告，何也？」劉法不得已出兵，至統安城，為夏軍伏擊，夏主乾順弟察哥郎君率步騎為三陣，以當劉法前軍，而別遣精騎登山出劉軍後，宋夏軍大戰達七時辰。劉法前軍、環州西蕃將楊惟忠敗入中軍，後軍焦安節（？～1126）敗入左軍，朱定國力戰，自早至晚，兵不食而馬亦多渴死。劉法乘夜突圍，及明，走七十里，至盡朱峗（今甘肅蘭州市永登縣南莊浪河川），夏守兵見之，追之，墜崖折足，被一別瞻軍（負責後勤）斬首而去。據說察哥見劉法首，惻然語其下曰：「劉將軍前敗我於古骨龍、仁多泉，吾常避其鋒，謂天生神將，豈料今為一小卒梟其首哉？其失在恃勝輕出，不可不戒！」夏軍乘勝追擊，乙丑（十九），更進圍震武城。宋軍此役傷亡報稱十萬（應是誇大，按劉法才統兵二萬出界），主將劉法是西州名將，他戰死，諸軍恐懼，童貫卻隱其敗而以捷聞，使百官入賀，議者皆切齒而不敢言。據邵博（？～1158）所記，童貫盡取劉法本道的精兵去，劉所統的是老弱下軍，童要他深入策應，結果陷沒。邵又說童方奏捷，就反以劉法不稟節制上聞。士大夫均為他呼冤。曾在政和末年上書反對聯金取燕的福清人（今福建福州市福清市）翁績哭以詩，曰：「千里寒沙遺白骨，一番新鬼哭黃雲。偷生同惡終相蔽，安得忠誠達聖君。」他諷刺童貫，據說童聞此詩亦服其梗直。面對西邊的重大危機，童貫只好親自出馬，四月丙子朔（初一），為解震武城之圍，童貫至熙州後，即調涇原、秦鳳兩路兵往援。又檄隴右同都護辛叔詹、熙河統制何灌選精兵直趨震武城。同時，再命蘭州兵（一說鄜延、環慶兵）深入夏境，取水波、蓋朱、樸龍三城。何灌奉熙河帥劉仲武命，率兵前往，其實宋軍不多，他以眾寡不敵，只虛張聲勢。夏軍聞宋救兵大集，不知宋軍虛實，就在五月丁巳（十二）晚解圍而去。何灌怕夏軍知其虛實，即日便回師。史稱震武城在山峽中，熙河、秦鳳兩路不能轉餉，自築城三年間，知軍李明、孟清皆為夏人所殺。夏軍圍震武城，欲攻拔之，察哥說不要破此城，留作宋朝的病魂，於是引軍離去。〔註8〕

〔註8〕《東都事略》，卷十一〈本紀十一‧徽宗二〉，葉四下（頁 220）；卷一百二十一〈宦者傳‧童貫〉，葉二上（頁 1865）；卷一百二十八〈附錄六‧夏國傳下〉，葉四上（頁 1963）；《十朝綱要》，卷十八〈徽宗〉，宣和元年三月庚戌至四月丁巳條，頁 510～511，541～542，注 24；《宋會要輯稿》，第十五冊，〈兵十四‧兵捷〉，頁 8890～8891；《編年綱目》，卷二十八，頁 726；《繫年要錄》，第一冊，卷一，建炎元年正月戊申條，頁 28；《宋史》，卷二十二〈徽宗紀四〉，頁 403～404；卷三百五十〈劉仲武傳〉，頁 11082；卷三百五十七〈何灌傳〉，頁

按震武軍在宣和七年夏仍在宋軍手上，據郭仲荀（？～1145）的題名記，當時震武軍的知軍為嚴永吉，所屬的大同堡（今甘肅蘭州市永登縣西部大市通河沿岸的連城鎮）副將為陳思恭，兵馬監押為王勵。〔註9〕另據〈种師道行狀〉的記載，夏軍也在是年攻克了靖夏城，守臣种師道以此自應道軍承宣使降兩級為隴州防禦使。〔註10〕

童貫諱言他迫劉法出戰致覆師，卻在四月庚寅（十五）透過蔡京的上奏誇言他指揮救震武城的涇原軍，自蕭關入夏界與夏軍大戰，進築八百步寨一座，並在兩日交鋒人共斬獲二千五百餘級，另奪精野寨并所儲之糧草、孳畜、物色及生口外，又斬獲約二千七百級，內有首領五十餘人，並奪印匣等。他又據何灌申報，宋軍共擒捉五千餘人。至於其他各路的戰功：鄜延軍進兵入西界三會川，斬獲數千；環慶軍入西界，斬一百餘級，降到西人百口，續後再斬獲二千餘級，生擒夏宥州（今陝西榆林市靖邊縣東與內蒙古鄂托克前旗境內，為西夏左廂軍治所）正監軍、大小首領六十餘人，奪得衣甲、器械、牛馬、馳畜不計其數，並蕩平城寨。

五月丁巳（十二），童貫再次透過蔡京上奏，說他勾集兵馬，命种師道、劉仲武、劉延慶等諸將六路出塞，深入攻討西夏。他報稱夏軍大敗，宋軍斬獲五千七百七十九級。另攻克蕭關一帶烽臺堡寨，招降五千人，取得城內糧穀後，已將城壁蕩平，並焚燒樓櫓屋舍。他又奏稱夏軍自三月乙丑（十九）

11226；卷四百四十六〈忠義傳一・劉韐〉，頁13162；卷四百六十八〈宦者傳三・童貫〉，頁13659；卷四百八十六〈外國傳二・夏國下〉，頁14020～14021；邵博：《邵氏聞見後錄》，卷三十，頁235；鄭方坤（1693～1723後）：《全閩詩話》，文淵閣《四庫全書》本，卷三，「翁績」條，葉五十二上下。按宣和元年四月無丁巳，《十朝綱要》校注者據《宋會要・兵十四》之考證，當為五月丁巳。考劉法敗死，《東都事略・徽宗紀二》及《附錄五・夏國傳》繫於重和元年正月庚戌（廿七）於收割牛城（即統安城），惟群書均作宣和元年三月庚戌（初四）。《東都事略》疑所記有誤。劉法死後，宋廷以步軍副都指揮使、秦鳳帥劉仲武為熙渭都統攝行熙帥。童貫發兵，即由劉仲武令熙河統制何灌出兵。何灌回師後，劉仲武仍奏他逗遛不進，將他罷為淮西鈐轄。又據《宋史・劉韐傳》記載，當夏軍攻震武城時，攝鄜延帥的陝西轉運使中大夫劉韐，曾出奇兵搗夏軍，故鄜延軍確有出動救震武軍。按統安城是宋人奪夏之割牛城新築，在震武城附近。參見楊善德：〈宋震武軍治考〉（2012年7月16日發佈於《國學網》），頁4。

〔註9〕參見第四章注69及附圖。
〔註10〕《會編》，卷六十〈靖康中帙三十五〉，靖康元年十月二十九日辛酉條，葉八上（頁447）。

攻圍震武軍，並下寨連夜攻打。他聞知後就星夜趕到熙州，並差發涇原、秦
鳳兩路策應軍馬，令隴右同都護辛叔詹，挑選得力人馬，又令熙河統制何灌
遣發近便將兵，直赴震武軍張耀兵勢。最後宋軍共追斬夏軍六千餘人，前後
燒毀族帳屋宇及獲馳馬、孳畜、衣甲、器械等萬數。童貫誇言其戰功，卻絲
毫不提劉法喪師及他的責任。徽宗不知就裡，就下旨在五月己未（十四）御
紫宸殿稱賀。童貫隨則向宋廷報功，賞解圍之將校數百人。夏軍其實自行解
圍而去，童貫所報殺傷人數，及擄獲牛馬器械，當是誇大之言。據《宋史・
夏國傳》所記，童貫在陝西諸路所築的城寨都是不毛、夏人不爭之地。宋廷
卻為了維持這些城寨，耗費大量軍費，結果鄰近關輔之地就為之蕭條，就如
察哥所言，這些城寨成為宋朝的病魂。據《宋史・食貨志上三》，宋廷付出的
代價，就是西邊州郡饋餉空乏，鄜延路甚至不能支持旬月。〔註11〕

　　六月己卯（初四），西夏以與宋人長期作戰而困敝，就聽遼主之言遣使往
開封納款請罪。當時朝臣均以夏人為詐，童貫的親信、權鄜延帥劉韐獨密疏
上言，以兵興多年，中國尚不支，況西夏小邦。西夏雖新勝，其眾亦疲，怕
宋廷再舉，所以納款，此乃實情。徽宗納劉韐之言，詔答允之，令童貫止六
路進兵。戊辰（十七），童貫三員大將殿前副都指揮使保信軍節度使劉延慶、
步軍副都指揮使保靜軍承宣使知熙州劉仲武、馬軍副都指揮使隴州防禦使涇
原路經略安撫使种師道均以此次軍功獲得陞遷：劉延慶加檢校太保，劉仲武
建節為瀘川軍節度使，种師道建節為保靜軍節度使。制詞稱許劉仲武「方王
旅之灌征，指賊鋒而迅往。中權後勁，乘鼓儳阻隘之機，彼竭我盈，有拉朽
摧枯之勢。所獲萬計，悉平三城，丕昭辟國之圖，永絕窺兵之舉」，稱揚种師
道「賊壘盪平，何戰格雍門之拒；襟帶拓蕭關之戍，風霆開靈武之圍。肆茂
舉於徽章，宣丕揚於偉績，解和門之秘，其還號嗷之軍」。劉延慶和种師道就
是童貫後來委以兩度攻遼的宋軍主將。（按：劉仲武卒於宣和二年七月初十甲
寅），童貫本人以西夏納款之功，再特授太傅、山南東道節度使（按：李攸記
童貫在八月授太保、山南東道節度使，疑誤記）。己未（十五），詔童貫領樞

〔註11〕《長編》，卷三百五十二，元豐八年三月甲午條注，頁8449；《宋會要輯稿》，
　　　　第十五冊，〈兵十四・兵捷〉，頁8890～8891；《宋史》，卷一百七十五〈食貨
　　　　志三上・和糴〉，頁4247～4248；卷四百八十六〈外國傳二・夏國下〉，頁14020
　　　　～14021。按李燾引《編年》云：「宣和元年，童貫命种師道、劉延慶等取夏
　　　　國永和等寨，大敗夏人而還。六月，夏人納款。」當是指童貫是月發六路軍
　　　　攻夏之事。

密院事，治事私第，日赴內殿起居。〔註12〕

　　童貫對麾下將校也算得慷慨，除了推功給解震武城圍的將校數百人外，是年七月己酉（初五），他又奏知府州（今陝西榆林市府谷縣）折可求（1090～1139），前後出入，累立戰功。請將他所得功賞，回授與其亡兄折可大妻恭人張氏一夫人名號。徽宗詔從其請。〔註13〕

　　至於歿於王事的劉法的恩卹不詳，很可能是童貫的推薦，其子劉正彥（？～1129）補閤門祗候，易文資至朝奉大夫。史稱他後以事責降。南宋初年因劉法的舊部王淵（1077～1129）為御營都統制，劉正彥歸之，惜他與苗授（1029～1095）之孫苗傅（？～1129）發動建炎三年（1129）的明受之變失敗被誅，成為叛臣，從而令劉法之事蹟不載於國史。〔註14〕

〔註12〕《十朝綱要》，卷十八〈徽宗〉，宣和元年六月己卯王七月己未條，頁511～512；《宋會要輯稿》，第五冊，〈職官一・三公三少〉，頁2935；《東都事略》，卷一百二十一〈宦者傳・童貫〉，葉二上（頁1865）；莊綽：《雞肋編》，卷中，「洪炎制詞之謬」條，頁53；《宋史》，卷二十二〈徽宗紀四〉，頁404；卷一百六十二〈職官志二・樞密院〉，頁3800；卷二百十二〈宰輔表三〉，頁5526；卷三百五十〈劉仲武傳〉，頁11082；卷三百五十七〈劉延慶傳〉，頁11236～11237；卷四百四十六〈忠義傳一・劉韐〉，頁13162；《宋大詔令集》，卷一百二〈軍職八〉〈保信軍節度使充殿前副都指揮使制・政和八年五月五日〉、〈劉延慶檢校太保制・宣和元年六月十七日〉、〈劉仲武瀘川軍節度使制・宣和元年六月十七日〉、〈种師道保靜軍節度使制・宣和元年六月十七日〉，頁378～379；《宋會要輯稿》，第四冊，〈儀制十一・武臣追贈・節度使〉，頁2542；李攸：《宋朝事實》，卷十，頁170；黎靖德：《朱子語類》，第八冊，卷一百三十三〈本朝七・夷狄〉，頁3190。考劉仲武本以年老而罷職提舉明德宮，當劉法陣亡，他被起知熙州，以救震武城功建節。他在宣和二年卒於熙州任上。又劉延慶原是西夏人，投宋後籍保安軍。他世為將家，數從西征，歷官相州觀察使、龍神衛四廂都指揮使、鄜延路馬步軍都總管，遷泰寧軍留後改承宣使，破夏人於成德軍（即臧底河城），擒其首屢賞，降王子益麻結党征，遷馬軍副都指揮使。他在政和八年五月丙戌（初五）建節為保信軍節度使遷殿前副都指揮使前，任鄜延路馬步軍都總管。童貫出征，據制詞所言，他似乎是童貫的中軍主將，而非自鄜延帥身份從征。制詞即云：「有蠢跳梁，尚闚吾圉。實佐鋒旗之討，既先貝胄之行。王旅嘽嘽，方屬援旌之氣；虎臣矯矯，已成拔幟之謀。烝徒被羽而鷹揚，敵國望風而獸駭。西戎即敘，爰輸款附之誠，四方既平，斯播勞還之雅。」又按《朱子語類》引述《長編》的記載，稱重和元年，童貫命种師道和劉延慶等取夏國求和等寨，大敗夏人而還。六月，夏人納款。

〔註13〕《宋會要輯稿》，第四冊，〈儀制十・宗室外戚內外臣僚偽國王外臣等敘封母妻〉，頁2513～2514。

〔註14〕《宋史》，卷四百七十五〈叛臣傳上・苗傅附劉正彥〉，頁13802～13809。

　　童貫回朝後，在宣和元年九月癸亥（二十）陪侍徽宗於蔡京府第的鳴鑾堂。這次宴會還有淑妃（即明節皇后劉氏，1089～1121）陪侍。據蔡京所撰的〈為皇帝幸鳴鑾堂記〉，是月壬子（初九），金芝生於道德院。癸亥（二十），徽宗先去道德院觀金芝，然後由景龍江汎舟，由天波谿景龍門寶籙宮，循城西南至蔡京第的鳴鑾堂。這次是徽宗這年第四次幸蔡京第，蔡京恭敬地侍宴，招待徽宗一行，他又請童貫代向淑妃獻酒。徽宗就酌酒授童貫，由童貫奉上淑妃，妃一飲而盡。徽宗又賜蔡京酒，由童貫代酌，並命他與童貫說話。童貫就傳徽宗諭「君臣相與，古今無若者」。蔡京乘機向徽宗申訴他「身危，非主上幾不保，如今日大理魏彥純事是也。」童貫馬上代奏徽宗，徽宗聞之駭，就說「御卿如此，小人猶敢爾？昨日聶山對，請窮治彥純，已覺其離間，故罷山尹事，朕豈以一語罪卿？小人以細故羅織耳！」徽宗即索紙，在屏上書詔釋魏彥純，將開封尹聶山（即聶昌，1078～1126）出知安州（今湖北孝感市安陸市）。徽宗又命人賜酒蔡京，使童貫作陪。蔡京醉，由諸孫扶出。莊綽認為蔡京當時如此詳記此事，不但誇耀其得君，還旨在威懾言官。考這次陪侍徽宗的近臣，只有童貫一人。童貫在開脫蔡京之罪事上顯然幫忙很大，可看出蔡京與童貫這時又朋比為奸。〔註15〕

　　值得一提的另一件大事是童貫的對頭、徽宗寵信的神霄派道士林靈素（1075～1119）這時失寵垮台。當童貫在西邊窮於對付西夏時，京師在是夏五月卻碰上多年不遇的大水。徽宗命林靈素治水。據《宋史‧林靈素傳》、《賓退錄》及《歷世真仙體道通鑑》等書所載，林靈素是溫州（今浙江溫州市）人，在政和三年至京師，寓東太一宮。七年二月前後因左街道錄徐知常薦得幸，命講道經。重和元年四月壬戌（初十）獲賜永嘉紫芝觀，五月壬午朔（初一）獲封通真達靈元妙先生，視中奉大夫。九月壬寅（廿三），林與通元沖妙先生的張虛白特授本品真官。十一月丙辰（初八），徽宗以林為沖和殿侍晨。林靈素原本和蔡京等勾結，稱蔡京是左元仙伯，王黼為文華吏，盛章、王革為園苑寶華吏，鄭居中、童貫及諸巨閹皆為之名。徽宗自稱教主道君皇帝，就

是林的建議。但他後來與蔡京及童貫爭寵，京師大旱，命他祈雨無應，蔡京就奏其妄。但後來他成功求得雨三天，獲得徽宗信任。他要報復蔡京，就在徽宗前攻擊蔡京為「北都六洞魔王第二洞大鬼頭」，童貫為「飛天大鬼母」，勸徽宗誅之。他與獲封通元沖妙先生的張虛靜（白）一日侍徽宗晏游禁中，見元祐姦黨碑，就與張虛靜各俛一詩致敬上，云：「蘇黃不作文章客，童蔡翻為社稷臣，三十年來無定論，不知姦黨是何人。」翌日，徽宗以之示蔡京，教蔡京惶恐而出。蔡京等自然思量報復。徽宗這次派林靈素率其徒治水，很有可能就是蔡京和童貫的主意。林竭盡其術不能退大水，反被役夫爭相舉梃擊之，於是失寵。他其後上疏說初奉上帝命為徽宗去除魔，斷妖異，崇大道，贊忠賢。現蔡京鬼魁，童貫國賊，任以重權，付之兵衛，國事不修，奢華太甚，切忌丙午、丁未兵馬長驅，腥血萬里，兩宮天眷不能保守。但徽宗不再相信他。加上他開罪了欽宗，於是乞骸骨歸鄉。徽宗初降詔不允，是冬朝臣全臺上言劾他各罪，他即時封閉賜物，攜一童子出宮。十一月，徽宗賜其宮祠於溫州，但命江端本通判溫州伺察之。江端本偵得林的居處過制之罪，不過，林在宣和二年（1120）八月詔徙置楚州（今江蘇淮安市淮安區）前已死。〔註16〕

　　順帶一提的是，元祐時任御史中丞的王覿（？～1103後）的從子王俊義，既拒絕童貫的厚聘，以解游京師資用缺乏，當林靈素設講席寶籙宮而召用太

〔註16〕《宋史》，卷二十一〈徽宗紀三〉，頁 397，400；卷二十二〈徽宗紀四〉，頁 404，卷四百六十二〈方技傳下‧林靈素〉，頁 13528～13530；《十朝綱要》，卷十七〈徽宗〉，政和七年二月甲子條，頁 492～493；卷十八〈徽宗〉，重和元年四月壬戌條，五月丁亥條，頁 506；九月壬寅條，頁 508；十一月丙辰條，頁 509；宣和元年五月丁巳條，頁 511；宣和二年八月癸末條，頁 515；趙與時（1172～1228）（撰），齊治平（校點）：《賓退錄》（上海：上海古籍出版社，1983 年 8 月），卷一，第 7 條，頁 4～6；趙道一（？～1300後）：《歷世真仙體道通鑑》，《正統道藏》本，卷五十三，「林靈素傳」，葉一上至三下。考《十朝綱要》記林靈素在宣和二年八月癸未（十五）始逐歸溫州。又林靈素懂得討好鄭皇后和劉貴妃，有一次奉召入宮，忽起身趨階下說九華安妃且至，玉清上真也。有頃，果然鄭皇后駕至。跟著他再拜殿下，說神霄某夫人來，不久，果有貴嬪至。然後故意說他與后妃同在仙班，故禮不當拜，長揖而坐。他就以此等技倆討好鄭皇后等。參見郭象（？～1164後）（撰），張劍光（整理）：《睽車志》，收入戴建國（主編）：《全宋筆記》第九編第二冊（鄭州：大象出版社，2018 年 3 月），卷一，頁 176。關於林靈素得寵的緣故及經過，可參汪聖鐸：《宋代政教關係研究》（北京：人民出版社，2010 年 5 月），第五章第三節〈林靈素與狂熱崇道階段〉，頁 173～182；方誠峰：《北宋晚期的政治體制與政治文化》，第六章〈道教、禮樂、祥瑞與徽宗朝的政治文化〉，頁 253～259。

學選士問道，以迎接徽宗到來，他也堅辭太學司成（自辟雍大司改）之薦。他後來以太學上舍選，徽宗閱其文，擢為第一。蔡京邀他來見，他也不往。他也沒有逢迎鄆王楷及王黼，結果被王以直秘閣出知岳州（今湖南岳陽市而卒。王俊義是少數不肯迎合蔡京、童貫、林靈素以至王黼等的朝臣。〔註17〕

林靈素的道官集團，是以蔡京為首的姦臣，和以童貫、梁師成為首的內臣以外的第三種勢力，王曾瑜教授曾有專文論這一集團，對林靈素事蹟考證尤詳，並指出道官集團與蔡京集團等之權力傾軋。〔註18〕徽宗所以重用林靈素等道士，除了他信奉道教，林善於迎合外，也是徽宗的帝王術之一。林靈素起初也與蔡京等勾結，但後來反目，到宣和元年治水失敗而失寵，對於蔡、童來說，林的倒台，便少了除言官外可以牽制他們的人物。上面提到聶山被貶，言官之力量可見已再受打擊，蔡京、童貫此後更可以肆行其事。

西邊的戰事告一段落，前往女真的呼延慶等人要到六月戊寅（初三）才到阿骨打軍前，阿骨打與宗翰等責以中輟之故，且言登州不應行牒。呼延慶解釋因宋朝知金與遼尚通好，本來使人至登州，但正使趙有開病亡，於是他和李善慶商量，為早日到女真軍前，就權令登州移文齎走前來的使人與書。他說金人不與遼通好，宋朝定會派人共議。阿骨打不聽，並將呼延慶等拘留。幸而呼延慶既善女真語，又幾番見到阿骨打，成功遊說他回心轉意。耗上半年光景，到十二月丁酉（廿五），阿骨打終於遣歸呼延慶等，臨行時交待宋廷要和金議事，需用平等的國書，不可用詔書，他並派遣字董辭列和曷魯等來宋。呼延慶一行翌日離開，到宣和二年正月底返抵開封。王師中派其子王瓌同呼延慶入朝先見童貫，再入朝覆奏與女真商議攻遼之事。〔註19〕

〔註17〕《宋史》，卷三百四十四〈王覿傳附王俊義傳〉，頁10945。

〔註18〕參見王曾瑜：〈宋徽宗時的道士與道官群〉，《華中國學》2015年第2期，頁123～135。

〔註19〕《十朝綱要》，卷十八〈徽宗〉，宣和元年六月戊寅條，頁511；二年正月丙寅條，頁513；《會編》，卷四〈政宣中帙四〉，宣和元年六月三日戊寅至宣和二年二月二十六丁酉條，葉一下至三上（頁24～25）；《金史》，卷二〈太祖紀〉，頁33。考《會編》記呼延慶等到二月丁酉（廿六）始至京師。今從《十朝綱要》所記當在正月底，因宋廷派趙良嗣在二月乙亥（初四）使金，當在呼延慶至京師報告情況後。又《金史‧太祖紀》所載與宋人所記有岐異，說金使散覩在六月辛卯（十六）還自宋，宋亦遣馬政及其子馬擴來聘。阿骨打知悉散覩接受宋團練使官，怒杖而奪之。到宋使還，就派遣字董辭列和習魯（曷魯）等來宋。考宋人沒記這次馬政與其子馬宏（應為馬擴）有使金，而宋廷授散覩亦非團練使。參見本章注7。

　　阿骨打的態度似有反覆，趙永春認為，他雖然希望得到宋廷的援助以消滅大敵遼國，但他不願意無原則地得到宋的援助，更不願意以比宋低下的身份乞求。因此，當他知道李善慶三人接受宋朝的官職後，就痛加懲處，並責備呼延慶等，把他扣留。後來他將呼延慶等釋放，因金人正與遼作生死搏鬥，故回心轉意。〔註 20〕趙氏之論可取。事實上金人對宋的策略靈活，隨現實變化而改變，宋人估計不足，以致日後處處吃虧。

　　徽宗在二月戊戌（廿二），將知樞密事鄧洵武特授少傅，錄他首陳紹述之功。〔註21〕並沒有因鄧洵武反對伐遼而罷他樞職，反而授他少傅的高位。

　　就在呼延慶使金音訊尚無時，另一宗大潑徽宗伐遼冷水的事，乃是高麗國的勸止。高麗王王俁（廟號睿宗，1079～1122）在重和元年（高麗睿宗十三年）向宋廷求醫，乞請借差大方脈瘡腫科等醫士，徽宗在七月辛巳（初一）就派秉義郎閤門祗候曹誼、管押翰林醫官、太醫局教授賜紫楊宗立、翰林醫諭太醫局教授賜紫杜舜舉、翰林醫候、太醫局教學成湘、迪功郎試太醫學錄陳宗仁、藍茁前往。曹誼等在宣和元年二月丙申（二十）等離高麗，高麗王王俁出乾德殿相送，並附表以謝。八月丁酉（廿三）曹誼等始返宋。曹誼等詣內東門以高麗王之表章及出使語錄奏聞。原來王俁並非求醫，而是聞知宋將要聯金圖遼，於是借此機會勸宋，稱「聞天子將用兵，遼人實兄弟國，苟存之，猶足為中國捍邊，女真虎狼，不可交也，宜早為備。」另又將金人用兵佈陣禦敵之狀轉告，但高麗的忠言，不為徽宗所納。徽宗不悅，且命中使責備醫士，說命他們為醫，竟敢干預國家大事。〔註22〕

〔註20〕趙永春：《金宋關係史》，第一章，頁 18～19；姜青青：《馬擴研究》，第一章，頁 42～43。

〔註21〕《宋會要輯稿》，第五冊，〈職官一・三公三少〉，頁 2935。

〔註22〕《十朝綱要》，卷十八〈徽宗〉，宣和元年八月丁酉條，頁 512；《宋史》，卷四百八十七〈外國傳三・高麗〉，頁 14049；《宋史全文》，卷十四〈宋徽宗〉，頁 968；鄭麟趾（1396～1478）等（撰），孫曉（主編）：《高麗史》，（重慶：西南師範大學出版社，2014 年 11 月據韓國奎章閣藏光海君覆刻乙亥字本及明景泰二年（1451）朝鮮乙亥銅活字本等標點勘本），冊一，卷十四〈世家・睿宗三〉，頁 418～419，421。考《高麗史》對宋廷派的醫官使團的名字官職，抵高麗及離高麗的年月，以及徽宗頒予高麗的詔書有很詳細的記載，並記在曹誼等離開不久，阿骨打便遣使來聘，致書說：「詔諭高麗國王，朕興師伐遼，賴皇天助順，屢敗敵兵，北自上京，南至於海，部族人民悉皆撫定。今遣孛堇术報諭，仍賜馬一匹，至可領也。」金人的盛氣凌人，難怪高麗王稱女真為虎狼，力勸徽宗不要引狼入室。又據《宋史全文》所記，宋醫在高麗日久，高麗王引宋醫視金人用兵布禦敵之方，而勸宋廷勿聯金攻遼。他又請宋醫士

另一宗令徽宗及童貫沒趣的事，是年十月，西夏遣使來賀徽宗壽辰天寧節，宋廷授以誓詔，但夏使不肯取。童貫沒法令夏使屈服，只好迫宋的館伴強要夏使接受，令他持誓書還。夏使到邊境，就將誓書棄之而去。鄜延帥賈炎得之而表上宋廷，令童貫大為沒趣，所謂西夏納款稱臣，其實只是虛與委蛇。〔註23〕

值得一提的是，當童貫高陞太傅之同月，曾與楊戩、梁師成權勢相當，當年並列延福宮五位的另一內臣武成軍節度使、直宣和殿何訢，以勾結延康殿學士、河南尹盛章，「姦狀暴列，而盛章泄漏省語，慢上殘下，背公立私」在七月辛酉（十七）雙雙被黜：何訢提舉亳州明道宮，盛章落職以宣奉大夫提舉南京鴻慶宮。癸亥（十九），二人並責散官，何以昭化軍節度副使安置鼎州（今湖南常德市），盛為單州團練副使安置筠州（今江西宜春市高安市）。九月丁未（初四），何再移新州（今廣東雲浮市新興縣），盛移永州。〔註24〕何訢不再被起用，他卒年不詳，當死於貶所。

何訢被貶後，梁師成的黨羽譚稹已冒起，出任要職，他在宣和元年八月己丑（十五）奉旨立的神霄玉清萬壽宮碑，就名列梁師成之後。他的全銜是通侍大夫保康軍承宣使、直睿思殿、同知入內內侍省事、同提點皇城司充在京神霄玉清萬壽宮提點。而梁師成的全銜就是檢校少師、鎮東軍節度使、太一宮使直保和殿明堂兼在京神霄玉清萬壽宮提舉提轄使。譚稹既執掌入內內侍省，做楊戩的副手，也管轄皇城司。〔註25〕

將金人佈陣禦敵之狀，告訴徽宗，早作準備。高麗王說所以求醫者，是怕泄漏祕密，會帶給小國像高麗禍患。考宋廷在三年後遣使高麗，要助成伐遼之舉。高麗雖對宋恭順，卻不肯從命。

〔註23〕《宋史》，卷四百八十六〈外國傳二‧夏國下〉，頁14021；《東都事略》，卷一百二十一〈宦者傳‧童貫〉，葉二上下（頁1865～1866）；《編年綱目》，卷二十八，頁728。

〔註24〕《十朝綱要》，卷十一〈哲宗皇后二‧昭懷皇后劉氏〉，頁322；卷十五〈徽宗皇后五‧明節皇后劉氏〉，頁388；卷十八〈徽宗〉，宣和元年七月辛酉至九月丁未條，頁512；《宋會要輯稿》，第八冊，〈職官六十九‧黜降官六〉，頁4896；袁文（撰），李偉國（點校）：《甕牖閒評》（與《考古質疑》合本）（北京：中華書局，2007年10月），卷八，頁122。據南宋人袁文所記，何訢失勢，也與他開罪徽宗所寵的劉貴妃有關，起初劉貴妃侍哲宗昭懷劉皇后（1079～1113），既而得罪，出居於何訢家，何待她無禮。她既貴，凡何訢之黨，皆陷而殺之。

〔註25〕考這篇碑文是徽宗御書，而由蔡京子蔡絛題額。雖然碑文脫了譚稹的名字，但從譚稹在政和七年九月以保康軍承宣使直睿思殿率兵討淮南盜劉五，並在

宋宮內臣的內鬥，除了何訴被貶外，據蔡絛所記，與童貫和梁師成爭權的內臣馮浩（？～1120）、王堯臣（？～1121）均被殺，而楊十承宣和小李使皆死不明，連劾數人，於是童、梁勢已成。蔡說「群閹既懼，思脫禍無術，則愈事燕遊，用盡上心，冀免失朝夕。」考馮浩亦非善類，他在政和八年（重和元年）閏九月庚戌（初一），以拱衛大夫康州防禦使直睿思殿以進《崇寧日曆》之功轉一官。他在重和元年（1118）協助當時得寵的道士林靈素，將林的對頭、另一道士王仔昔誣陷，將他投開封府獄殺之。據稱王之得罪，馮浩之力最多。王未死前，以書示其徒說，「上蔡遇冤人」。兩年後，宋廷在宣和二年正月癸卯（初二），以臣僚論馮的兇暴姦惡，死有餘辜，令致仕的馮浩追毀出身以來文字，除名勒停，枷項送永州編管。馮未到貶所，便被宋廷中道殺之於上蔡（今河南駐馬店市上蔡縣），應了王仔昔的預言。至於王堯臣，他是徽宗寵信的劉貴妃（即明節劉皇后）閤中人，劉貴妃在宣和三年四月丙寅（初二）病死，徽宗傷悼之餘，有人說崔貴妃（？～1122 後）無戚容，徽宗大怒，疑她下厭蠱，就將緣崔妃以進的卜者劉康孫下開封獄，又將醫治劉貴妃無狀的提舉入內醫官曹孝忠及王堯臣一併鞫治。最後王堯臣以偷盜金珠及出金明池游宴事之罪，和曹孝忠同日被誅死，崔妃也在宣和四年七月己未（初三）被廢為庶人。王堯臣之死，是童貫抑梁師成幹成的，暫未可考。蔡絛所說的楊十承宣使，很有可能就是欽宗的太子宮僚，在政和五年十月以通侍大夫、安德軍留後卒的楊震。而小李使就不知指何人。〔註26〕

宣和三年已任同知入內內侍省事，這個提點神霄玉清萬壽宮的人肯定是譚稹無疑。參見陳棨仁（1836～1903）（撰）：《閩中金石略》（菽莊叢書本），載《宋代石刻文獻全編》，第四冊（北京：北京圖書館出版社，2003 年 3 月），卷八〈宋六·神霄玉清宮碑〉，葉七下至十上（頁 640～641）。

〔註26〕 蔡絛：《鐵圍山叢談》，卷六，頁 109～110；《宋會要輯稿》，第五冊，〈運曆一·修日曆〉，頁 2695；第八冊，〈職官六十九·黜降官六〉，頁 4899；《十朝綱要》，卷十五〈徽宗·皇后五·明節皇后劉氏〉，頁 388；〈嬪妃十四·崔貴妃〉，頁 389～390；卷十八〈徽宗〉，宣和二年正月癸卯條，頁 513；宣和三年五月癸卯條，頁 520；《宋史》，卷二十二〈徽宗紀四〉，頁 407～408，410；卷二百四十三〈后妃傳下·徽宗劉貴妃〉，頁 8644～8645；卷四百六十二〈方技傳下·王仔昔〉，頁 13528。楊震的事蹟參見第三章注 16，33；第四章注 121。考曹孝忠曾隨楊戩編纂《政和聖濟經》，楊戩這次沒有救他，可能因楊戩在宣和三年四月前已死（按：楊戩死於宣和三年，但月日不詳），又或他醫不好劉貴妃，誰都不敢為他說話。他的事蹟可參見第四章注 62。

　　宋宮內臣內鬥的勝利者童貫，繼續為徽宗經營西邊。宣和元年冬，徽宗手詔以逃卒頗多，要童貫的宣撫司措置處理方案。童貫提出一套詳細的法規，後來朝臣斥他縱容士卒逃亡而不補缺額，顯然是失實的指控。他提出：

> 凡逃卒，冬祀大赦已有百日首身免罪之文，緣內有元犯雖首身，於常法尚合移降移配者，即未敢赴官自陳。欲乞在京並京畿、京西、陝西、河東路逃軍，自今指揮到日，通未滿赦限共一百日，許令首身免罪，依舊軍分職次收管。仍免本司本營問當，及放免官遣。如本犯經冬祀赦後，猶有移降移配，特與原免。若限滿不首，則依常法科罪。凡逃軍系在京住營，依限於在京首身者，令所隸軍司當日押赴本營。若見出戍者，即破口券轉押赴本路駐泊州軍，並依前項指揮免罪，依舊收管。凡逃軍在外，依限首身者，並於所在日破米二升，其縣、鎮、砦並限當日解本州軍，每二十人作一番，差職員管押，仍沿路給破口食，交付前路州軍，轉送住營去處。如見出戍，即轉駐泊州軍收管。凡首身軍人，並不許投換他軍。凡所在當職官，如能於限內用心招收逃軍，措置轉送住營或出戍處收管，候滿，在外委提刑司，在京委開封府取索到營、出戍處公文，驗人數，最優者申宣撫司取旨推恩。

對童貫這番規畫，徽宗從其請。〔註27〕

　　考陳均和徐自明，對於童貫在西邊的治軍施政，有嚴厲的批評，包括對禁軍逃亡的處置：

> 祖宗法，屬羌不授漢官，有功只於蕃官上遷轉，而俸祿不甚增；弓箭手有定土，而得以保其鄉里墳墓；禁軍逃亡並誅戮，而不敢避難。至童貫為宣撫使，引屬戶至有為節度使者，舊弓箭手皆徙居新邊，禁軍逃亡者許改刺別軍，又擇諸路精兵刺勝捷軍以自衛。夏人納款，而邊備軍法自貫壞矣。〔註28〕

　　然客觀而論，童貫的做法其實是因時制宜。他麾下的大將如劉法、劉延慶、劉光世及楊惟忠均是屬戶蕃將，以賞功而至節度使甚至官拜三衙，實在大大提高士氣。而童貫開拓新邊，若不徙別處弓箭手入居，就無從防守。至

〔註27〕《宋史》，卷一百九十三〈兵志七・召募之制〉，頁4814～4815。
〔註28〕《編年綱目》，卷二十八，頁728；徐自明：《宋宰輔編年錄校補》，第二冊，卷十二〈政和六年〉，頁774。按陳均和徐自明此番評論，文字上大略相同。二人是同時人，未考是同出一源，抑誰因襲誰。

於選各路精兵為童的親兵勝捷軍，自古皆然，並無不妥。宋人後來將童貫所有作為，以違反祖宗之法而痛加批評，實失於偏頗。

是年十二月己丑（十七），宋廷詔招撫起事山東的劇盜宋江，但宋江尚未招安，江南更大的民變方臘已起事在即。太學生鄧肅（1191～1132）早在十一月，已上奏反對徽宗派朱勔往東南取花石以充萬歲山。徽宗不聽，反將鄧逐出太學並押歸本籍，而不察花石綱之弊，造成東南騷動，很快導致方臘起事。〔註29〕

正如上述，宣和二年正月底，呼延慶等冒著嚴寒，朝夕奔馳，趕回京師，具道阿骨打之言，並呈上其國書。徽宗即以密旨命童貫辦理此事，二月乙亥（初四），徽宗詔派聯金滅遼的首議人趙良嗣以中奉大夫右文殿修撰，仍以買馬為名，出使金國，以王瓌帶忠訓郎為副使，趙、王並陪同金使曷魯二人歸國。徽宗令趙良嗣面議，只帶御筆而不帶國書，趙、王一行人在三月丁酉（廿六）仍由登州泛海，由小謝馳基末島綦子灘，到東城會口之皮囤島。四月戊寅（十四）抵蘇州關下。五月，金兵已三路出師趨遼的上京，趙良嗣於是自咸州，趕到上京臨潢府（今內蒙古自治區赤峰市巴林左旗林東鎮）城外金兵所駐的青牛山。阿骨打諭令相隨，看金兵攻打上京。城破後，趙就與阿骨打相見於龍岡，致議約之意。雙方達成初步夾攻遼的協定：金取中京大定府（今內蒙古赤峰市寧城縣天義鎮），宋取燕京一帶；宋將支付遼之歲幣五十萬兩疋轉予金；雙方不得單獨與遼議和。〔註30〕

〔註29〕　《十朝綱要》，卷十八〈徽宗〉，宣和元年十一月乙卯條，頁513；《宋史》，卷二十二〈徽宗紀四〉，頁405。

〔註30〕　《十朝綱要》，卷十八〈徽宗〉，宣和二年正月至二月乙卯條，頁513；五月壬子條，頁514；《會編》，卷四〈政宣上帙四〉，宣和二年二月十六日丁酉至三月六日丙午條，葉三上至七上（頁25～27）；《宋史》，卷二十二〈徽宗紀四〉，頁405；《宋史全文》，卷十四〈宋徽宗〉，頁970；《金史》，卷二〈太祖紀〉，頁33～34。考《會編》以呼延慶在宣和二年二月丁酉（廿六）至京師，而趙良嗣在三月丙午（初六）始出使。關於趙良嗣出使月日，《宋史·徽宗紀》亦與《皇宋十朝綱要》相同，作二月乙亥（初四）。《三朝北盟會編》所記是趙良嗣出發之時，所引趙良嗣撰的《燕雲奉使錄》也記在二月奉詔。而《金史》也只繫於天輔四年（即宣和二年）二月。又《金史》將宋副使訛寫「王暉」。另阿骨打在四月乙未（廿二），就親自領兵伐遼，他還以遼使耶律習泥烈和趙良嗣從行。五月甲寅（十五）進攻遼上京，又對習、趙二人示威說：「汝可觀吾用兵，以卜去就。」不久城破，趙良嗣等識趣，就奉觴為壽，皆稱萬歲。趙良嗣使金，一直留至七月才還。又據《會編》所載，金人對趙良嗣說，曾聽得數年前童貫將兵到遼邊，卻空手而回。趙回答說此探報傳言之誤。

　　據姜青青的研究，宋人這次為無知昏庸造成一個重大紕漏，徽宗命趙良嗣與金人談判核心內容是取回燕地，趙與阿骨打所議也是取燕京一帶，卻沒有提及山後雲中地區，等到金軍往西京大同（今山西大同市）追捕天祚帝時，才如夢初醒要爭山後地區，接著又發現平州、營州（今河北秦皇島市昌黎縣）及灤州（今河北唐山市灤州市）不屬燕京。他再去力爭，就遭到阿骨打一口拒絕。宋廷發現取不到平州，燕京便露出一大缺口。這就是後來宋廷要接納平州守將張覺的原因。〔註31〕

　　童貫的權勢日大，既負責北邊攻遼，也兼領他的老巢陝西各樣事務。他在是年率軍行邊，隨行的有兩員大將殿前副指揮使劉延慶和步軍副都指揮使劉仲武，並命另一員大將种師道為都統制，而以二劉副之。童貫大軍出蕭關，夏軍放棄永利與和踏兩城而遁，宋大軍至鳴沙（今寧夏中衛市中寧縣鳴沙鎮），無所見而還。〔註32〕童貫這次出巡陝西，提學秦鳳路的金部郎中李降，當童貫到來秦州時，不肯隨各州刺史拜謁，只長揖說我師儒官也。他知道開罪了童，就求宮祠致仕。另據汪藻所記，鞏州通判陳彥恭（1058～1129），當童貫來到鞏州時，守帥以下都下拜於道左，只有陳彥恭朝服行揖禮。童不悅，將他罷職。李降和陳彥恭是少數陝西官員不附童貫的。〔註33〕

〔註31〕姜青青：《馬擴研究》，第一章，頁43～45。

〔註32〕《會編》，卷六十〈靖康中帙三十五〉，靖康元年十月二十九日辛酉條，葉八上（頁447）。考童貫在宣和二年巡邊的月日不詳，疑在他上奏請改熙河蘭湟路為熙河蘭廓路時。

〔註33〕李降是成都華陽（今四川成都市）人，是天章閣待制李大臨（1010～1081）從子。他於宣和間提學秦鳳路，他在宣和何年月見童貫不詳，疑是童貫是年行邊陝西時。陳彥恭字子愿，福建莆田（今福建莆田市）人，元祐三年（1088）進士，授太平州司法參軍，擢編修敕令所刪定官，以忤蔡京改宣教郎通判保州，秩滿復通判代、鞏二州。時熙州帥姚雄請以弓箭墾田實邊，童貫忌姚雄，陰沮之，州縣莫敢行。惟陳彥恭推行自如，歲得粟九萬斛。他由始至終都不懼童貫。又明人凌迪知（1529～1601）記有甌寧（今福建建甌市）人黃晛（《福建通志》作黃晎），在紹聖初登第，後知曹州（今山東菏澤市曹縣）的屬縣。童貫宣撫陝西，恐嚇官吏以壯其威，道出曹州，郡縣官吏羅拜於庭。黃晛卻獨秉笏挺立，童貫密令詢其姓名。黃晛就棄官而去。此條記載有疑，蓋童貫從開封往陝西，不應經過在山東的曹州。不過，童貫當時權勢之大，地方官均懼而拜之。若此記屬實，則黃晛當時只是縣令小官，卻敢開罪童貫，實屬難得。參見汪藻：《浮溪集》，卷二十七〈誌銘・贈左大中大夫致仕陳君墓誌銘〉，頁325～327；周復俊（1496～1574）：《全蜀藝文志》，文淵閣《四庫全書》本，卷五十三，「李氏」條，葉十上下；凌迪知：《萬姓統譜》，文淵閣《四庫全書》本，卷四十七，「黃晛」條，葉十八上；郝玉麟（？～1745）（纂）《福

三月乙卯（十五），大概是童貫的建議，宋廷將熙河蘭湟路改為熙河蘭廓路。五月戊辰（廿九），陝西復置平貨務，仍令童貫兼領。是月丁巳（十八），布衣朱夢說看不過眼，上書論宦寺的權太重，顯然是衝著童貫而來，結果徽宗將朱編管池州。六月戊寅（初九），徽宗大概不想蔡京阻礙童貫伐遼的行動，令蔡京守本官致仕，仍許依前充神霄玉清萬壽宮使，於朔望朝請。〔註34〕戊子（十九），童貫以領樞密院事上言，以陝西邊事已寧，請依舊以轉運使三人為額分治六路，每人治兩路，而常留一員在本司發遣。而在宣和元年九月丁卯（廿四）於永興軍置司的都轉運使，除分管兩路外，並總治其餘各路事務。徽宗詔從其請。西邊事務都是童貫說了算。〔註35〕

七月丙辰（十八），金人差女真人勃菫斯剌習魯（錫剌曷魯）（以下作曷魯）充回使，渤海人高隨、大迪烏副之，持國書來宋訂盟。九月壬寅（初四），隨金使回來的趙良嗣引曷魯等人入國門，徽宗令錫宴於顯靜寺，並詔將他們作為新羅人使引見，以避遼人耳目。金的國書寫明許以燕地歸宋，條件是要宋給原付與遼的歲幣五十萬。又說金人舉兵後，宋若不如約，金就不以所許的燕地給宋。宋廷派衛尉少卿董耘（？～1137）押筵，館金使於同文館。八日（丙午），徽宗又命錫宴金使於童貫第。又諭曷魯等，今來所約，惟金兵馬早到西京（即雲中府）最為大事。曷魯說會一切依約定而行。宋廷又詔引曷魯等三節人往相國寺及龍德太乙宮燒香。丙辰（十八），金使入辭崇政殿。戊午（二十），曷魯等離京前，徽宗令錫宴於顯靜寺，由趙良嗣押筵，王瓌為送伴，並差已陞為文州團練使、武顯大夫的馬政，持國書及事目隨曷魯等前去報聘。徽宗命陞任左僕射的王黼共議回答國書，王黼所擬的國書告訴金人，宋方的軍事行動由童貫全權負責，稱「已差童貫勒兵相應，彼此兵不得過關。請示舉軍的日，以憑夾攻。所有五代以後陷沒幽、薊等州，已議收復。歲幣依與契丹舊數。仍約毋聽契丹講和」。宋廷又別降樞密院事目付馬政，並令其子馬擴以承節郎、京西北路武學教諭隨行。金使與馬政等離開的同日，徽宗加余深少傅，並賜宴於童貫第，以賞二人今次聯金之功。馬政等在十月到達淶流河阿骨打帳前，金人對於宋廷想全取燕雲故地之議，並不接納，馬政留月餘，

建通志》，文淵閣《四庫全書》本，卷三十三，「甌寧縣黃晄」，葉五十七下；卷四十四，「莆田陳彥恭」，葉十一下。

〔註34〕《十朝綱要》，卷十八〈徽宗〉，宣和二年三月乙卯條，五月戊辰至六月戊寅條，頁514；《宋史》，卷二十二〈徽宗紀四〉，頁405～406。

〔註35〕《宋會要輯稿》，第十二冊，〈食貨四十九·轉運司〉，頁7112。

仍未有決定。最後，阿骨打再派曷魯及大迪烏持國書來，表明「若更欲西京，請就便計度收取。」〔註36〕

　　就在金使到來之時，徽宗在九月庚戌（十二），召童貫往保和殿宴會以慰勞之，出席的親王大臣包括蔡京、王黼、燕王俁（1083～1127）、越王偲（1085～1129）、鄆王楷、嗣濮王仲忽、馮熙載、蔡攸及蔡京另外三個兒子。〔註37〕這次宮中大宴，童貫是惟一出席的內臣。

　　聯金伐遼的事進展得似乎頗順利，而西夏在十月己丑（廿二）也遣使入貢；不過，教童貫心中難安的是，首先是徽宗在十月戊辰朔（初一），將童貫宮中最大的對手梁師成自河東節度使加太尉。然後在同月丙子（初九），當建德軍（睦州）青溪幫源洞的方臘殺里正方正常起事時，徽宗又接受梁師成的建議，命其黨羽譚稹討之。宋宮內臣，自何訴被貶後，可以和童貫分庭抗禮的就只有楊戩和梁師成。至於被斥為宣和六賊之一的李彥（？～1126）以及李憲子李毅，雖然也官拜節度使，但權勢遠遜童、梁、楊三人。楊在宣和三年卒後，可以與童貫爭權的，就是被人稱為隱相的梁師成，連王黼都要靠依附他，以父事之以拜相。按李彥原屬楊戩門下，他卻不像楊戩表面上不群不黨，而是與依附梁師成的王黼互為表裡，似也屬梁師成一黨。至於李毅雖是李憲子，卻似乎與童貫的關係一般，可能暗中黨附梁師成。另外，童、梁之爭還有儲位之因素，童貫依附徽宗寵愛的鄆王楷，梁師成則護佑欽宗。據《皇朝編年綱目備要》所述，因鄆王有寵，有人妄傳有廢立之意，王黼當時不得人望，為了保位，就想以鄆王為奇貨。當時欽宗長子諶已授節度使除國公，王黼就上言皇孫始封，但當為觀察使。徽宗於是令欽宗宮僚耿南仲（？～1129）往東宮，諭欽宗辭卻趙諶節度使官。據說童貫這時已暗中附和王黼，欲搖動欽宗的儲位。〔註38〕

〔註36〕《會編》，卷四〈政宣上帙四〉，宣和二年七月十八日丙辰至九月二十日戊午條，葉七上至十一下（頁25～29）；《宋史》，卷二十二〈徽宗紀四〉，頁406；《十朝綱要》，卷十八〈徽宗〉，宣和二年九月至十月丙子條，頁515～516；《編年綱目》，卷二十九，頁737；《金史》，卷二〈太祖紀〉，頁35；姜青青：《馬擴研究》，第一章，頁46～47。考《金史》記馬政到十二月始抵金。又馬擴在政和七年於青州州學武學考試入選，獲薦入國學。翌年春先後在省試及殿試中式，以武藝超絕及兵法精通，獲武舉上舍出身授承節郎，授京西北路武學教諭。姜青青說徽宗三子鄆王楷是馬擴同榜進士，可能弄錯鄆王是應文科進士，不是武舉。

〔註37〕王明清：《揮麈錄・餘話》，卷一，第366條，「蔡元長〈保和殿曲宴記〉、〈延福宮曲燕記〉，頁216。

〔註38〕《宋史》，卷二十二〈徽宗紀四〉，頁406；卷四百六十八〈宦者傳三・童貫、梁師成、楊戩、李彥〉，頁13659，13662～13665；《編年綱目》，卷二十九，頁

二、鎮壓方臘

　　關於方臘起事的經過，他的姓名及起事的人物，李裕民教授的〈方臘起義考辨〉一文已考論甚詳，值得參考。〔註39〕方臘起事之初，已聚眾至數萬。宣和二年十一月戊戌（初一），方臘改元永樂，自號聖公。是月庚戌（十三）擢拜少保兼太宰門下侍郎的首相王黼卻不以為意，警報至京師，他卻匿不以聞。己未（廿二），兩浙兵馬都監蔡遵、顏坦率兵五千擊方臘，敗死於息坑，丙寅（廿九），方臘陷青溪縣（今浙江杭州市淳安縣千島湖），這時兩浙各地的民變勢力都合黨響應，東南大震。十二月戊辰（初二），方臘陷睦州（今浙江建德市），率眾二萬，殺官兵千人，壽昌（今浙江建德市壽昌鎮）、分水（今浙江杭州市桐廬縣西北分水鎮）、桐廬（今浙江杭州市桐廬縣）、遂安（今浙江杭州市淳安縣西千島湖五獅島南）等各縣皆陷。甲申（十八），方臘再陷休寧縣（今安徽黃山市休寧縣），執知縣鞠嗣復。丙戌（二十）又陷歙州（今安徽黃山市歙縣），江南帥司所派的東南第三將郭師中戰死。據曾協（？～1173）的記載，郭是西人（陝西人），號病關索，老於行陣，慨然有平賊志，但他所統乃江東諸郡兵，皆恇怯不習戰。他駐軍歙州，方軍率眾來犯，他亟率所部應之，他冒矢石，身先士卒。但宋軍未戰，眾皆潰，郭死之，方軍遂陷歙州。這時婺源（今江西上饒市婺源縣）、績溪（今安徽宣城市績溪縣）、祁門（今安徽黃山市祁門縣）、黟縣（今安徽黃山市黟縣）官吏皆逃去。丁亥（廿一），徽宗正式詔譚稹以通侍大夫、保寧軍節度使、同知入內內侍省事為提舉措置捕捉睦州青溪賊，以威武軍承宣使步軍都虞候王稟副之。同日，令樞密院起東南第一將與第七將、京畿第一將前去平亂。戊子（廿二），方臘又陷寧國縣（今安徽宣城市寧國縣），進逼宣州（今安徽宣城市），時人以宣州為江淮襟喉，方軍若得宣州則江淮橫潰。幸賴宣州通判強幼安（1091～1157），繕城壁募敢勇，分遣巡檢及縣尉扼其要衝死守，得以不失。己丑（廿三），徽宗以佑神觀使少傅鄭居中重作馮婦，權領樞密院事。庚寅（廿四），徽宗出手詔命譚稹出使平亂。命查訪兩浙民疾苦。又命譚稹招撫被脅從之人，若他們來歸，就免其罪。若稍有功績，即優與推賞。乙未（廿九），方臘陷杭州，知

　　740；《長編紀事本末》，第八冊，卷一百四十一〈徽宗皇帝‧討方賊〉，葉十
　　三下（頁4272）。按《長編紀事本末》將方臘起事繫於宣和二年十月丁酉（三
　　十）。

〔註39〕李裕民：〈方臘起義考辨〉，收入李著：《宋史新探》（西安：陝西師範大學出
　　版社，1999年1月），頁82～120。

州趙霆遁，廉訪使者趙約被俘死。徽宗見譚稹逗留不進，見重鎮杭州失陷，就決定改派童貫率他的陝西勁兵平亂。宣和三年正月丁酉朔（初一），徽宗改任譚稹為兩浙制置使。癸卯（初七），以童貫領樞密院事除江浙淮南等路宣撫使，率兵二十萬（一作十五萬）南征。按童貫麾下的環慶及鄜延軍，剛奉詔與河北禁軍更戍，儲兵糧器械，雲集於京師附近，等候剋期北伐，另宋廷又選召陝西宿將會於京師。宋廷就將這支陝西六路的蕃漢勁旅用於東南：其中辛興宗（？～1031）、楊惟忠統熙河兵，劉鎮（？～1126）統涇原兵，楊可世、趙明統環慶兵，黃迪統鄜延兵，馬公直統秦鳳兵，冀景（？～1126）統河東兵。而以童貫大將殿前副都指揮使劉延慶充宣撫司都統制，統率諸路兵馬。早受童貫賞識的劉延慶次子劉光世（字叔平，1089～1142），及新招安的宋江以及先前被罷為淮西鈐轄的何灌從征。徽宗寄望童貫早日平亂，就出城東餞之。據載徽宗握童貫之手，親送之曰：「東南事盡付太傅，必有緊急不得已，可逕作御筆行下。」童貫另一大將熙河經略安撫使、瀘川軍節度使劉仲武惜已於宣和二年十月卒於官，就沒有從征。〔註40〕

〔註40〕《東都事略》，卷十一〈本紀十‧徽宗二〉，葉五下（頁222）；卷一百二十一〈宦者傳‧童貫〉，葉二下至三上（頁1866～1867）；《宋史》，卷二十二〈徽宗紀四〉，頁406～407；卷二百十二〈宰輔表三〉，頁5527；卷三百五十六〈強淵明傳〉，頁11209；卷三百五十七〈何灌傳、劉延慶傳〉，頁11226，11237；卷三百六十六〈吳玠傳〉，頁11408；卷四百六十八〈宦者傳三‧童貫〉，頁13660；卷四百七十〈佞幸傳‧王黼〉，頁13682；《十朝綱要》，卷十八〈徽宗〉，宣和二年十一月戊戌至宣和三年正月癸卯條，頁517～5186；《編年綱目》，卷二十九，頁737～739；《長編紀事本末》，第八冊，卷一百四十一〈徽宗皇帝‧討方賊〉，葉十三下至十四下（頁4272～4274）；卷一百四十二〈徽宗皇帝‧金盟上〉，葉十二下（頁4304）；《宋會要輯稿》，第四冊，〈儀制十一‧武臣追贈‧節度使〉，頁2542；第九冊，〈職官七十七‧起復〉，頁5145～5146；第十四冊，〈兵十‧出師四‧方臘〉，頁8802；《會編》，卷五十二〈靖康中帙二十七〉，靖康元年八月二十三日丙辰條，葉二上（頁390）；卷二百十二〈炎興下帙一百十二〉，紹興十二年十一月十三日辛丑條，葉四下至五下（頁1525～1526）；曾協：《雲莊集》，文淵閣《四庫全書》本，卷五〈右中散大夫提舉台州崇道觀強公行狀〉，葉五上至十六下；《繫年要錄》，第一冊，卷十五，建炎二年四月丙寅條，頁323。考《東都事略‧徽宗二》及《宋會要‧兵十》均將徽宗任童貫與譚稹討方臘同繫於宣和二年十二月丁亥(廿一)，惟《宋會要》還具體說童貫授江浙各路宣撫使，譚稹改授制置使，所記與群書有異，疑係誤書。至於從征諸將，《三朝北盟會編》記有辛企宗（？～1144後），按群書所記，當為辛興宗。另外，後來抗金名將吳玠（1093～1139），早在政和中，當夏人犯邊，以功補進義副尉，稍擢隊將，這時亦有從征，屢立戰功。按辛興宗、辛昌宗、辛企宗、辛道宗（？～1148後）均為辛叔獻子，其父在宣和

　　為了讓童貫更好好地作戰平亂，徽宗特許童貫於江南逐州軍選練兵仗。據說當年太祖（927～976，960～976 在位）平江南後，將兵器盡納揚州，不得支動，號曰禁庫。童貫大軍到來後，就打開揚州的禁庫兩房，將士發現所貯的弓仍然挺直，大喜曰此良弓也，因出試之，宛然如新，是日得弓數千張。時人驚嘆從開寶之乙亥（八年，975）到宣和之辛丑（三年，1121），共一百四十七年，竟然弓之膠漆不脫，可謂神異。童貫意外得到這批良弓，平定方臘就更信心十足。〔註 41〕當年有西北邊將獻西夏興州（即興慶府，今寧夏銀川市）所造的良弓十數張予童貫，只供他及親兵所用，這次得到的一大批利器，就足夠大部隊使用。〔註 42〕

　　另據《萬姓統譜》的記載，童貫征方臘，又得到一名童淑（？～1127 後）的猛將仗劍來投，據載這個和童貫同宗的童淑，為壽昌縣（今浙江建德市壽

　　　三年九月卒，均請解官持服，辛興宗兄弟均繼父為將。辛家將的事蹟另參第十章注 83。另《宋會要・兵十》所記統河東兵之「翼景」，當為冀景之誤。另據《宋史》，卷三百五十〈劉仲武傳〉，頁 11082。劉仲武卒於官，年七十三，贈檢校少保。又宣州通判強幼安，父為兩浙提點刑獄強浚明（？～1105），叔為禮部尚書翰林學士承旨強淵明（？～1124），祖為強至（1022～1076）。強浚明兄弟與葉夢得與蔡京交好，立元祐黨籍，分三等定罪，人皆認為元祐黨禍是他三人所建。只是強幼安的墓誌諱言此一不光彩之事。強幼安在宣和二年剛任宣州通判時，州方建神霄宮。忠翊郎徐正德護宮門戟幡從京師來，自稱是童貫門人，宣州守畏其權勢，禮之如朝廷之使，他倨益甚，又稱疾不見宣州長官。強氏不賣賬，嚴詞質問他為何不立戟幡。徐惶恐而出見。他從別郡返，就說童貫命他市物要錢若干，需用車以載。強氏要他拿出公文並問費用安出。最後強氏派牙卒趕走他，眾論稱快。當然他就開罪了童貫。

〔註 41〕馬永卿（？～1136 後）（撰），崔文印（校釋）：《嬾真子錄校釋》（北京：中華書局，2017 年 2 月），卷三，「弓用久年」條，頁 87；王明清：《揮麈錄・後錄》，卷一，第 105 條，「太祖藏弓弩於揚州郡治，宣和間得用」，頁 41～42；《文獻通考》，第八冊，卷一百六十一〈兵考十三・軍器〉，頁 4826。考《嬾真子錄》和《揮麈錄・後錄》所記有出入，《揮麈錄・後錄》記承平時，揚州郡治東廡，烏鎖屋數間，上有建隆元年（960）朱漆金書牌云：「非有緩急，不得輒開。」宣和元年（當是三年），盜起浙西，詔以童貫提兵討之，道出淮南見之，童焚香再拜啟視之，乃弓弩各千，愛護甚至，儼然如新。童貫命弦以試之，其力比之後來過倍，而製作精妙，不可跂及，士卒皆嘆伏，施之於用，以致成功。王明清說此是太祖征李重進（？～960）時所留者。而《文獻通考》則引述王明清之說。筆者認為太祖平李重進後，尚要平定南方諸國，沒有理由將良弓藏庫。馬永卿記他平定南唐後，才將良弓入庫，就更合理。王明清之說疑誤記。

〔註 42〕西夏所造的良弓，由宋人購得，每張值數百千。參見莊綽：《雞肋編》，卷上，「定州刻絲與各地工藝」條，頁 33。

昌鎮）人，身長八尺，面如紫玉，赤晴虎鬚，有膂力，能挽強弓。據載他後來立功，擢殿前將軍。〔註43〕

　　徽宗本來命譚稹率兵平方臘的，因譚過去曾有平淮南盜劉五的戰功。他起初不用童貫，一方面童貫正籌劃伐遼，另一方面，大概不想事事都讓童貫領功，於是用梁師成推薦的譚稹率軍南征，以分童貫之勢，這也是他的帝王術手段，後來事態嚴重，他對譚信心不足，只好用童貫平亂。

　　誠如前言所說，童貫平方臘的始末，牟潤孫太老師的〈折可存墓誌銘考證兼論宋江的結局〉。值得參考。〔註44〕

　　宣和三年正月丁未（十一），徽宗為保不虞，詔童貫及王稟先據潤州（即鎮江）。乙卯（十九），方臘再陷崇德縣（今浙江桐鄉市崇福鎮），進圍秀州（今江蘇嘉興市），知州宋昭擊退之。徽宗下詔，稱金陵乃喉襟要害，要童貫佔江寧府，守把鎮江，再議進軍。其實徽宗不須擔心，這時王稟已守揚子江口，劉鎮守金陵，而童貫已抵鎮江。丁巳（廿一），為了提高士氣，徽宗以御筆處分立功賞格。辛酉（廿五），因童貫命其屬董耘奏浙江民為花石綱所苦，徽宗就罷收買花石造作供奉之物，又罷蘇杭造作局，又黜朱勔父子弟姪在職者，以挽回民心。童貫此番措施，教民心大悅。是日童貫至鎮江督師。童貫大軍與方臘軍連場大戰。甲子（廿八），王稟、辛興宗與楊惟忠合擊方軍於秀州，在城下斬首數千級，秀州平。但是月方臘又陷婺州（今浙江金華市婺城區），又陷衢州（今浙江衢州市），守臣彭汝方死之。二月庚午（初五），宋廷貶棄杭州的守臣趙霆於吉陽軍，又罷方田。甲戌（初九），又降詔招撫方臘。（十七）方臘陷旌德縣（今安徽宣城市旌德縣），劉延慶固守金陵，劉鎮移軍廣德軍（今安徽宣城市廣德縣），楊可世赴宣州，包圍方軍。癸未（十八）王稟統中軍，辛興宗統前軍，楊惟忠、何灌統後軍，從江漲橋擊敵敗之，收復杭州。庚寅（廿五），方軍仇道人陷剡縣（今浙江嵊州市西南）及新昌縣（今浙江紹興市新昌縣），知剡縣宋旅戰死。壬辰（廿七），楊可世由涇縣（今安徽宣城市涇縣）過石壁隘，斬首三千級，收復旌德縣。癸巳（廿八），以復熙豐舊制而大赦天下。甲午（廿九），劉鎮破敵於烏村灣，斬首六百級，復寧國縣。但在乙未（三十），方臘陷處州（今浙江麗水市西），餘黨又陷信州（今江西上

〔註43〕凌迪知：《萬姓統譜》，卷一，「童淑」條，葉三上。考童淑在平方臘的戰功不詳，他在建炎初年，平汪來一、汪來二寇亂於福建，授江南東路安撫使。
〔註44〕牟潤孫：〈折可存墓誌銘考證兼論宋江之結局〉，頁196～220。

－156－

饒市信州區西北）。三月丙申（初一），方臘再犯杭州，王稟等與方軍戰於城外，斬首五百級。宋軍與方軍又戰於桐廬，敗之。戊戌（初三），童貫留譚稹駐鎮江，他率中軍赴金陵。庚子（初五），方軍攻越州，知州劉韐擊走之。壬寅（初七），方軍呂師囊屠仙居縣（今浙江台州市仙居縣）。乙巳（初十），楊可世及劉鎮等收復歙州，方軍攻台州（今浙江台州市）不克，解圍而去。丁未（十二），宋軍復睦州。辛亥（十六），劉鎮與楊可世往潘村灣，遇方軍萬餘及援軍萬人。二人擊之，夜半方軍潰敗，斬獲一千五百人。方軍再圍台州，不克解圍而去。宋軍佔上風之時，壬子（十七），童貫自金陵還至鎮江，劉延慶與敵戰於寧國縣，敗之。王稟等同日收復富陽縣（今浙江杭州市富陽區）。癸丑（十八），譚稹奏恢復轉般倉，自泗州（今安徽宿州市泗縣）開始。甲寅（十九），復婺州。同日，譚稹向宋廷報告，並提出賞功的問題。他說稱查勘方臘軍燒刼州縣，自宋軍下江浙，分路追擊，隨方軍所向而朝夕暴露。用命奮身者，蓋以現時賞典甚優，加上平日撫養之厚，激勵所致。他說近年諸司多以一見少有殺獲，便即鋪陳功勞次第，奏乞推賞，而必先及守臣或職事官。他認為官有常職，而士卒寔皆效命。以今賊勢兇逆，動即拒敵，若有殺獲，理宜先賞戰士，才可激勸眾心。他請徽宗特賜睿旨，將今後有司應奏乞殺獲賊徒推賞之人，并令宣撫、制置兩司共同覈實，先賞戰士，所有守臣命官等并次第具事實取旨施行。若有勞績顯著的，即令宣撫、制置兩司先次保奏，聽旨施行。譚稹以所貴爵賞不濫，兇孽早平。徽宗詔從之，令三省及樞密院遵守。丙辰（廿一），復富陽縣。丁巳（廿二），復新城縣（今浙江杭州市富陽區）。戊午（廿三），王稟等至桐廬桐洲港，遇敵以戰艦攻之，奪谿橋。翌日復桐廬縣，凡獲一千五百級。庚申（廿五），童貫駐平江府（蘇州）。辛酉（廿六），劉光世率鄜延援兵一千八百人自饒州（今江西上饒市鄱陽縣）趨衢州和婺州，破敵於天塘。宋廷又遣內臣史珪押張思正（？～1147）統制的河東兵二千六百餘人至，分討台州及越州方軍，續又遣內臣關弼押勇將姚平仲（？～1127後）統的涇原兵三千九百餘人，分討浙東方軍餘黨。〔註45〕

〔註45〕《長編紀事本末》，第八冊，卷一百四十一〈徽宗皇帝・討卜漏・討方賊〉，葉七上至十三上（頁 4259～4271），葉十四下至十五上（頁 4274～4276）；《十朝綱要》，卷十八〈徽宗〉，宣和三年正月丁酉朔至三月丁卯條，頁 518～519；《宋會要輯稿》，第十四冊，〈兵十・出師四・方臘〉，頁 8803；第十五冊，〈兵十八・軍賞一〉，頁 8987；《東都事略》，卷一百二十一〈宦者傳・童貫〉，葉三上（頁 1867）；《宋史》，卷二十二〈徽宗紀四〉，頁 407；卷四百七十〈佞

　　童貫召用諸將中，值得一提就是姚平仲。他字希晏，幼孤，從父姚古養為子，善騎射，年十八，從童貫戰西夏葦城（臧底河城），勇冠三軍，斬獲甚眾。童貫召與語，姚平仲負氣不少屈，童貫不悅，抑其賞，不過關中豪傑皆推許之，號小太尉。當童貫奉命討方臘時，雖惡姚平仲不馴，但仍服其勇而召其從征。這也可見童貫的量度。後來姚平仲也功冠諸將。〔註46〕

　　童貫在二月辛未（初六），舉薦朝奉大夫、新知均州的章綜（1062～1125）權兩浙路常平使，代替被責勒停的俞𩣭。童說章有才幹，且本為蘇州人，熟悉江浙民情，可以倚仗。因現時方臘作亂之際，全藉監司撫存彈遏。徽宗准奏。〔註47〕據孫覿（1081～1169）所撰的〈章綜墓志銘〉、《宋史》及《姑蘇志》的記載，章綜是徽宗初年任同知樞密院事的章楶（1027～1102）第三子，進士登第，歷陝西轉運判官，入為戶部員外郎。其姊夫為中書侍郎劉逵，劉起初依附蔡京以進，崇寧五年正月晉中書侍郎時，就一反蔡京所為，漸復元祐之政，而章綜多贊之。大觀元年正月蔡京復相後，除打擊已在五年十二月罷政的劉逵外，也怨章綜不附己，就使其黨攻之，將章出知湖州（今浙江湖州市），再將他貶主管西京崇福宮。章多年後才復倉部員外郎，出提點兩浙刑獄，徙知均州。他號稱知兵。他任陝西轉運判官時，大概已為童貫所知，他雖是蔡京排擠的人，但童貫不怕蔡京，仍力薦他出任要職，可謂知人。〔註48〕

　　　幸傳・王黼、朱勔〉，頁13682，13686；卷四百四十六〈忠義傳一・劉韐〉，頁13163；《會編》，卷四十六〈靖康中帙二十一〉，靖康元年四月十六日壬子條，葉四上下（頁345）；卷二百十二〈炎興下帙一百十二〉，紹興十二年十一月十三日辛丑條，葉五上（頁1526）。考張思正在政和五年六月，隨趙遹平瀘州卜漏，多立戰功，故童貫調他率部助平方臘，他後來一直追隨童貫。當方臘軍陷衢州和婺州時，越州大震，官吏悉遁。有人具舟請劉韐行，劉以他為郡守，當與城存亡。不為動，更屬戰守備，方軍至城下，擊敗之。宋廷將他自徽猷閣待制陞為述古殿學士。

〔註46〕《會編》，卷四十六〈靖康中帙二十一〉，靖康元年四月十六日壬子條，葉四上下（頁345）；陸游：《陸游集》（北京：中華書局，1976年11月點校本），第五冊，《渭南文集》，卷二十三〈傳・姚平仲小傳〉，頁2189；趙與時（1172～1228）（撰），齊治平（校點）：《賓退錄》（上海：上海古籍出版社，1983年8月），卷八，第178條，頁107～108。

〔註47〕《宋會要輯稿》，第十冊，〈選舉二十九・舉官三〉，頁5813。

〔註48〕孫覿：《鴻慶居士集》，文淵閣《四庫全書》本，卷三十三〈宋故左朝請大夫直龍圖閣章公墓誌銘〉，葉十二下至二十下；《宋史》，卷三百二十八〈章楶傳附章綜傳〉，頁10590～10591；王鏊（1450～1524）：《姑蘇志》，文淵閣《四庫全書》本，卷五十，葉十上至十一下。關於劉逵與蔡京相爭的始末，可參見第三章注1。

　　另值得一提的是，當譚稹在二月甲申（十九）提出軍賞的準則，由宣撫司及制置司共同核實，徽宗准奏並下樞密院遵守時，領樞密院事的童貫在十天後（二月甲午，廿九），就上奏徽宗，說他措置兩浙兇賊，應遣發的將兵，都係他的宣撫司授以方略。所有逐路監司、守倅並州縣官、巡尉捕盜應合推恩人數浩澣，務要行賞均當。若不經由宣撫、制置司考驗覈實，他怕諸司將目前小效張大事體，便行保奏，將有害用命寔立功效之人，並且恐怕泛濫，別有夾帶，希冒賞典。他請徽宗降旨，應諸司申奏今來捕賊功狀，並從宣撫司覈實保奏推恩。如宣撫司巡歷別路措置，即本司牒制置所保奏。或諸司已有保奏見任朝廷者，亦請降下本司考驗施行，所貴革去冒賞之弊。童貫上奏的目的很清楚，童貫不容官居他下的兩浙制置使譚稹分他的權。徽宗方倚童貫平亂，賞功大權就授給他了。童、譚二人顯然在明爭暗鬥。譚靠的是梁師成為他撐腰，而徽宗也默許以譚來牽制童。〔註49〕

　　三月丁酉（初二），譚稹又奏上尚書省，建議在兩浙及江東的州縣，巡檢、縣尉除見任官外，其未見下落及其本路其餘見闕去處，許提刑司權不依常制，於應見任、得替、待闕等官并校尉內奏辟一次，仍令先次赴任，不許辭避。任內如能緝捕盜賊，別無曠闕，令本司保明取旨推賞，願再任者聽。他又請合用捕盜人招募未足間，弓手請從本路提刑司提寔闕人數，於鄰近州縣人額多處相度分數，權行摘挪應付。上兵就請權依舊來巡檢下體例差禁軍，並揀選少壯能捕盜無過犯之人。其合被請給，委所屬依時支給，仍常加存恤，等召募到人，就逐部替換，歸返原差處，不得額外非理占留。徽宗准奏，他這時仍信任譚稹。〔註50〕

　　從宣和三年正月至三月，童貫的大軍雖然一直擊敗方臘軍，收復失地，號稱斬首一萬級（按：數千級作三千級算），卻沒有報告宋軍的傷亡。方軍不但頑抗，還不斷奪取州縣。值得一提有兩事，首先在宣和元年十二月詔招撫的山東劇盜宋江，在宣和三年二月庚辰（廿二）犯淮陽軍（今江蘇邳州市）。又犯京東、河北路，入楚州（今江蘇淮安市淮安區）及海州（今江蘇連雲港市）界，幸而知州張叔夜（1065～1127）成功將之招撫，宋江出降。宋江這時沒有加入方臘之陣營，後來反而成為童貫平方臘部隊一支，實是宋廷之大幸。〔註51〕

〔註49〕《宋會要輯稿》，第十五冊，〈兵十八・軍賞一〉，頁8986～8987。
〔註50〕《宋會要輯稿》，第十四冊，〈兵十二・捕賊二〉，頁8846。
〔註51〕《十朝綱要》，卷十八〈徽宗〉，宣和元年十二月丙申條，頁513；宣和三年
　　　　二月庚辰條，頁518～519；《東都事略》，卷十一〈本紀十・徽宗二〉，葉五

　　另外是金使曷魯、大迪烏及高隨偏偏在二月壬午（廿四）至登州，先是金人往來都由童貫主之，守臣以童貫這時正討方臘未還，就留曷魯等不遣。曷魯等大怒，多番聲張要走出驛館，步行至京師。徽宗知道後，就詔馬政和王瓖馬上引領金使至京師，不能開罪他們。〔註52〕

　　宋廷以淮南連歲旱，漕運不通。早在宣和三年春，童貫的女婿內臣李琮（？～1137後）便指出真州（今江蘇揚州市儀征市）乃外江綱運會集要口，以運河淺澀，故不能速發，他說按視南岸有泄水斗門八，去江不滿一里。他請開斗門河身，去江十丈築軟壩，引江潮入河，然後倍用人工車畎，以助運水，發運副使趙億從其議。是年四月，宋廷令兩淮發運使陳亨伯及譚稹條具措置以聞。童貫主張以海運及陸運並行，譚稹則主張另開一河，自盱眙（今江蘇淮安市盱眙縣）出宣化。宋廷下發運使相度。陳亨伯屬下向子諲（1085～1152）向陳詳述運河高江淮數丈，自江至淮數百里，非人力可平。他引述唐李吉甫（758～814）到本朝發運使曾孝蘊（1057～1121）的方法，和近年因應奉權幸，水閘啟閉不暇之弊。他建議從真州太子港作一壩，以復懷子河故道，並於瓜州河口作一壩，以復龍舟堰。再於海陵河口作一壩，以復茱萸、待賢堰，使諸塘水不為瓜州、真州、泰州三河所分，於北神相近作一壩，權閉滿浦閘，復朝宗閘，就上下可通。陳亨伯從之，此後漕運暢通。宋軍也就解決後勤糧運的問題。童貫等聞知，求識其面而不能得。相信是童貫的舉薦，徽宗將向遷官一等，明年召見，顧問甚厚，除淮南轉運判官。〔註53〕

　　據朱熹（1130～1200）所記，陳亨伯任童貫的隨軍轉運使，宋廷以其權輕，又加他經制使。他患軍用不足，就將政和年間在陝西任轉運使時創的經

下（頁222）；《宋史》，卷二十二〈徽宗紀四〉，頁407。考《東都事略》記宋江在宣和三年五月丙申（初三）就擒。按宋江早已於二月庚辰（十五）向張叔夜投降，並隨童貫征方臘。《東都事略》此條所記有誤。另牟潤孫太老師前引的一文，已考論宋江被張叔夜招安，然後從征方臘，但之後再叛，而被折可存所獲。參見牟潤孫：〈折可存墓誌銘考證兼論宋江之結局〉，頁196～220。

〔註52〕《會編》，卷五〈政宣上帙五〉，宣和三年二月十七日壬午條，葉一上至二上（頁32～33）；《十朝綱要》，卷十八〈徽宗〉，宣和三年二月壬午條，頁519；《長編紀事本末》，第八冊，卷一百四十二〈徽宗皇帝・金盟上〉，葉十二下至十三上（頁4304～4305）。

〔註53〕胡宏（1105～1161）：《五峰集》，文淵閣《四庫全書》本，卷三〈向侍郎行狀〉，葉二十一上下；《宋史》，卷九十六〈河渠志六・東南諸水上〉，頁2388～2389。

制錢用於東南，以收州縣之財，大獲其利。陳亨伯在籌餉方面幫了童貫大忙。〔註54〕

不過，據曾敏行所記，童貫縱容將士殺平民冒功之行為，陳亨伯就敢於干犯童貫，他逕見童貫，說聞知諸軍每戰多殺平民，務須禁止。但童貫不聽，當方臘餘黨潰散，軍士追奔入民居，殺民全家，而以其首獻。童貫欲張大其功，亦不追問。〔註55〕

除了陳亨伯為他籌餉外，童貫也向徽宗請求給他靈活運用東南財賦，他在三年三月己亥（初四），以江浙淮南等路宣撫使的身份上言，請宋廷下轉運司，自今後計諸州歲用外，所餘錢數併就豐熟地分，依條例委官置場和糴，但不得令州縣認定數目，以免有科率之弊。徽宗又是有求必應。〔註56〕

方臘之亂即將平定時，御史中丞陳過庭（1071～1130）上奏痛劾蔡京與王黼，說「致寇者蔡京，養寇者王黼」。又嚴論主導花石綱之禍而致民變的朱勔父子本刑餘小人，罪著賄盈，皆宜正典刑，以謝天下。徽宗不聽，反將陳奪職貶官。〔註57〕考押送花石綱的官員常有機會向百姓搾取錢財，孝敬上司以博取陞官。洪邁（1123～1202）記有臨安人楊靖（？～1126），初以衙校運送花石至京師，靠孝敬錢財得以服事童貫，童提拔他至武功大夫為州都監。楊快任滿時，就造螺鈿火鑽三合，窮極精巧，命其子楊十一郎帶入京，一供奉禁中，一獻給蔡京，另一就獻給童貫，以營謀下一差事。雖然楊子把獻給蔡京及童貫的禮物變賣花光，沒有進奉給二人，但童貫仍提陞楊靖為州鈐轄。

〔註54〕《繫年要錄》，第一冊，卷十八，建炎二年十月癸亥條，頁370～371；黎靖德：《朱子語類》，第八冊，〈本朝二·法制〉，頁3082～3083；章如愚（？～1207後）：《山堂先生群書考索》，文淵閣《四庫全書》本，別集卷二十，葉十八上；《文獻通考》，第一冊，卷十九〈征榷考五〉，頁548～549。據李心傳所考，陳亨伯在陝西創經制錢，大率添酒價，增歲額，官賣契紙，凡與公家出納，每千收二十三。後來此法行之東南，又行之京東西和河北，歲入數百萬緡。按陳亨伯本來說經制錢軍罷而止，其後卻因而不改，至靖康初年始廢。至紹興四年（1134），韓球（？～1150）又效之創總制錢。按朱熹稱陳亨伯在平方臘時創經制錢，章如愚亦沿朱熹之說。惟李心傳已考其誤。

〔註55〕曾敏行：《獨醒雜志》，卷七，第174條，「童貫討方臘縱軍士殺平民」，頁65～66。

〔註56〕《宋會要輯稿》，第十二冊，〈食貨四十·市糴糧草二〉，頁6881。

〔註57〕《宋史全文》，卷十四〈宋徽宗〉，頁971；曾敏行：《獨醒雜志》，卷十，第245條，「朱勔流毒東南」，頁95；《宋史》，卷四百七十〈佞幸傳·朱勔〉，頁13684。據曾敏行之記，朱勔本一巨商，與其父殺人抵罪，以賄得免死，故被指為刑餘之人。他遁跡入京師，交結蔡京和童貫而援引得官。據《宋史》，蔡京將朱勔父子姓名交予童貫，置軍籍中，皆得授官。

肯定平日楊靖獻給童貫許多錢物。童貫後來指斥花石綱害民，但他和蔡京其實都從當中收取許多好處。〔註58〕

四月乙丑（初一），王稟等又斬敵九百六十七人於睦州南面外對溪岸，劉延慶子劉光世兵至衢州，方軍出城迎戰，被劉軍大敗，斬獲二千二百五十六級，生擒賊首鄭魔王。戊辰（初四），敵將呂師囊攻台州，被通判李景淵擊走之。辛未（初七），劉光世自衢州將往婺州，行三十里，方軍萬人再犯衢州，宋守將葉處厚與敵戰，溺死，劉光世只好回師。甲戌（初十），宋廷誅棄守青溪縣的知縣陳光。丙子（十二），劉光世復龍游縣（今浙江衢州市龍游縣），斬首二千九百人，生擒五十人。丁丑（十三），方軍又陷天台（今浙江台州市天台縣）及黃巖（今浙江台州市黃巖區）兩縣。己卯（十五），王稟軍從建德、壽昌縣境白沙渡，斬首九百十五級，奪其糧舟百餘。同日，劉光世復蘭溪縣（今浙江金華市蘭溪市），斬首一百九十四級，生擒千五百餘人。同日，郭仲荀亦復上虞縣（今浙江紹興市上虞區），斬首三百十級。而童貫於是日以中軍駐杭州。庚辰（十六），郭仲荀至湧泉寺，斬首三百十七級。辛巳（十七），劉光世至婺州，至城下，方軍二萬餘出城攻宋軍，劉軍麾兵大戰，敗之，乘勝奪門而入，掩殺逐走方軍，斬獲四千餘級，收復婺州。癸未（十九），王稟收復青溪縣。丁亥（廿三），郭仲荀至南寶洞，斬敵二百六十餘級，生擒三十二人。同日，姚平仲收復浦江縣。童貫與王稟、劉鎮兩路預約，會兵於睦州和歙州間。戊子（廿四），劉鎮、楊可世、王渙諸將令兵四道並進，至幫源洞，以縱火為號，夾擊方軍。劉鎮將中軍，楊可世將後軍，王稟統領馬公直並裨將趙明、趙許及歸降的宋江。到達洞後，而門嶺峭拔，險徑危側。方軍數萬據之。劉鎮等率勁兵從間道掩擊，奪門嶺，斬敵六百餘。是日平旦入洞後，且戰且進，鳴鏑縱火，焚其廬舍，王稟待自洞前望燎煙而進。王稟領中軍辛興宗，領前軍楊惟忠，領後軍總裨將王淵、黃迪、劉光弼等與劉鎮合圍夾擊之。方軍二十萬垂死戰，轉戰至晚，戰況慘烈，血流成河。王稟以奇兵斬敵五千四十六級，劉鎮等斬五千七百八十餘人，生擒四百九十七人，脅從老幼數萬計，並釋之。方臘遁去。庚寅（廿六），王稟、辛興宗、楊惟忠擒方臘於幫源上東北隅石澗梓桐石穴中，並獲其妻邵氏、子亳二太子、兄弟及偽相方肥以下官員五十二人，送至杭州。宋廷詔兩浙及江東被禍州縣給復三年。辛

〔註58〕洪邁（撰），何卓（點校）：《夷堅志》（北京：中華書局，1981 年 10），甲志卷十八，「楊靖償冤」條，頁 156～157。

卯（廿七），童貫遣郭仲荀、劉光世、姚平仲等分路往討，郭仲荀駐兵三界鎮、新昌、嵊縣，方軍餘部合攻之，郭四面距戰，斬首二百六十一級，是日自三界鎮進兵佛果院。〔註59〕

統計四月宋軍所報戰功，共斬首二萬三千二百餘人，生擒二千九十人，宋軍死傷不詳。童貫向主子奏捷，不知是哪一個幕僚的手筆，表文有曰：「孰謂廉頗之已老，尚堪李靖之行」。又有「遂成希世之功」等語。據說識者笑之。按童貫在宣和三年六十八歲，他確是已達戰國時代趙國名將廉頗（前 327-前 243）及唐初名將李靖（571～649）在貞觀四年（630）征東突厥時的年紀（按：李靖是年六十），但他自比前代兩位名將，而以平方臘為希世之大功，實在是托大了。〔註60〕

當宋軍平亂已近尾聲時，童貫已考慮到善後問題。四月乙酉（廿一），以江浙淮南等路宣撫使上奏，以「奉詔措置東南凶賊，切詳平賊之後，民事最為急務。勘會經賊燒刧州縣，圖書散失，理當重造戶口版籍，以定將來稅役。」徽宗詔從之。〔註61〕

同日，中書省及尚書省奏上童貫的建議，童認為浙江的州縣經方臘之破壞，整葺事務全憑守令得人，方可辦治。若只循常法注授，或未曾經歷民事的，兵火之後，豈可更失撫馭？他請求江浙的守令，內中杭、睦、歙、衢、婺、宣、處州，除已係宋廷近日選擇及宣撫司奏辟外，其餘都請宋廷遴選累歷州縣，熟

〔註59〕《長編紀事本末》，第八冊，卷一百四十一〈徽宗皇帝・討方賊〉，葉十五下至十七上（頁 4276～4279）；《宋會要輯稿》，第十四冊，〈兵十・出師四・方臘〉，頁 8803；《編年綱目》，卷二十九，頁 739；《會編》，卷二百十二〈炎興下帙一百十二〉，紹興十二年十一月十三日辛丑條，葉五上下（頁 1526）；《東都事略》，卷十一〈本紀十・徽宗二〉，葉五下（頁 222）；《宋史》，卷二十二〈徽宗紀四〉，頁 407～408；卷四百六十八〈宦者傳三・童貫〉，頁 13660；曾敏行：《獨醒雜志》，卷七，第 173 條，「方臘作亂始末」，頁 65；張端義：《貴耳集》，卷中，頁 41～42。據曾敏行所說，方臘率千餘人入剡溪洞，死拒不出。童貫一時奈何不得。於是命部將假裝為宋廷招降，誘之以官。方臘既出，就將他父子檻送京師。又按《宋史・童貫傳》記宋軍殺方軍七萬。另外南宋人張端義的《貴耳集》有一則異聞，說方臘本名方朕，童貫將他改為方臘，就擒的其實並非方臘本人，方臘不知所踪。他以童貫有欺君之嫌。此說的真偽待考。
〔註60〕《編年綱目》，卷二十九，頁 739。
〔註61〕《宋會要輯稿》，第十一冊，〈食貨十一・版籍〉，頁 6218；第十三冊，〈食貨六十九・版籍〉，頁 8057。按上述兩條均作宣和二年四月二十一日奏，當是宣和三年之訛寫。

知民事無過犯人，仍並以三年為任，勿復替移。任滿課績顯著的，就特請優異推恩，所貴有以激勸。這番合情理的善後措施，徽宗自然准奏。〔註62〕

　　童貫大軍繼續掃清方臘餘黨。五月甲午朔（初一），姚平仲復義烏縣（今浙江義烏市），破天仙洞，斬首甚眾。戊戌（初五），劉光世復壽昌縣，破月溪洞。同日，宋廷正式以鄭居中領樞密院事。己亥（初六），詔杭、越、江寧府守臣並帶安撫使，以備不虞。乙巳（十二），郭仲荀復嵊縣、新昌縣。丁未（十四），劉光世至靈山洞，破方軍餘部於鳳池谷，斬首一千六百級，斬方將胡將和祝將，招奸偽繆二大王等四萬五千八百餘人降。庚戌（十七），姚平仲破求日新洞，殺日新，焚其巢穴。乙卯（廿二），楊惟忠復東陽縣。〔註63〕

　　閏五月壬申（初九），宋廷改譚稹制置捕捉睦賊所為淮南江浙路制置使。丁丑（十四），詔江浙殘寇留給譚稹措置，俟庶事按堵，乃可赴闕。在平方臘一役，譚稹跟在童貫後面，並無甚麼功勞。丙戌（廿三），姚平仲等提兵五千破仙居縣界招賢四十餘洞，楊惟忠、王渙、梁安平（疑即為梁方平）、劉光世等兵破洞斬獲皆有功，而方臘餘部的方五相、七佛等屢敗，氣勢已衰。六月己亥（初七），姚平仲破金像等三十餘洞。辛丑（初九），辛興宗與宋江破上苑洞，姚平仲破石峽口，呂師囊棄石城遁走，其太宰呂助被擒。稍後呂師囊亦為童貫愛將何灌所擒，方臘餘黨基本肅清（另一說呂師囊被折可存麾下部將楊震所擒）。〔註64〕

〔註62〕《宋會要輯稿》，第七冊，〈職官四十七‧判知州府軍監〉，頁4276。

〔註63〕《十朝綱要》，卷十八〈徽宗〉，宣和三年五月甲午朔至乙卯條，頁520～521；《宋史》，卷二十二〈徽宗紀四〉，頁408；《建炎以來朝野雜記》，甲集卷十，第252條，「知樞密院事」，頁201。據李心傳所考，在宣和時期，鄭居中、童貫和蔡攸之徒，既位三公，就更領樞密院事，而不是知樞密院事。

〔註64〕《十朝綱要》，卷十八〈徽宗〉，宣和三年閏五月壬申至六月辛丑條，頁521～522；《宋史》，卷三百五十七〈何灌傳〉，頁11226；卷四百四十六〈忠義傳一‧楊震〉，頁13166；劉一止：《苕溪集》，卷四十八〈楊震墓誌銘〉，葉十二上下。據《宋史‧楊震傳》及〈楊震墓誌銘〉所記，楊震自從在政和六年四月隨种師道克臧底河城後，到宣和元年，河東帥奏薦他充平定軍（今山西陽泉市平定縣）訓練軍馬。當方臘起事，他從折可存自浙東追擊至三界河鎮，與方軍遇，斬首八千餘級，又追襲至剡縣、上虞、天台、樂清四縣，取韋羌、朝賢、六遠三洞，至黃巖。方軍大將呂師囊據斷頭山，扼險拒守。輒下石擊，宋軍死傷者眾，累日不能進。折可存問計安出，楊震請以輕兵緣山背上，憑高鼓噪發矢石，呂軍大驚潰，復縱火自衛。楊震說機不可失，就被重鎧及袴褶，與敢死士履火突入，生擒呂師囊，並斬賊首三千餘。另有號余大翁者，以萬眾圍永嘉踰月，楊震亦從平之，進秩五等。可能折可存及楊震隸何灌麾下，故將擒呂師囊之功歸於何灌。楊震後來還知麟州建寧寨（今陝西榆林市神木縣東30里，名院家寨子）。

　　童貫在班師回朝前，在閏五月辛未（初八），上奏宋廷如何防止叛亂再死灰復燃。他說方臘討平之後，脅從叛亡之徒，方始還業，倘非增屯戍兵鎮遏，無以潛消兇暴。他說現今措置，已留戍兵共二萬五千五百七十八人，分於江南東路、兩浙東西路州軍防托，緣所留東兵累經戰鬥，暴露日久，辛苦不易。已令通理自到本路捕賊日，止計一年滿替，便當出軍一次，依平蠻故事，每月各別給錢三百文，歲終給銀鞋錢一貫文。其軍並隸本路安撫司統轄訓練，委自將副並逐州的長吏常加撫存管責，令依時閱教。除專差防托外，不管別行差使。〔註65〕

　　童貫又針對東南三將在方臘事起，望風逃潰，無能復戰之弊，他在同月上奏稱：「東南三將，類皆孱弱，全不知戰，虛費糧廩，驕墮自恣。平時主領占差營私，大半皆習工藝，遂致寇盜橫行，毒流一方，重費經畫。」他指出亂平之後，當添將增兵鎮守，但南方人怯弱，素來失於訓練，始終不堪作戰，他請於內郡別置三將，並隨京畿將分接續排置，並使陝西軍更互戍守，就可令東南得能戰之士防守。徽宗同意他這一善後之法。八月己酉（十七），童貫大將、在平亂後回任知定邊軍的楊可世，又上言樞密院，指出此一處置的問題，他說自來陝西沿邊歸順熟戶蕃作過者，編置東南州軍，他們都是慣習弓馬而桀黠之人，近來東南盜賊，切意不可存留在該處，他請選少壯堪任戰鬥的，發赴定邊軍安撫司收管，刺充弓箭手。楊此一防微杜漸的修正意見，得到童貫的首肯，亦為宋廷所詔可。考童貫失勢後，朝臣都說他敗壞軍政，把他說得一無是處。客觀公平地看他這一戍守東南之法，他是有作為的。據載南渡諸屯駐大軍即是這些舊將兵，只是駐劄之地異於前而已。〔註66〕

　　據宋人所記，童貫平定方臘後，又將越州的剡鎮改為嵊鎮，以剡是兩火一刀不祥。《嘉泰會稽志》的作者施宿（1164～1222）批評童貫改剡為嵊，其意卑陋，與吳越錢氏改剡為贍之理略同。他又說方童貫擅權，所請無不從，固不獨此也。〔註67〕

〔註65〕《宋會要輯稿》，第十四冊，〈兵五・屯戍上〉，頁8707。
〔註66〕《文獻通考》，第八冊，卷一百五十三〈兵考五・兵制〉，頁4593；《宋史》，卷一百八十八〈兵志二・禁軍下〉，頁4630；卷一百九十六〈兵志十・屯戍之制〉，頁4903；《宋會要輯稿》，第十四冊，〈兵四・弓箭手〉，頁8692。
〔註67〕施宿：《嘉泰會稽志》，文淵閣《四庫全書》本，卷十二，葉十六上下。

　　七月戊子（廿六），童貫班師回朝，獻上方臘。方臘起事，共破八州五十三縣，妝平民二百餘萬。八月甲辰（十二），徽宗御紫宸殿，受百官賀，並降德音於江浙福建淮南等路。乙巳（十三），童貫以功自太傅、山南東道節度使領樞密院事、江浙淮南等路宣撫使益國公，特授太師劍南東川節度使進封楚國公。譚積亦自威武軍承宣使進常德軍節度使。丙辰（廿四），誅方臘。九月乙酉（廿四），徽宗更手詔，稱許童貫「開疆辟國，殄滅姦兇，殊勳昭著」，特授他的二子童師錫、童師禮遙郡觀察使。這時的童貫童太師，權勢名位已超越蔡京等文臣。〔註68〕陸游就諷刺地說秦之趙高（前257～前207）為中丞相，南漢的龔澄樞（？～971）為內太師，猶稍與外庭異，如今童貫真為太師，領樞密院，真是振古所無。〔註69〕

　　童貫麾下的文武官員皆得重賞，屢立大功的王稟陞武泰軍承宣使，楊可世遷華州觀察使，劉光世自蘄州防禦使陞耀州觀察使，任鄜延路兵馬鈐轄。劉鎮陞吉州防禦使任真定府都鈐轄。何灌以擒呂師囊功，遷同州觀察使授浙東都鈐轄，劉延慶移鎮河陽三城節度使，他的先鋒王淵也以破敵於杭州及幫源洞，授閤門宣贊舍人權京畿提舉保甲兼權提點刑獄公事。據趙與時（1172～1228）所記，當平定方臘時，姚平仲對童貫說，他不願得賞，只願一見徽宗。童貫卻愈忌之，結果王淵、劉光世皆得召見，惟姚平仲不得與。不過時為太子的欽宗卻知其名。姚平仲雖不得見徽宗，也獲授武安軍承宣使。另外，

〔註68〕《十朝綱要》，卷十八〈徽宗〉，宣和三年七月戊子至九月乙酉條，頁522；《編年綱目》，卷二十九，頁741；《宋會要輯稿》，第二冊，〈禮九・兵捷獻俘〉，頁679；第五冊，〈職官一・三公三少〉，頁2936；《宋史》，卷二十二〈徽宗紀四〉，頁408；卷二百十二〈宰輔表三〉，頁5527；卷四百六十八〈宦者傳三・童貫〉，頁13660；李攸：《宋朝事實》，卷十，頁170；徐度：《卻掃編》，卷下，頁168。按《皇宋十朝綱要》及《宋史・童貫傳》記方臘起事至被平定，歷時四百五十日，疑有誤。考方臘在宣和二年十月起事，到宣和三年六月被鎮壓，歷時不過九月，最多不過二百七十日。又據李攸所記，童貫在宣和二年十二月已加劍南西川節度使。又據徐度所考，在職權方面，童貫雖以太師領樞密院事為河北東等路宣撫使，但有所陳請，雖是本院亦用申狀。據王冠倬所考，方臘軍還曾攻打過秀州、溫州、台州、越州、廣德軍和瑞安（今浙江溫州市瑞安市）、諸暨（今浙江紹興市諸暨市）、德清（今浙江湖州市德清縣）等縣。另外，明州、潤州、常州、蘇州、饒州境內也有民眾響應，就範圍而論。牽涉到江南東路和兩浙路的十九個州軍，遠比方軍所佔的八州和五十三縣要大。參見王冠倬：〈方臘起義軍攻佔州縣考〉，《中國歷史博物館刊》，1981年第3期，頁39～44。

〔註69〕陸游：《老學庵筆記》，卷三，頁39。

韓世忠之功也為童貫所抑。牟潤孫太老師便以姚、韓之例子，作為童貫賞功不公的佐證。〔註70〕

　　至於多立大功，宿將郭逵之孫的郭仲荀，據翟汝文所記，他稍後授遂安軍承宣使知雄州。他在宣和七年夏任陝西提點刑獄公事，曾巡按震武軍。到靖康元年末，以遂安軍承宣使任馬軍副都指揮使，主管本司公事。遂安軍承宣使可能是他立功受賞的職位。〔註71〕

　　九月庚寅（廿九），童貫根據知越州劉韐的申報，當杭州失守，一水之隔的越州處境不妙。越州本州貢士錢則忠和學生林知言陳狀，請部轄巡防，於是募到一千六百人，自部領分頭守禦巡防，使居民安堵。童貫說顯見他們用心有效勞。他請擬補錢則忠承信郎，差充新昌縣尉兼主簿，林知言擬補承信

〔註70〕杜大珪（？～1194 後）（編）：《名臣碑傳琬琰之集上》，文淵閣《四庫全書》本，卷十三〈韓忠武王世忠中興佐命定國元勳之碑〉（趙雄撰），葉四上下；《會編》，卷五〈政宣上帙五〉，宣和四年四月十日戊戌條，葉十上（頁 37）；《十朝綱要》，卷十八〈徽宗〉，宣和四年五月丙寅條，頁 524；卷十九〈欽宗〉，靖康元年正月甲申至乙未條，頁 561；《宋史》，卷二十二〈徽宗紀四〉，頁 410；卷三百五十七〈何灌傳、劉延慶傳〉，頁 11226，11237；卷三百六十四〈韓世忠傳〉，頁 11355；卷三百六十九〈劉光世傳、王淵傳〉，頁 11478～11479，11485；《靖康要錄》，卷一，頁 166；趙與時：《賓退錄》，卷八，第 178 條，頁 107；《繫年要錄》，第二冊，卷二十二，建炎三年四月甲寅條，頁 487；牟潤孫：〈折可存墓誌銘考證兼論宋江之結局〉，頁 212～214。考劉延慶、王稟及楊可世在宣和四年四月及五月征遼時分別官河陽三城節度使、武泰軍承宣使及耀州觀察使，當是他們平方臘賞功之陞遷。而姚平仲在靖康元年正月率勤王軍來京師時官武安軍承宣使，當是平方臘的賞功。又考南宋抗金名將韓世忠這時為王淵麾下的小校，王淵識韓於微時，待他極好，信任有加，韓遵王的命令設伏弩擊敗方軍。據趙雄（1129～1194）所撰的〈韓世忠神道碑〉所記，他曾從党萬率精騎鏖戰夏軍於蒿平嶺，當以為夏軍解去時，忽然夏騎出間道攻宋營。宋軍驚愕，韓率本部死戰，他任殿後，並斬夏十軍監軍駙馬烏葉。經略司上其功，但童貫疑所報功不實，以為韓是勢家子故有所增飾，只許晉他一資。據載眾人譁然，替韓不平。但韓恬然不介懷。據此，童貫在平方臘前，對韓世忠並不太認識。而他早前薄賞韓世忠，也印證了言官劾他賞罰不公並非捕風捉影，確有將士立功得不到應得的獎賞。值得一提的是，平方臘有功的劉鎮，群書不載他的獎賞及以後的事蹟，筆者疑在靖康元年九月在真定府都鈐轄任上戰死的吉州防禦使劉靖（翊）即是劉鎮的訛寫。參見第九章注 6 的考證。論理劉鎮之功應至少陞承宣使，若後來守真定府的劉鎮就是他，可能他一度被降職為吉州防禦使。

〔註71〕翟汝文：《忠惠集》：卷一〈賜知雄州郭仲荀辭免遂安軍承宣使仍更轉一官回授自身恩命為允詔〉，葉五下。考郭仲荀從宣和七年到靖康元年的事蹟，參第四章注 69。

郎，差充嵊縣尉。徽宗就詔所奏施行。〔註72〕

十月丁酉（初六），童貫又推薦知泗州承議郎汪希旦，以他在平方臘亂中，應副大軍錢糧等事，別無闕誤，請特賜優異，徽宗就詔汪希旦除直秘閣。另外，紹興八年（1138）三月庚寅（初五）拜參政，時任秀州教授的劉大中（？～1138後），也因與童的司屬交結，特改京官。〔註73〕

為童貫撰寫御書以罷花石綱的屬官須城人董耘，本來也以功授徽猷閣待制知慶源府（即趙州，今河北石家莊市趙縣）。但徽宗後來看到這一篇罷花石之詔，就大為不悅。童貫不察，當見應奉司仍取花石如故，便對徽宗嘆說東南人家飯鍋子未穩住，為何復作此事？他不知道這犯了主子之忌。徽宗仍要用童貫，便以董耘代罪，十月庚戌（十九），董便改除集英殿修撰知深州（今河北衡水市深州市），以言者論其猥薄躁競，節行不修。〔註74〕

欽宗後來在靖康元年六月丁酉（初二）之詔，揭露童貫在平方臘後，收受了許多富民的獻金。他們要補文官的，童就說「上書可采」；要補武職的，就說「軍前有勞」，他們都許磨勘，封贈為官戶。事平後，有司計算，這些新補的官，凡四千七百人有奇。童貫平方臘，權勢財富暴增。〔註75〕

據曾協所記，地方官也紛紛報效錢財。當童貫大軍解宣州之圍後，他以帶兵出征，地方官當然要孝敬他油水。廣德軍通判知趣，就將埋在地下的常平錢六萬獻上，童貫大悅。但宣州通判強幼安不肯依樣報效，童貫不樂。到後來敘功，當年任鄜延帥時在均糴法和錢法的施行開罪童貫的知宣州錢即，因悉心供應童貫軍需，童就不計前嫌而上其功，加龍圖閣學士。童貫後來還引他為河北、河東宣撫司參謀，錢以老固辭。但強幼安就沒有獲得晉陞，據

〔註72〕《宋會要輯稿》，第十五冊，〈兵十八·軍賞一〉，頁8987。按：在宣和初年知越州的是童貫認為本家的王仲嶷，因陳亨伯劾他諸多不法事被罷，而改由童貫另一親信劉韐繼知越州。王仲嶷知越州時一味討好童貫之事，參見第一章頁13及注5。

〔註73〕《宋會要輯稿》，第十冊，〈選舉三十三·特恩除職一〉，頁5902；《繫年要錄》，第四冊，卷九十一，紹興五年七月壬辰條，頁1569；第五冊，卷一百二十二，紹興八年十月丁巳條，頁2047～2048；《宋史》，卷二十九〈高宗紀六〉，頁536～537。

〔註74〕《長編紀事本末》，第七冊，卷一百二十八〈徽宗皇帝·花石綱〉，葉十八下（頁3886）；《宋會要輯稿》，第八冊，〈職官六十九·黜降官六〉，頁4902；《繫年要錄》，第一冊，卷一，建炎元年正月丙申條，頁21。

〔註75〕陸游：《老學庵筆記》，卷四，頁45；《宋會要輯稿》，第八冊，〈職官五十五·進納補官〉，頁4519。童貫這一做法，陸游也有記載。

說錢即起初還想為他論於朝，但其子知道強幼安開罪了童貫，就諫阻之，錢即就畏禍不言。童貫班師後，宣州仍有餘寇四伙出沒，也賴強氏討平，但他仍得不到應得的獎賞。〔註76〕童貫的做法，自然給人賞罰不公之感，但他勢大，又立下新功，誰敢劾他。據宋末元初人文及翁（？～1280後）所記及清陸心源（1838～1894）據已佚的何蓮《青溪續記》所考，在方臘起事時，泗州、真州兵馬都監陸圭（？～1121）與副將楊烈奉命率兵平亂，與方軍鏖戰數十合，敗之。童貫檄他待命而進。於是泊舟於嚴陵瀨（今浙江杭州市桐廬縣南），夜遭大雨，江水驟漲，戰艦自相衝擊，陸圭與其能戰的三名女兒均溺死。土人奉為潮神，立廟祭祀。惟他的功勞卻被童貫淹沒，也沒有給他家撫恤。〔註77〕

　　據兩宋之際的施德操（？～1130後）的記載，也有些在方臘之亂失職被罷的官員，走了童貫的門路而得以復職。施氏引華亭人張元廣（字子容）的說法，淮南轉運使某人，是童貫的門客，坐累罷去。他往見童貫，但不得見，就賄童的使臣。該使臣教他待童貫出門，立於道左，當喝下拜時就行禮。該人果然見到童貫就拜，童貫問是何人，使臣回答說某人。童說這廝在此，就呼過馬首喚此人，命他隨同返童府。他參拜訖，童問他飢否，並取酒一盃勞之而遣去。後來童貫就為他雪罪，復為淮南轉運使。施氏慨嘆此人為監司時，「鼻息上雲漢，威聲動山嶽」，卻不知他的來處竟是童貫呼為小廝。施氏記當

〔註76〕曾協：《雲莊集》，卷五〈右中散大夫提舉台州崇道觀強公行狀〉，葉十五上至十六上；《宋史》，卷三百十七〈錢惟演傳附錢即傳〉，頁10350～10351；《楊時集》，第三冊，卷三十三〈誌銘・錢忠定公墓誌銘〉，頁837～840。正如第四章頁77所述，當年童貫推行均糴法，錢即極力反對，致被貶責，他後來復任，也不肯往太原府歸童貫管轄，據楊時所記，他在政和五年春以足疾請求退，於是授提舉杭州洞霄宮，復獻閣直學士，到方臘起事，就起知宣州，乃扶疾就任，亂平，除龍圖閣學士。他再以疾求致仕，章三上未報，特召赴闕，除河北、河東宣撫使參謀。按楊時並沒有記他在宣州曾獻軍需予童貫，得到童貫的歡心，也沒有記他不敢為通判強幼安上言論功，也沒記是童貫薦他為參謀官，而錢即以老疾辭不受。錢即卒於宣和六年三月癸丑（初五）於毗陵（常州，今江蘇常州市）私第，年七十。

〔註77〕陸心源（纂）：《吳興金石記》，載國家圖書館善本金石組編：《宋代石刻文獻全編》，第二冊（北京：北京圖書館出版社，2003年3月），卷十二〈宋・敕賜協順廣靈陸侯廟記・明正德重刻本存〉，葉十下至十四上（頁587～589）。按陸心源引康熙中陸麟度所撰家譜，引《說郛》所載何蓮（1077～1145）所撰之《青溪續記》所記陸圭事，陸心源說今本《說郛》無此文，未知所記可信否。不過，陸認為童貫素來冒功掩善，陸圭一家並命喪，而旌恤不及，想不誣也。

時出蔡京父子及諸閤門都是這等貨色。〔註78〕至於好像第三章所述陳禾這種寧餓死也不求童貫助他復官的人就鳳毛麟角。〔註79〕

值得一提的是，時任淮南路廉訪使者、與陸游父陸宰有交的內臣邵成章，卻敢條奏童貫五十罪，於是中外大駭。童貫請徽宗將他徙為河北路廉訪使者。不知是童貫不計較，還是徽宗力保，居然沒有加罪邵成章。惟邵成章對童貫始終有惡感。〔註80〕

童貫在這次南征方臘，統領他那支久經戰陣，長期與青唐及西夏作戰的陝西勁兵，一方面宋軍裝備精良，士氣高昂，除了老將劉延慶、劉鎮、何灌及王稟外，幾名少壯將領如郭仲荀、劉光世、姚平仲、楊可世及辛興宗均勇敢善戰，加上童貫居中指揮得宜，隨著戰況，他的中軍從鎮江、金陵至杭州督師，於是就在不到半年平定方臘。方臘軍雖據有地利，亦獲當地民眾支持，但戰鬥經驗卻遠遜童貫正規軍的皇牌部隊，方軍沒有後代農民起義軍那樣懂得遊擊戰或運動戰，能以少勝眾，避實擊虛的本領，也不懂得及早與宋江聯盟反宋，反讓宋廷招安宋江，成為宋軍的助力。方臘只知攻城略地，不知集中兵力，後來困守幫源洞，被宋軍輕易擊破。

另據明人所記，宋軍亦掌握了方軍的虛實，知道其戰鬥力的優劣。江南東道轉運副使曾昇向宋廷報告，說方軍人數雖多，但全部缺少器械，惟以人多為勝。曾昇稱本路所派的官兵，各持器械而方軍只以數百人前後奮拳來困官兵，又以童子婦人在前飾以丹黛，假扮妖怪以嚇驚宋軍，並在巢穴四面設險，陰設陷阱，並以長人服火衣作機關，以動止執矛戟旗幟，飾以丹黛，為鬼神之貌，以惑官兵。曾昇奏稱方軍皆不足畏，惟宋軍必得熟知道路之人。

〔註78〕施德操（撰），虞雲國、孫旭（整理）：《北窗炙輠錄》，收入戴建國（主編）：《全宋筆記》第三編第八冊（鄭州：大象出版社，2008 年 1 月），卷上，頁178。按施德操所記童貫客之事，未繫年月。考該人為淮南轉運使罷官，而童貫見之，當是童貫平方臘過揚州時。

〔註79〕考陳禾罷官後，依其兄壽春府（即壽州，政和六年陞壽春府，今安徽淮南市壽縣）教授。童貫平方臘，道過壽春。童貫似乎想和在政和間劾過他的陳禾修好，以顯示他的量度，就召他來見。但陳不肯謁見童貫，也不受其餽贈。若陳禾肯見童貫，童大概會幫他復官。參見第三章頁 58 及注 13。

〔註80〕《會編》，卷一百二十八〈炎興下帙二十八〉，建炎三年四月二十日丁卯條，葉十下至十一上（頁933～934）。考邵成章字茂文，一字天素，開封人，少為內侍，博通經史，性好諒直，有賢名，內侍皆不喜之，常出外任職。宣和初年邵為淮南路廉訪使。卻敢劾童貫之過。他是欽宗後來信任的內臣。他以後的事蹟可參見第八章注 34。

據載宋廷即劄曾昇之奏予童貫和譚稹，自此方臘軍情虛實為宋軍所知，知其所向，以至被擒殄滅。〔註81〕

宋人龔茂良（1121～1178）又記，宋軍得以平亂，還有賴神助。據載楊可世兵過明州，駐兵於靈昌廟旁，是夜夢見原為吳越國舊臣的神告曰：「我當贊公一戰」，翌日，楊謁祠下，乃是夢中所見之神。楊部至睦州城，見甲兵擁白馬前道，大敗方軍，最後宋軍得以擒方臘而回。楊可世於是向宋廷奏其績，宋廷敕廟額曰「靈昌」。到淳熙中，父老復請敕，於是賜靈昌廟。〔註82〕神助一事自然無稽，惟見童貫等懂得神道設教，以肯定其平亂的正當性。

對童貫而言，這場南征的勝利，除了大大鞏固他的權位，提高他的名望，也給他市恩屬僚機會外，更邀徽宗的倚重，加強他伐遼的雄心。這場勝利也教反對征遼的人語塞。這場平亂戰役，在童貫眼中，就像征遼前的練兵。這場輕易得來的勝利，不但令童貫信心百倍，他麾下諸將，也因這場勝利而驕傲。不幸的是，他們不久面對的敵人，從遼軍到金兵，戰鬥力之強，都不是方臘農民軍可以比擬。這場勝利，結果是福兮禍所伏。

徽宗與童貫平定方臘起事後，聯金伐遼的事又擺上議程，金使曷魯等早已在二月來京師多時，宋廷無暇想伐遼的事，就留著金使凡三個月，直到五月丙午（十三）才迎入國門，命國子司業權邦彥（1080～1133）和童貫子童師禮館之。未幾，童師禮向權邦彥傳旨，說遼人已知金人海上往還，難以復如前議，叫他諭曷魯等返金。權邦彥大驚，說這樣就會失其歡心，那曲在宋廷。於是童師禮復奏徽宗，徽宗考慮下，傳旨等候童貫回來再議。二金使於是又多留京師三月餘。〔註83〕

為何徽宗態度如此反覆，據王明清《揮麈錄》及《宋史‧王黼傳》所載，要到宣和初年，徽宗才真的動心征遼，當時復職的蔡京和鄭居中都不以為然，童貫起初也不敢堅持。當方臘事起，連陷兩浙數郡，徽宗要平定內亂，就罷

〔註81〕唐順之（1507～1560）：《武編》，文淵閣《四庫全書》本，後集卷四，葉二十二下至二十三上。

〔註82〕《全宋文》，第二百二十冊，卷四八七五〈龔茂良二‧靈昌廟記〉，頁76～77（原載《嘉靖寧波府志》卷十五）。

〔註83〕《宋史》，卷二十二〈徽宗紀四〉，頁408；《十朝綱要》，卷十八〈徽宗〉，宣和三年五月丙午條，頁520～521；《編年綱目》，卷二十九，頁740；《長編紀事本末》，第八冊，卷一百四十二〈徽宗皇帝‧金盟上〉，葉十三上（頁4305）；《會編》，卷五〈政宣上帙五〉，宣和三年五月十三日丙午條，葉一下至二上（頁32～33）。

與金之海上之盟。等到童貫平定方臘，與陞任宰相的王黼生隙。據說童貫班師回朝，王黼對徽宗說，方臘之起事由於茶鹽法，而童貫卻入姦言，說是花石綱惹禍，歸過於徽宗，徽宗聽罷大怒。當童貫知悉王黼在背後中傷他時，就謀復起蔡京以對付王黼。王黼雖父事另一權閹梁師成，也曾倚鄭居中為援，但仍懼怕剛立大功的童貫加上蔡京的權勢。於是他就轉風使舵，改而附和童貫，與蔡京子蔡攸一同順著徽宗及童貫之意，贊成伐遼之舉。他並寫信給童貫輸誠，說「太師若北行，願盡死力」。這時宋人派去遼國的一個諜者回報，說遼天祚帝貌有亡國之相。朝臣中有人說婺州（一說金華）人陳堯臣（1093～1155）善丹青兼精看相，登科後任畫學正。王黼聞之甚喜，將他推薦給徽宗，徽宗擢他為水部員外郎假尚書銜使遼，命他帶同畫學生二員出使遼國，一方面繪畫沿途所歷形勢，另一方面繪畫天祚帝像以歸。陳堯臣回朝覆命，就說天祚帝望之不似人君，又說以相法言之，遼亡在旦夕，請徽宗從速進兵。並上所畫遼的山川險易。徽宗大喜，擢陳堯臣右司諫，賜予鉅萬。徽宗居然相信陳堯臣一派胡言，在宣和四年就出兵攻遼。〔註84〕

三、童梁雙煞

王黼在宣和三年閏五月甲戌（十一），奏特置應奉司。徽宗從之，仍令王總領於外，梁師成總領於外。〔註85〕童貫以前所領的應奉事務就部份落入王、梁之手。王、梁是童貫的政敵，二人互相勾結，據《東都事略‧梁師成傳》及《宋史‧梁師成傳》所記，徽宗御書號令都出於梁師成手，他多擇書吏習徽宗的書法，雜詔旨以出外，外廷不能辨，他就如此竊奪用人之柄。他

〔註84〕 蔡絛：《鐵圍山叢談》，卷二，頁32～33；卷三，頁56；王明清：《揮塵錄‧後錄》，〈卷四〉，第175條，「陳堯臣進退終始事迹」，頁97～98；《繫年要錄》，第二冊，卷四十三，紹興元年三月辛酉條，頁805～806；《宋史》，卷四百七十〈佞幸傳‧王黼〉，頁13682～13683。據《要錄》所記，陳堯臣在宣和末已任待御史，後坐王黼黨斥去。他與秦檜有舊。在紹興元年（1131）三月，自列於朝，求為郡守。宋廷就以他主管臨安府洞霄宮。但中書舍人胡交修翻他舊賬，指他當年首議伐燕，為國召亂，請將他貶竄。高宗就令他主管宮觀。陳不忿，上奏訟胡交修，高宗以他輕侮朝廷，就特勒停。陳由始至終是一個熱中功名的人。

〔註85〕 關於宣和三年閏五月王黼應奉司的設置及罷廢的始末，可參見方誠峰：《北宋晚期的政治體制與政治文化》，第五章〈徽宗朝的應奉〉，頁226～237。方氏指出原來以東南地區為主的應奉，因方臘起事而在宣和三年二月應童貫之請罷廢，但旋即成立應奉司，由王黼總領。方氏並指出這個宣和應奉司與平江應奉局有本質的不同，一是機構設置，二是其財政來源。

的權勢不亞於童貫，人稱他為隱相，與童貫被都下人稱為媼相一樣，可見其權勢。他起初自言是文彥博（1006～1097）侍兒所生而出的棄子。有人說他貌美似韓琦，於是又說是韓琦子。後來有老女醫說蘇軾有姜出外舍生子，為中書梁氏所養，於是又自稱是蘇軾之子，他每見徽宗，都稱蘇軾為先臣，並求解禁蘇軾的文字。他以翰墨為己任，招致四方名士於門下，多置書畫卷軸於外舍，邀賓客縱觀，得到題識合意的，就加以引薦至侍從以至執政。若不從，就會被貶或不獲陞遷。王黼靠他而陞任宰輔，稱他為「恩府先生」，每父事之。王黼的府第甚至有暗門可通梁師成宅，可見他們的關係。不過，正如上述，王黼也怕開罪仍然得勢的童貫，故轉而積極支持伐遼。梁師成起初猶依違其間，見徽宗心意，就改為贊同。〔註86〕另後來積極支持伐遼的尚書右丞王安中，他登科後，也是靠遊京師，密結梁師成，得以累遷秘書省正字到翰林學士然後拜執政。王安中為翰林學士時，凡草梁師成麻制，必極力為好辭美句，褒頌功德，時人稱他「王內相」。他上梁師成啟事章，則與何訴捧藥以進。〔註87〕他們都惟梁師成馬首是瞻。

　　順帶一談的是，與童貫及梁師成權勢鼎足而三的另一權閹、位至少保的楊戩卒於是年（三年）（疑在四月前），贈太師、吳國公及開府儀同三司。在

〔註86〕《東都事略》，卷一百二十一〈宦者傳・梁師成〉，葉六下至七上（頁1874～1875）；《宋史》，卷二十二〈徽宗紀四〉，頁408；卷三百五十七〈譚世勣傳〉，頁11231；卷四百六十八〈宦者傳三・梁師成〉，頁13662～13663；《十朝綱要》，卷十八〈徽宗〉，宣和三年閏五月甲戌條，頁521；《長編紀事本末》，第八冊，卷一百四十二〈徽宗皇帝・金盟上〉，葉十三下（頁4306）；蔡絛：《鐵圍山叢談》卷六，頁110～111；陸游：《家世舊聞》，卷下，頁206；陸游：《老學庵筆記》，卷四，頁49；《宋史全文》，卷十四〈宋徽宗〉，頁959。據《宋史》及《宋史全文》所記，梁師成的黨羽和朝臣校書郎譚世勣（1074～1127）鄰居，數致梁意，但譚謝絕之，於是六年不遷。考《長編紀事本末》引蔡絛《北征紀實》的說法，當金使隨趙良嗣到來時，徽宗深悔前舉，想中止與金結盟，有旨諭金使可回，但又給童貫黨羽上下紿之，請等童貫回來再議。等到童貫回京，梁師成與王黼卻持異議，與童意見不合，故徽宗心神不定，只勉強回書阿骨打而遣歸金使。李燾認為蔡絛所記或得其實，王黼卻是與童貫共主夾攻遼之人。他疑徽宗雖有悔意，但後竟為王黼所惑。他說王黼這時還不主張遣使與金訂盟，後來卻力主攻遼，實不可解。

〔註87〕《宋史》，卷二十二〈徽宗紀四〉，頁405；卷一百六十一〈職官志一・三師三公〉，頁3772；朱弁（？～1144）（撰），孔凡禮（點校）：《曲洧舊聞》（與《師友談記》、《西塘集耆舊續聞》合本）（北京：中華書局，2002年8月），卷七，「王履道得勢忘師」條，頁185；蔡絛：《鐵圍山叢談》卷六，頁111。考王安中在宣和元年十一月戊辰（廿六），自翰林學士拜尚書右丞。

徽宗後期用事的內臣中，惟有楊戩得到善終。據宋人所記，他在生時其家所釀之酒獲賜名「美誠」，與童貫家的酒號「宣撫襃功」、「光忠」，以及梁師成家酒號「嘉義」，均反映徽宗對他們功勞的肯定。雖然欽宗即位後追奪其贈官爵，比起李彥、梁師成及童貫被誅死，他的「美誠」還是比童貫的「光忠」及梁師成的「嘉義」少惹人們非議。〔註88〕右司諫陳公輔（1077～1142）在靖康元年五月上奏，論內臣蠱惑人主時，除了引述唐代權閹仇士良囑其徒勿教人君觀書，勿近儒臣及不可使之閒暇這一典故外，又說楊戩也戒其徒說：「汝輩不可令天子罷修造，我所得恩澤及財物皆緣修造。」依陳公輔之見，楊戩之機心不可不防。他幸而早死，避過了宋廷君臣對他的清算。〔註89〕

值得一提的是，楊戩死後，他的副手李彥繼其任，沿續他搜括公田的弊政，並和王黼密為表裡，置局汝州，李彥「天資狠愎」，比楊戩做得更劇烈，凡民間美田，都使人投牒告陳，皆指為天荒，雖執印券皆不省。京西提舉常平使劉寄（？～1126 後）和京東州縣吏任輝彥、李士漁、王溍等十人如奴事主，助紂為虐，民不勝忿痛。地方官吏都畏他權勢，甚至前執政冠帶操笏，迎謁他的馬首獻媚，朝夕造請，賓客徑趨謁見，不敢在他面前上馬，他卻處

〔註88〕《宋史》，卷四百六十八〈宦者傳三・楊戩〉，頁 13664～13665；《十朝綱要》，卷十九〈欽宗〉，靖康元年七月壬申條，頁 566；朱弁：《曲洧舊聞》，卷七，「張次賢記天下酒名」條，頁 177；陸游：《老學庵筆記》，卷十，頁 124；徐度：《卻掃編》，卷中，頁 145；《靖康要錄》，卷一，頁 20；《宋會要輯稿》，第四冊，〈儀制十一・武臣追贈・留後〉，頁 254。據陸游記，有傳楊戩是蝦蟆化身，說他於堂後作一大池，環以廊廡，烏鐍周密。他每浴時，設浴具及澡豆之屬於池上，然後盡屏人，躍入池中游泳，率移時而出，人莫得窺。人們但說他性喜浴於池而已。一日他獨寢堂中，有盜入其室，忽見床上乃一蝦蟆，大可一床，兩目如金，光彩射人，盜為之驚仆，而蝦蟆已復變為人，乃是楊戩，他握劍問盜何人，盜以實對。楊擲一銀香毬與之，說念他迫貧，故賜之。要他勿對人言所見。盜不敢受，拜而出。後以他事繫開封府獄，就自道所見。此說自然荒誕，不過也反映宋人視楊戩為蝦蟆妖魅。又朱弁稱楊戩為楊開府，但檢《皇宋十朝綱要》，徽宗朝授開府儀同三司的人並無楊戩，大概楊死後獲贈開府，故朱弁這樣稱呼他。考欽宗在靖康元年七月壬申（初八）奪楊使相，可知楊曾授或追贈開府的使相。他被追奪使相後，官書於是不再記他曾為使相。另楊姓內臣獲追贈開府的有欽宗的宮僚知入內內侍省事楊震，他於政和五年十月卒，以通侍大夫安德軍留後贈開府儀同三司。朱弁所指的楊開府是否指楊震，待考。

〔註89〕趙汝愚（編）：《宋朝諸臣奏議》，上冊，卷六十三〈百官門・內侍下〉〈陳公輔・上欽宗論宦人蠱惑人主・靖康元年五月上，時為右司諫〉，頁 706～707。

之自如。只有少數如知潁昌府葉夢得及潁昌兵馬鈐轄敢違逆他。惟二人都被他報復，誣以他事罷黜。李彥徵發奇物供奉御前的手法，便學朱勔，於是被他責辦之民，被勞役苦害至農田不得往，牛不得耕墾，殫財費竭，力竭餓死，甚至自縊於貨運的車間。當時謂朱勔結怨於東南，李彥結怨於西北。他有這樣的勢力，倚靠誰為後台？按朱勔的後台是蔡京和童貫，李彥的就是王黼和王後面的梁師成。李彥後被指斥為與童貫並列的「宣和六賊」，他在失勢前，似乎和童貫沒有明顯的利害衝突。〔註90〕

徐度曾統計在宣和中，授三公三孤之官皆具。太師三人：蔡京、童貫、鄭紳；太傅一人：王黼；太保二人：鄭居中、蔡攸；少師一人：梁師成；少傅一人：余深；少保二人：鄧洵武（二年二月已晉少傅）、楊戩。其中內臣佔了三人，另外，據馬端臨所考，內臣以恩澤獲封節度使便有七人。徽宗的濫封內臣官爵可見。〔註91〕

楊戩死後，內臣中就只剩下梁師成及其黨譚稹可以與童貫抗衡。但伐遼是徽宗的主意，梁師成也就不會違逆主子之意。朝中大臣除了復任領樞密院

〔註90〕《宋史》，卷四百四十五〈文苑傳七・葉夢得〉，頁13134；卷四百六十八〈宦者傳三・李彥〉，頁13664～13665；《靖康要錄》，卷五，頁595～596。當李彥括田京東西時，監司如韓宗胄和縣令劉愿、王滸均助惡。王子獻在京東，還和李彥結姻。欽宗在靖康元年四月二日，因言官的劾奏，就將以上各人並罷黜。

〔註91〕馬端臨考祖宗以來，太師未曾並除，到了紹聖初，始有文彥博和吳榮王顥（1050～1096）並除。而到宣和中，蔡京、童貫和鄭紳就三人並除。至於節度使方面，宣和末年居然至六十人，其中親王、皇子二十六人，宗室十一人，前執政二人，大將四人，外戚十人，內臣七人。議者以為濫。而據《文獻通考・職官考二》及《宋史・職官志一・三師三公》所記，到宣和末年，三公人數更多，至十八人，三少已不計。計太師三人：蔡京、童貫、鄭紳；太傅四人：王黼、燕王俁、越王偲、鄆王楷；太保十一人：蔡攸、肅王樞至儀王㮮。馬端臨慨言徽宗的兒子自鄆王至儀王居然做他的師傅，童貫以廝役也為師傅，真不可思議。（據《十朝綱要》及錢大昕考異，儀王應為沂王）另據錢氏所考，太保也沒有十一人之多，宣和中皇子除太保只有七人，鄭居中除太保即亡，欽宗由太保正儲位，嘉王楷由太保進太傅，俱不當計入。他認為《職官志》有誤。參見徐度：《卻掃編》，卷中，頁145；《文獻通考》，第二冊，卷四十八〈職官考二・三公總序、太師〉，頁1382～1384；卷五十九〈職官考十三・節度使〉，頁1772～1773；《宋史》，卷一百六十一〈職官志一・三師三公〉，頁3771～3772；《十朝綱要》，卷十五〈徽宗・皇子二十九・沂王㮮〉；錢大昕（撰），陳文和（主編）：《嘉定錢大昕全集》，第三冊，《廿二史考異》，卷七十一〈宋史五・職官志一〉，頁1337。

事的鄭居中有不同意見外，就無人敢有異議。據載有言官疏童貫六事，徽宗
就詔右司郎中方邵前往察訪童貫在外的作為，童貫卻使人跟隨方邵，伺其所
為，先向徽宗稟奏，並陷以他事。當方邵覆奏，每一語，徽宗就說方不知事
云云，又說這是他的處分，不干童的事。方大怨，在御榻前不肯離去，盡揭
發童貫罪惡，說他敗壞國事。徽宗自然不聽，反而將方罷職，終身不復任事。
據載殿中侍御史張巨亦曾上奏論劾童貫和蔡攸，就被出知泰州（今江蘇泰州
市）。其他人看在眼裡，自然不敢再說話，所謂「天下結舌」。〔註92〕

　　童貫和梁師成這樣的權勢，蔡京有甚麼感想？據載與蔡親厚的葉夢得在
楊戩未死前，就向蔡京坦言「自童貫用事，天下之權半分於宦者，今則梁師
成、楊戩等數十輩踵貫而起，宰執用舍，多出此曹。公不能先痛裁，制使國
柄復歸朝廷，雖公之喜怒哀怨，且不得騁，況求其是乎？宰相，公嘗為之，
得失亦何計？」據說蔡京改容說極是，表示童貫等權勢積漸至此，他不得為
無罪。〔註93〕葉夢得說中蔡京的心事，但蔡京已無法扳倒已成氣候的童、梁
諸閹。而且，縱容童貫等其實是徽宗的帝王術，蔡京根本不敢違逆主子，只
能順著主子意思行事。

　　童貫在七月回京後，就由他操辦聯金攻遼之事，八月壬子（二十），金使
辭行，徽宗以國書付曷魯，派呼延慶送金使歸國並送上禮物，徽宗用王黼之
議，不再遣使。國書云：「遠勤專使，薦示華緘。具承契好之修，深悉封疆之
諭。維夙敦于大信，已備載於前書。所有漢地等事，並如初議，俟聞舉軍到
西京，的期以憑夾攻。順履清秋，倍膺純福」。十月甲寅（廿三）（《宋史·宰
輔表三》作十月廿九庚申），童貫復領陝西、河東、河北宣撫使，徽宗將伐遼
之事交他執行。童貫即薦守越州有功，從小官已在童貫幕盡力的述古殿學士

〔註92〕《會編》，卷五十二〈靖康中帙二十七〉，靖康元年八月二十三日丙辰條，
　　　　葉三下至四上（頁 391）；《宋史》，卷四百六十八〈宦者傳三·童貫〉，頁
　　　　13662；《東都事略》，卷一百二十一〈宦者傳·童貫〉，葉五上；《福建通志》，
　　　　卷三十三，「莆田縣方邵」，葉六十九上；卷四十七，「浦城張巨」，葉十五
　　　　下。方邵是福建莆田人，方天若子，自秘書省正字遷至監察御史，充陝西
　　　　等路察訪使，偵童貫所為。他得罪後罷居筠州，終直龍圖閣。張巨字國材，
　　　　福建浦城（今福建南平市浦城縣）人，元豐五年進士，歷京西轉運判官。
　　　　徽宗聞其名，召對，他首論紹述事。他因劾童貫罷知泰州後，歷利州路計
　　　　度轉運使，後謫池州。欽宗即位初方復原官。
〔註93〕李幼武（纂集）：《宋名臣言行錄·別集》，文淵閣《四庫全書》本，上卷四，
　　　　「葉夢得」，葉四上下。

劉韐，任河北、河東宣撫參議官，作為他北伐的幕僚。〔註94〕不過，劉韐對聯金攻遼卻有所保留，他說與外國共事非計也。童貫怒說此是徽宗之意，責問劉為何這是非計？劉回說與外國共事，鮮無後患，事不成則信義恩威俱廢，四鄰解體。事成則敵人恃功必有邀索，好像唐以回紇破安祿山（703～757），就納侮召亂，百年不已，況金人氣燄非回紇之比。〔註95〕童貫此時已箭在弦上，聽不入忠言。

十一月，金使二人自海上歸國，阿骨打得書及曷魯等的報告，意識到宋廷婉拒共同滅遼之議，但國書尚無不好之語，姑且待之。就命其弟吳乞買（後改名完顏晟，即金太宗，1075～1135，1123～1135在位）及姪宗翰等渡遼河，並用遼降將耶律余（餘）覩（？～1132）為前鋒，攻遼中京。〔註96〕

是年十一月徽宗再調整中樞人事：丁丑（十六），中書侍郎馮熙載罷，以張邦昌（1081～1127）代之，而王安中自尚書右丞遷左丞，翰林學士承旨李邦彥（？～1130）為尚書右丞。惟徽宗所擢用這數人，全屬庸才。他們不會也不敢反對徽宗及童貫伐遼的主張。〔註97〕

〔註94〕《十朝綱要》，卷十八〈徽宗〉，宣和三年八月壬子條，頁522；《編年綱目》，卷二十九，頁741；《宋史》，卷二十二〈徽宗紀四〉，頁408；卷二百十二〈宰輔表三〉，頁5528；卷四百四十六〈忠義傳一・劉韐〉，頁13163；《會編》，卷五〈政宣上帙五〉，宣和三年八月二十日壬子條，葉二上（頁33）；蔡絛：《鐵圍山叢談》卷六，頁111。

〔註95〕李幼武（纂集）：《宋名臣言行錄續集》，文淵閣《四庫全書》本，卷三，「劉韐忠顯公」，葉四下至五上。

〔註96〕《長編紀事本末》，第八冊，卷一百四十二〈徽宗皇帝・金盟上〉，葉十三下至十四上（頁4306～4307）；《十朝綱要》，卷十八〈徽宗〉，宣和三年十一月乙酉條，頁523；《會編》，卷五〈政宣上帙五〉，宣和三年十一月條，葉二上下（頁33）。

〔註97〕《宋史》，卷二十二〈徽宗紀四〉，頁408～409。按前宰相張商英在十一月壬午（廿一）卒。

南宋劉松年（？～1225 後）繪的《南宋中興四將圖》：左二岳飛，中張俊，右二劉光世，右三韓世忠。韓世忠與劉光世均隨童貫平定方臘。

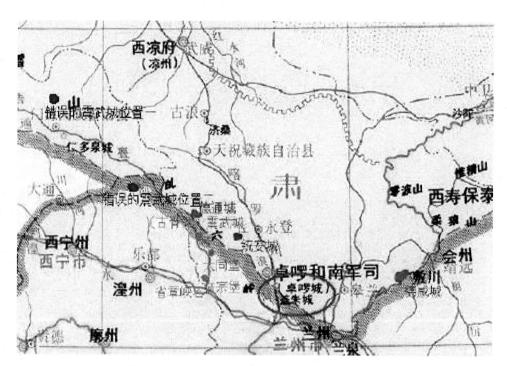

震武城與統安城位置（轉載自網上，作者阿康）

第六章　自取其敗：童貫與燕山之役

　　徽宗於宣和四年（1122）正月丁卯（初七），以蔡京長子蔡攸為少保，梁師成為開府儀同三司。〔註1〕徽宗陞賞二人用意甚明，就是要他們支持伐遼之舉。梁師成一下子成為使相，與童貫平起平坐，是故宋人稱梁為內相及隱相，童為媼相，因他們都具有使相身份。據陸游引述甚有直氣的內臣邵成章所言：「童貫、梁師成輩，以家奴為公師，雖自古大亂之世，亦不至是。彼趙高稱中丞相，龔澄樞稱內太師，猶不敢為丞相、太師也。今貫輩豈不過之。」〔註2〕

〔註1〕《宋會要輯稿》，第九冊，〈職官七十七‧起復〉，頁5146。梁師成在是日，以起復太尉（不知是父喪抑母喪）、江東節度使、充中太一宮使兼神霄萬壽宮副使、直保和殿、明堂提舉、安定郡開國公，特授開府儀同三司、淮南節度使，依前充中太一宮使、兼神霄玉清萬壽宮使、直保和殿、明堂提舉，食實封如故。梁師成的地位權勢，在內臣中僅次於童貫。不過，馬永卿的《元城語錄解》卻說在宣和間，梁師成得幸，貴震一時，雖是蔡京和童貫皆出其下。梁師成曾派朝臣吳可（初名吳默）至宋州（即南京應天府），想誘遭貶多年，在建中靖國元年與蘇軾自嶺外同歸的劉安世（1048～1125）向他輸誠，許薦之大用。但劉安世不領梁之情。此事有無待考，惟梁師成在當時確能左右文臣的陞降。至於說他的權勢超過蔡京和童貫，就有誇大之嫌。說三人權勢相當就得其實。參見馬永卿（編），王崇慶（1484～1565）（解）：《元城語錄解‧行錄附》，文淵閣《四庫全書》本，葉十上下；朱熹、李幼武（編），李偉國（校點）：《八朝名臣言行錄》，《三朝名臣言行錄》，載朱杰人、嚴佐之、劉永翔（主編）：《朱子全書》，第十二冊（上海：上海古籍出版社，2010年9月），卷十二之三〈諫議劉公〉，頁795～796。
〔註2〕《宋史》，卷二十二〈徽宗紀四〉，頁409；卷四百六十八〈宦者傳三‧童貫、梁師成〉，頁13658，13663；陸游：《家世舊聞》，卷下，頁205；陸游：《老學庵筆記》，卷五，頁62。按陸游就認為童貫為太師，就用南漢權閹龔澄樞的故事。

另陳均對童、梁獲授使相並除三師，站在士大夫立場，也大不以為然，認為不成體統。他評說：

> 內侍官謂之家臣，自古無賜坐者，其在禁中則不可知，外庭未嘗見也。時童貫為太師，領樞密院，視宰相，師成為開府，亦視宰相，每春秋大燕，巍然坐於執政之上，與人主講勸酬之禮，且家臣為師傅，於禮尤悖。貫以領樞密，日與宰相同班進呈畢，即自屏後入內，後易窄衫，與群閹為伍，出則為大臣當體貌之禮，入則為近侍執使令之役，古所未有也。〔註3〕

自然，從邵成章到陳均都不敢批評這一怪現狀是徽宗一手做成。據馬端臨所考，徽宗先後授蔡京、劉正夫、余深、蔡攸、梁子美、向宗回、向宗良、鄭紳、錢景臻（1043～1126）、高俅、童貫和梁師成為開府儀同三司。馬氏慨言名器至此輕矣。〔註4〕比起童貫，梁師成有一大優勢，就是能文，談經論史有一手，討得徽宗歡心。徽宗在是年三月辛酉（初二）幸秘書省和太學，御文宣王敦化堂，令國子祭酒韋壽隆（？～1127 後）講《書經・無逸》，命國子司業權邦彥講《詩經・大雅・下武》。徽宗命百官及諸生並賜茶，又幸精微造十二齋，命剛陞任開府儀同三司的梁師成總領重葺齋舍。他又頒詔晉國子祭酒韋壽隆為給事中，秘書少監翁彥深（1079～1141）為國子祭酒，國子司業詹又（？～1127 後）為中書舍人，權邦彥為左司員外郎，學官增秩一等，三舍生釋褐免省試免解，賜帛有差。學生孔端朝，是孔子四十八代孫，賜上舍。〔註5〕太學官員學生皆大歡喜，都對梁師成感恩不盡。

也有任職太學的朝臣，既不附梁師成，也不迎合童貫。曾任國子司業的邛州（今四川邛崍市）人吳時，因被指為張商英黨，出為提舉河東常平司。

〔註3〕《編年綱目》，卷二十九，頁741。

〔註4〕《文獻通考》，卷六十四〈職官考十八・開府儀同三司〉，頁1922～1923；《十朝綱要》，卷十五〈徽宗・皇后五・明節皇后劉氏〉，頁388；〈徽宗・使相四十四人〉，頁408；《宋會要輯稿》，第四冊，〈儀制十一・使相追贈〉，頁2527；第六冊，〈職官三十三・六軍諸衛〉，頁3847。按《皇宋十朝綱要》所列授開府儀同三司諸人，沒有余深，而有蔡卞及明節劉皇后父劉宗元。考蔡卞早於政和五年七月甲申（十七）自昭慶軍節度使為開府。而據《宋會要・職官三十三》，靖康元年四月十七日，制以鎮安軍節度使、開府儀同三司劉宗元為左金吾衛上將軍，可證劉宗元在徽宗朝已拜開府。

〔註5〕章如愚（？～1196 後）：《群書考索・後集》，文淵閣《四庫全書》本，卷二十七〈士門・學制類〉，葉十五上至十六上；《宋史》，卷二十二〈徽宗紀四〉，頁409。

童貫經略幽燕，每訪以邊事，吳卻輒不回答。他後來召還為大晟典樂，擢中書舍人，轉給事中。時權閹何訢謫監衡州（今湖南衡陽市）酒，猶帶節度使，他奏奪之。當他因進對而論取燕事，卻不肯依附童貫，反而進言「祖宗盟血未乾，渝之必速亂。」蔡攸聞之，轉告王黼，王怒斥吳為腐儒，不久將他罷為徽猷閣待制兼侍讀，稍後提舉上清太平宮。他後來西歸邛州，遇見同鄉趙雍，對他說取燕必召禍，他說自己已老，幸而不遭其變。吳時是少數任職太學出為邊臣的人不附童、梁等權閹。〔註6〕

另名臣蔡襄（1012～1067）曾孫、歷任西京提舉學司主管文字、提舉湖南學事的吏部郎中蔡樞，也曾致書童貫，勸他三思。他說「天下無事，垂髫戴白不見兵革。一旦為國生事，驅民萬死一生之地，傷害和氣，莫此為甚。他日國家多事，自此始矣。」可童貫信心十足，自然不會聽逆耳之言。〔註7〕

童、梁擁有朝臣畏之諂之的權勢，就是徽宗所許。他以帝王之尊，他要誰做甚麼官位，臣下是阻不了的。何況徽宗一朝到了政宣時期，朝中直臣已寥寥可數。

一、兵敗白溝

金兵從宣和三年十一月發兵攻遼的中京，到宣和四年正月乙亥（十五），已攻陷之，並下澤州（今河北承德市平泉市西南察罕城）。遼天祚帝北走居庸關（今北京市昌平區南口鎮居庸關村），至鴛鴦濼。金兵節節勝利，三月，追天祚帝於鴛鴦濼。天祚帝奔西京，壬申（十三），金兵破西京，天祚帝逃脫，奔往夾山，西京又叛金歸遼。丙子（十七），遼的臣僚以宰相李處溫為首，聯合諸大臣張琳（？～1122）、耶律大石（即西遼德宗，1094～1143，1124～1143在位）、左企弓（？～1123）、虞仲文（？～1123）、曹勇義（？～1123）、康公弼、蕭幹等蕃漢百官，諸軍及父老數萬人擁立甚得燕民人心的秦晉國王耶律淳（《金史》作耶律捏里，廟號遼宣宗，1063～1122）為天錫皇帝，改元建福，廢天祚帝為湘陰王，以燕、雲、平、中京、上京、遼西為六路。由燕王主之。沙漠以北，西南、西北面兩路招討府、諸蕃部族，就由天祚帝主之，猶稱保大二年，但遼國已一分為二。金兵破西京時，耶律淳遣知宣徽南院事蕭撻勃

〔註6〕《宋史》，卷三百四十七〈吳時傳〉，頁 10996～10998。凌迪知：《萬姓統譜》，卷十，「吳時」條，葉十七下。

〔註7〕《全宋文》，第一百七十五冊，卷三八二八〈蔡樞·與童貫論出兵燕雲書·宣和末〉，頁 124（原載《莆陽比事》卷五）。

及樞密都承旨王琚來告，願免宋納歲幣以結好。徽宗卻不承認他為遼主，令
雄州回絕之。遼國這番大變故，宋代州守臣在三月底已將金人的彰國軍牒報
告宋廷，稱金兵已到山後，平定州縣。徽宗聞奏，在四月戊戌（初十）（按：
《宋史‧徽宗紀四》作三月十七日丙子）立即命童貫為陝西、河北、河東路
宣撫使，勒兵十五萬（《會編》作十萬）巡邊，屯兵於邊以應之，並降詔諭燕
京管內官吏軍民百姓，號召燕人歸附。又稱已與金人約好，畫定封疆，收復
燕雲故地。若耶律淳納土，就待以殊禮，授以王爵，一應收復州縣城寨的文
武長官，依舊任職，有功的就不次擢用。至於軍兵守戍之士並加優賞，願在
軍者厚與待遇收錄，願歸農者給復業三年，復業之後，蕃漢一等待遇。民戶
除二稅外，應該差徭役科率無名之賦，一切免除。又諭告大軍所至，務在安
集，官吏百姓不得誤有殺傷，或焚毀廬舍，擄掠人畜，犯者並行軍法。若不
遵從，就自取禍。〔註8〕

　　徽宗和童貫都一廂情願認為伐遼復燕的機會已到，卻不知遼南京自從耶
律和魯斡（1041～1110，漢名弘本）與耶律淳父子相繼任南京留守數十年，統
管遼人口最多，最富庶的燕山六州二十四縣，而耶律淳篤好文學，漢文化修
養較高，深得漢族官民擁戴，要打敗耶律淳的北遼，實在談何容易。〔註9〕

〔註8〕《宋史》，卷二十二〈徽宗紀四〉，頁 409；《宋會要輯稿》，第七冊，〈職官四
　　　　十一‧宣撫使〉，頁 4008；第十四冊，〈兵八‧出師二‧大遼附〉，頁 8762～8763；
　　　　《東都事略》，卷十一〈本紀十‧徽宗二〉，葉六上（頁 223）；《遼史》，卷二
　　　　十九〈天祚皇帝紀三〉，頁 384～386；卷三十〈天祚皇帝紀四‧耶律淳傳、耶
　　　　律大石傳附〉，頁 398～399，401；卷一百二〈李處溫傳、張琳傳〉，頁 1586
　　　　～1588；《金史》，卷二〈太祖紀〉，頁 36～37；《十朝綱要》，卷十八〈徽宗〉，
　　　　宣和四年正月癸酉至三月戊子條，頁 523～524；《會編》，卷五〈政宣上帙五〉，
　　　　宣和三年十一月至宣和四年四月十日戊戌條，葉二上至十上（頁 33～37）；《契
　　　　丹國志》，卷十一〈天祚皇帝中〉，頁 136～138。考《宋史》及《皇宋十朝綱
　　　　要》均以金克遼中京在正月癸酉（十三），《遼史》及《金史》均作正月乙亥（十
　　　　五），現從《遼史》及《金史》所記。又《東都事略》記童貫早在宣和四年正
　　　　月（十七）已拜陝西、河東、河北宣撫使，未知孰是。又《宋會要‧職官四十
　　　　一》將童貫及蔡攸拜河東、河北路宣撫使副繫於宣和四年四月丙申（初八），
　　　　有誤。按童貫當時所帶之官職是太師、劍南東川節度使、陝西、河東、河北宣
　　　　撫使、楚國公，蔡攸的官職則是少保、鎮海軍節度使、開府儀同三司、上清寶
　　　　籙宮使、直保和殿。
〔註9〕耶律和魯斡是遼道宗（1032～1101，1055～1101 在位）二弟，耶律淳是其子，
　　　　輩份是天祚帝堂叔父。耶律和魯斡在遼道宗咸雍五年（1069）任南京留守，
　　　　直至天祚帝乾統十年（1110）去世，官至宋魏國王、天下兵馬大元帥。耶律
　　　　淳在父死後繼任南京留守，晉爵秦晉國王，父子任南京留守近五十年。關樹

　　金兵在四月辛卯（初三）復取西京。壬辰（初四），派徒單吳甲（《長編紀事本末》寫作勃菫徒姑且烏歇）和高慶裔（？～1137）使宋，商議夾擊遼國之事。戊戌（初十），童貫啟行，徽宗親出北郊齋宮端聖園餞行。仍以御筆三策付童貫：如燕人悅而歸附，因復燕雲舊疆，策之上；耶律淳能納款稱藩，策之中；燕人未即悅服，按兵巡邊，全師而還，策之下。童貫出師，以環慶軍為中軍，任述古殿學士劉韐、宇文虛中（1078～1145）為行軍參謀，程唐和王序（1073～1136）為隨軍轉運使，內臣鄧珪與鄧珺為廉訪使，李宗振（？～1125）掌文書。本來童貫還想引當日平方臘時侍候他甚好的原知宣州、龍圖閣學士錢即為參謀，但錢以老力辭而止（按：錢卒於宣和六年三月）。四月己亥（十一）沒有從征方臘的老將涇原經略招討使、保靜軍節度使种師道，被委充河北河東陝西路宣撫司都統制，平方臘立大功的武泰軍承宣使王稟、華州觀察使楊可世為副。己亥（十一），徽宗召見來投的遼叛臣董才（龐兒），他力陳遼可取之狀甚切，並表示要攻取燕雲舊地來報效宋廷。徽宗賜他名趙詡，其族部千餘人賜爵有差。辛亥（廿三），童貫率軍至高陽關（即瀛州、河間府，今河北滄州市河間市），又出榜宣示燕人，稱歸降的人「有官者復還舊次，有田者復業如初。若能身率豪傑，別立功效，即當優與官職，厚賜金帛。如能以一州一縣來歸者，即以其州縣任之。若有豪傑以燕京來獻，不拘軍兵百姓，雖未命官，便與節度使，給錢十萬貫，大宅一區。契丹諸蕃歸順，亦與漢人一等。已誠將士，不得殺戮。契丹自來一切橫斂，悉皆除去。雖大兵入界，凡所須糧草及車牛等，並不令燕人出備，仍免二年稅賦。」童貫等仍是盲目相信燕人會簞壺來迎宋軍。順帶一提的是，當年勸徽宗不要聯金攻遼的高麗王王俁在是月卒，看不到他預言之災禍。〔註10〕

　　東據在內蒙古巴林右旗遼慶陵遺址出土的耶律和魯斡的哀冊及其妻蕭氏（1056～1080）的墓志，以及《遼史》的相關記載，撰寫專文一篇，考論耶律和魯斡和耶律淳的生平事跡，並解釋耶律淳的北遼政權如何建立，值得一讀。參見關樹東：〈耶律和魯斡、耶律淳父子與遼末政治〉，載姜錫東（主編）：《宋史研究論叢》第十五輯（保定：河北大學出版社，2014 年 10 月），頁617～628。

〔註10〕據《東都事略‧天祚帝傳》所記，任童貫掌文書的李宗振，本是曹州（今山東菏澤市曹縣）刀筆吏，姦滑而善舞文，自陝西開邊，童貫就倚為心腹，雖有文士為幕僚，而裁決機務就全委李宗振。童貫另一隨軍轉運使王序，字商彥，榮州榮德縣（今四川自貢市榮縣）人，王氏累世同居，號義門王氏。其母向氏是神宗向皇后從祖姑（一說姊），其兄王庠是著名孝子，一直沒有出仕，他在終喪後舉八行，事下太學，大司成考定天下第一，詔旌其門，他力辭授

　　據《三朝北盟會編》引蔡絛《北征紀實》的說法，童貫出師之日，白虹貫天，出門而牙旗竿折。這當是宋人後來事後孔明出師不利的說法。若真是有此異像，當時人識得利害，都不敢說。〔註11〕

官。他卒後，孝宗諡曰賢節。王序則以蔭補官，歷知河陽府。在政和七年九月曾受命營辦錢糧，督辦治理河陽兩岸水利工程，包括開修北河和修繕南北兩橋。宣和元年，他又在河陽以勸誘推行鹽法改革，將所產鹼地，悉墾為田，革除盜刮煎鹽之弊。他在宣和五年征遼後，以徽猷閣直學士充京兆府路安撫使兼知京兆府，宣和七年繼薛嗣昌，調任鄜延路經略安撫使兼知延安府。他曾擊退來犯之夏人。建炎三年（1129）十二月己卯（初五）除徽猷閣直學士知鳳翔府（今陝西寶雞市鳳翔縣），他的老搭檔兼四川同鄉程唐則以寶文閣待制為陝西路都轉運使。宋人說王、程二人在宣和間皆事近倖以進，故蜀人鄙之。這裡所說的近倖，自是童貫無疑。紹興五年四月己酉（初六），卻以審量濫賞，自左銀青光祿大夫追八官及職名，王序卒於紹興六年（1136）十月，年六十四。官至文安郡侯徽猷閣學士，他在紹興八年十月下葬，由左朝請大夫直秘閣提舉江州太平觀朱承為撰寫墓誌銘，而由程唐篆額。參見《東都事略》，卷一百十一〈忠義傳·劉韐〉，葉五下（頁1710）；卷一百二十四〈附錄二·天祚帝〉，葉二上下（頁1911～1912）；《編年綱目》，卷二十九，頁742；《宋史》，卷二十八〈高宗紀五〉，頁520；卷九十三〈河渠志三·黃河下〉，頁2314；卷一百八十二〈食貨志下四·鹽中〉，頁4434；卷三百十七〈錢惟演傳附錢即傳〉，頁10351；卷三百七十七〈王庠傳〉，頁11657～11658；《宋會要輯稿》，第四冊，〈儀制十一·丞郎以下特贈〉，頁2534；第十四冊，〈兵八·出師二·大遼附〉，頁8763；《十朝綱要》，卷十八〈徽宗〉，宣和四年四月戊戌至辛亥條，頁524；《金史》，卷二〈太祖紀〉，頁37；《長編紀事本末》，第八冊，卷一百四十三〈徽宗皇帝·金盟下〉，葉一上（頁4309）；《會編》，卷五〈政宣上帙五〉，宣和四年四月十日戊戌條，葉十上下（頁37）；卷六〈政宣上帙六〉，宣和四年四月二十三日辛亥條，葉一上下（頁38）；卷七〈政宣中帙七〉，宣和四年六月三日庚寅條，葉九下（頁50）；《契丹國志》，卷十一〈天祚皇帝中〉，頁138～139；朱勝非：《秀水閒居錄》，「佚文」，頁358～359；《繫年要錄》，第二冊，卷三十，建炎三年十二月己卯條，頁604～605；趙熙（1867～1948）等撰：《民國榮縣志》，載國家圖書館善本金石組編：《宋代石刻文獻全編》，第四冊（北京：北京圖書館出版社，2003年3月），金石第十四〈王商彥墓碑〉，葉十二上至十五下（頁723～724）；楊倩描：〈北宋末年鄜延路經略安撫使考〉，頁442～446。

〔註11〕《會編》，卷七〈政宣上帙七〉，宣和四年五月十八日乙亥條，葉二上下（頁47）；《東都事略》，卷一百一〈蔡攸傳〉，葉七下（頁1562）；《宋史全文》，卷十四〈宋徽宗〉，頁973；卷四百七十二〈姦臣傳二·蔡攸〉，頁13732；周輝（撰），劉永翔（校注）：《清波雜志校注》（北京：中華書局，1994年9月），卷二，第28條，「失認旗」，頁81～82；周密：《齊東野語》，卷七，「出師折旗」條，頁118。據載蔡攸在五月出師時，他有「少保節度使」和「宣撫副使」二認旗從於後，但翌日，兩認旗都被執旗兵帶走，不知下落。識者知為不祥。他入辭時，說功成後，請徽宗賞他剛好在側侍候的寵嬪念四閣婕好和五都知，徽宗笑而

　　對於聯金攻遼，誠如李天鳴的研究，不少廷臣以及邊臣，這時仍大有保留，不附和徽宗與童貫的主張。本來一直主張伐遼的知雄州和詵卻在二月壬寅（十三）向宋廷上言，不要招納遼人，而應該「廣儲蓄，利器械，練士卒，謹赤堠，靜觀其變，徐為後圖。」後來童貫巡邊至高陽關召問和詵計策，他又說「南北兄弟之國，誓好百有餘年，今師出無名，宜按兵觀釁，戒諸將無妄動。」他教童貫大為愕然。另外，敢言而有武幹的真定府路安撫使趙遹，在三月便上奏請存遼以抗金，主張冊封耶律淳，雖不一定取得燕雲故地，但必可減少歲幣。一向反對伐遼的領樞密院事鄭居中也表示「燕薊久陷胡虜，一旦得之，恐難守；況先朝與契丹有誓，不宜輕舉。」他又力言「不宜幸災而動，待其自斃可也。」秘書監翁彥深向王黼進言，應該讓遼作為宋的藩屬，替宋朝抵擋金人。而當日不肯附和童貫的李邈，在方臘起事時，曾任譚稹兩浙制置司下之管當公事，當宣和四年初從嚴州（今廣西來賓市東南）代還時，就坦誠向童貫進言，將童貫平方臘自以為功之真相揭示，說：「方臘小醜，一呼屠七州四十餘縣，竭數路之力而後能平之。殆天以此警公也，何可遽移之北乎？」李邈和趙遹、翁彥深等人一樣，密請童貫暗助遼以圖金。童貫腦袋發熱，自不承認他平方臘，陝西軍其實打得吃力。加上李邈當年逆其意，又在他對頭譚稹麾下任事，就不納其忠言，李就請致仕。此外，懷德軍通判王庶（？～1142）、接替种師道任涇原帥的任諒都反對聯金伐遼。其中任諒甚有見地，他致書王黼，稱「今契丹之勢，其亡昭然，取之當以漸，師出不可無名。宜別立耶律氏之宗，使散為君長，則我有存亡繼絕之義，彼有瓜分輻裂

不責。蔡京知道後，即向徽宗說蔡攸無狀。蔡攸後來再出師，在五月戊寅（廿一）、己卯（廿二）、庚辰（廿三），一連數夕有流星大若盂椀，自紫微、文昌間出不一，或犯天河、河鼓等，越天漢、斗牛間，亦不一所，皆向南奔曳，光如匹練。每夕自初夜動數十流，至夜半方漸疏，到十餘夕，猶南流不已。蔡絛曾密告蔡京，說占此象似西晉末年永嘉之亂，實令人擔憂。蔡京亦動容，但太史皆不奏。又童貫出師折旗事，亦為宋末元初的周密所引述。另清初張尚瑗論折牙旗事，他從賈似道（1213～1275）在德祐元年（1275）督師江上，禡祭而大帥旗為風所折說起，歷數包括宣和間童貫出師牙旗竿折，以及端平元年（1234）入洛之師，知廬州牟子才（？～1265）帥旗亦為風折之例，說無非亡將敗軍之徵。不過，他也引述周武王（？～前1207後）伐紂（？～前1207）折蓋，劉裕（363～422）擊盧循（？～411），所執麾蓋旛沉於水，以及哥舒曜（？～786後）討李希烈（？～786），於通化門牙竿折，但均取勝，辯正折牙旗也有吉事。參見張尚瑗：《左傳折諸》，卷七，「亡大旂之左旃」條，葉九下至十下。

之弱，與鄰崛起之金國，勢相萬也。」然任諒的遠見也得不到回音，另殿中侍御史許景衡（1072～1128）也上書反對任用童貫，論童貪繆不可用數十事，但疏入不報。政和四年的狀元、時任秘書省校書郎的張綱（1083～1166）也上疏極論不可出師，並引《易經》，有「大君有命，開國承家，小人勿用，必致亂邦」之語。但他官職低微，為王黼所沮不報。〔註12〕

被任為宣撫司參謀官的中書舍人宇文虛中，也上書反對北伐。他認為「用兵之策，必先計強弱，策虛實，知彼知己，當圖萬全。今邊圉無應敵之具，府庫無數月之儲，安危存亡，係茲一舉，豈可輕議？且中國與契丹講和，今踰百年」，現在不羈縻封殖為藩屬，而遠赴海外結強悍的女真為鄰。女真乘百勝之威，持卞莊兩鬥之計，引兵入境，他怕中國之禍未有寧息之期。〔註13〕

當日曾附和童貫打擊李邈的河北都轉運使沈積中（？～1123），在宣和初

〔註12〕李天鳴：〈宋徽宗北伐燕山時期的反對意見〉，頁273～281；胡寅：《斐然集》，卷二十六〈墓誌銘・資政殿學士許公墓誌銘・代文定作〉，頁562；《會編》，卷五〈政宣上帙五〉，宣和四年三月十七日丙子條，葉五下至八上（頁34～36）；卷九〈政宣上帙九〉，宣和四年八月丁亥條，葉五上至七上（頁61～62）；《東都事略》，卷一百二〈鄭居中傳〉，葉六上（頁1575）；卷一百四〈和詵傳〉，葉六下（頁1600）；《編年綱目》，卷二十九，頁744；《宋史》，卷三百五十一〈鄭居中傳〉，頁11104；卷三百五十六〈任諒傳〉，頁11221；卷三百六十三〈許景衡傳〉，頁11344～11345；卷四百六十七〈忠義傳二・李邈〉，頁13177；卷三百九十〈張綱傳〉，頁11951；《宋會要輯稿》，第十四冊，〈兵五・屯戍上〉，頁8707；張綱：《華陽集》，文淵閣《四庫全書》本，卷四十〈附錄・張公行狀〉，葉一上至五下；曹學佺：《蜀中廣記》，卷四十二，葉三十六下至三十七上。按宣和四年正月甲申（廿四），譚稹以提點制置上言，據知嚴州李邈所申的屯兵事宜，請宋廷准奏。可知李邈在宣和四年正月底仍任知嚴州，他當在是年二三月間代還，嚴州在廣西，他回京見到童貫至少在四月。據通直郎大理寺丞洪葳所撰的張綱行狀所記，張奏入不報，憤惋久之。後來郭藥師歸降及蕭太后納款，到燕山收復，捷音踵至，朝臣莫不相慶，惟有張綱憂懼益深，至忘寢食。他一直受王黼打壓而不得到重用。到靖康之難發生，人都以他有先見。宋室南渡後，他累官吏部尚書，紹興二十五年（1155）拜參政。

〔註13〕宇文虛中的上言，《會編》繫於宣和四年八月丁亥朔（初一）條後，是時宋軍已兵敗於白溝河。而岳珂所撰的《桯史》則收錄宇文虛中上書的全文。據岳珂說，宇文虛中任中書舍人，倡言開邊之非策，論事不休。王黼惡之。到童貫及蔡攸出師，就故意薦之為參謀，意欲漬之同浴（俗謂拖他落水），且室其口。因當時有旨，兵興避事，皆從軍法。宇文虛中辭不掉職，就只好上書極諫。參見《會編》，卷九〈政宣上帙九〉，宣和四年八月丁亥條，葉五上至七上（頁61～62）；岳珂：《桯史》，卷九，「燕山先見」條，頁101～104；《宋史》，卷三百七十一〈宇文虛中傳〉，頁11526～11527。

年陞任戶部尚書，他本是王黼所薦拔，王使他覘邊隙。中書舍人程振（1071～1127）警告他說，當思異時覆族之禍。他深感程之告誡，宣和四年出知真定府後，就致書程振，盛言不可取燕山。程振就將其書告於朝；不過，他卻阻不了宋廷出兵，還開罪了童貫被貶官。〔註14〕

監察御史李彌大（1080～1140）曾出使遼國，使還後反對伐遼，主張聽遼金自相攻併。當童貫出師時，永興軍走馬承受內臣白鍔（？～1144後）恃童貫為後台，不向本路報告宋軍出師日期，宋廷只薄責了事。李大感不平，上奏力陳邊報不至，非朝廷之福，力主嚴懲白鍔。於是宋廷將白除名，但他開罪了童貫，就被徙知光州再移鄂州。〔註15〕

民間也有不少人看出伐燕的問題，甚有時譽的河南潁陽（今河南登封市）人王忠民（？～1140後）聽聞童貫取燕山，就說「祖宗與遼人有唇齒之好，信奸臣之計而輕棄之，禍至無日矣。」他口中的奸臣就是童貫和王黼等人。〔註16〕

〔註14〕《東都事略》，卷一百九〈程振傳〉，葉六上（頁1675）；《宋史》，卷三百五十四〈沈積中傳〉，頁11164；汪藻：《浮溪集》，卷二十四〈神道碑·尚書刑部侍郎贈端明殿學士程公神道碑〉，頁271～274；李幼武（纂集）：《宋名臣言行錄續集》，文淵閣《四庫全書》本，卷三，「程振」，葉十下。沈積中是常州人，賜進士出身，為辟雍正、戶部員外郎，至秘閣修撰、河北轉運使。他附和童貫，打擊李邈之事，可參見第四章注84。程振字伯玉，饒州樂平（今江西景德鎮市樂平市）人。自太學高第補將仕郎，累官中書舍人，以開罪王黼罷為宮祠。欽宗即位，除吏部侍郎，改刑部侍郎，城破後，金人要他督收輸金，他與梅執禮（？～1127）等四人同時被殺。

〔註15〕《宋史》，卷三百八十二〈李彌大傳〉，頁11777；王鏊：《姑蘇志》，卷五十，葉十五下至十六上；《繫年要錄》，第六冊，卷一百五十一，紹興十四年六月丙申條，頁2584～2585；《會編》，卷二百二十一〈炎興下帙一百二十一〉，葉九上（頁1592）；熊克：《皇朝中興紀事本末》，卷六十三，紹興十四年五月己卯條，頁1183；《全宋文》，第二百十四冊，卷四七四四〈洪适三九·先君述〉，頁12。考這個內臣白鍔在靖康之難被金人擄走，後來在紹興十二年（1142）隨高宗生母韋太后歸宋，官至右武大夫華州觀察使提舉佑神觀。在紹興十四年（1144）六月，因閩浙大水，他上言批評時政，說變理乖繆，洪皓（1088～1155）名聞中外而不用。秦檜大怒，奏繫白鍔大理寺。獄具，白刺面配萬安軍（今海南萬寧市）。洪皓亦坐貶提舉江州太平觀。白鍔早年侍候童貫，經歷靖康之禍後，就變得梗直，時人多之。

〔註16〕《會編》，卷一百九十〈炎興下帙九十〉，紹興八年十二月一日癸丑條，葉九下至十一上（頁1373）。王忠民字子道，家世業醫。他幼通經史，尤明於刑名，但杜門卻埽，人罕見其面。欽宗即位，金兵圍城而退後，欽宗令士庶上言。他曾著《安邊休征書》，又畫圖遣人詣金軍達金人。他又著有《保圖長慶書》十一策、《經民守業書》四策、《通利養民書》三策及《去冗裁俗書》十一策，經河南府投進。靖康元年冬，詔他赴闕，辭以病。十二月金兵犯洛陽，留守

　　力主北伐的宰執大臣，除了童貫外，就是太宰王黼和少保蔡攸。王黼起初還異議，但方臘之亂，責無旁貸，他怕被追究，於是改而依附童貫，力主北伐以邀寵。蔡攸也是迎合徽宗。徽宗還在五月丙寅（初九），以蔡攸為河北、河東宣撫副使，做童貫的副手，並以平方臘名位最高的戰將、河陽三城節度使劉延慶為河北東西兩路都統制。據蔡絛的《北征紀實》記，徽宗故意對蔡攸說：「朕以童貫宣撫北道，獨帥重兵，其統領將佐及四路守臣監司並其門人故舊。貫以昏耄，所施為乖謬，故相隱匿蔽不以聞，致邊事機會差失，為朝廷之害，莫大於此。卿朕所倚毗，無出右者，所以輟卿為副，實監軍爾。如軍旅之事，卿可預焉？只專任民事及監察貫之所為」。徽宗這次不用譚稹為童貫副手，一方面譚在持服中（不知是喪父抑喪母），另也知道譚管不住童，故命蔡攸，這也見到徽宗用人的權術，就是他的心腹童貫，也留下一手。蔡攸領命，在乙亥（十八），從京師出發會合童貫在雄州的大軍。〔註17〕

　　徽宗也安撫兩名在伐遼行動沒有角色的心腹：五月壬戌（初五），授殿前都指揮使高俅為開府儀同三司，位列使相。高以後遇宰執於路，就可分道而行，傳呼相揖。甲戌（十七），正在持服的譚稹特命起復，依前常德軍節度使、上清寶籙宮使、直睿思殿、在京神霄玉清萬壽宮提點、廣平郡開國侯、食邑一千六百戶、食邑四百戶。庚辰（廿三），再加譚稹自常德軍節度使為武信軍節度使、起復太尉充寶籙宮使、在京神霄玉清萬壽宮副使直睿思殿，加食邑五百戶、食實封二百戶。〔註18〕至於當年反對攻遼的鄧洵武，早在宣和三年

王襄南竄，王募得張義致書高宗，又以策干永興帥范致虛。高宗即位後，他多次拒絕各方延攬，紹興三年（1133）至行在（杭州），見宰相呂頤浩及樞密使徐俯（1075～1141），拜宣義郎，但未幾求去。紹興八年（1138）十二月乙卯（初三），詔威武軍（即福州）送他來朝，他仍力辭。十年（1140），他挈家寓杭州，卒年七十五。

〔註17〕《會編》，卷五〈政宣上帙五〉，宣和四年五月九日丙寅條，葉四上下（頁39）；《東都事略》，卷一百二十五〈附錄三・金國傳上〉，葉三上下（頁1925～1926）；《宋史》，卷二十二〈徽宗紀四〉，頁410；《十朝綱要》，卷十八〈徽宗〉，宣和四年五月丙寅至乙亥條，頁524；《文獻通考》，第九冊，卷一百九十七〈經籍考二十四・史・傳記・北征紀實二卷〉，頁5687。考馬端臨引陳振孫（1179～1262）的評論，指蔡絛所撰的《北征紀實》，敘述伐燕本末，卻只歸罪童貫和蔡攸，無非為蔡京文飾其過，所記有偏頗，不可盡信。陳氏認為蔡京之罪不可掩。

〔註18〕《宋史》，卷二十二〈徽宗紀四〉，頁409～410；《編年綱目》，卷二十九，頁742；《宋會要輯稿》，第九冊，〈職官七十七・起復〉，頁5146；第十三冊，〈食貨七十・蠲放雜錄〉，頁8208～8209。按宋廷在宣和四年正月丁亥（廿七），

正月壬寅（初六）卒，而早在宣和二年六月戊寅（初九）致仕的蔡京，也失去影響力，[註19] 宰執中只有鄭居中獨力反對，但徽宗主意已決。

　　童貫在五月庚辰（廿三），率軍至宋遼邊境的重鎮雄州。他分雄州、廣信軍為東西路，以种師道總東路兵，屯白溝。王稟將前軍，楊惟忠將左軍，种師中將右軍，王坪將後軍，趙明、楊志（？～1125 後）將選鋒軍。辛興宗總西路之眾，屯范村。楊可世、王淵將前軍，焦安節將左軍，劉光國、冀景將右軍，曲奇、王育（？～1125 後）將後軍，吳子厚、劉光世將選鋒軍，並聽劉延慶節制，童貫可說盡出陝西軍精銳。童貫的宣撫司揭榜示眾，重申宋廷四月初十之詔書，號召燕民來歸。諸軍既集後，童貫以种師道為中軍，並召開軍事會議，商議進兵。种師道在會議中力言不可，稱前議他皆不敢與聞，今日此番招納事，安可輕舉，並說：「今日之事，譬如盜入鄰舍，不能救，又乘之而分其室。且師出無名，事固無成；發縱之初，宜有所失。」童貫不聽，說「今日之軍事，上既有成算，第籍公威名以鎮服耳，第行勉旃，謀之不臧，不以罪也。」他並亮出御牌，令种不得辭。楊可世也持異議，對童貫說：「事起之由，毫髮未嘗預。一臨利害，若倉卒失計，我輩要領固不足惜，恐有不虞，辱國為重，願熟計而後行。」童貫尚未回答，先前不同意伐遼的知雄州和詵卻又迎合童貫，責備楊可世說「公自謂有萬人敵，膽氣絕人，視堂堂之師，如摧枯拉朽。今日觀之，儒夫耳。燕薊之民，真若沸羹望我以蘇。倘金鼓一鳴，必便比肩係頸，簞食壺漿以迎王師，豈有他哉？公欲扇虆敗我事耶？」楊可世於是默然不語。童貫即命支持他的和詵副种師道，以楊可世為前軍統制。童貫並非完全漠視將士之意見，馬上出兵。他來一個先禮後兵，先行招降。他下令以素車壯士馳往燕京，用和詵之議，降黃榜及旗，述弔民伐罪出於不得已之意，若有豪傑以燕京來獻，即除節度使。又嚴令宋軍無得邀功生事，如敢殺人，並從軍法。他又命趙良嗣草書，令歸朝官張憲（《東都事略》作張寶）、趙忠往見耶律淳，諭以禍福，諭他舉國內附。[註20]

　　　　以江浙被方臘焚劫州縣，故除免租賦三年，惟議者皆謂姑息太甚，致京師上
　　　　供糧斛、錢帛及逐路漕計怕無以善後，而常平錢穀又無以賙濟復業之民，於
　　　　是委譚稹和陳亨伯，以及兩浙、江東帥司、轉運、提刑、常平及廉訪所四處
　　　　審度，參酌措置，限一月內上聞。據此詔可知譚稹在宣和四年正月至二月仍
　　　　在江浙措置善後之事。他大概在三月丁憂而一度罷職，至五月起復任事。

〔註19〕　《宋史》，卷二十二〈徽宗紀四〉，頁 406～407。

〔註20〕　李天鳴：〈宋徽宗北伐燕山時期的反對意見〉，頁 277～279；《宋會要輯稿》，
　　　　　第十四冊，〈兵八‧出師二‧大遼附〉，頁 8763；《十朝綱要》，卷十八〈徽宗〉，

　　童貫從征的將佐中，這裡值得一談是和趙明同將選鋒軍的楊志。他是否就是《水滸》的梁山好漢青面獸楊志的原型？牟潤孫太老師前引的一文便認為這個楊志就是宋江之黨，他同意余嘉錫（1884～1955）先生的意見，楊志所領之選鋒兵，即宋江之兵。他引用《會編》引《靖康小雅》及李綱（1083～1140）《梁谿集》卷五十二的記載，證明那個隨种師中救太原的「招安巨寇」武節郎楊志，就是同一人。華山教授（原名芷蓀，1910～1971）早年亦撰有一篇短文，將這個招安巨寇楊志聯想到《水滸傳》的「青面獸」楊志，並從李綱的《梁谿集》找到三條有關這個楊志的記載，其中牟師已引卷五十二〈奏知賞罰董有林冀景等劄子〉，記時官武節郎的楊志，隨种師中先次收復榆次縣，當大兵潰時，他不免退師。惟李綱說楊志能收集殘兵，保據平定軍，屢次立功，殺退敵兵，李綱就請免他降官，更轉一官。另卷五十三〈奏知賈瓊等功狀劄子〉，記楊志在壽陽縣（今山西晉中市壽陽縣）立功，另卷五十四〈奏知劉鞈欲由壽陽進兵劄子〉，亦記李綱想派王淵與劉鞈、劉士元等合軍，由壽陽進發，並遣楊志和賈瓊等出奇搗虛，與土豪秦中寶等乘夜會合，直趨太原。華山據此即認為這個楊志可能就是种師中麾下的楊志，也許是「青面獸」楊志的原型。不過，據新出土的劉寶墓誌銘所記，南宋初年抗金名將劉寶（1095～1141）在宣和四年初，曾從童貫大將楊志於中山府，後來繼隸王淵。稍後，他再從楊志征燕山，他每戰身先士卒。是年九月，又從楊志平檀州盜馬威，曾奮力救楊志於敵中。宣和七年二月，他隨楊志領兵收

宣和四年五月乙亥條，頁524；《編年綱目》，卷二十九，頁742；《東都事略》，卷一百四〈和詵傳〉，葉六下（頁1600）；卷一百七〈种師道傳〉，葉二上（頁1635）；卷一百二十一〈宦者傳・童貫〉，葉三上（頁1867）；《宋史》，卷二十二〈徽宗紀四〉，頁410；卷三百三十五〈种世衡傳附种師道傳〉，頁10751；卷三百五十〈和斌傳附和詵傳〉，頁11081；《會編》，卷六〈政宣上帙六〉，宣和四年五月十三日庚午條，葉五下至八下（頁40～41）；卷七〈政宣中帙七〉，宣和四年六月三日庚申條，葉十上（頁51）；卷六十〈靖康中帙三十五〉，靖康元年十月二十九日辛酉條，葉八上至九上（頁447～448）；曾敏行：《獨醒雜志》，卷十，第237條，「种師道罷兵柄謝表」，頁75～76；彭百川：《太平治蹟統類》，卷二十六〈契丹女真用兵始末〉，葉十三上。考《獨醒雜志》記种師道從涇原便道往高陽關（即河間府）見到童貫。童問他出師之日，而种就極言不可攻遼，但童貫就叫他不必多言。种、童爭議應否伐遼，究竟是在河間府抑在雄州？群書所記有岐異，筆者認為在雄州較有可能。又《會編》記童貫至河間府，分大軍為東西兩路。《十朝綱要》則將童貫分軍繫於童貫駐軍雄州後。現從《十朝綱要》之記。又《太平治蹟統類》記童貫在四月至雄州，分兵兩路，和詵總東路，种師道總西路。疑是誤記。

捕高托山。這裡提到的楊志，筆者認為乃是童貫這次征遼，將東路兵的選鋒軍的大將楊志，而非後來在靖康元年五月种師中援太原，在种麾下任選鋒而避不戰的「招安巨寇」楊志。按劉寶追隨、奉命平高托山的楊志，在童貫征遼時，與种師中名位相當（种時將東路兵右軍），似不太可能變成种師中麾下，官僅是從七品的武節郎（按在政和二年九月由左藏庫副使、東作坊副使、西作坊副使改）的一員偏將。疑這時同名楊志有兩人，需要更多出土資料才能確定此楊志就是彼楊志。〔註21〕

　　據李天鳴的研究，童貫出兵後，朝內外仍有不少反對意見。宋廷下令妄議此事者必罰無赦。是月壬午（廿五），拱衛大夫平海軍承宣使兼廉訪走馬公事王仲通（疑為王仲千）仍上書給領樞密院事鄭居中，說北伐幽燕十不可。指出滅遼後會有女真為患，誰能保女真不犯。另指燕山北道數千里，皆平原曠野用眾之地，無險可守。恐宋軍眾寡不敵，且宋軍逐路戰卒，各不過數萬人，遼若傾國而來，未必取勝。他又指出西夏常有意入侵，陝西各路精兵調往北邊後，就會給西夏有機可乘。更重要的是，他指出各邊儲備不廣，千里饋糧，士有飢色。雖然王的分析有理，但他也是白說，鄭居中無法改變徽宗及童貫取勝的盲目樂觀。〔註22〕

〔註21〕《會編》，卷四十七〈靖康中帙二十二〉，靖康元年五月九日甲戌條，葉七上（頁354）；李綱（撰），王瑞明（點校）：《李綱全集》（長沙：嶽麓書社，2004年5月），中冊，卷五十二〈奏知賞罰董有林冀景等箚子〉頁595；卷五十三〈奏議・奏知賈瓊等功狀箚子〉，頁601；卷五十四〈奏知劉鞈欲由壽陽進兵箚子〉，頁612；牟潤孫：〈折可存墓誌銘考證兼論宋江之結局〉，頁216；華山：〈關於楊志──讀史偶得之一〉，載華著：《宋史論集》（濟南：齊魯書社，1982年11月），頁155～157；王瑞來：〈墓志書寫：復原一個武將的一生──《大宋故贈寧武軍節度使劉公墓志銘》考釋，兼說研究對墓志的利用〉，載沈翔、何忠禮（主編）：《第三屆中國南宋史國際學術研究會論文集》（杭州：浙江大學出版社，2017年11月），下冊，頁423～434，劉寶墓志錄文見頁432～434。

〔註22〕考王仲通子王繪（？～1134後），在紹興四年（1134）九月使金，徐夢莘將王仲通之書附於該條下。惟筆者懷疑《會編》所記上書給鄭居中的廉訪使王仲通其實是王仲千的訛寫。據《摛文堂集》卷六有〈入內皇城使資州刺史王仲千可遙郡團練使制〉，另據《宋史・食貨志下三》、《宋會要》及《長編紀事本末》，從崇寧四年九月到大觀四年八月措置解鹽事務的提點陝西等路解鹽、引進使耀州觀察使帶御器械內臣王仲千，是否與十一年後上書鄭居中的廉訪使王仲通為同一人？待考。參見《會編》，卷一百六十三〈炎興下帙六十三〉，紹興四年九月十九日乙丑條，葉十上至十二下（頁1180～1181）；《宋史》，卷二十七〈高宗紀四〉，頁514；卷一百八十一〈食貨志下三・鹽上〉，頁4424～4425；卷三百七十六〈魏矼傳〉，頁11632；慕容彥逢：《摛文堂集》，卷六

　　不過，童貫在五月庚午（十三）給徽宗的奏報，卻言及宋軍後勤種種問題，他說在四月辛亥（廿三）到高陽關，整促行軍之備，卻見「河朔將兵驕惰，不練陣敵，軍須之用，百無一有。如軍糧雖曰見在，粗不堪食，須旋舂簸，僅得其半，又多在遠處，將輸費力，軍器甚闕。雖於太原、大名、開德支到封樁各件，不足或不適用，至於得地版築之具，并城戍守禦之物，悉皆無備。蓋河朔二百年，未嘗講兵，一旦倉卒，責備頗難。」他說聞知易州軍民萬人，願獻城壘，但以西兵未來，未敢出應。他向徽宗訴苦，說自己「雖夙夜竭力經營，漸向就集，然尚慮將輸及軍須、守具、版築之類，備之稍緩，更遷延旬日，復失事機」。他請求徽宗下旨令河北漕臣，中山、真定、高陽關路帥臣，究心辦集軍須，並催促已差下將兵，星夜赴本司集結。童貫向徽宗陳述的狀況，應該是他碰到後勤不足的問題，而不是為了爭取更多兵糧而作不實報告。他所統領的大軍，其實本身問題不少。〔註23〕

　　童貫當然希望可不戰而屈人之兵，他命趙良嗣代他草書向耶律淳招降，以為書到耶律淳會馬上舉國內附，完全是一廂情願。招降書提到他與耶律淳有一面之契，希望以此勸說他歸降。事實是他所派的兩個使者，原為遼人後投宋的「歸朝官」張憲、趙忠，一到燕京，就被耶律淳執而斬之。童貫又令改名為趙翊的遼人董龐兒，派使臣譚九殿直等數人遊說易州土豪史成獻其地，史成卻將其人執送燕京又斬之。童貫再募馬擴以閣門宣贊舍人出使，五月乙亥（十八）晚，馬率十五人攜軍書過白溝入燕。有漢兒涿州（今河北保定市涿州市）人劉宗吉私下見馬擴，許開涿州門以獻，馬就付以兩榜文並童貫所贈的新履為憑信。到遼界涿州新城縣（今河北保定市高碑店市東南新城），耶律淳派耶律大石為西南路都統，以牛欄監軍蕭曷魯為副將，領一千五百餘（一說二千）騎屯新城，質問馬擴既是信使，為何結劉宗吉獻城？馬擴詭稱金兵已至山後，宋朝乃是遣兵救燕，劉宗吉來投，安得不納？耶律大石表示本來要拘留馬擴，但既然他來通和，就不想太甚。馬擴見到耶律淳，耶律淳派秘

〈入內皇城使資州刺史王仲千可遙郡團練使制〉，葉一下；《宋會要輯稿》，第七冊，〈職官三十六・內侍省〉，頁3899；第八冊，〈職官六十・久任官〉，頁4677；第十一冊，〈食貨二十四・鹽法三・鹽法雜錄〉，頁6534；《長編紀事本末》，第八冊，卷一百三十七〈徽宗皇帝・解池鹽〉，葉四下至七上（頁4145～4151）；李天鳴：〈宋徽宗北伐燕山時期的反對意見〉，頁279～280。
〔註23〕《會編》，卷六〈政宣上帙六〉，宣和四年五月十三日庚午條，葉四下至五上（頁39～40）。

書郎王介儒（？～1124 後）、都官員外郎王仲孫帶回書，同馬擴往雄州。臨行前，耶律大石對王介儒和馬擴說：「兩國和好，不欲留使人，使人食罷可行，為傳語童貫，欲和，即還作善鄰；不和，請以兵相見，毋令諸軍徒苦也」。遼軍擺出一副戰鬥格。〔註 24〕勸降不成，童貫已是箭在弦上，不得不發。宋遼自景德元年（1004）訂澶淵之盟，到宣和四年，已有一百十八年未再交鋒，這場被稱為宋遼第二次戰爭或燕山之役一觸即發。

　　這場大戰，李天鳴二十多年前所撰的〈宋金聯合攻遼燕京之役——燕山之役〉，對其經過有很詳細的考述，值得參考。〔註 25〕

　　據群書所記，在五月底發生的宋遼白溝河之戰，如上面所述，遼主耶律淳先派耶律大石與蕭曷魯領奚、契丹騎兵二千人屯涿州新城。不久，又派蕭幹率號稱常勝軍的契丹、渤海、奚、漢四軍，合二萬南下增援。遼軍都是精銳部隊，士氣高昂，加上在本國作戰，熟識地形。相反，童貫情報錯誤，以為遼軍會不戰而降，竟然命令宋軍不可殺遼軍一人一騎，當种師道率東路軍進至宋遼界河的白溝，剛立營寨時，就收到白溝河發現遼軍的警報。沙場老將的种師道，不知何故，竟然不加思索就傳達童貫的命令，說「燕，吾民也，苟王師力能接納，自來歸附，但堅壁為備，必有內變，切不可殺一人。」五月戊寅（廿一），宋軍陣於白溝。己卯（廿二），前軍先鋒率騎兵數千人向白溝前進，楊可世誤信和詵的話，以為遼軍會歸降，就毫無作戰的準備。癸未（廿六）他派部將趙明領一軍趨蘭溝甸，招撫遼軍。耶律大石早率遼軍在白溝北嚴陣以待。趙明在河橋向遼軍諭以禍福，並將招降的黃榜和旗幟給遼軍。耶律大石即時毀掉旗榜，一邊大罵，一邊麾軍猛射宋軍。楊可世面對如此局面，馬上飛報种師道，請求迎戰。种與眾將商議後，即派涇原將趙德率部前

<hr>

〔註 24〕《宋會要輯稿》，第十四冊，〈兵八・出師二・大遼附〉，頁 8763；《編年綱目》，
　　　　卷二十九，頁 742～743；《東都事略》，卷一百二十一〈宦者傳・童貫〉，葉三
　　　　上（頁 1867）；《會編》，卷六〈政宣上帙六〉，宣和四年五月十三日庚午條，
　　　　葉六下至十二下（頁 40～43）；卷七〈政宣上帙七〉，葉二下（頁 47）；葉七
　　　　上（頁 49）；卷八〈政宣上帙八〉，宣和四年六月六日癸巳條，葉六下至八上
　　　　（頁 55～56）；《契丹國志》，卷十一〈天祚皇帝中〉，頁 139～140；據馬擴的
　　　　自敘，他臨行前以三事白童貫，一請戒將士勿使求取珍寶，遞相獻遺，以嚴
　　　　軍律；第二請勿妄殺降人，以安燕人之心；第三願審量事勢，使機舉用，勿
　　　　以使人為念。關於馬擴出使北遼的經過，可參見姜青青：《馬擴研究》，第二
　　　　章〈冒險使遼，舌戰群雄〉，頁 68～85。
〔註 25〕李天鳴：〈宋金聯合攻遼燕京之役——燕山之役〉，載《第二屆宋史學術研討
　　　　會論文集》，頁 283～305。

往增援。楊可世也命宋軍退守白溝南，而派趙明攻擊遼軍。遼軍在耶律大石指揮下，向西奔馳。楊可世命趙德趕緊往西面的上流阻止遼軍渡河，但已不及。遼軍向趙德部衝擊，趙德是老將，見形勢不對，立刻率部退避。楊可世見此，一方面痛斥趙德懦怯，一方面親率軍阻擋從西面來的遼軍。遼騎分東西兩翼，包圍楊可世。在河橋的趙明也抵擋不住北面來攻的遼軍。楊可世和趙明都被遼軍擊敗於蘭溝甸。楊可世且被遼流矢所中，深入肉骨，血滿戰靴。楊可世身負重傷，奮勇突圍，殺遼兵數十名，才脫身而回。丙戌（廿九），耶律淳派蕭幹增兵二萬人來援，乘夜渡過白溝向宋軍挑戰，逢种師道進兵白溝，被耶律大石和蕭幹掩擊而敗北。种師道命人一直敲擊戰鼓，遼軍以宋軍有備，且宋軍壁壘堅固，便退回北岸。种師道在南岸駐紮，遼軍每天來挑戰，宋諸將都想迎戰，但种師道持重不許，只令宋軍據營壘固守。丁亥（三十），蕭幹又向范村的宋軍攻擊。蕭幹登孤山，張蓋據胡床以觇宋軍，須臾引去。不久，遼軍來戰，王淵、劉光遠、翟進與降將趙翊（即董龐兒）各勒所部兵迎戰，遼軍將宋軍團團圍在山下，王淵中長鎗受傷幾墮馬下，一時勝負未決。辛興宗派中部將楊可弼增援，又親到營門外督戰，遼軍才退走。宋軍兩路均受挫。和詵勸种師道斬前軍統制楊可世，號令諸將，以明宣撫司出旗榜本意。种說楊可世乃童貫愛將，不從和詵之議。其實是和詵誤導楊可世，他才最應問罪。這一仗宋軍事先準備不足，也不知遼軍的虛實，被動應戰下，雖然宋軍力戰，仍被遼軍擊敗。遼將耶律大石與蕭幹都是智勇雙全的人，麾下都是遼軍最能戰的。宋軍遇上他們，就不像對付方臘軍那樣容易。〔註26〕

宋軍敗北後，种師道奉童貫命令，與和詵及楊可世諸將商議該進軍還是撤兵。諸將都說非得西師來援，就兵力不濟。但聞得辛興宗西路軍也受挫，

〔註26〕李天鳴：〈宋金聯合攻遼燕京之役——燕山之役〉，載《第二屆宋史學術研討會論文集》，頁289～290；《宋會要輯稿》，第十四冊，〈兵八・出師二・大遼附〉，頁8763；《編年綱目》，卷二十九，頁742～743；《會編》，卷七〈政宣中帙七〉，葉四下至八下（頁48～50）；《十朝綱要》，卷十八〈徽宗〉，宣和四年五月乙亥至丙戌條，頁524；《東都事略》，卷十一〈本紀十一・徽宗二〉，葉六上（頁223）；卷一百四〈和詵傳〉，葉六下（頁1600）；《宋史》，卷二十二〈徽宗紀四〉，頁410；《宋史全文》，卷十四〈宋徽宗〉，頁972；《契丹國志》，卷十一〈天祚皇帝中〉，頁140。關於楊可世兵敗於蘭溝甸的月日，《會編》、《十朝綱要》、《宋會要輯稿》及《宋史全文》均記為五月癸未（廿六），惟《宋史》繫於五月丙戌（廿九），疑《宋史》將蘭溝甸與白溝二戰混而為一。另《東都事略》也未記具體日子，只說楊可世之師與遼人戰於涿州之新城，敗績。种師道進軍白溝，為蕭离不（即蕭幹）所襲。

遼暫不可圖，主張回師雄州休整再議去就。和詵推說遼軍初時並無戰意，只是楊可世擅過界討殺，致兵結不解，現時方與遼軍對壘，若宋軍退兵，就示人以弱。倘遼軍乘機追襲，事則不測。种師道令他作議狀，稟告童貫。辛興宗也表示遼軍勢大，不宜進軍。這時參議官劉鞈到來問种師道戰況，种說遼兵勢尚盛，燕人沒有應宋方歸順，只怕是邊臣情報誕謾誤國事。劉鞈即馳報童貫與蔡攸請求班師。童貫不得已，令兩道兵皆退。令至，楊可世對种師道說，遼軍知宋軍無功而退，必會從後追襲。他建議晚上先發輜重，半夜進軍，使銳兵殿後，等到敵軍知道，宋軍已退師。但种師道不聽，翌日早晨，宋軍鳴金鼓班師。遼軍果然以輕騎尾擊宋軍，至古城鏖戰，宋五軍大亂，种師道幾不免。六月庚寅（初三），宋軍返抵雄州，童貫下令宋軍不得入城，敗退的宋軍呼號以門不可閉。楊可世與婿馬彥傳及大將楊惟忠與遼追兵大戰於城下，童貫派辛企宗率領他的親兵勝捷軍援之。（按：據趙雄〔1129～1194〕及彭百川所記，勝捷軍是童貫在政和八年從諸軍伉健少年中精選出來的親軍牙兵，每禁軍一指揮所選只一二人或三四人，皆是人物魁梧和武騎超絕的，共有五千餘人，一作九千人）。這時天色黑暗，又刮起北風，兼大雨震雹如拳椀，宋軍大亂不能相視，自午時至申時，風雨越急。种師道急呼馬來，與監軍崔詩聯騎而奔。种師道帶頭逃走，宋士卒便驚惶奔走，自相踐踏，兵甲填滿山谷。遼軍追至古城南，宋軍望南而潰。遼軍攻入從雄州之南，莫州（今河北滄州市任丘市北）之北塘泊之間，以及雄州之西，保州、真定一帶，宋軍死尸相枕籍，不可勝計。原本反對童貫伐遼的知真定府沈積中以其事奏聞，是月庚戌（廿三），童貫即向宋廷嚴劾种師道等失律之罪，以种師道「天姿好殺，臨陣肩輿，助賊為謀，以沮聖意」，而和詵「不從節制，乞行軍法，侯益查探不實，妄請興師，請行軍法」。徽宗聞宋軍戰敗甚懼，即詔班師，派諸將分屯要塞。宋廷將种師道押赴樞密院治罪。領樞密院事鄭居中勸种師道認罪，但他不從。王黼大怒，七月甲申（廿八），將种責授右衛將軍致仕，並以童貫劾奏和詵不從節制，玩寇誤國，將和詵自通侍大夫、相州觀察使責授亳州團練副使筠州安置，侯益責知濠州（今安徽滁州市鳳陽縣）。據陳均所記，和詵反覆無常，當初一直贊成伐燕，及見事不妙，又派其子和璟詢蔡京，以為不宜取。童貫錯用他，實是自取其敗。〔註27〕

〔註27〕《會編》，卷七〈政宣中帙七〉，宣和四年六月三日庚寅條，葉七下至十一上

　　宋軍慘敗，最應該負責自然是童貫，他主持伐遼；但對遼的軍政情況，
一無所知，情報做得極差，卻一廂情願以為耶律淳的北遼政權會望風來歸，
或燕民會反遼投宋，而他就可以不戰而屈人之兵，輕易收復燕雲，成就不世
大業。他的盲目樂觀令他聽不入戰前所有的逆耳之言，他頒下的不可殺一人
的軍令，就令宋軍初時遇敵縛手縛腳，十分被動。李天鳴認為錯判敵情和戰
略指導錯誤，是徽宗的責任。不過，筆者認為徽宗絕少像其父神宗將從中御，
他完全相信童貫的判斷與建議，故責任應屬童貫。至於童貫所挑選的主將是
年已七十二的宿將种師道，雖然在童貫開邊西北，迎擊西夏及青唐戰役中屢
立戰功，頗有威名；但觀乎种在這次白溝河之役的指揮能力，特別是應變能
力之不濟，真有英雄遲暮之感。李天鳴也同意宋軍失敗，確因种不肯聽楊可
世的忠告。他的僚屬康隨（？～1135 後）曾為他的失敗辯護，說他既未參預
伐燕之謀，卻被童貫強委與任，出師前又屢言不可，另又節制不得童貫麾下
的驕兵悍將。他另一僚屬折彥質（1080～1160）為他寫行狀，又說他幸而命諸
軍各備一巨梃，故退兵時不致大敗；但二人為种辯護的理由，卻掩蓋不了的
事實，是种師道既無與遼軍決戰的鬥志，也失去了當年臨事當機立斷的能力。
雄州兵潰，他的屬僚如何為他申辯，也開脫不了他的責任。童貫說借种的威
名以鎮懾敵人，卻不知那只是宋人自吹的虛名。童貫挑選种師道為伐遼的前
敵主將，就欠知人之明。〔註 28〕

　　（頁 49～51）；卷六十〈靖康中帙三十五〉，靖康元年十月二十九日辛酉條，
　　葉八上至九上（頁 447～448）；《十朝綱要》，卷十八〈徽宗〉，宣和四年六月
　　庚戌條，頁 524；七月辛巳條，頁 525；《編年綱目》，卷二十九，頁 743；《東
　　都事略》，卷一百四〈和詵傳〉，葉六下（頁 1600）；卷一百十一〈忠義傳·劉
　　韐〉，葉五下至六上（頁 1710～1711）；《宋史》，卷二十二〈徽宗紀四〉，頁
　　410；卷二百五〈劉韐傳〉，頁 13163；卷三百五十四〈沈積中傳〉，頁 11164；
　　杜大珪（編）：《名臣碑傳琬琰之集上》，卷十三〈韓忠武王世忠中興佐命定國
　　元勳之碑〉（趙雄撰），葉八上；《宋會要輯稿》，第八冊，〈職官六十九·黜降
　　官六〉，頁 4902；曾敏行：《獨醒雜志》，卷十，第 237 條，「种師道罷兵柄謝
　　表」，頁 91～92；彭百川：《太平治蹟統類》，卷三十〈兵制損益·徽宗〉，葉
　　三十四上下；洪邁：《夷堅志》，甲集卷十三，「馬簡冤報」條，頁 116。童貫
　　麾下的勝捷軍狀貌如何，據洪邁所記，有一個泰州人馬簡，是農家子，長六
　　尺餘，軀幹偉然。他因誤殺人，府帥奇其人，就黥為卒而赦其死，後來童貫
　　擇健兒好身手者為勝捷軍，馬簡就被選上。
〔註 28〕《會編》，卷七〈政宣中帙七〉，宣和四年六月三日庚寅條，葉九下至十一上（頁
　　49～51）；卷八〈政宣上帙八〉，宣和四年六月六日癸巳條，葉八上（頁 56）；
　　卷六十〈靖康中帙三十五〉，靖康元年十月二十九日辛酉條，葉八上至九上（頁
　　447～448）；李天鳴：〈宋徽宗北伐燕山時期的反對意見〉，頁 293～294；姜青

童貫這次一意以為可以順利收復燕京，卻意外地遭遇挫敗，一氣之下，就找了种師道與和詵作替罪羊。另外，也將反對他伐燕並向宋廷奏報不利軍情的知真定府沈積中罷為提舉上清寶籙宮。但他並不甘心，仍謀再舉。據《宋史全文》事後孔明式的記述，童貫在出兵雄州前也遇上凶兆，雄州忽然地震，雄州州衙之正寢忽見玄武狀的一龜一蛇，龜大如錢，朱蛇僅似筋。童貫和蔡攸敬拜之，藏之於銀合，置於雄州真武廟。然二物明日俱死。另又有馬生兩角，長各寸，四足皆出距。人們以為這是龍馬。童貫將之進御，不過徽宗卻識之不是吉祥物而不樂。〔註29〕

據兩宋之際的陳巖肖（1110前～1174後）及曾敏行所記，燕山招納之舉，多出於蔡攸。蔡攸與其父蔡京晚年爭權相忌，甚至以茶湯相見，不交他語。但童貫及蔡攸出師時，蔡京卻以詩寄子，詩曰：

老懶身心不自由，封書寄與淚橫流，百年信誓當深念，三伏征途合少休，目送旌旗如昨夢，心存關塞豈新愁。縉衣堂上清風滿，早早歸來醉一甌。

徽宗聞此大煞風景的詩，即命內臣鄧拱索之。蔡京即錄呈上。這時徽宗剛收到白溝兵敗的消息，為了不想挫折士氣，讀後就慢慢說，「好改作六月王師好少休」。陳巖肖和曾敏行均說，觀蔡京此詩，亦深知此役之非，惟批評他為何不早向徽宗進諫而力止蔡攸之行。〔註30〕不過，吳曾卻懷疑蔡京作此詩，無非為將來兵敗開脫責任。吳曾指出在政和中，就是蔡京首建平燕之議，又招納李良嗣為謀主，又以妖人王仔昔服錦袍鐵幘為大將，本來計議已定，會王仔息抵罪伏誅，事才止。吳曾說王黼所為，其實是推行蔡京之意。他說蔡京

青：《馬擴研究》，第二章，頁91～92。據《會編》引馬擴《茆齋自敘》所說，馬擴在在六月癸巳（初六）經白溝回到雄州，至种師道營，他扣轅門，統制楊惟忠來迎，馬入見种師道略言燕地事，他說凡軍必居高以利戰，現种營東西北背逼林木，恐遼軍乘風聲而來，兼白晝眺望，亦費力。种從其議而遷營。倘馬擴所言無誤，种師道作為主帥，他立營安寨的判斷就很有問題。姜青青稱許馬擴不以官小而不敢言，而是言無不盡，种師道可貴在於知錯即改，納諫如流。

〔註29〕《宋史全文》，卷十四〈宋徽宗〉，頁973～974；《宋史》，卷三百五十四〈沈積中傳〉，頁11164。

〔註30〕陳巖肖：《庚溪詩話》，文淵閣《四庫全書》本，卷上，葉二十上；曾敏行：《獨醒雜志》，卷五，第133條，「蔡京父子爭權相忌」，頁45；《會編》，卷七〈政宣上帙七〉，葉一上（頁46）。考《會編》所錄蔡京詩文字略有出入，詩云：「老慣人間不解愁，封書寄與淚橫流，百年信誓當深念，三伏修塗好少休，目送旌旗如昨夢，身非帷幄若為籌。縉衣堂下清風滿，早早歸來醉一甌」。又陳、曾二人所記蔡京之事相同，不知是誰襲取誰。

能盡欺世人嗎？不過，所謂蔡京使王仔昔為大將伐燕之說並非事實。〔註31〕朱熹也看出蔡京其實「作事都作兩下：取燕有功，則其子在；無功則渠不曾主，又有一子條上書，言其父不是聞，亦是其父之謀也。」〔註32〕不過，晚清的李慈銘（1830～1894）卻認為蔡京此時真的反對伐遼，雖則「蔡奸險，而富貴已足，且年老畏事，閱歷已深，自不願興仍要功。又知天下事已將潰敗，惟恐失其富貴，伐燕之事，成敗難知，利害分明，無所覬幸。此其阻止，非為國謀，正為身謀也。後人惡京，遂疑其事難信。」李氏沒有宋人對蔡京的恨惡情緒，較能客觀論析蔡京這時對攻遼的態度，筆者認為李氏之論可取。〔註33〕

　　徽宗為了知悉白溝兵敗之原因，就派剛自知宿州入覲的直秘閣宋暎（一作宋煥，1086～1161）乘驛按問童貫和蔡攸等，而盡得其狀。徽宗並不胡塗，不會相信童貫一面之詞。〔註34〕

　　當宋軍覆師於白溝時，先前派去燕京的馬擴和遼使王介儒和王仲孫在五月丁亥（三十）回到雄州。六月癸巳（初六），王介儒等見到童貫。因遼軍大勝，自然不會接受宋人歸附之條件，而採強硬態度。遼使留兩天，童貫便遣鐵騎送之歸去。〔註35〕

〔註31〕吳曾：《能改齋漫錄》，卷十〈議論・蔡元長欲為張本〉，頁298～299；《會編》，卷七〈政宣上帙七〉，葉一下至二上（頁46～47）；《宋史》，卷四百六十二〈方技傳下・王仔昔〉，頁13528；《十朝綱要》，卷十八〈徽宗〉，宣和二年正月癸卯條，頁513。考王仔昔是豫章（即洪州，今江西南昌市）人，屬符籙派道士，被稱為小王先生，是徽宗崇道教第二階段受寵信的術士，他在內丹派的王老志死後，因蔡京推薦，在政和五年十月獲授沖隱處士，政和六年三月封通妙先生。他繼承了王老志的神降活動，受徽宗寵信。他初受蔡京所引，卻又與蔡反目，不受蔡京控制。他在重和元年（1118）後被溫州道士林靈素所譖，而被投開封府獄殺之。據稱他之得罪，宦官馮浩之力最多（馮浩陷害王仔昔的情形和他的下場參看第五章頁147）。關於王仔昔得寵及被徽宗誅死的經過，可參閱汪聖鐸：《宋代政教關係研究》，第五章第二節〈崇道升溫階段・宋徽宗寵信術士王仔昔〉，頁166～169；方誠峰：《北宋晚期的政治體制與政治文化》，第六章〈道教、禮樂、祥瑞與徽宗朝的政治文化〉，頁251～254。

〔註32〕黎靖德（輯）：《朱子語類》，第八冊，卷一百三十三〈本朝七・夷狄〉，頁3193。

〔註33〕李慈銘（著），張寅彭、周容（編校）：《越縵堂日記說詩全編》（南京：鳳凰出版社，2010年4月），〈內編・評論門・考史類二〉，第二十四條，頁184～185。

〔註34〕周必大（1126～1204）：《文忠集》，卷三十一〈徽猷閣待制宋公暎墓誌銘・乾道二年〉，葉五上至六上。

〔註35〕《會編》，卷七〈政宣中帙七〉，宣和四年六月三日庚寅條，葉七上（頁49）；卷八〈政宣上帙八〉，宣和四年六月六日癸巳條，葉六下至九下（頁55～56）；《遼史》，卷三十〈天祚皇帝紀四・耶律淳傳附〉，頁399。

童貫與蔡攸以兵敗而返雄州，據《北征紀實》，河朔之民皆沿路載斗焚香，或以手掬香燼之，以為打了勝仗。二人自然有苦自己知。己亥（十二），宣撫司收到班師詔書，徽宗令諸將分屯要地，並令童貫作書約遼李處溫作內應。〔註36〕

據《會編》所載，當馬擴歸來向童報告使遼經過時，童貫幕僚多有責難，但童貫不以為意，對馬撫慰嘉獎之餘，還問北遼以誰為首，馬回答是李處溫。在座的趙良嗣喜形如色，說他在遼時，與李處溫交好莫逆，論及天祚帝失德事時，李欲與趙南歸宋，嘗於北極廟拈香為盟。若他書到，李必為內應。童貫於是命趙良嗣以書約之，募諜者投書，並約馬柔吉等，令結義士開門迎降。〔註37〕

徽宗君臣正為伐遼失利而氣惱時，當日方臘之亂，守秀州有功、新任提舉江南茶鹽事的朝臣朝散郎宋昭，卻不顧宋廷有旨以妄議北事者必罰無赦之令，再上奏反對伐遼。他以女真無信義，必會敗盟，並嚴厲批評「比者王黼、童貫力引狂生李良嗣、董才之徒，妄興邊事」，而童貫「提重兵，久屯塞上，倉廩府庫為之一空，官卒兵民死亡無數。前所陳奏，悉皆誕妄，財用尚可復全，死者何由更生，欺君罔上，蠹國害民，罪不容誅。臣願斷此數人頭，以謝天下。」他又指出「李良嗣、董才皆北虜叛臣，心懷怨望，故附會邊臣，撰造虛語，欲假中國之勢，以復私讎耳。」更警告宋廷，「今女真性剛狠，善戰鬥，茹毛飲血，殆非人類，北虜以夷狄相攻，尚不能勝，儻與之鄰，則將何術以禦之？不過修盟誓以結鄰國之外好而已。本朝與北虜通好，百有餘年，一旦敗之女真，果能信其不渝乎？異日女真決先敗盟，為中國之患必矣！此理之必然，事之必至，雖使伊周復生，不能易此議也。」宋昭句句忠言，但王黼如何聽得入耳，惱羞成怒下，奏告徽宗，九月丁巳朔（初一），宋廷以宋

〔註36〕《會編》，卷八〈政宣中帙八〉，宣和四年六月六日癸巳至十二日己亥條，葉九下至十下（頁56～57）。

〔註37〕《會編》，卷八〈政宣上帙八〉，宣和四年六月十二日己亥條，葉十上至十三下（頁57～58）；《宋史》，卷四百七十二〈姦臣傳二‧趙良嗣〉，頁13734；《契丹國志》，卷十一〈天祚皇帝中〉，頁141。姜青青：《馬擴研究》，第二章，頁92～94。據後來李處溫命其子李奭覆信予趙良嗣，自稱為表弟，則李、趙二人還是表親關係。而據《宋史‧趙良嗣傳》所載，趙在收復燕京後，上書徽宗求致仕，就說他「頃在北國，與燕中豪士劉範、李奭及族兄馬柔吉（按：趙良嗣本名馬植）三人結義同心，欲拔幽薊歸朝，瀝酒於北極祠下，祈天為約。」

昭上書狂妄，前後反覆，除名勒停，送廣南編管，作為妄議朝政之戒。戊午（初二），就將宋昭除名枷項編管連州（今廣東清遠市連州市）編管。〔註38〕

二、再敗燕山

徽宗下令宋軍班師不久，六月辛亥（廿四），局勢又起了變化，遼主耶律淳憂懼病亡。當他病臥於城南瑤池殿，自知不起時，密授李處溫蕃漢馬步軍都元帥，意屬以後事。李處溫及其子知隨駕翰林醫官院使李奭與朝臣陳泌等陰使奚、契丹諸貴人出宿侍疾。到耶律淳病篤，蕭幹等矯詔南面宰執入議，只有李處溫稱疾不至，陰聚勇士為備，假稱奉密旨以防變。耶律淳卒而無嗣，於是蕭幹擁契丹兵立國妃蕭氏為皇太后，權主軍國事，並改建福元年為德興元年。並奉遺命，迎立天祚帝次子秦王定為帝。蕭幹以蕭后之命，召李處溫，追毀先前所授都元帥剳子。李懼禍，落髮為僧。天祚帝知道耶律淳死，就下詔痛斥他僭位之罪，以及蕭后專國政之非，更點名李處溫父子為逆臣。李處溫父子怕天祚帝報復，就暗中派人通好童貫，欲挾蕭太后納土歸宋，而北通於金，以為內應。〔註39〕

〔註38〕《會編》，卷八〈政宣中帙八〉，宣和四年六月三日庚寅條，葉一上至六下（頁52～55）；《宋史全文》，卷十四〈宋徽宗〉，頁974；趙汝愚（編）：《宋朝諸臣奏議》，下冊，卷一百四十二〈邊防門・女真〉〈宋昭・上徽宗論女真決先敗盟〉，頁1602～1604；《編年綱目》，卷二十九，頁743～744；《宋史》，卷二十二〈徽宗紀四〉，頁410；《宋會要輯稿》，第八冊，〈職官六十九・黜降官六〉，頁4902～4903。宋昭是相州（今河南安陽市）人，曾任陝州靈寶縣（今河南三門峽市靈寶市）知縣，以論列陝西錢法獲召對，後守秀州有功，徽宗初欲授他監司，未到任。最後授提舉江南茶鹽事特轉一官。考他上奏的月日，《會編》繫於六月庚寅（初三），但《宋史全文》及《宋史》記他在九月丁巳（初一）才被責降。《宋會要》則記他以前提舉亳州明道宮，於九月辛酉（初五）除名勒停，送廣南編管。疑他的上奏要到八月底才達宋廷。他被貶後，到靖康元年臣僚言他當日上書切今日之病，詔他赴都堂審察。

〔註39〕《會編》，卷九〈政宣上帙九〉，宣和四年九月二十四日辛亥條，葉一上至四上（頁59～61）；《十朝綱要》，卷十八〈徽宗〉，宣和四年六月辛亥條，頁524～525；《宋史》，卷二十二〈徽宗紀四〉，頁410；《遼史》，卷二十九〈天祚皇帝紀三〉，頁386～387；卷三十〈天祚皇帝紀四附耶律淳傳〉，頁399；卷一百二〈李處溫傳〉，頁1587；《金史》，卷二〈太祖紀〉，頁37；《契丹國志》，卷十一〈天祚皇帝中〉，頁141～142。據《遼史》所記，耶律淳在六月已久病，聽到天祚帝傳檄天德軍、雲內、朔州、武州、應州、蔚州，合諸蕃精兵五萬騎，約以八月入燕京。并已派人問勞耶律淳，索衣裘和茶藥。耶律淳甚驚，命南北面大臣共議。李處溫和蕭幹有迎天祚帝次子秦王定而拒天祚帝之議，集蕃漢百官議之。群臣只有南面行營都部署耶律寧反

　　耶律淳之死導致北遼內部李處溫與蕭幹權力鬥爭，而讓王黼及童貫以為有機可乘，策反李處溫一系人馬，奪取燕京。七月辛巳（廿五），童貫與蔡攸從雄州和莫州回軍駐河間府。二人本來在兵敗後，相持而哭，只好招集亡潰，希望保著雄州。忽從知中山府詹度（？～1126 後）之奏知悉耶律淳死，並說燕人皆以契丹無主，願歸附朝廷。童貫又收到李處溫令其子李奭所答的密信，於是主張再興師。七月壬午（廿六），王黼命童貫與蔡攸再整軍，以名位最高的宿將檢校少傅、河陽三城節度使劉延慶代种師道為都統制，以其子耀州觀察使劉光世，同州觀察使浙西都鈐轄何灌為副統制，盡遣諸道兵二十萬（一說十五萬），另加役夫無數，約期九月會三關（即雄州、霸州、河間府）大舉。又分廣信軍（今河北保定市徐水縣西遂城鎮）兵駐安肅軍，遣張思正權領。宋廷又特賜劉延慶旌幢七寶、金槍、御袍束帶以寵其行。又詔童貫及蔡攸不用歸闕，並令異議者斬。八月丁亥朔（初一），童貫議兩道進兵，命劉延慶復營古城，劉光世及何灌駐兵廣信軍。第二波攻燕的行動又展開。〔註 40〕

　　童貫的參謀宇文虛中卻反對童貫和蔡攸出兵，他以剳子示二人，認為趁著耶律淳死，就可以找一個冠冕堂皇的理由罷兵，「寬我邊計，遷延歲月，得以為備」，並向遼和金都有所交待。但箭在弦上，童貫自然不納罷兵之議。〔註 41〕

〔註 40〕　對。耶律寧表示天祚帝若能以諸蕃兵大舉奪燕，則是天數未盡，豈能拒之？而且秦王是其子，自古安有迎子而拒父。李處溫以耶律寧撓亂軍心，要殺他。幸而耶律淳以其為忠臣而阻止，並且說天祚帝來，他惟有死耳，有何面目相見。耶律淳卒，年六十，臣下諡孝章皇帝，廟號宣宗，葬燕京西香山永安陵。《宋會要輯稿》，第十六冊，〈蕃夷二‧遼下〉，頁 9758；《宋史》，卷二十二〈徽宗紀四〉，頁 410；卷三百五十七〈何灌傳〉，頁 11226；《十朝綱要》，卷十八〈徽宗〉，宣和四年七月辛巳條，頁 525；《會編》，卷八〈政宣上帙八〉，宣和四年六月十二日己亥條，葉十二下至十三下（頁 58）；卷九〈政宣上帙九〉，宣和四年七月二十六日壬午至八月丁亥朔條，葉四上下（頁 61）；卷十二〈政宣上帙十二〉，宣和四年十二月十一日丙申條，葉七下（頁 86）。李奭是趙良嗣的表弟，當時的官職是守太常少卿知隨駕翰林醫官院使兼同勾當在京軍兵。

〔註 41〕　宇文虛中建議宋廷，「可明下詔書，謂前日之役，以淳篡立，今淳既亡，其國無主，幸災伐喪，非中國之義，仰邊臣按兵，不得出討。乃令雄州移文對境，喻以歲賜已到，不知交與何人。如此可黜契丹忿戾之心，寬我邊計，遷延歲月，得以為備。又於仁義恩威，一舉兩全。如女真我夾攻，亦當喻以元約止謂耶律延禧無道，今彼國再易主，不伐喪，義禮所在，人情所同，雖云夷狄，亦必心服。」參見朱勝非：《秀水閒居錄》，「佚文」，頁 360。

　　早在六月甲午（初七）出發的金通議使徒單吳甲和高慶裔，在八月丁酉（十一），由趙良嗣陪同持國書抵宋境，徽宗命他們先去高陽關見童貫，然後再赴京師。金兵從八月開始節節勝利，阿骨打於是月癸巳（初七）追襲天祚帝於大魚濼，再追至石輦鐸（《皇宋十朝綱要》及《契丹國志》作國崖），戊戌（十二），大破遼軍，擒遼都統蕭特末（《皇宋十朝綱要》及《契丹國志》作蕭規）及其姪撒古。天祚帝逃走，辛丑（十五），收集殘軍於歡撻新查剌，因金兵追之急，天祚帝棄輜重以遁。這時西夏軍數萬襲天德軍（今內蒙古巴彥淖爾市烏拉特前旗北五加河東岸），卻被阿骨打派偏師七千擊之。時值秋霖，水暴至，夏人溺死無數。金兵勝利後，暫休兵牧馬，屯於奉聖州（今河北張家口市涿鹿縣）東。九月己未（初三）金使入開封，徽宗詔以徽猷閣待制趙良嗣、起居郎檀倬為館伴使副。童貫之婿內臣李琮及其子童師禮奉命往班荊館押賜御宴。乙丑（初九）（按：《會編》作十一日丁卯）金使入見崇政殿，呈上阿骨打的國書。徒單吳甲稱聞知宋已遣童貫舉兵壓遼境，但未報金國，故遣他來聘。館伴趙良嗣就解釋說聞知金取西京，雖不得報，已令童貫舉兵以應夾攻之議，彼此不報，不必計較。聽了趙的解釋，金使就不說話了。徽宗厚待金使，差貴臣主宴會，錫賜金帛甚多，甚至賜御茶調膏，引登明堂，入龍德宮、蕃衍宅、別宅離宮，無所不至，禮數超過遼使數倍。四天後，徽宗詔二金使詣王黼第計議事，面授回書。翌日，又詔陞為檢校少傅開府儀同三司的梁師成臨賜御筵，所用的器皿供具皆出禁中，仍以繡衣龍鳳茶賜。甲戌（十八），徽宗命趙良嗣充大金國信使兼送伴使，保義郎閤門宣贊舍人馬擴為副，馬擴父馬政充同伴送使。同日，金使入辭崇政殿。徽宗令童師禮傳旨，說天祚帝尚在沙漠，請及早擒拿，童師禮又說今次國書是徽宗親筆所寫。宋金正式訂約夾攻遼國，宋方表明金兵到西京日，即遣童貫領兵相應。趙良嗣知道宋軍敗於白溝，怕無力履行前約攻遼，馬擴則認為請金人助攻燕京不可，但趙以宋廷之意已定，不可改變。〔註42〕

〔註42〕《會編》，卷九〈政宣上帙九〉，宣和四年九月三日己未條，葉七下至九上（頁62～63）；九月十八日甲戌條，葉十上至十二上（頁64～65）；《長編紀事本末》，第八冊，卷一百四十三〈徽宗皇帝·金盟下〉，葉一上至三上（頁4309～4313）；《十朝綱要》，卷十八〈徽宗〉，宣和四年八月戊戌至九月甲戌條，頁525～526；《編年綱目》，卷二十九，頁744；《遼史》，卷二十九〈天祚皇帝紀三〉，頁387；《金史》，卷二〈太祖紀〉，頁38；《契丹國志》，卷十一〈天祚皇帝中〉，頁143。趙良嗣與馬擴這次報聘金國的背景，及趙、馬二人和金人談判之取態不同，可參姜青青：《馬擴研究》，第三章〈折衝樽俎，孤身入燕〉，頁101～108。

　　就在趙良嗣出使不久，形勢對宋廷似乎甚有利。遼軍連月以來以塞上無警，留兵涿州新城的主將的蕭幹與耶律大石均以耶律淳卒，先後入燕京謀立蕭后，不暇到來白溝。於是劉延慶乘機派部將鄭建雄（？～1127後）、李紹等多次渡河侵掠，俘獲甚眾，而遼牛欄監軍領本族契丹會鄉社丁出沒於廣信界，被劉光世、冀景、趙明，任明擊敗，報稱破敵萬計（按：自然是誇大戰功，遼軍那有這麼多人）。童貫表其功，擢劉光世威武軍承宣使，寵錫甚渥。不久，宋廷又詔白溝河兵敗一度被貶的華州觀察使楊可世復赴宣撫司，聽候童貫差遣。童貫令楊守安肅軍（今河北保定市徐水縣）。這時宋軍士氣已逐漸恢復。九月辛未（十五），童貫久待的好消息到來：遼易州守將高鳳與衛尉少卿、通判王悰合議，遣僧明贊詣雄州約以易州降。童貫使劉延慶審問真實後，密令明贊先歸，期以二十日宋兵到易州城下接應，並許以厚賞。癸酉（十七），童貫檄劉光世率兵援易州，劉以冀景、趙明、翟進為先鋒，自己及楊惟忠為中軍，張思正為殿軍。丙子（二十），劉光世進軍至白溝，卻被遼牛欄軍千餘，從古城出來挑戰，宋軍以為是易州派人來納款，不作準備而為所敗，中軍與殿軍皆不得前，轉戰至古峰臺西復敗北。易州城內以為宋軍將至，高鳳先令漢人趙秉淵密為之備，盡殺遼人。後知悉宋軍不勝，相顧失色，最後聽從明贊所言，閉門固守以待宋軍。牛欄軍至易州，知高鳳內變，以為宋軍詐敗，必有措置，因兵力有限，就往北而去。宋軍復易州幾乎功敗垂成。高鳳再派人見童貫，童令劉光世再出兵，劉派部將馮宣慶以精騎五百夜趨易州，明贊在路上迎之，具言高鳳等已佔易州。馮軍到達易州與高鳳共守，即申報劉延慶的都統司。壬午（廿六），童貫移檄楊可世與劉光世，合軍兵共撫定易州後，下淶水扶溝，赴涿州與大軍會合，稟劉延慶節制，並戒不可相爭，以私害公。劉延慶與楊可世素有隙，而楊可世部的安肅兵駐孤山，與劉光世合發檄書，卻又爭功，相互不服。宣撫司參謀宇文虛中及監軍鄧珪見此，就命二軍分營，以免紛爭，並改派副統制何灌將兵援之。就在易州歸順在望時，遼都管押常勝軍、涿州留守郭藥師（？～1132後），在己卯（廿三）囚涿州刺史蕭慶餘，遣團練使趙鶴壽率精兵八千，鐵騎五百，以涿州一州四縣來降。童貫返回雄州途中，而郭藥師等至，授以軍八千并易州義兵五千，並隸劉延慶為嚮導。北遼蕭太后見郭藥師的常勝軍投降，知大事不妙，於甲申（廿八）遣永昌宮使蕭容及昭文館直學士韓昉（？～1149後）詣宋，上表稱臣。乙酉（廿九），何灌持節至易州，高鳳與王悰領軍民僧道萬人在城下相迎，宋軍入城，撫定

官民，閱諸府庫。宋軍取易州與涿州，雖有波折，總算成功。宋廷厚賞降宋遼臣：郭藥師授恩州觀察使依舊知涿州軍州事，麾下常勝軍將領張令徽授左武大夫洮州防禦使，劉舜臣武功大夫泰州防禦使，甄五臣武翼大夫懷州刺史，趙鶴壽右武大夫，餘官各有差。〔註43〕

　　宋廷對於這次出兵攻取燕京，信心十足。首先吸收上次準備不足的教訓，另外，得到李處溫的內應，以及遼降將郭藥師等作為嚮導，而且北遼本身既內鬥不止，又受到天祚帝及金人雙重的壓力，蕭太后似已失去先前抵抗宋人的意志。只要宋軍進軍得法，本來有機會攻下燕京。值得一提的是郭藥師常勝軍的背景，耶律淳為燕王時，募遼東饑民為兵，使之報怨於女真，初名「怨軍」，渤海鐵州人郭藥師就是這支怨軍的首領。建軍的第二年，其中兩管叛，郭藥師殺叛者羅青，遼四軍都統蕭幹留二千人為四營，以郭藥師、張令徽、劉舜仁、甄五臣為將，當耶律淳稱帝時，就改怨軍為常勝軍，擢郭藥師至諸衛上將軍、涿州留守。到耶律淳死，蕭后及蕭幹專國政，郭藥師乃叛遼歸宋。〔註44〕

　　徽宗在十月庚寅（初五），率先將仍在遼人手中的燕京改為燕山府、廣陽郡、永清軍節度使。〔註45〕癸巳（初八），劉延慶統大軍與在丙戌（初一）從

〔註43〕《宋會要輯稿》，第十四冊，〈兵八·出師二·大遼附〉，頁8764；《會編》，卷九〈政宣上帙九〉，宣和四年八月丁亥朔條，葉四下至五上（頁61）；九月十五日辛未至二十三日己卯條，葉九上至十五下（頁63～66）；卷十〈政宣上帙十〉，宣和四年九月二十七日癸未至二十九日乙酉條，葉一上至四上（頁67～69）；《十朝綱要》，卷十八〈徽宗〉，宣和四年九月戊寅至乙酉條，頁526；《契丹國志》，卷十一〈天祚皇帝中〉，頁143；《宋史》，卷二十二〈徽宗紀四〉，頁410；卷四百七十二〈姦臣傳二·郭藥師〉，頁13737～13738；《編年綱目》，卷二十九，頁744～746；《宋史全文》，卷十四〈宋徽宗〉，頁974。據《編年綱目》所記，自耶律淳死，蕭后專政，遼人恐漢人應宋廷之招降，將謀殺之。郭藥師有意降宋，而四軍統領蕭幹聞宋軍到來，忽從燕京來涿州。郭藥師以為蕭幹是對付他，就與蕭開宴密談，想說他歸宋，蕭不從而去。郭以蕭曾薦舉他，就沒有追殺蕭，而召所部宣稱天祚帝失國，蕭后不綱，宋軍重兵壓境，正是降宋取富貴之時。郭部下都附和，他囚監軍蕭餘慶，遣使奉表來降。這時高鳳亦以易州來降。關於高鳳及郭藥師派人約降之月日，《宋史全文》則繫於九月乙丑（初九）。

〔註44〕《宋史》，卷四百七十二〈姦臣傳二·郭藥師〉，頁13737。關於這支常勝軍的來歷及後來降宋投金的始末，可參閱游彪：〈常勝軍：一支僱傭軍的始末〉，原載《河北學刊》1993年第4期，後收入游著：《宋代特殊群體研究》（北京：商務印書館，2006年8月），頁404～416。

〔註45〕《宋會要輯稿》，第十四冊，〈兵八·出師二·大遼附〉，頁8764；《十朝綱要》，卷十八〈徽宗〉，宣和四年十月庚寅條，頁526；《會編》，卷十〈政宣上帙十〉，宣和四年十月五日庚寅至九日甲午條，葉八上至九上（頁71）；陸游：《老學

易州到來的郭藥師部等出雄州，入新城，趨涿州。並令劉光世、楊可世自安肅軍出易州，兩軍會於涿州，合兵號稱五十萬。甲午（初九），徽宗以復燕京在望，就再改山前九州軍名。同日，北遼使臣蕭容及韓昉持蕭太后表至雄州，宣撫司即日飛奏，童貫與蔡攸看過副本後，說表文止說納款稱臣，就麾去遼使，說納土始受。韓昉等笑說，納款即納土，他說遼人不諳宋朝禮，當思兩全。他又說女真人面獸心，貪狠如狼，豈可與之為鄰，不要貽將來之悔。遼若不存，則必為宋朝憂，唇亡齒寒，不可不慮。童貫與蔡攸以為遼已是任宰割之人，自然不聽，將韓昉叱出。據曾敏行所記，韓昉走到中庭，大聲說：「遼宋結好百年，誓書具存，汝能欺國，獨能欺天耶？」韓也是白說，童貫自不會將他的話奏報宋廷。據劉岑（？～1167）所撰〈洪中孚神道碑〉所記，遼再派王芮來到童貫軍中，請留燕雲之地，以存遼祀，並為宋廷屏蔽。童貫自然不聽。王芮說遼國以騎射為生，尚不能制西夏，況宋朝以禮義治者。納忠而不我用，兩國之禍未艾，慟哭而去。〔註46〕

宋廷又在丙申（十一），詔知中山府詹度知燕山府，知襄慶府（即兗州，今山東濟寧市兗州區）錢伯言（1066～1138）知涿州，左司員外郎權邦彥知易州。辛丑（十六），詔山前收復州縣以燕山府路為名。壬寅（十七），以陳遘（即陳亨伯）為燕山府路都轉運使。甲辰（十九），劉延慶、何灌及郭藥師的大軍至涿州，撫定軍民，次淶水縣（今河北保定市淶水縣），縣令負弩作前驅。

庵筆記》，卷四，頁 50。考《宋會要輯稿》以改燕京為燕山府在十月庚子（十五）。又據陸游所考，永清軍本是貝州（今河北邢台市清河縣）的軍號，仁宗時王則據之叛，亂平改州曰恩州，而削其軍號。現時徽宗將之作為幽州的軍號，並授郭藥師為永清軍節度使，郭後來果然叛，陸認為永清軍之名不祥也。

〔註46〕《宋會要輯稿》，第十六冊，〈蕃夷二‧遼下〉，頁 9758；《十朝綱要》，卷十八〈徽宗〉，宣和四年十月癸巳至甲午條，頁 526；《東都事略》，卷一百二十四〈附錄二‧天祚帝〉，葉四上（頁 1915）；《宋史》，卷二十二〈徽宗紀四〉，頁 410；《會編》，卷十〈政宣上帙十〉，宣和四年十月八日癸巳至九日甲午條，葉八上下（頁 71）；程敏政（1446～1499）（纂）：《新安文獻志》，文淵閣《四庫全書》本，卷七十三〈劉岑‧行實‧勳賢‧宋故中大夫龍圖閣待制致仕丹陽縣開國子食邑六百戶贈光祿大夫少師洪公中孚神道碑〉，葉七上下。按劉岑所記王芮來見童貫，在宣和五年宋將得燕時。考此時燕山已被金兵攻下，王芮來使，似在韓昉使宋前後。又王芮其人，不見於《遼史》。此事的真實性待考。又韓昉是遼末狀元，遼亡後降金，一直為金人所重用的文學之臣，曾撰《金太祖睿德神功碑》，又撰寫請定官制詔，卒於海陵王天德初年（1149～1150）。他的生平事蹟可參閱齊心：〈略論韓昉〉，載陳述（1911～1992）主編：《遼金史論文集》第三輯（北京：書目文獻出版社，1987 年 7 月），頁 220～227。

劉延慶令楊可世守涿州，以其部兵少，就付中軍及熙河環慶兵二萬，並以左軍楊惟忠為其副。劉延慶統諸道兵、郭藥師的常勝軍及趙翊的降兵，日行三十里，行軍兩天，到即立寨開濠，挖壍以備，至曉才行。劉延慶這樣紀律全無的行軍方式，郭藥師覺得不妥，曾扣馬勸諫，說今大軍拔隊行而不設備，若敵軍置伏邀擊，宋軍首尾不相應，就會望塵而潰。劉卻不聽，果然宋軍未至良鄉（今北京市房山區良鄉鎮），已為遼騎所邀擊。宋軍自良鄉再行兩驛，抵盧溝河駐軍。這時蕭幹的四軍及耶律大石部合共不滿二萬的遼軍，亦於燕城十里外夾河對壘，遼軍每日遣三、五十騎至千百渡河擊宋軍，或邀宋軍糧道，甚至縱兵犯宋中軍，幾至劉延慶帳下。宋軍僅能守禦，而多被殺傷。乙巳（二十），劉光世部與遼軍戰於料石岡，小勝而還。戊申（廿三），童貫檄劉延慶進軍，劉與諸將商議入燕之策，郭藥師獻計說遼四軍以全師抵抗宋軍，燕京城必然空虛。他建議宜遣輕騎由固安縣（今河北廊坊市固安縣）渡盧溝河至安次縣（今河北廊坊市安次區），逕赴燕城襲之。他說燕城漢民見宋軍來，必為內應，燕城可得。己酉（廿四），劉延慶就命郭藥師、趙鶴壽、高世宣、楊可世、楊可弼，率郭的常勝軍及陝西兵六千間道襲燕城，令夜半渡河，銜枚而進。宋軍於天明至三家店，郭藥師派部將甄五臣率常勝軍五十騎雜鄉人奪迎春門以入，宋大軍繼至，陣於憫忠寺（即今北京法源寺，在今北京市西城區教子胡同南端法源寺前街）。燕城共有七門，郭命七將官各以二百騎守之。並下令燕人盡降，契丹盡殺。這時燕京城內契丹及奚兵尚眾，宋軍卻以為勝券在握，驕兵之餘，所至更紛然肆行剽掠，大失民心。蕭太后難得臨危不亂，她登上內城宣和門，親施箭鏃以拒宋軍。郭藥師派人諭她投降。她不從，率軍力戰。宋軍於翌日攻內東門，遼衛士力戰，宋至晚不能獲勝。蕭太后密遣人召蕭幹回城護駕，蕭幹得旨，馬上從城外率軍入援。郭藥師見城外煙塵大作，還以為是劉延慶軍來援。他登高望之，看見燕王塚上插上四軍旗，才知是蕭幹四軍。蕭軍從南暗門入城，諸門皆啟，鐵騎突出，戰於三市，遼軍皆死戰，宋軍屢敗。郭藥師失馬，賴楊可世擊退追兵，郭才不致被遼軍所擒。宋軍至雙門樓下，令騎兵皆下馬，且戰且行。至憫忠寺前，楊可世勸郭不若且至東門以待援兵。宋軍奔向城門卻不得出，只好盡棄馬，徒步而走。郭藥師走至迎春門，縋城而下逃脫，楊可世也負箭傷走脫，但部將高世宣、王奇、李嵲、石洵美、王端臣等均戰歿。宋軍死傷過半，丟失戰馬四千匹，逃還者僅數百騎。宋殘兵夜奔至安次縣，收潰兵入涿州。郭藥師留甄五臣及張思正

守涿州，自己領兵趨雄州。童貫恐涿州危，就差張令徽領二千騎戍之。這時劉延慶大軍仍屯盧溝河不動。庚戌（廿五），蕭幹率兵數千渡河挑戰，陣於河南，又出示郭藥師隨行主管文字官趙端甫及郭、楊二將的衣甲戰馬，又命遼騎都乘攜自宋軍之馬，朱甲耀日於盧溝河上，以打擊宋軍士氣。蕭幹故意令諜者詐言遼軍多宋軍三倍，會分左右翼，以精兵衝其中，舉火為應而殲宋軍。劉延慶收到假情報，並未查清真偽，就已恐懼無鬥志。加上瑠璃河護糧將士數千人及愛將王淵亦戰敗陷敵，劉就求自全脫身之計。他召諸將諭以糧運不繼，而去宋界遠，中道多事，若不即引還，久恐生變。諸將皆唯唯，只有曲奇力爭不可退兵，劉延慶將他怒叱而去。癸丑（廿八），劉延慶便申宣撫司請回軍。童、蔡以小竹紙親札報之，叫劉相度事勢而行，不得有誤軍事。劉得到童貫的回覆就決定逃走。甲寅（廿九）晚，盧溝河北四野火發，劉延慶與子劉光世、劉光國以為敵至，在中軍自焚輜重，不告諸將而退。於是眾軍大潰，自相踐踏，軍中輜重、金帛及自熙寧以來所積軍實，悉為遼人所得。蕭幹陷清城，殺守將路宗迪，追至涿水上乃還。劉延慶逃還雄州，童貫與蔡攸擬責之。劉抱笏屬聲抗辯，童、蔡一時無法。因童貫匿報軍情，諱敗為勝，作牌大書曰「克平燕山路」，並拉蔡攸一同作偽奏。徽宗尚不知劉延慶慘敗，還以收復涿、易州和燕山府，在癸丑（廿八），御紫宸殿受百官朝賀，並詔蔡攸判燕山府（按：《宋會要》作十月十八日癸卯）。徽宗後來從他派去微服於童貫軍中的小黃門李某的密報，始知郭藥師但跳城入燕，卻敗走涿州，及劉延慶接著敗軍的事實。本來已擇好吉日御正衙受群臣賀，只好臨時取消。童貫與蔡攸將責任推到劉延慶身上，說他不戰而潰，而雲中府未下，請重責之以戒諸將。徽宗盛怒之下，將劉延慶下獄審訊，並手詔童貫和蔡攸等說：「吾今不復信汝矣。」〔註47〕

〔註47〕《宋會要輯稿》，第十四冊，〈兵八·出師一·大遼附〉，頁8764；第十六冊，〈蕃夷二·遼下〉，頁9758；《十朝綱要》，卷十八〈徽宗〉，宣和四年十月丙申至甲寅條，頁526～527；《宋史》，卷二十二〈徽宗紀四〉，頁410～411；卷三百五十七〈劉延慶傳〉，頁11237；卷三百六十九〈王淵傳〉，頁11486；卷四百七十二〈姦臣傳二·郭藥師〉，頁13737～13738；《編年綱目》，卷二十九，頁744～745；《東都事略》，卷一百二十一〈宦者傳·童貫〉，葉三下（頁1868）；《契丹國志》，卷十一〈天祚皇帝中〉，頁143～144；《遼史》，卷三十〈天祚皇帝紀四附耶律淳傳〉，頁399；《會編》，卷十〈政宣上帙十〉，宣和四年十月十三日戊戌至十九日甲辰條，葉九下至十三上（頁71～73）；卷十一〈政宣上帙十一〉，宣和四年十月二十三日戊申至二十九日甲寅條，葉一上至六上

宋軍偷襲燕京失敗，潛於燕京的內應李處溫也被揭發。永清人傅遵說隨郭藥師入燕被擒，他供說李處溫父子曾派易州富民趙履仁、劉耀致書童貫，欲挾蕭后納土。宋廷並授趙履仁朝散大夫，劉耀均州團練使，見充童貫的宣撫司準備差使。李處溫父子陰謀敗露後，蕭太后將李父子拘拿，痛罵二人實誤耶律淳，即將李賜死，誅李奭，並籍其家。〔註48〕

這次燕京之戰，宋軍敗得更慘。童貫也應負上最大責任，戰後徽宗便罕有地痛斥不再信他。童貫再次用人不明，用了一個徒具資深位高卻無顯赫戰功，李天鳴評為只有偏裨之才的庸將劉延慶為主將，結果敗事。宋軍之敗，就因劉指揮無方兼膽小怕死。宋軍這次本來具有比白溝河之役更大的優勢，既有高鳳與郭藥師的投誠，又有遼臣李處溫願作內應，而蕭后又為天祚帝及金兵雙重壓迫，已遣使向宋求和，遼軍心本不穩，蕭幹的四軍數量也不多。倘劉延慶能夠好好調兵遣將，如李天鳴所言，其子劉光世的援軍能按時前往支援郭藥師襲燕的奇兵，或他本人能對盧溝河北面的遼軍發動牽制性的攻擊，使蕭幹不能回援燕京，宋軍便可取勝。筆者認為宋軍的最佳選擇，是以圍點打援的戰術對付軍力並不雄厚的蕭幹軍，而非在奇襲奪取燕京。只要消滅蕭

（頁74～77）；宣和四年十一月二十七日壬午條，葉十五下王十六上（頁81～82）；卷十二〈政宣上帙十二〉，宣和四年十二月十一日丙申條，葉七下至九下（頁86～87）；曾敏行：《獨醒雜志》，卷八，第187條，「童貫拒契丹求和失策」，頁72。據《會編》引《北征紀實》所載，當劉延慶潰逃時，遼軍尚不知所以，只見是夕隔河但見火光大起，遼軍初時也走，久之知宋軍自潰，方派兵來追。據載劉延慶初往盧溝河，每下寨但開前面一門，故背向只有北門而已。是夜劉延慶逃走，天及曉至舊寨，與諸將少歇，再由寨門出，適逢遼騎追至，於是復入寨門，當時立寨既固，又無他門可出，遂大窘諸將，只好自毀垣，略通馬蹄垣而走，不勝狼狽。劉幾乎不得脫。盧溝大寨金銀不可勝計，而道路上每寨各有銀絹二十萬，是當時未能搬赴盧溝大寨者，後盡為遼所有。又《東都事略》稱宋軍敗於燕京，諸將殺楊可世以降，此說不實。楊與郭藥師皆突圍而走。又劉延慶的愛將王淵初陷敵，後逃歸，後來還以出塞功遷武功大夫、果州團練使。

〔註48〕 《遼史》，卷一百二〈李處溫傳〉，頁1587；《會編》，卷九〈政宣上帙九〉，宣和四年六月二十四日辛亥條，葉二上至三上（頁60）；陸游：《家世舊聞》，卷上，頁191～192。據陸游所記，李處溫父李儼為天祚帝宰相，專作威福，窮極富貴而死。蔡京在元豐中使遼，李儼館之，情誼頗好。崇寧以後，蔡、李二人均當國，每因使聘往來，而互相問好。哲宗朝殿帥劉昌祚（1027～1094）之子劉遠，在宣和末為京東提點刑獄，曾對陸游父陸宰說，因使遼而認識李處溫，李對他言及其父之事。當宋廷取得燕京，就追贈被蕭后所殺的李處溫為燕王，且以其居第為廟，並追贈其妻邢氏燕國夫人。

幹的四軍主力，燕京就可不戰而下。郭藥師奇襲燕京的計謀，必須配合劉延慶打援的行動。然而，劉的主力軍卻在盧溝河按兵不動，居然畏懼兵力有限的蕭幹軍，而不敢進兵，那不是持重，而是怯懦。史載郭藥師與趙鶴壽爭功，劉光世與楊可世爭權而不能團結，自然也是宋軍戰敗的原因。然而，三軍主帥劉延慶若能從中協調，兼秉持軍紀，就不應容許此事發生。他作為主將，竟輕易中蕭幹的奇計，不確知敵情就倉卒退兵，而退兵時又毫無組織，自己帶頭引兵先遁，比种師道更窩囊，令宋軍損失得更慘重。李天鳴認為此役宋軍之敗，並非宋軍全部缺乏戰鬥力，而是徽宗沒有挑選到一名勇將去擔任主將。李氏之論準確。考蔡條《北征紀實》說劉延慶「昔為陝西名將，童貫忌其才，素不善也。累得節度使，上深眷遇。向習射，延慶獨預，後方知欲倚仗劉延慶以北征，代二帥為先鋒爾。」然蔡條此說有商榷矛盾之處，劉延慶在燕京之役的表現，在蔡條的筆下，是徹頭徹尾的庸將。蔡條最後又說他敗軍之罪應誅。然一開始又說他昔為名將。不知是否諷刺他，還是不想開罪在南宋初權勢甚大的劉光世。至於說童貫忌他，就不知有何根據，童貫平方臘與征遼，都重用劉延慶為都統制，並重用其子劉光世，實看不出童有那一點忌他之意。徽宗方寵童貫，童貫若不同意，徽宗怎會用劉延慶？錯用劉延慶，徽宗與童貫都有責任。〔註49〕

　　當然，獲勝的遼軍有不可及處，竟能以弱勢的兵力戰勝數量比他多數倍的宋軍。首先是蕭后臨危不懼，親自在危城內督戰，並當機立斷召城外的蕭幹回師救援。其次是蕭幹有智有勇，施巧計嚇得劉不敢進軍，並且倉卒退兵，而給遼軍從後追擊獲得大勝。另外，遼軍士氣高昂，同心協力，人人奮勇力戰，就把內部問題多多的宋軍比下去。

　　童貫在宣和四年已年六十九，已見暮氣。他已很久沒有像崇寧初年親臨最前線督師和參予戰鬥，早已失去早年在戰場上的敏銳觸覺。征西夏和平方臘的戰役，他靠麾下諸將的奮戰，以及對手的實力不強，而坐享其成。今次他沒有以往的運氣，碰上大膿包劉延慶瞎指揮而敗北，他就要承受覆師的最大責任。童貫麾下自詡戰無不勝的陝西銳師連番慘敗，損兵折將後，他要滿足主子收復燕雲的願望，就只能因人成事的靠金人出兵。

〔註49〕李天鳴：〈宋金聯合攻遼燕京之役〉，頁 291～295；〈宋徽宗北伐燕山時期的反對意見〉，頁 294；《會編》，卷十二〈政宣上帙十二〉，宣和四年十二月十一日丙申條，葉七下至九上（頁 86～87）。

十月辛亥（廿六），趙良嗣與馬擴等抵金人的奉聖州，阿骨打命其叔蒲結奴（即完顏蒲家奴，？～1139）、相溫及二子斡離不（完顏宗望，？～1127）等來計議。蒲結奴質問為何通問中斷。趙良嗣一一辯解，並說宋廷三月才知金兵至中京，已即派童貫勒兵相應。五月就發兵攻遼，都是應元約行事。蒲結奴說金取西京，宋應當引兵接應，又說金兵在去年十一月出師，暴露半年有餘，宋軍才在五月駐雄州，相去千餘里，安能夾攻？又稱金主以天祚帝尚在，定要取得燕京，免留後患。他又與宗望說，西京不能還給宋。趙良嗣與他們反覆爭論不果。最後，阿骨打於十一月丙辰（初一）接見趙良嗣，只答應給宋燕京及薊、景、檀、順、涿、易六州二十四縣，還要宋廷每歲要依先前給遼的歲幣銀絹。當金人知悉劉延慶兵敗後，更不給宋討價還價餘地，還說遼的蕭后已獻降書，並要留下馬擴從征以作人質。戊午（初三），金人以國書授趙良嗣，派字董李靖（？～1123後）再來宋，以王度剌（一作王永昌）副之，撒盧母充計議使。丙子（廿一），金使抵開封。徽宗命陞為龍圖閣學士的趙良嗣充接伴使及館伴，以顯謨閣待制、侍御史周武仲（1076～1128）副之。庚辰（廿五），金使入見崇政殿，捧國書以進，金國書寫明許宋人取回燕京及山前六州二十四縣之地及所管漢民，但不肯如宋人所求，交還西京、平州、灤州三地。徽宗請金使與王黼計議，但李靖不肯答應，只推說將來可議。〔註50〕

十一月壬午（廿七），遼四軍蕭幹又率兵攻涿州安次及固安兩縣，克之，俘守將胡德章。十二月丁亥（初二），再圍永清縣，郭藥師領常勝軍擊之，大敗蕭幹。蕭退保燕京，宋邊才穩定下來。宋人只能將消滅遼人，取得燕京六州的希望寄託金人。〔註51〕

十二月丁亥（初二），金使李靖二人辭於崇政殿，徽宗傳旨諭李靖等，說今日來議五事，一切委曲俯從金國所有，但求金人應允給營州、平州、灤州

〔註50〕《十朝綱要》，卷十八〈徽宗〉，宣和四年十月庚午至丙子條，頁527；《宋史》，卷二十二〈徽宗紀四〉，頁411；《長編紀事本末》，卷一百四十三〈徽宗皇帝‧金盟下〉，葉三上至七下（頁4313～4323）；《會編》，卷十一〈政宣上帙十一〉，宣和四年十一月一日丙辰至二十五日庚辰條，葉六下至十四上（頁77～81）。趙良嗣與馬擴這次再使金的艱難談判過程，可參見姜青青：《馬擴研究》，第三章，頁108～123。

〔註51〕《十朝綱要》，卷十八〈徽宗〉，宣和四年十二月條，頁527；《會編》，卷十一〈政宣上帙十一〉，宣和四年十一月二十七日壬午條，葉十五下（頁81）；《宋史》，卷二十二〈徽宗紀四〉，頁411。

及西京，宋廷願增加絹五萬匹和銀五萬兩。戊子（初三），就派趙良嗣及周武仲為國信使副兼送伴使金。庚寅（初五），宋廷授郭藥師武泰軍節度使。這時童貫及蔡攸為求將功贖罪，就密遣王瓌由飛狐路往見阿骨打，請金攻燕京，又說宋兵已壓燕境，只是不敢擅入，等金兵如約夾攻。庚寅（初五），金兵趨居庸關，分三路入燕京。蕭后既敗，就奉表於金，稱藩請和。金主不許，自媯州（今河北張家口市懷來縣）和儒州（今北京市延慶縣）進兵，抵居庸關。蕭后、蕭幹及耶律大石自知不敵，沒有抵抗就率親族夜遁。他們才奔五十里，辛卯（初六），金遊騎便到燕京城下，遼統軍副使蕭乙信便開啟夏門，放入金將完顏婁室（1078～1131）軍，金人派被擄的遼知宣徽北樞密院事韓秉傳令，投降不殺。於是國相左企弓率曹勇義、劉彥宗（1076～1128）、康公弼、虞仲文等迎降，出丹鳳門毬場投拜阿骨打。壬辰（初七），阿骨打派五百騎護送，遣回之前被扣作人質的馬擴並被蕭幹所俘的宋將胡德章回宋報捷。阿骨打在馬擴臨行前，又叫他傳話童貫，說當日海上之盟，曾許他水牛一頭，如今相望甚近，會送他十頭。看來阿骨打在諷刺童貫費盡九牛之力，損兵折將也無法取得燕京，他的大軍卻兵不刃血就取得燕京。燕京取不了，從徽宗到王黼自然都遷怒於敗軍之將的劉延慶。丙申（十一），宋廷將劉延慶重貶為率府率致仕，安置筠州。據載徽宗本來還要殺他，劉在受審時拿出童貫及蔡攸給他可相度形勢而退師的劄子，徽宗就手下留情。丁酉（十二），蕭后至松亭關（今河北承德市寬城滿族自治縣西南），與耶律大石率餘部歸天祚帝。天祚帝卻不肯原諒耶律淳及蕭后僭位，將蕭后殺死而貶已死的耶律淳為庶人，除其籍屬，本來還要殺耶律大石，因大石說出忠言才獲赦。天祚帝這樣處置，就失盡人心。奚人與渤海軍就從蕭幹入奚。甲辰（十九），金再遣李靖、王度剌持國書與趙良嗣、周武仲同來，提出燕京是金人攻下，其州縣租稅並由金所有，平、營、灤三州就不與宋。金人以國書副本示趙良嗣，趙以為不可，請削去租稅事。宗翰就出言恐嚇，說燕京是金人攻下，賦稅自當歸，若不肯，宋軍就從速撤退涿易之師，不得留在金人之疆土。童貫這回經營燕京，真是賠了夫人又折兵，有苦說不得。〔註52〕

〔註52〕《會編》，卷十二〈政宣上帙十二〉，宣和四年十二月二日丁亥至十五日庚子條，葉一上至十二下（頁83～88）；《十朝綱要》，卷十八〈徽宗〉，宣和四年十二月戊子至甲辰條，頁527～528；《長編紀事本末》，卷一百四十三〈徽宗皇帝・金盟下〉，葉八上至九下（頁4323～4326）；《太平治蹟統類》，卷二十六〈契丹女真用兵始末〉，葉十四上；《宋史》，卷二十二〈徽宗紀四〉，頁411；

　　童貫辛苦籌劃的聯金伐遼，收復燕京的宣和四年燕山之役，就以宋軍兩度慘敗於遼，而燕京最後被金人兵不刃血取得而終結。這場被稱為宋遼第二次戰爭，李天鳴兩篇專文分析得十分詳細。筆者可以補充的是，這場戰爭的過程及結果，實在是令人弔詭。遼國在天祚帝統治下，人心渙散，分崩離析，在金兵的壓迫下，屢戰屢敗，五京失去四京，本來在燕山之役前，早已是行將瓦解之勢。然而，面對準備多時，數量及裝備都佔優的宋軍，卻能創造軍事上的奇跡，兩番重挫敵人。上文提及耶律淳、蕭后、耶律大石、蕭幹既有抵抗宋軍之堅強意志，又有勇有智，能以少勝眾。值得一提的是，遼軍面對新興強大金兵，雖是屢敗之師，但在多年的戰鬥中，卻仍能獲得難得血的洗練，極寶貴的實戰經驗，成為士氣高昂的哀兵。像耶律大石便百折不撓，與金人屢敗屢戰，最後成就建立西遼國的大業。〔註 53〕相反，宋軍所謂精銳之師的陝西軍，只長期和力量薄弱的青唐羌人及已國力走下坡的西夏軍，以及和烏合之眾的方臘起義軍作戰，對提陞戰鬥力，應付更強大的對手並無幫助。平定方臘一役輕易取勝，反而讓宋軍驕慢輕敵。一旦遇上已百年沒有交鋒的遼軍，就發現遼軍並非想像中的軟弱。童貫的情報當然做得甚差，而除了歸降的郭藥師常勝軍外，其他的宋軍從來沒有和遼軍對敵，對遼軍的戰術一無所知，而在遼境作戰，人地生疏，失去地利，遇上遼軍死戰兼指揮有方，宋軍就意外其實並不意外地落敗。

　　百年的兩次宋遼戰爭，諷刺的是，宋人始終沒能戰勝遼人，收回燕雲舊土。宣和四年之戰，有點像太宗雍熙三年（986）北伐，因情報錯誤，主將指

　　《遼史》，卷三十〈天祚皇帝紀四附耶律淳傳〉，頁 399；《契丹國志》，卷十一〈天祚皇帝中〉，頁 144；卷十二〈天祚皇帝下〉，頁 147；《金史》，卷二〈太祖紀〉，頁 39；卷七十八〈劉彥宗傳〉，頁 1769～1770；姜青青：《馬擴研究》，第三章，頁 123～128。姜青青認為阿骨打頗看重馬擴的膽氣，故要他相隨攻燕京，然後釋他回宋。關於完顏婁室的生卒年，王久宇據出土的有四千餘字的〈完顏婁室神道碑〉作出考證，並述及其史料價值，可補《金史》的不足。參見李澍田（主編）：《金碑匯釋》（長春：吉林文史出版社，1989 年 7 月），張中澍（校注）：〈完顏婁室神道碑〉，頁 29～32；王久宇、孫田：〈完顏婁室神道碑碑文的史料價值述要〉，《哈爾濱師範大學社會科學學報》，2015 年第 2 期（總第 27 期），頁 125～128。

〔註 53〕關於耶律大石的事蹟，及他抵抗金兵，建立西遼國的經過，可參閱魏良弢：《西遼史研究》（銀川：寧夏人民出版社，1987 年 11 月）；魏良弢：《西遼史綱》（北京：人民出版社，1991 年 7 月）；紀宗安：《西遼史論：耶律大石研究》（烏魯木齊：新疆人民出版社，1996 年 8 月）。

揮不濟而敗北。然當時遼正處盛世，宋軍戰敗可以解釋。宣和四年遼已是末世，而且在燕京地區的漢族官僚豪強，從馬植、李處溫到張覺，頗多願歸宋抗金，〔註54〕可宋軍卻打不過燕京的殘餘遼軍，只能說人謀不臧，揭示童貫陝西軍過去的所謂輝煌戰績只是幻象，他麾下所謂名將、宿將种師道和劉延慶已是過時和虛有其名的人，他們過去沒有遇上真正強大的對手，於是經不起殘酷事實的考驗。

燕山之役是童貫軍旅生涯由盛轉衰的轉折點。可童貫及徽宗君臣並沒有好好反省燕山之役慘敗的教訓，也沒有警惕戰前有識之士提到與如同虎狼的金人為鄰的危險。因燕山之役的慘敗，童貫受到徽宗的嚴責，為挽回主子的寵信，就想建立新功，在宣和五年（1123）開始，他重用降將郭藥師及其常勝軍，為宋廷守禦從金人手上取得的燕京及山前六州。他沒有想到，郭藥師絕不可靠，最終叛宋降金，引金人入侵。

<hr>

〔註54〕有關馬植、李處溫、左企弓、劉彥宗及張覺等遼末年燕京地區的漢族官僚豪強，在遼宋金角逐的政治取向和作用，何俊哲一文值得參考。另遼末金初漢族士人為何多降金的政治取向，齊偉一文也有很好的分析。參見何俊哲：〈論十二世紀初年燕京地區官僚豪強在遼、宋、金角逐中的作用〉，載陳述（主編）；《遼金史論集》第五輯（北京：文津出版社，1991 年 11 月），頁 255～269；齊偉：〈試論遼末金初漢族仕人政治靈活性之原因〉，載孫建華（主編）：《遼金史論集》第十一輯（呼和浩特：內蒙古大學出版社，2009 年 11 月），頁 188～199。

宣和四年十月宋遼大戰的戰場北京憫忠寺（現法源寺），靖康元年四月至七月，欽宗與朱后及太子、帝姬與宗室等多人先後居此

第七章　引狼入室：宣和後期
童貫經營燕雲之失敗

　　金人攻佔燕京後，從宣和五年（1123）正月開始，便和宋人討價還價，索取最大的利益。阿骨打因仍要殲滅在逃的遼天祚帝及在是年正月丁巳（初三）自立為帝的蕭幹（改名回离保）殘餘勢力，[註1]又要消化新征服的遼國領土，故此無暇馬上計劃南侵宋朝。阿骨打的如意算盤是盡取燕京及山前六州二十四縣的子民財富，而將燕京及其餘六州的空城送給宋廷，以換取宋人每年給予金人歲幣五十萬兩疋及另加的燕京暨六州租賦百萬緡。[註2]此舉可讓童貫之流可以向徽宗交待「收復失土」，給足宋人虛的面子，而金人獲取最大的實利。

一、得不償失

　　童貫在燕山之役失敗後，受到徽宗的斥責，也想鑽金人盟約的空子，在燕京及山前六州外，謀取西京（雲中府）及其他山後諸州，以將功補過。因

〔註1〕《遼史》，卷二十九〈天祚皇帝紀三〉，頁 388；《金史》，卷二〈太祖紀〉，頁 39；《契丹國志》，卷十二〈天祚皇帝下〉，頁 148；《十朝綱要》，卷十八〈徽宗〉，宣和四年十二月丁酉條，頁 528。考《十朝綱要》記蕭幹即爕離不，僭號神聖皇帝，改元天嗣。《契丹國志》亦記他僭號神聖皇帝，國號大奚，改元天興。惟《遼史》記他稱帝，改元天復。當以《遼史》所記為準。

〔註2〕《宋史》，卷九十〈地理志六·燕山府路〉，頁 2249。按燕山府路有燕山府和涿、檀、平、易、營、順、薊、景和經等九州。金人滅遼，以燕京及涿、檀、易、順、景、薊六州二十四縣還宋。平州、營州不在歸還之列，而經州是宋人在宣和六年從薊州玉田縣（今河北唐山市玉田縣）建。

為徽宗的夢想是收復燕雲故地，燕京大概可以取得，但雲中府（西京）未復，就是一大抱撼。他知道主子願以經濟利益交換土地，若能取得西京，就可立新功。另外，他也積極謀求在行將接收的燕京六州安插自己的人馬，擴大自己的地盤。他的算盤卻打不響，長久以來與他明爭暗鬥的梁師成，就在這千載難逢的機會，趁著徽宗對童貫不滿，就進言影響徽宗將童貫罷免，而由他屬意的王安中及譚稹奪取童貫主管燕山、河北、河東事務的權力。宣和五年是童貫在徽宗朝政治生涯最暗淡的一年；不過，梁師成一派也和童貫一樣，主張重用遼降將郭藥師和他的常勝軍治理燕地，最後在宣和七年（1125）引虎狼入室，給金人南犯，造成翌年的靖康之禍。若說金人是虎，郭藥師就是狼。

李天鳴教授所撰的〈金侵北宋初期戰役和宋廷的決策〉一文，全面地考述從宣和七年十一月至靖康元年（1126）正月金宋交兵的戰前一般形勢、燕山、河北、河東的地理形勢、金軍侵宋的原因和初期的戰略、宣和七年冬季的河東戰役、白河之戰和燕山陷落、宋廷的決策和金軍渡越黃河，該文並附有詳細的經過圖。甚值得參考。〔註3〕

宣和五年正月乙卯朔（初一），金使李靖、王度剌、撒盧母抵開封。丁巳（初三），徽宗詔趙良嗣和顯謨閣待制周武仲館之。戊午（初四），金使入見崇政殿，捧國書以進，提出增加燕京租賦為條件。王黼仍力爭，但徽宗為了成約，就答允金人要求，以錢賦交換土地。己未（初五），金使入辭崇政殿，徽宗詔趙良嗣、周武仲再充國信使兼伴送，以馬擴為計議使，奉國書以往，許以每年別交銀絹以代替燕京暨六州租賦。另也求取西京及山後諸州。壬戌（初八），趙等離京，丁丑（廿三）至雄州。己卯（廿五），趙良嗣等至燕京金主軍前，議燕京及西京地，並和金人討價還價燕京的代稅錢數目。金人故意薄待趙良嗣等，將宋其餘使臣館於燕京郊外，而獨置趙良嗣於城中一廢寺，寒冬之時只以氈帳為館。趙良嗣求阿骨打許給宋平州和灤州，但阿骨打說當初並未許給此兩地，不肯答應。只肯和趙談租賦數目。完顏希尹（兀室）開天索價，要宋方給燕京舊租絹錢歲四十餘萬，另加新租絹錢歲六百萬。趙堅稱兵火凋殘之餘，金人要求十倍於平時之稅錢無法答應。反覆討價還價後，金人開價於歲幣五十萬外再加代稅一百萬緡，並以綾錦、絲紬、木棉、隔織、

〔註3〕李天鳴：〈金侵北宋初期戰役和宋廷的決策〉，載宋旭軒教授八十榮壽論文集編輯委員會編：《宋旭軒教授八十榮壽論文集》，第一冊（臺北縣新店市，2000年11月），頁183～236。

截竹、香茶、藥材、細果等充折。希尹又以收到燕山府文書，宋廷授趙為燕山路轉運使，而斥計議未定，就更改府名，差派官屬，質問宋人是否議論不合，就想以兵強取之。趙無言以對。癸未（廿九）（按：《會編》作二十七日辛巳），金人遣歸趙良嗣，不再遣使，只以國書付趙良嗣，堅持原議代稅數目，只是許將古北口歸宋；但聲明平、營、灤三州不歸還宋。就在趙良嗣出使的路上，宋廷在是月辛酉（初七），忽然以大中大夫尚書左丞王安中為少保、慶遠軍節度使（《會編》作靖難軍節度使）、河北、河東、燕山府路宣撫使判燕山府，資政殿學士詹度為燕山府安撫使，而以降將郭藥師為武寧軍節度使加檢校少保同知燕山府，馬軍副都指揮使种師中充副都總管，完全接管童貫及蔡攸的職務與權力。據《會編》所記，种師中起初並不贊成童貫伐燕，說「朝廷政事大弊，軍律不嚴，浙民苦官軍之擾，過於方臘，方虞蕭墻之禍，反用嗣昌之輩而欲僥倖契丹耶？」大概梁師成等認為种不為童貫所喜，故用之守燕山。至於王安中，他以依附梁師成和王黼以進，《東都事略‧梁師成傳》記他為翰林，「每草師成制，必為好辭褒頌功德」。他以執政建節出守燕山府，《宋史‧王安中傳》稱「金人來歸燕，謀帥臣，安中請行，王黼贊於上」，於是授王安中是職。王安中好好尚書左丞不做，而要求出守新收的大藩。自然不是他的本意，而是王黼和背後的梁師成的安排。王出任此要職，正是梁師成奪童貫權第一著。據載王安中在正月己卯（廿五）出發當日，徽宗悉出內府金玉古器皿，至於缾爐硯几一包，文史玩賞之屬賜之，命他至燕山，鋪陳羅列，排設於州中正寢以誇示金人。禮遇之隆，一時迥絕。王黼等宰執以詩贈之，約歸而相之。他亦覆信以謝，說「入備綱維，莫贊舞干之化。出當屏翰，忽叨授節之榮。荷睿渥之便蕃，撫懦衷而震惕。」〔註4〕他話雖如此，但可能想

〔註4〕王安中：《初寮集》，卷十二〈謝宰執書‧往燕山日〉，頁 528～529；卷十五〈雜著‧行日祭神文‧往燕山日〉，頁 580～581；《宋會要輯稿》，第七冊，〈職官四十一‧宣撫使〉，頁 4008；《十朝綱要》，卷十八〈徽宗〉，宣和五年正月戊午至癸未條，頁 528；《東都事略》，卷一百二十一〈宦者傳‧梁師成〉，葉六下（頁 1874）；《宋史》，卷二十二〈徽宗紀四〉，頁 411；卷三百五十二〈王安中傳〉，頁 11125；《長編紀事本末》，卷一百四十三〈徽宗皇帝‧金盟二〉，葉九下至十一下（頁 4326～4330）；《編年綱目》，頁 746～747；《會編》，卷十三〈政宣上帙十三〉，宣和五年正月一日乙卯至二十七日辛巳條，葉一上至十二上（頁 89～95）；卷十四〈政宣上帙十四〉，宣和五年二月十一日乙未條，葉十二下至十三下（頁 101～102）；卷四十七〈靖康中帙二十二〉，靖康元年五月九日甲戌條，葉八上（頁 354）；《金史》，卷二〈太祖紀〉，頁 39；

不到出守燕山，絕非他才能勝任的優差。

　　趙良嗣等三人在二月丙戌（初二）從燕京返回雄州，當趙等過盧溝河後，金人就斷橋梁，焚驛舍，讓宋人見識他們的厲害。趙將金的國書及他的申狀，先呈童貫，請他急奏宋廷。童貫知道主子脾氣，就說徽宗必不計較這些財物，但求事情了決，早日班師為上。徽宗從童貫處收到趙的急報後，果然甚麼都答應。庚寅（初六），趙收到御前金字牌急遞到的國書及御筆處分，許代稅錢百萬貫及銀絹，命趙等再從雄州使金，徽宗要趙再求金人歸還西京。癸巳（初九），趙等抵燕京。乙未（十一），見到阿骨打，呈上國書，表示宋廷完全接受金人的條件，並議畫界與遣使賀正旦生辰、置榷場交易諸事。趙見阿骨打滿意，乘機對完顏希尹說，金人所索歲幣價值不輕，宋廷已不吝嗇如數付給，金人已建為南京的平州既不可得，希望給宋人西京，好作交待，請希尹轉達其請求。希尹幾天後到驛館，推說歸還西京，將會派人再議。甲辰（二十）（按：《金史》作癸卯（十九）），金主遣完顏銀朮可（宋人寫作銀朮哥、寧朮割，1073～1140）、鐸剌（耶律度剌）為國信使副，撒盧母為計議使往宋。又派高慶裔諭趙良嗣等，說銀朮可是金貴臣，要好好相待。戊申（廿四），阿骨打又詔新任南京留守的遼降將張覺與趙良嗣等，一同分割所與燕京六州之地。壬子（廿八）。金使至開封，徽宗詔趙、周二人館之，禮數如昔日遼使。三月乙卯（初二）（《會編》作初五戊午），金使入見於崇政殿，以誓書草來請，依草立誓。引對罷，就去王黼第商議。銀朮可欺騙王黼，說金人已許西京給宋朝，願宋廷歲給碌礬二千栲栳，以金人取西京弊甚，請加犒賞。王黼允諾。徽宗最後許給歲二十萬為西京犒賞費。因趙良嗣的表奏，馬擴以出使之功特除武翼大夫忠州刺史兼閤門宣贊舍人。己未（初六），徽宗派吏部侍郎盧益（？～

《楊時集》，卷三十六〈誌銘七・周憲之墓誌銘〉，頁886～887；趙善璙（？～1208後）（編），程郁（整理）：《自警編》，收入戴建國（主編）：《全宋筆記》第七編第六冊（鄭州：大象出版社，2016年2月），卷七，「使命」條，頁260～262。按宋廷在二月乙酉朔（初一），以尚書右丞李邦彥為尚書左丞，代替王安中，另以翰林學士趙野陞尚書右丞。又《會編》將王安中等除燕山府職繫於二月十一日乙未，當指他們到達雄州之日，而非受命之時。另據楊時的說法，徽宗怒童貫及蔡攸取燕兵敗，也疑趙良嗣是童貫的人，就特命一向並不順從童貫的周武仲使金，據載趙良嗣見周獲委，怕周察其姦，就力請偕往，徽宗於是改命周武仲為副使，仍賜金帶。周武仲見到金人，據理力爭，並不少屈。他使還至雄州，童貫及蔡攸怕他見到徽宗，發其誕謾之罪，就將他留在雄州，而只令他派人馳驛具奏，取朝廷指示。又趙良嗣、周武仲及馬擴出使金談判的背景及經過，可參姜青青：《馬擴研究》，第三章，頁128～138。

1139）及趙良嗣充國信使副，持國書及誓書往金主軍前議交還燕京月日。趙良
嗣及銀朮可都說金人許還西京，只求犒軍費二十萬，其實金國書及誓書無一
語及還西京，宋人認為是趙良嗣及銀朮可共為欺罔，事實上是銀朮可把趙良
嗣也騙了。盧益等出使前，領樞密院事鄭居中還問馬擴將來如何防守西京及
山後諸州，以及朝臣建議以當地土豪守之策當否。另也問馬擴當用之兵馬數
量，和擬任用之雲中帥張孝純是否合適。宋人不知金人根本沒有還西京之意。
辛未（十八），趙良嗣等抵燕京，金人差李靖及劉嗣卿作館伴。早在他們抵涿
州時，金人已派完顏希尹及高慶裔先來一個下馬威，責問盧、趙二人，為何
誓書字畫不清，而且書中不提逃去職官和戶口等事。金人迫宋人退換誓書，
盧、趙二人只得馬上向宋廷稟報，宋廷只好照辦。丁丑（廿四），金才派接伴
使勃董渠列及副使少卿郭霆和盧、趙等相見。己卯（廿六），盧、趙終於見到
阿骨打。楊樸（？～1132）和高慶裔又來傳宗翰之話，指斥由徽宗書寫的誓書
用字不合規格。又以兩國誓書聲明不納叛亡，指責宋廷庇護原燕京遼臣已降
宋的趙溫信（訊）、李處能（？～1132）、王碩儒及韓昉等人，指名索還他們。
壬午（廿九），盧、趙等赴阿骨打的花宴，盧益提到童貫在雄州對他說，那些
金人要索還的人多已變匿姓名，亡命各地，即立下賞格，也不易捕獲送還。
完顏希尹就指責宋違反不納叛亡之誓，若宋捕不到他們，可以將名人如郭藥
師、董龐兒折當。希尹又堅持不還，當初劃界時屬於宋方、有永濟務及新倉
鹽場的符家口。癸未（三十），楊樸傳阿骨打旨意，派撒盧母及楊天壽同趙良
嗣同去雄州安撫司解決爭議的遼降臣問題，而留下盧益和馬擴。途中，撒盧
母又恐嚇趙良嗣，說和議已談得八九成，只差歸還降人的毫末。他說金主有
言，此事責在趙良嗣。趙說若張籛、趙溫信、韓昉等果投宋，他必定知道。
然楊樸警告趙，宋方不答應，就會後悔。趙無奈地赴宣撫司，向童貫稟告楊
樸之話。童不得已，於四月乙酉（初二），令縛趙溫信等執送金人軍前。撒盧
母說若再擒得張籛和韓昉更好。臨行前趙良嗣向趙溫信道歉，說宋朝也不想
將他送去，只是金威脅動兵，只好借他一身以解兩國之兵厄。戊子（初五），
趙溫信被押送至宗翰處。趙以為必死，不料宗翰釋其縛而用之。金人利用遼
人的手段就比宋人高明。宋人一受金人威脅，就犧牲遼的降臣降將，趙溫信
事件就埋下郭藥師後來叛變的惡果。〔註5〕

〔註5〕　《十朝綱要》，卷十八〈徽宗〉，宣和五年二月丙戌至四月條，頁528～529；
　　　　《宋史》，卷二十二〈徽宗紀四〉，頁411；《長編紀事本末》，卷一百四十三

　　四月癸巳（初十）（《金史》作初九壬辰），金使楊璞等與盧益及趙良嗣以誓書來。許給燕京及山前六州并屬縣及所管民戶，聲明宋廷照元議給歲幣及租稅代金一百五十萬外，每年並支綠礬二千栲栳。又訂明兩界側近人戶不得交侵，盜賊逃人彼此無令停止，亦不得密派間諜，誘擾邊人。另兩國疆界，各令防守，兩朝界地內如舊，不得遮堵道路，金人又加索米二十萬石（一說十萬石）。甲午（十一），金使抵開封。丙申（十三），金使入見。丁酉（十四），徽宗以撫定燕山府等路合用物貨，令諸路漕臣從速計置。同日，童貫即差姚平仲和康隨前去交割地界並立烽堠。庚子（十七），徽宗命童貫和蔡攸從雄州率軍入燕山府，隨行的還有姚平仲、王瓌及河東所募之義勝軍統制李嗣本（？～1127）。李嗣本統河東軍五萬為前軍，以种師中、楊可世的陝西軍號三十萬為中軍，而令郭藥師領的常勝軍自涿州新城入固安、安次，勒兵博山。童、蔡二人建旌旗，鳴鼓吹笙，以大軍繼之，又令馬公直將河北京畿兵為殿後。李嗣本至盧溝河，金兵尚駐燕京。趙良嗣、姚平仲、康隨入燕京見阿骨打。宗翰質問原約十一日到，為何遲了許多。宋方解釋一番，金方就不再留難。阿骨打交割燕京畢，就由居庸關往白水泊度暑。這時燕京之金帛錢物、職官、豪族、工匠、民戶、寺院已盡為金人席捲東去，由松亭關徙往金內地。宋廷付給金人歲幣百數萬，只得空城。到來捧香火迎接的只有殘民羸卒。李嗣本提兵先入城，看到郭藥師的先鋒軍，以為是金兵，即棄軍即遁，營中大擾。郭藥師派人往撫之方定。壬寅（十九），金人派撒盧母攜金主御押的燕山地圖來，起初欲令童、蔡二人拜受之。幸馬擴與姚平仲力爭，才不致如此卑屈。

<hr>

〈徽宗皇帝・金盟二〉，葉十上至十七上（頁 4327～4341）；《會編》，卷十四〈政宣上帙十四〉，宣和五年二月一日乙酉至二十八日壬子條，葉一上至十四下（頁 96～102）；卷十五〈政宣上帙十五〉，宣和五年三月一日甲寅至四月二日乙酉條，葉一上至九上（頁 103～107）；《繫年要錄》，第三冊，卷五十八，紹興二年九月條，頁 1043～1044；《金史》，卷二〈太祖紀〉，頁 40。按馬擴獲趙良嗣推薦陞官及鄭居中召問守燕之計的情況，可參見姜青青：《馬擴研究》，第三章，頁 146～149。又考完顏銀朮可當是阿骨打的第三從弟，《金史》有傳。他戰功彪炳，後諡武襄，配享阿骨打廟廷。他的生平及他抗遼伐宋的作用，可參閱王文素、張志立：〈完顏銀朮可在抗遼伐宋的作用淺析〉，載程尼娜、傅百臣（主編）：《遼金史論叢・紀念張博泉教授逝世三週年論文集》（長春：吉林人民出版社，2003 年 7 月），頁 320～328。又李處能是李儼子，李處溫弟，他自平州歸宋，拜延康殿學士，賜姓名趙敏修。金人將他索還後仕金至西京副留守。紹興二年秋，右都監大同留守耶律余睹（覩）叛死，李處能也坐誅。

童、蔡二人厚賂金使後乃還。乙巳（廿二），童貫向徽宗表奏已撫定燕城，具表稱賀，稱他四月庚子（十七）躬領大軍入燕山府，「撫定燕城，布宣聖澤」，「燕城老幼懽呼迎謁，南向焚香，上祝聖壽」。又說「燕山父老，皆謂自冬至春不雨，昨日，王師撫定，雨澤隨至。」他又虛報軍情，說「不受蕭后納款者，先與金虜有約，不敢受也。」又說：「金國入居庸關，與王師夾攻者，劉延慶為殘虜所敗，約金人取燕城也。」，「女真既破契丹，駐軍於燕山之北，約本朝自以兵力取燕地」。總之一派胡言，掩飾當日覆師而只得求助金人取燕之事。童貫奏至，丙午（廿三），王黼率百官以撫定燕山，上表稱賀，表中多符瑞語，云：「陛峻明堂，既揭平朔之號；軒藏石鼓，仍題復古之名。鍾虛銘金，則應牧野誓師之時；印章篆玉，則示漢將破胡之兆。承九清之命，而整神霄陰相之旅；建三辰之旗，而向太一下臨之方」，同樣是滿紙假話，以討好徽宗。戊申（廿五），楊璞隨盧益等攜國書及誓書來見。庚戌（廿七）（按：《宋大詔令集》作廿六日），宋廷曲赦燕山府、涿、易、檀、順、景、薊等州，並及雲中府、武、應、朔、蔚、奉聖、歸化、儒、媯等州。辛亥（廿八），童貫和蔡攸任務完成，在燕京留十二日後就班師返京，宋廷以詹度權燕山府帥事。詹度即招集散民騈集。當金兵退出嶺外後，楊可世、姚平仲等即分陝西、河北諸道兵及常勝軍守松亭關、古北口、居庸關。詹度以閤門宣贊舍人劉逸知景州，楊可世弟、惠州團練使楊可昇知檀州，忠州防禦使任宗堯知薊州，悉發官吏上任。童貫臨返京前，詹送他一詩曰：

> 長亭春色送英雄，滿目江山映日紅，劍戟夜搖楊柳月，旗旌曉拂杏花風。
>
> 行時一決平戎策，到後須成濟世功，為報燕山諸將吏，太平取在笑談中。

　　詹度此首七律是目前少數傳世歌頌童貫功績的詩，平心而論，童貫吸收了上次的教訓，這次率兵入燕，就小心謹慎得多，據載他與王安中等商量，以金人不斷索取利益，議猶不決而憤恨。王安中坦言誰叫童貫為遼所敗？若非涿、易州納款，郭藥師等來歸，實在未易議也。童貫於是聽趙良嗣之議，選派姚平仲及康隨等能言善辯的人去折衝金人的泛議。據《會編》引《平燕錄》諸書所記，种師中及楊可世等聲言若金人阻撓，就準備決一死戰，於是金人就沒有再節外生枝。這大概是宋人吹噓，自我感覺良好之辭。其實金人不再提出新條件，大概是阿骨打有病（宋人記載，趙良嗣看到阿骨打面有病容），想早日返回嶺外養疾。事實上，金兵早在是月初，在奉聖州擊敗耶律大

石的遼軍，生擒之而降其眾。月底，宗望也大破天祚帝殘部於應州（今山西朔州市應縣），獲其子趙王習泥烈及傳國璽。金人已無後顧之憂。〔註6〕

徽宗與童貫從政和初年開始，多年來謀議收復燕雲故地的鴻圖，到宣和五年四月童貫率軍入燕，算是達成一半目標。然而遼地除了涿州和易州算是宋軍攻取外（實是高鳳和郭藥師獻城），從燕京到西京，都是金人取得。宋人要從金人手上取回燕雲舊地，就是與虎謀皮，只怪童貫兩度攻遼不爭氣。從宣和五年正月到三月的宋金談判，金方一直咄咄逼人，不斷提高價碼，要錢索人，視宋廷為無物，在誓書字樣故意留難，不給徽宗面子，也欺負宋使，待之如屬國之人，這場交涉儼如城下之盟。多番出使遼金的馬擴認為金人處處留難宋方，部份原因是不少降金的遼臣如左企弓及楊樸，替金人設謀畫策，都說宋朝一向畏怯，主張對宋強硬。當劉延慶兵敗時，左企弓還獻上阿骨打一詩，云：「君王莫聽捐燕議，一寸山河一寸金」。〔註7〕

馬擴之言反映不少遼臣，特別是燕地的遼臣如劉彥宗、時立愛（1056～1137）等，他們怨恨宋廷乘人之危，攻打遼國，故他們寧可助金壓宋，打敗了宋，他們便有機會返回燕地。客觀而論，金人中不乏才智之士，好像宗翰和希尹便看穿宋人的弱點，不待遼降臣進言，他們也會對宋盡量壓迫，奪取最大利益。弱國無外交，趙良嗣等人已算盡最大的努力爭取宋方利益，最後以歲幣一百五十萬取回燕京六座空城，自然是賠本生意。當然，宋廷長久以來不惜高昂的代價，花費大量人力物力，在西邊開疆闢土。現時付出的代價，客觀而論，也是花得來的。只要守土得人，假以時日，一方面使用土人守土，另一方面移民實邊，燕京六州可以像當年李憲所取的蘭州一樣，成為邊廷重

〔註6〕《十朝綱要》，卷十八〈徽宗〉，宣和五年四月甲午至辛亥條，頁 529；《編年綱目》，卷二十九，頁 749；《宋史》，卷二十二〈徽宗紀四〉，頁 412；《東都事略》，卷十一〈本紀十一‧徽宗二〉，葉六下（頁 224）；《金史》，卷二〈太祖紀〉，頁 41；《宋史全文》，卷十四〈宋徽宗〉，頁 975；《長編紀事本末》，卷一百四十三〈徽宗皇帝‧金盟二〉，葉十七上至十九上（頁 4341～4347）；《宋大詔令集》，卷二百十九〈政事七十二‧武功下‧平燕河北河東路燕山府涿易檀順景薊州雲中府武應朔蔚奉聖歸化儒媯等州曲赦‧宣和五年四月二十六日〉，頁 841；《會編》，卷十五〈政宣上帙十五〉，宣和五年四月七日庚寅至十四日丁酉條，葉九上至十四上（頁 107～110）；卷十六〈政宣上帙十六〉，宣和五年四月十七日庚子至二十八日辛亥條，葉一上至十三下（頁 111～117）；朱勝非：《秀水閒居錄》，「佚文」，頁 360。
〔註7〕《會編》，卷十四〈政宣上帙十四〉，宣和五年二月一日乙酉條，葉三上下（頁 97）。

鎮。不幸的是，童貫所用非人，以遼人治遼地的圖謀落空，並因王安中之輩招納遼將張覺（張轂），給金人借口入侵。〔註8〕而引領金人的，正是童貫向徽宗力薦重用的遼降將郭藥師，真是引狼入室。

周武仲在使金還後，便從侍御史陞任御史中丞。他這時便上疏追究童貫盧溝之敗因由，他指責宋軍戰敗都是童貫和蔡攸不能節制諸軍，而屬官李宗振，統制王稟其罪為大。他說李宗振只是曹州一胥吏，致位承宣使，為童貫腹心，貨賂公行。童貫這樣賞罰不明，於是將士解體。他又斥王稟初無武略，只是善於附會迎合童貫。盧溝之役，便是王稟軍帶頭先退。周請將二人重責，章凡三上，宋廷方才施行，將李、王二人責降。〔註9〕李宗振在五年十二月丙申（十七），便自靜江軍承宣使致仕降三官，且給全俸的指揮取消。宋廷以言者論他本是胥史奴才，派他宣撫東南和恢復幽薊，他居幕府，卻招權恣橫，旁若無人。宋廷顯然採納了周武仲的劾奏而處分李宗振。〔註10〕不過，宋廷很快便委王稟出守重鎮太原，因宋廷察知周武仲對王稟的批評，並非事實。

順帶一提就是這個為童貫信任的李宗振，《三朝北盟會編》引鍾邦直《行程錄》所記，童貫確如周武仲所言，倚信李宗振參決帷幄，軍政一以委之，其他幕客拱手備員而已。惟有勾當公事官，年已七十的廣東人李積中，因大臣所薦入幕，兩度投書童、蔡，警告與金人交通必為邊患。鍾邦直也批評童貫和蔡攸，一以閹進，一以倖進，自少及老，立功名取富貴，都以蒙蔽欺罔而得，居內則專機政，在外則握重兵，是豈知兵者？二人不知紀律，不明賞罰，每嚴刑重罰以鉗天下之口，雖甚顛倒錯謬，無敢議其非者。〔註11〕因征遼兵敗，童、蔡二人治軍的種種胡塗賬都給人翻了出來。

南宋初年王明清引在靖康元年四月出任河東走馬承受內臣王嗣昌（？～1128後）的說法，還指出童貫經營燕京時，在防務上犯了一個重大的錯誤，

〔註8〕關於金人利用張覺事件作為入侵借口，趙永春有很好的析述。參見趙永春：《金宋關係史》，第二章，頁41～51。另降金之燕地遼臣鼓吹攻宋，何俊哲一文也主其說。參見何俊哲：〈論十二世紀初年燕京地區官僚豪強在遼、宋、金角逐中的作用〉，頁264～269。

〔註9〕《楊時集》，卷三十六〈誌銘七·周憲之墓誌銘〉，頁889～890。按周武仲擢御史中丞並上疏劾童貫之月日不詳，當在宣和五年四月童貫及蔡攸自燕山班師回後。

〔註10〕《宋會要輯稿》，第八冊，〈職官六十九·黜降官六〉，頁4904。

〔註11〕《會編》，卷十七〈政宣上帙十七〉，宣和五年六月一日壬午條，葉八上下（頁122）。

讓後來金騎輕易南犯。王明清說太祖曾令在瓦橋關（即雄州）一帶南北分界之所，專植榆柳，中通一徑，僅容一騎過。到真宗朝，以之作為使人每歲往來之路。歲月日久，這些榆柳日益繁茂，合抱之木，交絡翳塞。但到童貫在宣和中取得幽燕後，以為瓦橋關一帶已成內地，不用設防，就命人將這些榆柳薙光。等到金騎南下，雄州一帶就成為坦途。王說當日若有這些榆柳蔽障，金騎未必能輕易捲甲長驅。〔註12〕

宋末元初人羅璧（？～1280 後）評論童貫取燕雲之失，在不取險要之地如居庸關及金坡關（即紫荊關，今河北保定市易縣城西北 45 公里的紫荊嶺上）。他引述岳飛所言：「金坡諸關不獲，則燕雲未可有。」他又記當金人過關，宗翰（按：當為宗望）嘆曰：「關險如此，而我過之，南朝可謂無人。」〔註13〕然而，宋人常言在人不在險，童貫錯用郭藥師守燕，就是據有險關也枉然。羅璧之論未免是書生之見。

引發金人有藉口南侵的張覺，在宋軍入燕京後不久，便在五月甲寅（初二），以南京留守（即平州）據城叛金。他將率燕民經平州，原遼國宰相、後降金的左企弓及曹勇義、及樞密使盧仲文、參知政事康公弼等斥以降金之罪，盡行誅殺，而向天祚帝稱臣歸附。〔註14〕

〔註12〕 王明清：《揮麈錄・後錄》，卷一，第 104 條，頁 41；《宋會要輯稿》，第七冊，〈職官四十一・走馬承受公事〉，頁 4069。

〔註13〕 羅璧（撰），趙龍（整理）：《識遺》，收入戴建國（主編）：《全宋筆記》第八編第六冊（鄭州：大象出版社，2017 年 7 月），卷三，頁 56。

〔註14〕 《長編紀事本末》，卷一百四十四〈徽宗皇帝・金寇〉，葉一上至二下（頁 4349～4351）；《遼史》，卷二十九〈天祚皇帝紀三〉，頁 390～391；《契丹國志》，卷十二〈天祚皇帝下〉，頁 149；《會編》，卷十七〈政宣上帙七〉，宣和五年五月十四日丙寅條，葉二下至四下（頁 119～120）；《宋史》，卷四百七十二〈姦臣傳二・張覺〉，頁 13735～13736；《金史》，卷七十八〈時立愛傳〉，頁 1765～1777；卷一百三十三〈叛臣傳・張覺〉，頁 2843～2845。按張覺於《宋史》及《金史》均為立傳。據群書所記，張是平州義豐（今河北唐山市灤州市）人，遼進士登第，耶律淳稱帝，授遼興軍（即平州）節度副使，會民兵殺其節度使蕭諦里全族二百口，劫掠家資數十萬，他平亂有功，州人推之權領州事。耶律淳死，他以遼必亡，就籍管內壯丁得五萬人，馬千匹，招豪傑，練兵馬，潛為一方準備。蕭太后派太子少保時立愛知平州，張不容，於是時立愛常稱疾不出，張依舊知州事。金人下燕京，宗翰首問張的行事才具。已降金的遼參政康公弼說張是狂妄寡謀，雖有兵數萬，皆鄉民，器甲不備，資糧不給，不能有作為。宜示不疑，圖之未晚，於是宗翰招時立愛赴軍前，加張臨海軍節度使仍知平州。既而聞張覺有異志，阿骨打就派劉彥宗及斜鉢論之。宗翰將發燕民由平州歸國，宗翰對左企弓等說想派精兵二千騎先下平州，擒

　　張覺叛金的同日，童貫和蔡攸班師返京。徽宗御景龍門觀奏凱，盡以禁衛諸軍迎之以入。徽宗卻並不甚樂。童、蔡二人這時奏稱張覺之材武可以捍禦金人。宋廷尚未收到張覺叛金之消息，更未預料其引起的惡果。己未（初七），以收復燕雲兩路，徽宗御文德殿受太宰王黼率群臣祝賀，徽宗以神宗下熙河及崇寧下青唐故事，解玉帶賜王黼。庚申（初八），王黼進太傅晉楚國公，領樞密院事鄭居中進太保晉封燕國公，仍與一子推恩，執政官自白時中、張邦昌、李邦彥、趙野各進官二等。辛酉（初九），王黼還獲總治三省事。童貫雖伐遼失敗，但也以收復燕京，在癸亥（十一），落節度使為真太師，進封徐、豫國公（按：李心傳以宋臣只有童貫一人兼封兩國國公）。王安中就以少傅、鎮海軍節度使兼侍讀、直保和殿充上清保籙宮使、河東、河北路安撫使。蔡攸也進少師。丁卯（十五），瀘南安撫使奏溪州田才順納土，另金人也許朔、武、蔚三州，宋廷於是一片喜氣洋洋。金人在是月陸續平定遼的殘餘勢力，包括達魯古并五院司諸部，而自號神聖皇帝的回离保（即蕭幹），早在辛酉（初九）被部下所殺（一說在七月）。雖然前一天（庚申，初八），遼將耶律敵烈等夜劫梁王雅里奔西北部，立之為帝，改元神曆，但力量薄弱。（按：雅里在十月病歿，繼領其眾的耶律尤烈在十一月為其眾所殺）。張覺這時叛金，只能寄望宋人援手。〔註15〕

張覺。左企弓等同意，但康公弼認為加兵是迫張反，他說曾守平州，認識張，願往平州偵探張的動說。宗翰於是授以金牌，馳騎見張，諭以宗翰之意。張表示遼有八路，自金興，只有平州一路存，怎敢有異志，所以未解甲者，為北防蕭幹。他厚賄康而回。康對宗翰言及張之話，說張不足慮。宗翰信之，就升平州為南京，加張為同中書門下平章事判留守事。五月初，燕民東遷入平州境，有人私下號訴於張覺，具言左企弓等不謀守燕，卻使燕民遷徙流離，不勝其苦。有人勸他既擁強兵，盡忠於遼，必使他們復歸故土。張覺召集眾將商議，都說天祚帝兵勢復振，出沒於松漠之南，金人所以急趨山西，是怕遼襲其後。主張他奉迎天祚帝，以圖中興。先殺左企弓等，放燕人歸燕京，宋廷必然接納，平州就為宋藩鎮，金人若加兵，就可以內用營州及平州之兵，外倚宋為援。張與心腹翰林學士李石商議後，便派張謙率兵五百騎，傳留守令，召左企弓等至灤河西岸議事，派議事官趙秘校往數他們十罪而繼殺之。仍稱保大三年。他畫天祚帝像，朝夕謁，事必告而後行，稱遼的官秩。來到平州的燕人都跟從他，他悉遣徙民歸。考張覺叛金的月日，《通鑑長編紀事本末》繫於五月辛巳（廿九），《會編》繫於五月丙寅（十四）。疑二書均是宋人收到張覺叛金之消息的日子。現從《金史》所記，在五月初二。又《遼史》將張叛金之事錯繫於保大四年，應是保大三年。

〔註15〕《東都事略》，卷十一〈本紀十一・徽宗二〉，葉六下（頁224）；卷一百六〈王黼傳〉，葉二下（頁1620）；卷一百二十一〈宦者傳・童貫〉，葉四上（頁1869）；

　　金人在五月辛巳（廿九），便詔諭平州官民投誠。六月壬午朔（初一），金將完顏闍母（1090～1129）將二千騎（一說三千）來討，與張覺戰於營州，闍母以兵少，不交鋒而退，仍大書於營州門，有「今冬復來」之語（按：《金史》記闍母敗張覺於營州，而宋人就記張覺報大捷）。同日，早已致仕多時的蔡京，大概是不甘寂寞，上表賀復燕雲；但蔡京拍的馬屁卻不逢時，翌日（癸未，初二），徽宗就收到詹度密報，曉得金兵犯平州，他即以御筆令詹度密察張覺去向。至於為宋人重用的郭藥師，隨童貫與蔡攸在五月辛巳（廿九）來朝後，徽宗禮遇甚厚，賜以居第及媵妾，又加燕犒，讓他觀金明池水嬉，命貴戚大臣延宴，寵遇無虛日。徽宗又召他至禁中，凡寢殿奧密珍奇之物，都讓他觀看。郭好酒，宮中絕品名「小槽真珠好」，就日賜一罇，置驛傳送。並於六月乙酉（初四）將他自檢校少保晉檢校少傅，依舊武泰軍節度使同燕山府路安撫使、同知燕山府、馬步軍都總管、河北、燕山府宣撫副使。徽宗又召對於後苑延春殿，甚至表示委他守燕。郭表示願效死，當叫他擒天祚帝時，他就表示不能背叛故主，而涕泣如雨。徽宗以他為忠，解所御珠袍及二金盆賜之。郭藥師出宮門，就對部下說，他所得賞賜，並非其功，而是屬下之力，即將金盆剪分給屬下。徽宗這回輕易被郭騙過。是日，趙良嗣與盧益也還朝，以勞分別授延康殿學士及兵部尚書。馬擴也轉武功大夫、和州防禦使。丙戌（初五），張覺派李石（改名李安弼，亦作汝弼）與前三司使高黨（原名高履）往燕京，詣河北、河東、燕山宣撫司，向王安中納土投誠，並誇口說「平州自古形勝之區，地方數百里，帶甲十萬餘，帥臣張覺又文武全材，若為我用，必能屏翰王室，苟為不然，彼西迎天祚，北通蕭幹，並為我患，燕山豈得安乎？」王安中輕易相信，即具奏宋廷，並願以身任其責，差官伴送李、高二人赴闕。（一說由詹度密以聞）。他又向宋廷申報張覺擊敗金闍母，而不知張是虛報戰果。這時另有遼臣趙敏修及其母邢氏亦自平州至開封，他們日夜詣王黼游說。王黼被說服，就請宋廷納之。徽宗即詔王安中與詹度厚加安撫張

卷一百二十五〈附錄三・金國傳上〉，葉五上（頁 1929）；《金史》，卷二〈太祖紀〉，頁 41；《十朝綱要》，卷十八〈徽宗〉，宣和五年五月己未至丁酉條，頁 529；《宋史》，卷二十二〈徽宗紀四〉，頁 412；卷四百六十八〈宦者傳三・童貫〉，頁 13661；《遼史》，卷二十九〈天祚皇帝紀三〉，頁 389；《長編紀事本末》，卷一百四十三〈徽宗皇帝・金盟二〉，葉二十上（頁 4347）；《會編》，卷十七〈政宣上帙七〉，宣和五年五月二日甲寅至十一日癸亥條，葉一上至二上（頁 118～119）；二十九日辛巳條，葉五上（頁 120）；《建炎以來朝野雜記》，甲集卷十二，第 311 條，「兩鎮三鎮節度使」，頁 240～241。

覺，與免平州三年常賦。張覺收到宋廷詔書，隨即派其弟來通款。宋廷拜張覺為泰寧軍節度使世襲平州，其屬僚李安弼、高黨、衛甫、趙仁彥、張鈞、張敦固均除權徽猷閣待制，仍以泰寧軍牌、敕書、金花御牋之誥命付張覺弟，令面授張覺。宋廷又令宣撫司出銀絹數萬犒之。徽宗納張覺之決定，外廷不知其端。知曉此事的趙良嗣曾抗章反對，他認為宋廷新與金結盟，而金勢強，宋這時收納張覺，必招金人之兵。他請斬李安弼。王黼不從，反指趙良嗣是童貫、蔡攸一黨，意欲壞成約，就將趙奪職，削五階。據《宋史‧張覺傳》所記，徽宗對收納張覺會引起金人背盟的指責，以及張覺的作用其實是清楚的。他以手札付詹度，表示「本朝與金國通好，信誓甚重，豈當首違？金人昨所以不即討覺者，以兵在關中而覺抗榆關故也。今既已東去，他日西來，則覺巢爾數城，恐未易當。為今之計，姑當密示羈縻足矣。」徽宗卻三心兩意，貪圖取得平州而最終同意納張覺。庚寅（初九），宋廷以收復全燕，一行官吏均推恩，童貫麾下沒有甚麼功勞的參謀官劉韐、宇文虛中、管勾機宜文字蔡術、馮舒均遷一官。甲午（十三），朱勣也以燕山之役，馳傳有勞，也擢為寧遠軍節度使、醴泉觀使。丙申（十五），阿骨打病重，準備返回上京。壬寅（廿一），金人本欲與宋交割武、朔、蔚三州，以金主病而中止，並暫時停止進攻平州的行動。因鄭居中在戊申（廿七）卒，兩天後（辛巳，廿九）與童貫以大奏凱入告太廟的蔡攸，翌日（辛亥，三十）竟獲任領樞密院事，補鄭居中的遺缺。據《北征紀實》載，二人以宣撫司之羨餘，進大珠百萬、金四千兩、犀玉錢帛，說是土宜。徽宗大喜，就忘了二人戰敗之過。不過，誠如陳振孫（1179～1262）所論，蔡絛所撰的《北征紀實》，敘述伐燕本末，將伐燕之敗，歸罪於童貫及其長兄蔡攸，另欲為其父蔡京之過飾非。書中對童貫所為，幾乎無一句好話。雖然蔡在書中所記的不全是事實，但童貫只得薄賞卻不假。〔註16〕

〔註16〕《金史》，卷二〈太祖紀〉，頁41；《十朝綱要》，卷十八〈徽宗〉，宣和五年六月丙戌至乙巳條，頁 530；《宋史》，卷二十二〈徽宗紀四〉，頁 412；卷二百十二〈宰輔表三〉，頁 5529；卷四百七十二〈姦臣傳二‧趙良嗣、張覺、郭藥師〉，頁 13734～13736，13738；《遼史》，卷二十九〈天祚皇帝紀三〉，頁 390～391；《長編紀事本末》，卷一百四十四〈徽宗皇帝‧金寇〉，葉二上下（頁 4351～4352）；五上下（頁 4357～4358）；《契丹國志》，卷十二〈天祚皇帝下〉，頁 150～152；《會編》，卷十七〈政宣上帙七〉，宣和五年六月一日壬午朔至四日乙酉條，葉五上至十三上（頁 120～124）；卷十八〈政宣上帙十八〉，宣和五年六月五日丙戌至六月二十一壬寅條，葉一上至七上（頁 125～128）；九月

　　童貫和蔡攸所謂撫定燕山後，也不忘為下屬請功求賞，二人在六月丙申（十五），聯名上奏，稱河朔兵興以來，到今日撫定燕地，實歷一載，他們說委監司等分等應辦軍務，並無闕誤。今分定等第，請徽宗特賜推恩。為了掩飾失敗，也為提高士氣，徽宗就御筆批示：第一等陞一職，轉兩官，無職可陞人轉三官；第二等陞一職，轉一官；第三等轉一官。已上無職人除初品職，有止法人轉行并轉可陞者，比附施行。內不曾入燕山之官與比入燕山官輕重稍異。總之，童貫一大批文武屬僚又齊齊陞官。〔註17〕

　　曾先後為童貫父子撰寫制詞的翟汝文，又大拍馬屁地寫了一道〈賀太師收燕山啟〉，賀童貫真除太師兼收復燕京，翟寫得肉麻，惟童貫心知肚明，今次不過因人成事，取回數座空城：

> 伏審告廷大號，正位上公，遠冒山河，擁百靈之交衛，進遊廊廟，膺多福之鼎來。凡逮有生，孰不同慶。恭惟某官，三朝元老，四輔宗臣，忠誠動乎晃旒，威信行乎華夏。謀深辟國，無如召公；道懋格天，有若伊尹。由是致二帝三王之治，用能專五侯九伯之征。奇功屢書，已在鼎彞之上；勝算迭用，不出帷幄之中。乃眷燕雲，久湮沙漠，累聖未遑於問罪，斯人自致於渝盟。當寧請行，乘機撫定。貔貅萬旅，正十六州疆場之初。煙火一家，復二百年版圖之舊。廟略已定，凱旋而歸。勒名重崖，舍爵清廟，固宜備非常之典冊，然後稱不世之勳勞。錫盾彤戈，亙上元戎之節，袞衣赤舄，首登真相之班。益峻臣鄰，永熙帝載。某方馳驛，莫造鈞庭，聞社稷之殊休，增搢紳之懦氣。輒陳固陋，敢冒近嚴云云。詞語瀆煩，欲盡芻蕘之讜，體貌間絕，願寬鈇鉞之誅。〔註18〕

　　童貫一下子失寵，就費盡心機要挽回主子的歡心。由梁師成負責修建，早在宣和四年五月落成的艮嶽萬歲山，雖然宏麗，但四方所貢珍禽在囿內不能盡馴。據岳珂所記，有市人薛翁，素以豢養動物為優場戲，他去見童貫，

六日乙卯條，頁十一下至十二上（頁130～131）；朱勝非：《秀水閒居錄》，「佚文」，頁361～362；陳振孫（撰），徐小蠻、顧美華（點校）：《直齋書錄解題》（上海：上海古籍出版社，1987年12月），卷五〈雜史類〉，「北征紀實二卷」條，頁152。

〔註17〕《宋會要輯稿》，第十五冊，〈兵十八・軍賞一〉，頁8988。

〔註18〕翟汝文：《忠惠集》，卷九〈賀除開府儀同三司啟〉，葉十上至十一上；〈賀譚太尉平寇啟〉，葉十一上下；〈賀太師收燕山啟〉，葉十三上至十四上。翟汝文擅長拍馬，早前曾致書賀蔡攸陞開府儀同二司，再賀譚積平寇。

願役其間。童貫認為這是討好主子的機會，就許之。童貫每日便召集興衛，鳴蹕張黃屋以游，至則以巨桮貯肉炙粱米。薛翁這時就仿傚禽鳴，以引致其類。既而飽飫翔泳，聽其去來。月餘而圍者四集，不須作假鳴而致。牠們更堪狎玩，就是立鞭扇間，亦不畏懼。童貫於是以「來儀局」為名，招四方籠畜者，並置官司以總之。一日徽宗遊此，聞道上有清聲，舉目望見群鳥數萬。薛翁早已準備牙牌置於道旁，曰：「萬歲山瑞禽迎駕」。徽宗見之大喜，命以官並厚賜。童貫大概靠薛翁的招禽技倆挽回主子一點歡心。〔註19〕

二、失寵投閒

童貫雖然盡力討好主子，但徽宗仍在七月戊午（初七），先將童的對頭、毫無軍功的梁師成陞少保，然後在翌日（己未，初八）命童致仕，罷其樞密使及宣撫使職，只保留他太師及徐豫國公的虛銜。梁師成及王黼就共薦其黨羽譚稹，自起復武信軍節度使為檢校少保充河北、河東、燕山府路宣撫使，令駐河東，負責交割金人所許雲中府及山後諸州（按：譚稹早於五月已任河東及燕山府宣撫使，現時加少保兼充河北宣撫使）。而依附王、梁二人的王安中也奉徽宗命，趕在七月丁巳（初六）抵燕山府就職治事，譚稹則接管了童貫三路宣撫使的職務。這年童貫剛滿七十，就被勒令致仕，失去了權力，他與梁師成的權力鬥爭中這回合就敗下陣來。正如李天鳴所考，金太宗吳乞買只令割朔、武二州，後來更取消將西京地區割給宋的協議，雖然未經協議前，武、朔、應、蔚四州已自動向宋朝歸降。金人諸將都以宋人招納金國叛將和逃亡者，已違背盟約，故反對將西京雲中府地區交還宋朝。這時金又與夏訂盟，將遼西京道的天德軍數郡割讓給西夏。接替童貫的譚稹，雖喜邊事立功，但怯懦無謀。如此複雜的局面，他肯定應付不來。童貫失去了措置河東的權力，未嘗不是塞翁失馬。〔註20〕

〔註19〕岳珂：《桯史》，卷九，「萬歲山瑞禽」條，頁106～107；王明清：《揮麈錄‧後錄》，卷二，第133條，「徽宗御製艮嶽記」，頁57，59。

〔註20〕《十朝綱要》，卷十八〈徽宗〉，宣和五年七月戊午至己未條，頁530；《編年綱目》，卷二十九，頁750；《東都事略》，卷十一〈本紀十一‧徽宗二〉，葉六下（頁224）；《宋史》，卷二十二〈徽宗紀四〉，頁412；卷二百十二〈宰輔表三〉，頁5529；卷四百六十八〈宦者傳三‧童貫、梁師成〉，頁13661，13663；《會編》，卷十八〈政宣上帙十八〉，宣和五年七月七日戊午至十日辛酉條，葉七下（頁128）；卷十九〈政宣上帙十九〉，宣和六年九月癸丑條，葉七上下（頁136）；王安中：《初寮集》，卷八〈帥燕到任表〉，頁432；《宋會要輯稿》，

　　徽宗將他多年來寵信備至的心腹童貫罷職，一方面是童貫把伐遼復燕的事弄成這個樣子，既損兵折將，丟了大量多年的儲備，又平白給金人苛索大量財物，甚損面子，得回的只是幾座空城。另一方面，當是梁師成趁著徽宗不滿童貫之時進讒言所致。徽宗總算念舊，沒有重責童貫，還令翰林學士寫了一道客氣的童貫致仕制詞，稱許他過去的功績，並保留他一點面子，說是童貫自請罷政，讓他體面地下台。諷刺的是，制詞將童貫比作平定安史之亂，後自動納還兵權的唐代名將郭子儀（697～781），想不到童貫後來真的像郭汾陽再度臨危受命，然童貫就沒有郭子儀入朔方軍平定兵變，以及單騎退回紇的本事：

> 觀天運者有寒暑之序，萬物所以盈虛；受國爵者陳禮義之經，大臣所以進退。眷惟耆哲，久執鈞樞。近悅遠來，尤深補袞之助；功成名遂，遽起浮雲之思。姑徇沖懷，具孚群聽。具官童貫，英資敏識，宏度明謨。勤勞王家，膺任邊寄。文事武備之經緯，其應不窮；乾端坤倪之混融，成歸有截。帷幄著前籌之畫，旌旗極良將之規。百辟服其勳庸，四夷望於風采。方還定雲燕之俗，庶同享廟堂之休。何嫌何疑，而弗肯留；於再於三，以期得請。昔秦穆詢茲黃髮，紓脅力之未愆；抑孟軻謂無親臣，取喬木以託興。卿不諒此，朕難重違。且知止足，以安身慮固全矣；況辭寵榮，而礪世時有助

第七冊，〈職官四十一‧宣撫使〉，頁 4008；李天鳴：〈金侵北宋初期戰役和宋廷的決策〉，頁 186～187；胡聘之（1840～1912）（編）：《山右石刻叢編》，清光緒二十七年（1901）刻本，載國家圖書館善本金石組編：《宋代石刻文獻全編》，第一冊（北京：北京圖書館出版社，2003 年 3 月），卷十八〈聖母廟謝雨文〉，葉十五下至十九上（頁 768～770）；方履籛（1790～1831）（撰）：《金石萃編補正》（清光緒二十年（1894）石印本），載國家圖書館善本金石組編：《宋代石刻文獻全編》，第三冊（北京：北京圖書館出版社，2003 年 3 月），卷二〈宋‧宋祭昭濟聖母及汾東王文〉，葉十五上至十六下（頁 576～577）。據《山右石刻叢編》及《金石萃編補正》所著錄題為〈聖母廟謝雨文〉及〈宋祭昭濟聖母及汾東王文〉（按為同一文），譚稹於宣和五年五月初一至初七，以起復太尉、武信軍節度使充上清寶籙宮使兼玉清萬壽宮副使直睿思殿、河東、燕山府路宣撫使的官職差遣，往忻州（今山西忻州市）致祭顯靈昭濟聖母汾東之祠。他的宣撫使司管勾機宜為朝奉郎直秘閣姜仲謙，祭文由姜撰寫，知太原府張孝純為祭文立石。以此石刻考之，譚稹早在五月已接替童貫河東和燕山府宣撫使之職務。祭文稱「茲銜命而出使兮，總燕晉之撫綏，並并州之故壘兮，訪古今之蕘祠，適乘傳而修謁兮，歷山路之逶迤，謁遺跡於父老兮。」宣示他兼領河東燕山宣撫之任。

焉。釋宥密之煩機，以公師而就第。內期間至，尚佇見於儀刑；異
數並存，蓋特隆於體貌。仍陪真食，用衍胅封。於戲！元老壯猷，
方叔素戡於荊狁；盛名高節，子儀遠過於威文。惟壽豈之彌康，以
忠嘉而入告。〔註21〕

　　據楊時所記，童貫致仕後，仍眷戀權力，仍用他的太師豫國公頭銜遍檄
陝西、河東經略司，告諭蕃官首領，說所在官司騷擾，令他們申報讓他審復
聞奏。時任御史中丞的周武仲知道後，就上奏論云：「貫名為致仕，乃預軍務
邊務，其害政侵官，莫此為甚。」他請令童貫不得再干預政事。徽宗拗不過
周，就將周的奏疏剗示童貫。童貫只好收斂一下。〔註22〕

　　王黼在七月庚午（十九）率百官乞上尊號曰「繼天興道敷文成武睿明皇
帝」，以此為帝王盛業大德，宜表出以示萬世，請上尊號。徽宗還不至自我陶
醉，心中明白今次是用高價從金人買回燕京及六州空城，於是辭以這是神宗
所不敢受。徽宗不允後，童貫在己卯（廿八）再與蔡攸、王安中、詹度、郭
藥師等燕山府官屬、僧道、百姓五千餘人再上此尊號，希望討好主子，但徽
宗仍作態不允。〔註23〕童貫顯然是不甘就此退出朝堂，隱於林泉。本來招納
張覺投宋，挑起金人大動刀兵與他無關。然禍福相倚伏，他後來被徽宗重召，
敗事覆師，就逃不了禍國之指控。

　　童貫失勢，他的僚屬及附從者相繼被貶。首先是劉韐，他本來接替未
到任已卒的沈積中為知真定府，稍後徙知建州（今福建南平市），改福州加
延康殿學士；但在八月辛巳（初一），便被御史中丞陸德先劾告在先前審訊
劉延慶案中，他在過闕時私謁陸德先有所請。宋廷將他自延康殿學士知福
州落職，提舉南京鴻慶宮。然後是李憲子李轂，他在八月癸巳（十三），被
言官劾他與其子李雍因析居爭產事，而將李雍逐出，不以為子。李轂被勒
令自檢校少保、安德軍節度使、醴泉觀使責授岳陽軍節度副使致仕。按李

〔註21〕徐自明：《宋宰輔編年錄校補》，卷十二〈宣和五年〉，頁 800～801。
〔註22〕《楊時集》，第三冊，卷三十六〈誌銘七‧周憲之墓誌銘〉，頁 890；黎靖德：
　　　　《朱子語類》，第八冊，卷一百三十〈本朝四‧自熙寧至靖康用人〉，頁 3126。
　　　　按朱熹提到楊時為周武仲寫墓誌，再三稱其劾童貫之疏，但朱熹認為周武仲
　　　　當時亦少索性乾脆，似有所顧忌。
〔註23〕《宋史》，卷二十二〈徽宗紀四〉，頁 412；《會編》，卷十八〈政宣上帙十八〉，
　　　　宣和五年七月十九日庚午至二十八日己卯條，葉八上下（頁 129）；《東都事略》，
　　　　卷一百六〈王黼傳〉，葉二下（頁 1620）；卷一百二十一〈宦者傳‧童貫〉，葉
　　　　四上（頁 1869）。

殼與童貫的關係一般，但大概也被視為童一黨，言官借他這一家務事故把他收拾。〔註24〕

　　八月辛巳朔（初一），天有異像，日當食而不見。辛巳（廿一），徽宗命王安中作《復燕雲碑》，封土刊石，仍然陶醉於收復燕雲之功。金主阿骨打在八月戊申（廿八）崩於部堵濼西行宮，得年五十六，廟號太祖。因金主之逝，金人暫時沒有任何軍事行動。宋境暫時安寧。從宣和四年种師道首次伐燕，一直擔任隨軍轉運使，後任河北路都轉運使兼經制燕山、徽猷閣待制的名臣呂頤浩卻居安思危，上奏宋廷，以「燕山一路，開邊極遠，其勢難守。雖窮天下之智。盡天下之力，竭天下之財，必無以善其後。」他又條上河北燕山路危急五事，請博議久長之策。呂之逆耳直言自然令徽宗及王黼大為掃興，徽宗怒詔「頤浩所奏，意有所包藏，情不可貸。」御筆令呂赴宣撫司出頭，供伏軍令狀。然後將呂落職降官，仍領都轉運使如故。繼又詔王安中，「以頤浩沮抑疆事，唱不可守之說以惑眾心，陳不可行之事以沮朝論，可以詔書面詰頤浩，此後應副有缺，或為國纖芥生事者，當坐以軍法。」並嚴令「如軍糧闕誤，令宣撫使枷項。」〔註25〕

〔註24〕《宋會要輯稿》，第八冊，〈職官六十九‧黜降官七〉，頁4903～4904；《宋史》，卷四百四十六〈劉韐傳〉，頁13163；卷三百五十四〈沈積中傳〉，頁11164。童貫失勢後，王黼起用開罪過童貫的門人沈積中為資政殿學士同知真定府事，但沈未行而卒，或曰為盜所殺，或曰其婢殺之。於是宋廷以劉韐代知真定府，劉曾在郭藥師入朝時，密奏請留之，但不報。劉稍後徙知建州，再改福州。他後來起知荊南府，到宣和七年河北盜起，再以他知真定府。

〔註25〕《金史》，卷二〈太祖紀〉，頁42；卷三〈太宗紀〉，頁48；《宋史》，卷二十二〈徽宗紀四〉，頁412；卷三百六十二〈呂頤浩傳〉，頁11319；《遼史》，卷二十九〈天祚皇帝紀三〉，頁392；《長編紀事本末》，第八冊，卷一百四十四〈徽宗皇帝‧金寇〉，葉一下（頁4350）；《十朝綱要》卷十八〈徽宗〉，宣和五年五月條，頁530；八月辛巳朔至辛丑條，頁531；《宋史全文》，卷十四〈宋徽宗〉，頁975；《編年綱目》，卷二十九，頁749，761～762；《會編》，卷一百九十四〈炎興下帙九十四〉，紹興九年四月條，葉二上至三下（頁1398～1399）；《契丹國志》，卷十二〈天祚皇帝下〉，頁150；彭百川：《太平治蹟統類》，卷二十六〈契丹女真用兵始末〉，葉十四下；《建炎以來朝野雜記》，乙集卷十九〈邊防二〉，第251條，「女真南徙‧金國五世八君本末」，頁840；宇文懋昭（？～1280後）（撰），崔文印（校證）：《大金國志校證》（北京：中華書局，1986年7月），卷二，頁32。考《遼史》卷二十九將保大三年（宣和五年）許多史事寫作保大四年（宣和六年），該卷記阿骨打死於是年八月，與《金史》所記同。惟宋人的記載，卻將阿骨打之死提前至是年五月乙丑（十三）。《宋史》、《十朝綱要》、《長編紀事本末》、《太平治蹟統

　　據王庭珪（1079～1171）所撰的〈向子輿行狀〉所記，呂頤浩所奏屬實，幽燕之地，經過燕山之役後，饋餉不繼，自涿州至雄州、霸州，宋廷以縣令及縣丞督農民運中州之糧，以實不毛之地。若轉運輸不如期者，就以誤軍期論。向氏外戚子弟的向子輿（1097～1165），獲河北都轉運使呂頤浩及轉運使陳亨伯委為涿縣丞。這時涿州的守臣都是武將，出身童貫麾下，常恃勢不法，向子輿每以職事面爭而不少屈，為他們所忌恨，最後自請罷職而去。〔註26〕河北嚴峻的情況，呂頤浩等實在窮於應付。

　　宋人筆記《諧史》及《春渚紀聞》對宣和用兵燕雲，厚賦天下緡錢，而督責甚峻，致民無貧富，皆被其害，曾記一則動人的故事。它記當時有海州懷仁縣（今江蘇連雲港市贛榆縣）楊六秀才妻劉氏，寡居，兩子皆幼（一說只有一子），積錢十屋。一日，劉氏對二子說，國家用兵，斂及下戶，期會促迫，刑法慘酷。她說其家積錢滿屋，坐視鄉黨之困與官吏之負罪而晏然不顧，於心何安。她乃請於官，自願以緡錢十萬（一說百萬）獻納以充下戶之輸。縣令欣然從之，調夫輦運數日，盡空其庫藏者七間。於是一郡數縣之官吏得以逃責，而下戶得免於流離死亡。〔註27〕好像劉氏這樣的善人太少，而像童貫、王黼貪圖一己功名而不顧百姓死活的官太多。人們後來痛恨童貫等人，實在他們造孽太多。

　　宋廷在八月乙未（十五），又收到奚王蕭幹被殺的消息。奚兵早在六月出盧龍嶺，攻破景州，殺宋守臣劉滋（一作劉逸）和通判楊伯榮，並擊敗常勝軍張令徽、劉舜仁軍馬於石門鎮，又攻陷薊州，守臣高公輔棄城走。然後寇

類》、《建炎以來朝野雜記》、《編年綱目》、《契丹國志》、《大金國志》及《宋史全文》均作五月，恐是宋人誤傳，今依《金史》所記。又呂頤浩在宣和五年八月上書而被責之事，可參見劉雲軍：《呂頤浩年譜》（保定：河北大學出版社，2011年4月），宣和五年癸卯（1123），頁29～31。

〔註26〕王庭珪：《盧溪文集》，文淵閣《四庫全書》本，卷四十七〈故左奉直大夫直秘閣向公行狀〉，葉三下至四下。

〔註27〕何薳（1077～1145）（撰），儲玲玲（整理）：《春渚紀聞》，收入朱易安、傅璇琮（主編）：《全宋筆記》第三編第三冊（鄭州：大象出版社，2008年1月），卷二〈雜記‧二富室疏財〉，頁186；沈俶（？～1208後）（撰），胡紹文（整理）：《諧史》，收入戴建國（主編）：《全宋筆記》第八編第三冊（鄭州：大象出版社，2017年7月），頁5。考二書所記劉氏義行大略相同，《春渚紀聞》並且記劉氏獻金後，設佛供三晝夜。翌日，竟見屋間之錢已復滿，數之正好是十萬緡，而皆用紅麻為貫，有一小牌上書「麻青」，訪之乃青州富戶麻員外之錢。她向麻氏致意，要奉還錢。但麻氏不受，劉氏於是以錢布施云云。

掠燕京，其鋒甚銳，有涉河犯燕京之意。當時人情洶湧，頗有議棄燕京者，據稱已返開封尚領樞密院事的童貫，就移文切責已就任宣撫使副的王安中和郭藥師。據《宋史・何灌傳》所記，童貫命他的愛將、龍神衛四廂都指揮使、燕山路副都總管何灌率兵收復景州，解薊州之圍。七月，奚兵遇郭藥師，戰於腿鋪（一作峰山），大敗而歸。郭乘勝追擊，過盧龍嶺，殺傷過半，報稱斬獲三萬級。奚軍隨軍老小就糧於後，盡為常勝軍所獲，包括阿魯太師，並獲遼太宗耶律德光（902～947，927～947 在位）尊號寶劍檢和塗金印。郭因而招降到奚、渤海、漢軍五千餘人。諸軍既失老小，就怨蕭幹。蕭為其部曲白得哥所殺，傳首於河間府安撫使詹度，獻於宋廷，以大旗引首函，曰：「偽燕王夔離不首級」。據說京師少年爭往陳橋門觀之，郭藥師也以功加檢校太傅。因大臣建言，徽宗就御紫宸殿受賀。不過，陸游卻記夔離不（即蕭幹）其實未死，雖部送諸卒，亦暗自竊笑。識者皆憤黯胡（指郭藥師）竟敢欺騙朝廷，而嘆大臣之阿諛和附會。蔡京、蔡攸和王黼大概就是其中建言的大臣。陸游又記其父陸宰曾偶以書信問晁叔用（即晁沖之）都城近事，晁回覆說：「亦別無他，但聞捉得燕王頭耳。」陸說京師舊諺稱張大矜伐者為「恰似捉得燕王頭」，初時也不知何意。另外，陸也記宣撫司入燕後，得古玉以獻，編入王黼的《宣和博古圖》。王之館客代寫序，說：「宣撫司得耶律德光所盜上世寶玉。」據載當時阿諛之士，居然稱此序得《尚書》、《春秋》之法。〔註28〕

　　令人有點啼笑不得的是，時任權中山府通判的蘇軾子蘇過，在宣和五年八月，收到郭藥師打敗蕭幹的捷報後，居然作長歌〈聞郭太尉出師，大捷奚人，擒契丹酋，領四軍者來獻。作長歌古調一首〉溢美之，這也是罕有歌頌這個後來叛宋的降將和其常勝軍的妙詩，蘇過是天真得過了頭，惜他在同年十二月暴卒於往真定道中，來不及看到郭藥師叛變：

〔註28〕《金史》，卷二〈太祖紀〉，頁 41；《十朝綱要》，卷十八〈徽宗〉，宣和五年八月乙未條，頁 530～531；《編年綱目》，卷二十九，頁 751；卷二十二〈徽宗紀四〉，頁 412；卷三百五十七〈何灌傳〉，頁 11226；卷四百七十二〈姦臣傳二・郭藥師〉，頁 13738；《遼史》，卷二十九〈天祚皇帝紀三〉，頁 389；《契丹國志》，卷十二〈天祚皇帝下〉，頁 148；《長編紀事本末》，卷一百四十四〈徽宗皇帝・金寇〉，葉五上（頁 4357）；陸游：《家世舊聞》，卷下，頁 205，213；朱勝非：《秀水閒居錄》，「佚文」，頁 361～362。關於蕭幹敗死的月日，《遼史》繫於宣和五年（保大三年）五月辛酉（初九），《金史》繫於宣和五年五月己巳（十七），《契丹國志》則繫於七月。按《宋史》及《十朝綱要》所記當是宋廷收到蕭幹死訊的月日，而《契丹國志》亦是據宋人記載寫成，當以《遼史》及《金史》所記為準。

遼人猖蹶敗紀綱，鳥獸驚駭自取亡。歸我五季舊土疆，有如宣宗復河湟。彼酋假息不自量，網開三面猶跳梁。爝火乃欲犯太陽，怒臂當車學螳螂。支天所壞仍鴟張，含沙射影出復藏。將軍義勇冠三光，願以部曲除螟蝗。戶有三丁一我將，遣汝積憤當少償。上馬亟持十日糧，長矛短戟舂其吭。前者披靡後者戕，係累妻子涕泗滂。將軍折北昔未嘗，以巧服人尤所長。勿追窮寇非深防，會遣生致如探囊。匈奴自古夸豪強，三表五餌稱前王。竟無一日答中行，昭君遠嫁令人傷。豈知天兵自鷹揚，郅支授首須陳湯。頭顱萬里行朔方，遣示薰街聽徜徉。偃兵息民令有常，昔居鋒鏑今農桑。百年版籍淪要荒，一日冠蓋欣相望，李白長歌「漢道昌」，兩階羽舞垂衣裳。

〔註29〕

九月癸丑（初三）（《會編》作六日乙卯），宋廷詔知河間府蔡靖（？～1134後）與同知燕山府詹度互易其任。因宋廷在六月命王安中知燕山府，並以郭藥師同知，稍後又再命詹度同知。本來宋廷委資政殿學士沈積中同知府，但他未行而卒。郭與詹不能共事。郭認為他帶節度使，位應在詹之上。詹就稱御筆寫明他位在郭之上；但郭不從，還恃他所掌之常勝軍，日益橫甚，府事皆專行其是。王安中不能制，還掉過來諂事他。詹度看出問題，屢向宋廷奏郭藥師難保不叛，王黼等見二人交惡，就選擇調走詹度，以為可以化解矛盾。常勝軍本來只有二千人，後宋廷聽信郭藥師之言，增募至五萬，並給以良械精仗，皆給其家口食，月費米三十萬石、一百萬緡。河北諸郡收市牛馬殆盡，至四萬騎。其後兵數日增，常勝軍加鄉兵號稱三十萬。河北無力獨自供給，宋廷於是竭力供應，下諸路起免役錢六百二十萬億以助，自京師漕粟泛大河，轉海口以給之。宋廷派去的戍兵本來也有數萬人，但衣糧既供應常勝軍，皆

〔註29〕蘇過：《斜川集校注》，卷六〈詩‥聞郭太尉出師，大捷奚人，擒契丹酋，領四軍者來獻。作長歌古調一首代人賀啟四〉，頁 424～420；〈陪中山帥登城口號〉，頁 430～431；附錄〈蘇過年表〉，頁 786～787；蘇過（撰），舒星（校補），舒大剛、蔣宗許等（注）：《蘇過詩文編年箋注》（北京：中華書局，2012年 12月），卷八〈詩‧聞郭太尉出師，大捷奚人，擒契丹酋，領四軍者來獻。作長歌古調一首代人賀啟四〉，頁 572-～578；〈陪中山帥登城口號〉，頁 580～581；附錄〈蘇過年表〉，頁 1043～1045。考蘇過在宣和年五月權中山府通判，七月與中山帥陳遘（亨伯）登城觀獵，撰〈陪中山帥登城口號〉一詩；八月即撰〈聞郭太尉出師〉，九月七日，與陳遘（即陳亨伯）等飯於定州（中山府）天寧寺，留下題名（拓片尚存，高 109 厘米，寬 86 厘米）（見本章附圖）。十二月，他往真定，暴卒於道，年五十二。

饑寒失所，或逃或死，不能久駐，最後只剩下九千人，於是郭藥師一軍獨大，形成尾大不掉之勢。一旦郭有異心，就會出事。郭藥師及燕人終不改其左衽之俗，宋廷也不予理會。繼任的蔡靖「有城府」，至則以坦懷待之，事事禮讓，於是郭亦尊重蔡靖，其所為亦稍克制，惟權仍在郭手中。王安中和宋廷對郭的要求無不依從。郭擁良械精甲，又多遣部曲貿易他道，為奇巧之物以奉權貴宦侍，連小黃門也受惠，於是稱譽之言日聞。時人曾暗中將他比為叛唐之安祿山（703～757）。不幸的是，這一憂慮不久成真。〔註30〕

同月丙辰（初六），阿骨打同母弟吳乞買繼位，改元天會，是為金太宗。金人繼位問題解決後，就開始處理張覺平州的問題。戊寅（廿八），金南路帥闍母，敗張覺軍於樓峰口。〔註31〕較早前奉命往河東負責交割金人所許山後諸州的譚稹，到太原後，碰到金之大喪，未暇處理山後諸州的問題，譚就與朔州韓正、應州蘇京、蔚州陳翊及武州等四州守將通款曲，代宋廷招降他們，仍委他們留任。〔註32〕宋廷並未知道招納的張覺，很快便被金人收拾。

張覺雖然在十月己亥（二十）擊敗金帥闍母於兔耳山，但宗望在十一月壬子（初三）即統闍母兵再討張覺，降瀕海郡縣。癸亥（十四），當宗望兵發廣寧（今遼寧北鎮市）時，吳乞買詔割武州及朔州予宋。這時金將婁室破朔州西山，擒依附張覺之巨盜朔帥趙公直。宋廷還不知張覺已勢危，負責燕山事務的王安中、譚稹還並加檢校少傅，郭藥師遷檢校太尉（按《會編》繫於十一月十八日丁卯），以賞復武州及朔州之功。丙寅（十七），徽宗還幾乎樂極生悲，事緣當日他駕幸王黼賜第，觀其家之屏風所生之芝草。他親睹王黼之堂閣張設，寶玩山石可比內廷。然後由便門過梁師成家，再回到王黼第休

〔註30〕《宋史》，卷三百五十二〈王安中傳〉，頁 11125；卷三百五十四〈沈積中傳〉，頁 11164；卷四百七十二〈姦臣傳二・郭藥師〉，頁 13738～13739；《十朝綱要》，卷十八〈徽宗〉，宣和五年九月癸丑條，頁 531；《會編》，卷十八〈政宣上帙十八〉，宣和五年九月六日乙卯條，葉十上（頁 130）；《宋史全文》，卷十四〈宋徽宗〉，頁 975～976；《編年綱目》，卷二十九，頁 751；《東都事略》，卷一百二十五〈附錄三・金國傳上〉，葉四下（頁 1928）；朱勝非：《秀水閒居錄》，「佚文」，頁 362；李天鳴：〈金侵北宋初期戰役和宋廷的決策〉，頁 187～189。

〔註31〕《金史》，卷二〈太祖紀〉，頁 42；卷三〈太宗紀〉，頁 48。

〔註32〕《十朝綱要》，卷十八〈徽宗〉，宣和五年七月戊午條，頁 530；《編年綱目》，卷二十九，頁 750。按《十朝綱要》將譚稹往河東招撫山後四州之事繫於宣和五年七月，以阿骨打卒於五月，而失考阿骨打實卒於八月戊申（廿八）。譚稹招降四州邊將，以金遇大喪而不暇理會，當在九月以後。

息。徽宗飲得大醉，就命王黼傳旨，賞賜侍從百官。這時禁衛諸班爭相要見
徽宗謝恩而不肯散，鬧得一時大洶洶然。梁師成見此，立即與返京的譚稹扶
出徽宗撫諭諸軍。徽宗已醉得不能說話，復入王黼第，已是夜漏五刻。於是
他命鑿龍德宮複道小牆，所謂鹿寨門返回大內，由內侍十數人執兵接擁而還，
三衙衛士卻無一人得入。是夜諸班禁從皆集教場以備不虞，幾乎生變。翌日，
徽宗仍不御殿半日。他深悔這晚夜遊，並看到梁師成和譚稹鎮不住這一突發
局面。丁卯（十八）庚午（廿一），宗望大敗張覺於平州城東。張覺父子三人
連夜奔燕京，郭藥師留之，匿姓名，寄於常勝軍中。（一說王安中匿之於甲仗
庫）金人從張覺弟處盡得宋廷賜給張覺詔書及金花御筆，就指責宋廷收納張
覺的不是。金人包圍平州，日夕攻擊，平州人奉張覺從弟及姪以守，宋廷卻
不敢出兵救援。金人移檄責宋廷既結盟，今來討叛，理應供應糧草。平州食
盡，守兵數千即潰散。金人攻下平州，又下營、灤州後，就來索取張覺。宋
廷開始還不想交出張覺，王安中起初斬一貌似張的人冒充之，但被宗望識破。
王安中於是上奏宋廷，表示若不交出張覺，必啟兵端。宋廷不得已，就命王
安中將張引出，數以罪。張痛罵宋人不已，王安中不理，將他們父子縊殺，
並函首交予金人。燕京降將及常勝軍見此均泣下，郭藥師對王安中的做法甚
表不滿，公開說：「金人欲覺即與，若求藥師，亦將與之乎？」張令徽亦切齒
宋廷，遼降將降卒自此均憤怨而軍心解體。王安中看到這情況，大為恐懼，
他無力駕馭局勢，於是力求罷職。王安中是王黼與梁師成一伙舉薦守燕的，
他庸懦無能，做事毫無主意，招納張覺固屬不智，後來張來投奔，又殺之以
報金人，郭藥師較早時已感到宋廷諭他來朝，是對他不信任，他借故不去。
這次王安中殺了他收容的張覺父子，就加深他對宋廷的怨恨，而種下叛宋的
禍根。郭的叛宋，王安中的罪責最大。〔註33〕

〔註33〕張中澍（校注）：〈完顏婁室神道碑〉，頁 29～30；《金史》，卷三〈太宗紀〉，
頁 48，53；卷七十一〈闍母傳〉，頁 1642；卷七十四〈宗望傳〉，頁 1703；《宋
史》，卷二十二〈徽宗紀四〉，頁 413；卷三百五十二〈王安中傳〉，頁 11125
～11126；卷四百七十二〈姦臣傳二・張覺〉，頁 13736～13737；《十朝綱要》，
卷十八〈徽宗〉，宣和五年十一月丙寅至丁卯條，頁 531～532；《長編紀事本
末》，第八冊，卷一百四十四〈徽宗皇帝・金寇〉，葉五下（頁 4358）；《會編》，
卷十八〈政宣上帙八〉，宣和五年九月六日乙卯條，葉十二上至十四上（頁 131
～132）；卷三十一〈靖康中帙六〉，靖康元年正月二十四日庚寅條，葉八上下
（頁 233）；《宋史全文》，卷十四〈宋徽宗〉，頁 976。按張覺逃往燕京後，他
的部屬張忠嗣與張敦固在壬申（廿三）以平州降，但金人遣使與張入諭城中軍

　　十二月壬午（初三），徽宗御筆特授聯金攻遼的始作俑者趙良嗣予節度使俸，表明不忘他復燕之功。據《宋史·趙良嗣傳》所載，趙在收復燕京後，有點意興闌珊，曾對徽宗上言既已功成，就想致仕，買田歸耕，讓有識之士說他是平燕首謀之人，得請閒退，正是天下美事。他三上章求退，徽宗不許。徽宗授他特恩，當是安撫他。〔註 34〕乙巳（廿六），金人始遣高居慶、楊意等來賀正旦，並派李靖來告阿骨打崩之哀。徽宗見之於紫宸殿，以秘書省校書郎連南夫（1086～1143）假太常少卿為金國接伴使，武翼大夫吳子厚副之。是月，譚稹以郭藥師的常勝軍姿橫，不受約束，建議從河東的漢兒別招一軍，分其權勢，號曰義勝軍，名額五萬人，屯於州縣要徑處，令李嗣本、耿守忠為帥，讓郭藥師的常勝軍有所懼。李嗣本及耿守忠選降宋的漢兒中少壯者充，用優其廩給之方法募之，結果有不少常勝軍因其待遇豐厚而潛來投附。郭藥師怕軍士逃亡，就以涅其面的方法制止之，這引致常勝軍大怨，人人思亂。〔註 35〕

民時，金使卻被殺。平州的遼人擁張敦固為都統，劫府庫，掠居民，乘城拒守。金主派被赦的闍母再攻平州，張敦固以兵八千分四隊出戰，大敗。闍母執張敦固殺之，金主命闍母鎮守平州。張忠嗣沒有隨張敦固叛金。金人後來在宣和七年十一月辛卯（廿四），以他權簽南京（平州）中書樞密院事。

〔註 34〕《會編》，卷十八〈政宣上帙八〉，宣和五年十二月三日壬午條，葉十四下（頁132）。《宋史》，卷四百七十二〈姦臣傳二·趙良嗣〉，頁 13734。考趙良嗣對徽宗說：「頃在北國，與燕中豪士劉範、李爽（李處溫子）及族兄柔吉三人結義同心，欲拔幽薊歸朝，瀝酒於北極祠下，祈天為約，俟他日功成，即挂冠謝事，以表本心。初非取功名而徼富貴也。賴陛下威靈，今日之事幸集，顧前日之約豈可欺哉？願許臣致仕，使得買田歸耕，令有識者曰：『此平燕首謀之人，得請閒退，天下美事也。』不然，則臣為敢欺神明，何所不至？」趙以退為進也好，真的想退也好，徽宗不許他致仕。《宋史》未載趙上言求退於何年月，趙說收燕之事已集，則當是宣和五年六月以後，而可能是徽宗授他節度使俸特恩之時。

〔註 35〕《十朝綱要》，卷十八〈徽宗〉，宣和五年十二月乙巳條，頁 532；《宋史》，卷二十二〈徽宗紀四〉，頁 413；《金史》，卷三〈太宗紀〉，頁 48；卷六十〈交聘表上〉，頁 1390；《長編紀事本末》，第八冊，卷一百四十四〈徽宗皇帝·金寇〉，葉五下至六上（頁 4358～4359）；《會編》，卷十九〈政宣上帙九〉，宣和六年三月條，葉四上（頁 134）；《宋會要輯稿》，第七冊，〈職官四十一·宣撫使〉，頁 4008；韓元吉（1118～1187）：《南澗甲乙編》《叢書集成初編》本（北京：中華書局，1985 年新一版），卷十九〈碑·連公墓碑〉，頁 378。按連南夫字鵬舉，德安（今江西九江市德安縣）人，年二十四進士上舍，歷地方而為校書郎。宋廷本來命連南夫為賀金真正旦使，因金使到來，改命為送伴使。

　　宣和六年（1124）正月癸丑（初四），宋廷命連南夫為伴送金國賀正旦使，以武略大夫張撝（？～1127）副之。乙卯（初六），高居慶等辭於紫宸殿。是日阿骨打的訃書才到，徽宗為輟朝五天。癸酉（廿四），為表示友好，徽宗御內東門別次，為阿骨打成服。戊寅（廿九），再命連南夫及張撝為金國弔慰祭奠使。宋廷命二人至金國，催促金人交割西京、應、奉聖等州。宋廷不知早在是月甲戌（廿五），金西南西北兩路都統宗翰和宗望都反對割山後諸州予宋，只是吳乞買認為這樣做違反了阿骨打的遺命，故命速予之。丙子（廿七），吳乞買致書宋廷，索俘虜叛亡。此時宋金尚算和諧，若宋人恪守盟約，也許可避過紛爭。〔註36〕

　　然宋金之和好只維持一個月，宗望在三月遣使詣宣撫司索所許糧二十萬斛，從京師回任宣撫使的譚稹卻不肯付給，回覆說二十萬斛糧豈易得到？而且宣撫司未有收到宋廷片紙隻字許糧之文。金使即說去年四月趙良嗣已許，譚就說趙口頭所許豈足憑信。金使不得要領而回，宗望聞報大怒，以宋不守盟約，這就給金人後來借口舉兵南侵。譚稹至少應稟報宋廷才回覆金人。可他成事不足，既不懂得處理金人的問題，也在內部製造紛爭，正如前述，他募置義勝軍，以優渥的條件待之，即招致郭藥師的疑忌。是月，郭與張令徽就上言宋廷，指常勝軍多有潛役往河東投附義勝軍。宋廷在三月丙子（廿八），只好詔常勝軍不得至關南，防止有常勝軍往河東投義勝軍，卻阻止不了郭藥師進一步有離心。〔註37〕

　　宋廷並沒有察視潛在的危機。金人在閏三月戊寅朔（初一），已降服西夏，賜乾順誓詔。徽宗君臣還在閏三月庚辰（初三），陶醉於取得遼國的國寶。乙

〔註36〕《宋史》，卷二十二〈徽宗紀四〉，頁413；《金史》，卷三〈太宗紀〉，頁49；《長編紀事本末》，第八冊，卷一百四十四〈徽宗皇帝・金寇〉，葉六上（頁4359）；《十朝綱要》，卷十八〈徽宗〉，宣和六年正月乙卯至戊寅條，頁532；《會編》，卷十九〈政宣上帙九〉，宣和六年正月六日乙卯條，葉一上至二下（頁133）；韓元吉：《南澗甲乙編》，卷十九〈碑・連公墓碑〉，頁378。據群書所記，宣和六年正月，知河間府詹度獲得蕭幹首，獻於宋朝。宋廷在是月癸亥（十四），藏蕭幹首於大社頭庫。考蕭幹已被殺多時，惟宋人所記都說蕭死於宣和五年八月。

〔註37〕《宋史》，卷二十二〈徽宗紀四〉，頁413；《十朝綱要》，卷十八〈徽宗〉，宣和六年三月丙子至丁巳條，頁533；《長編紀事本末》，第八冊，卷一百四十四〈徽宗皇帝・金寇〉，葉六上下（頁4359～4360）；《宋會要輯稿》，第七冊，〈職官四十一・宣撫使〉，頁4008；《會編》，卷十九〈政宣上帙九〉，宣和六年三月至四月條，葉四上至五下（頁135）。按《會編》將金人遣使索所許糧之事，繫於四月。

未（十八）再手詔嚴申元祐學術之禁。開封早在正月時發生地震，到閏三月再震，宮中殿門皆震動作聲，而邊奏蘭州地及諸山草木皆沒入，而山下麥田乃在山中。宋廷派右司郎中黃潛善（1078～1130）往視察，但他不以事實聞，於是徽宗不以為意。是月丙午（廿九），吳乞買接受宗翰的意見，改變先前將山後諸州割予宋的決定。四月乙亥（廿八），連南夫及張撝抵金京弔喪，據韓元吉所記，連南夫到金京後，金人以他祭奠與來聘為言，要他表示宋廷的立場。連從容表示這次出使，只是弔問，不為其他，對於金人質問納張覺與燕民之事，連南夫就慷慨說宋朝兵將眾多，何至須一張覺。至於燕民之來稍眾，他未盡見爾。他論辯不屈，於是得以成禮而歸。金以高尪僕古充遺留國信使，李簡為副使，高興輔、劉興嗣等充告即位國信使，隨連、張等使宋。宋廷這時對金改變政策毫不知情。〔註38〕

五月癸卯（廿七），金使到開封。宋廷派黃潛善、王宗濋（？～1131 後）充館伴，馬擴充送伴前往宣撫司。七月丙戌（十一），宋廷以膳部員外郎王麟（？～1126）為接伴金國謝嗣位使。戊子（十三）（《皇宋十朝綱要》作初九甲申），徽宗派著作佐郎許亢宗（？～1135）、廣西路廉訪使者董緒為賀金主嗣位使副。校書郎衛膚敏（1081～1129）為金國賀生辰使。衛表示金主生辰在徽宗生辰天寧節後五日，今未聞金遣使而我反先之，萬一金使不來，就是宋廷受辱，他請求若金使不來就置幣境上。徽宗然之。許、董及衛三人到金國淶流河，金人盡用契丹舊禮見之。宋使絲毫不察金人的意圖。是月底金將闍母破平州，殺都統張敦固。而遼天祚帝自從在宣和五年九月獲得到耶律大石率兵自金來歸後，又得陰山室韋謨葛失兵，自謂得天助，是月就再謀出兵收復燕雲。耶律大石苦諫不從，就殺蕭乙薛、坡里括，自立為王，率鐵騎二百宵遁，往西而去。對金人來說，天祚帝的殘餘勢力仍是心腹之患，耶律大石與天祚帝決裂，正是天助金人。是月甲辰（廿九），徽宗置討論製造機衡所，以王黼總領，而由梁師成副之。這時王、梁兩人還不知他們的黨羽譚積在河東已惹金人動兵。〔註39〕

〔註38〕《十朝綱要》，卷十八〈徽宗〉，宣和六年閏三月乙未條，頁533；《金史》，卷三〈太宗紀〉，頁50；卷六十〈交聘表上〉，頁1391；《會編》，卷十九〈政宣上帙九〉，宣和六年閏三月庚辰條，葉四下至五上（頁134～135）；《宋史全文》，卷十四〈宋徽宗〉，頁977；韓元吉：《南澗甲乙編》，卷十九〈碑・連公墓碑〉，頁378。

〔註39〕《宋史》，卷二十二〈徽宗紀四〉，頁414；《金史》，卷三〈太宗紀〉，頁51；卷七十一〈闍母傳〉，頁1642；《遼史》，卷二十九〈天祚皇帝紀三〉，頁391～392；卷三十〈天祚皇帝紀四・附耶律大石傳〉，頁401；《十朝綱要》，卷十

三、東山復出

　　八月初，朔州節度使韓正、應州節度使蘇京和蔚州土豪陳栩（一作陳翊）各以州來叛金降宋，譚稹即接受之。譚奏准宋廷，以蘇京為振武軍節度使、雲中府路安撫使，韓正和陳栩遷官回任。韓正加授檢校少保、建武軍節度使提舉崇山崇福宮。宋廷將朔州改為朔寧軍。早在七月，夏人舉兵侵佔朔、武州地界，譚稹派李嗣本禦之，並運芻糧玉帛以餉之，宋夏兵數度交鋒，但夏人未退。金人早怨宋廷當日收納張覺，又不給所許的糧二十萬斛，於是出兵攻陷蔚州等，殺陳栩而逐蘇京等，並陷飛狐（今河北保定市淶源縣）及靈邱（今山西大同市靈丘縣固城）兩縣，李嗣本大敗，狼狽逃脫，朔、應、蔚等州復歸金人，金人拒絕割山後諸州之議。譚稹但坐視此變而束手無策，只識搜括珍異珠玉而逃。他謀事不成，怯弱敗退，徽宗大怒，童貫及蔡攸就乘機進言痛劾他。乙卯（十一），宋廷以譚稹措置乖當，落檢校少傅兼太尉，罷宣撫使，以本班節度使提舉崇福宮，任便居住。據孫覿及《宋會要》所記，在宣和三年獲童貫舉薦為權兩浙路常平，後被譚稹委為參謀的右文殿修撰知越州章縡，即上言金人以宋納張覺叛盟為借口，若宋軍出師援張，一旦誤傷金人，就會開邊隙，就如自掘墳墓。章說現困竭天下之力以供應燕山，尚無善後之策，現在還談甚麼取雲中？他隨即上疏稱燕雲決不可守，反覆數千言，但譚不聽，只取其疏一二上奏。當譚稹被劾措置乖方罷職，章也受累落職送吏部。譚稹倒了，投閒了一年的童貫就東山復出，自劍南東川節度使落致仕，依前太師領樞密院事、陝西、河東、河北、燕山府路宣撫使，進封徐豫國公代之。童貫復出，首先便與蔡攸對付奪他權的譚稹，將譚貶為順昌軍節度副使致仕，而命知太原府張孝純為宣撫副使。童貫知道他的主子還是要靠他來收拾殘局，認為他好像郭子儀一樣鎮懾郭藥師等舊部，並可以憑他的威望來個「單騎退女真」。但在宣和四年已反對童貫伐遼的殿中侍御史許景衡，這時再上言反對，他說童貫：

> 頃在陝西，專務詭誕以為事功，夤緣軍須，攘竊邊計，重以賄
> 略至千萬億，奏功第賞皆由請屬。胥吏廝僕，皆位侯伯，狎昵士卒，
> 隳壞軍政，此皆陛下所洞知，固不待臣之縷數者也。前日燕山之役，

八 〈徽宗〉，宣和六年七月甲申至甲辰條，頁533～534；《會編》，卷十九〈政宣上帙九〉，宣和六年五月二十七日癸卯條，葉五下（頁135）；《長編紀事本末》，第八冊，卷一百四十四〈徽宗皇帝‧金寇〉，葉六下（頁4360）。

－241－

不能上遵宸畫，漫無紀律，洊致敗衂，徘徊境上，師老氣索，遂使
新軍悍帥，妄為己功，邀求無厭，傷威倍費。貫之誤國，豈不灼然。
然臣昨論列劉延慶不當量移事親，奉德音以為皆由宣撫司號令不一，
以致白溝之敗，為其引年謝事，故議者不復及之，今若起自廢閒，
重領兵柄，則不獨誕謾貪墨，有甚於前日也。且貫既無功於河朔，
尚能有為於河東乎？方其壯時，罪惡固已貫盈。今老且病矣，尚能
革心自新乎。……誠見其已試而無效也。

　　許景衡請罷童貫之任，別選良帥。徽宗大怒，庚申（十六）（按：《會要》
作十五己未），將許景衡送吏部治罪。宋廷在兩天後（壬戌，十八），還以
收復燕雲兩路，大赦天下。童貫出行太原，名為代譚積交割山後地土，據《北
征紀實》所載，他另有任務，就是密約逃在夾山的天祚帝來降。童貫等原來
曾日夜為徽宗謀劃，說天祚帝在，必為後患，曾間道派人誘之。童說天祚帝
素來佟慕中國，他失國後，本願來歸。童曾找到一番僧，令齎徽宗御筆絹書
通之。天祚帝起初和童書信頗密，後往來既多，就不免張皇。童貫說與天祚
帝的往來，皆從雲中。但為金人偵知，故天祚帝不克從夾山出來。當天祚帝
表示願意歸宋後，宋廷就將書改為詔，示欲臣之。徽宗表示若天祚帝來歸，
就待以皇兄之禮，位在燕、越二王之上，並築第千間，女樂三百人禮待優渥
之。據說天祚帝大喜接受，約童貫來接，於是徽宗命童貫落致仕出使河東密
迎之。〔註40〕

<hr>

〔註40〕《東都事略》，卷十一〈本紀十一‧徽宗二〉，葉七上下（頁225～226）；《宋
　　　　史》，卷二十二〈徽宗紀四〉，頁414；卷二百十二〈宰輔表三〉，頁5529～5530；
　　　　卷三百二十八〈章楶傳附章綜傳〉，頁10592；卷三百六十三〈許景衡傳〉，頁
　　　　11344～11345；《宋會要輯稿》，第七冊，〈職官四十一‧宣撫使〉，頁4008；
　　　　第九冊，〈職官七十七‧起復〉，頁5147；第十冊，〈選舉二十九‧舉官三〉，
　　　　頁5813；《十朝綱要》，卷十八〈徽宗〉，宣和六年七月甲申至八月壬戌條，頁
　　　　533～534；《編年綱目》，卷二十九，頁754～755；《長編紀事本末》，第八冊，
　　　　卷一百四十四〈徽宗皇帝‧金寇〉，葉七上下（頁4361～4362）；九上（頁4365）；
　　　　《會編》，卷十九〈政宣上帙九〉，宣和六年八月至九月癸丑條，葉六下至十
　　　　一下（頁135～138）；卷二十一〈政宣上帙二十一〉，宣和七年正月二十四日
　　　　丙申條，葉九上下（頁154）；孫覿：《鴻慶居士集》，文淵閣《四庫全書》本，
　　　　卷三十三〈宋故左朝請大夫直龍圖閣章公墓誌銘〉，葉十二下至二十下；王鏊
　　　　（1450～1524）：《姑蘇志》，文淵閣《四庫全書》本，卷五十，葉十上至十一
　　　　下；許景衡：《橫塘集》，文淵閣《四庫全書》本，卷九〈論罷童貫宣撫河東
　　　　箚子〉，葉四上至五下；《宋大詔令集》，卷一百十五〈武臣三‧檢校少保建武
　　　　軍節度使韓正提舉崇山崇福宮制‧宣和六年〉，頁392；卷二百十九〈政事七

反對復用童貫及以常勝軍守燕的，還有四月出使金國的連南夫，他約在七月返京時即上言徽宗，說與金人和好只怕不保，他說宋廷所仰賴的大將是郭藥師，兵則常勝軍。他直言比年以來，軍政不修，新邊無河山之阻，而糧食未均。薊州卒有羸餓，河朔馬群盡空無留良焉。他請宋廷選中國將帥以制郭藥師，練中國士卒以制常勝軍。他又面奏劉延慶以十萬眾而覆師，都是童貫賞罰不明。及其遁走，又以厚幣以易雲中，而以捷報聞，他請斬童貫與劉延慶以謝天下，他又說現時城池不堅，器械不利，金人有輕視中國之心，不一二年，將不遺餘力來侵。據說徽宗聽他言後大駭，盡以他所論付樞密院及宣撫司。蔡攸和童貫等自然切齒不已。徽宗最後也沒有罷免蔡、童二人。連南夫使還遷起居舍人，宣和七年三月再拜中書舍人。言官這時希蔡攸和童貫之意，詆連為不職，於是除右文殿修撰，出知慶源府。連以慶源府正在河北宣撫司所隸，怕受童貫報復，就擊登聞鼓請改濠州。但言者仍劾他謝表有譏訕之語，他再被降一秩。他到靖康元年七月壬午（十八）才復職徽猷閣待制。〔註41〕

童貫的愛將何灌也反對由郭藥師統常勝軍和漢軍守燕。何說昔年府州折氏歸朝，朝廷別置一司，專部勒漢兵，至折克行（約1043～1107）乃許同營，現時但宜令郭藥師主常勝軍，而由何灌諸將管漢兵。可惜童貫不納忠言。〔註42〕

據楊時所記，童貫對於曾劾奏他的御史中丞周武仲仍耿耿於懷，當徽宗復用他宣撫三路時，他故意偃蹇顧避，甚至出不遜語。當徽宗再三敦諭，要他接受時，他就說「臣昔平燕之時，惟不能深取信於陛下，致使周某乘間攻臣。今若周某仍任言路，臣終不能成功。」徽宗這時要用童貫，就在八月己未（十五）貶責許景衡同時，罷周武仲中丞職，以本官提舉亳州明道宮，其制詞還說：「至使功罪不白，是非無所辨。」以周劾童貫不當。據楊時所言，

十二・武功三・恢復燕雲赦天下制・宣和八年六月十一日〉（按：《宋大詔令集》此條繫年月日均有誤），頁841～842。按譚稹在宣和六年七月己亥（廿四），還以嘉靖山後諸州之功授檢校少保。當童貫代譚稹出師，卻丟失燕山七郡及朔武等州後，宋廷思章綜之言，就以恩赦之。章上書告老，宋廷復他龍圖閣直學士致仕，他於宣和七年正月乙未（廿三）卒，年六十四。

〔註41〕 韓元吉：《南澗甲乙編》，卷十九〈碑・連公墓碑〉，頁378～379；《靖康要錄》，卷九，頁947；《文獻通考》，第八冊，卷一百六十〈兵考十二・馬政〉，頁4791。據《通考》所記，宋廷取得燕山後，就盡發河北諸軍及係官馬給郭藥師，任其選擇，國馬於是盡。

〔註42〕《宋史》，卷三百五十七〈何灌傳〉，頁11226。

童貫總戎政十餘年，前後臺諫未嘗敢有一言及之，只有周武仲上疏延論，所以童貫怨他深入骨髓，日夜與其黨百端為計，可以害他者不遺餘力。趁著復用，就要迫徽宗逐走周。周稍後遇赦，復右文殿修撰。童貫不肯放過他，必欲致周於死地，於是親自上疏誣告周昔日使金時與趙良嗣結為死黨，到他任中丞，就無一言劾趙。徽宗於是再將周落職，降授宣教郎，命黃州居住。〔註43〕

童貫睚眥必報，當日上言一再開罪他，在宣和五年已死的沈積中，童即差派沈的仇家置獄根究，文致其罪。徽宗在這一小事，自然順從童之意，宋

〔註43〕《楊時集》，第三冊，卷三十六〈誌銘七·周憲之墓誌銘〉，頁892～893；《宋會要輯稿》，第八冊，〈職官五十五·御史臺〉，頁4505；《繫年要錄》，第一冊，卷六，建炎元年六月甲子條，頁157；鄧肅：《栟櫚集》，文淵閣《四庫全書》本，卷十二〈奏箚子十九章·辭免除左正言第十二〉，葉二十一上下；熊克（1111～1189）（撰），顧吉辰、郭群一（點校）：《中興小紀》（福州：福建人民出版社，1985年9月），卷二，頁24～25；王明清：《揮麈錄·後錄》，卷二，第133條，「徽宗御製艮嶽記」，頁77；黃震：《黃氏日抄》（四），《全宋筆記》第十編第九冊，卷四十一〈讀本朝諸儒理學書九·龜山先生文集·行狀〉，頁261～262；《宋史》，卷三百七十五〈鄧肅傳〉，頁11603～11604；王鏊（1450～1524）：《姑蘇志》，卷五十，葉二十五上至二十六上。考鄧肅字志宏，是南劍州沙縣進士，《宋史》有傳。他少警敏能文，美風儀，善談論，為李綱所賞識，為忘年交。他後入太學，所交遊都是天下名士。他在宣和年間曾以太學生上詩十一首，批評艮嶽花石綱之擾，說守令搜求大擾民。於是被當權者逐出太學。欽宗嗣位，靖康元年三月辛巳（十五），欽宗詔特補他和通州進士任申先、常州布衣鄒柄為承務郎，命來闕並引見上殿，授鴻臚寺主簿。金兵犯闕，他奉命詣金營，留五十日而還。張邦昌僭位，他不屈而逃往南京應天府，建炎元年五月以李綱之薦，召對賜進士出身，獲除授左正言。按周武仲被罷中丞同時，侍御史洪擬、殿中侍御史許景衡及知洋州吳巖夫並送吏部，以吳巖夫私書妄薦許景衡，而許又反對復用童貫（見本章注40）。徽宗還手詔斥責周武仲等三御史是「類皆朋附，無所建明，觀望意嚮，靡有定論，捆摭細故，僅塞言責，鉗口結舌，寖以成風。」不過，在建炎元年六月甲子（初六），周以朝奉大夫復起試吏部侍郎時，時任左正言的鄧肅就上疏論周當日劾童貫，其實是觀望王黼之意。他又說當年徽宗罷譚稹而復用童貫宣撫兩河時，王黼及梁師成仍奪取供軍用之物以資應奉，時任御史中丞的周武仲卻觀望王黼之意向，不敢輕出一語。徽宗隨後深察其奸，以謂當時之弊，有布衣敢言，而臺諫無一言者，遂舉臺諫逐之。鄧又指周嘗建伐燕之謀，又與趙良嗣同使金國，宋廷已誅趙而不殺周，已是厚待，怎可復用他。高宗以鄧不知前朝事，不聽。鄧肅所記周武仲及全臺官員被罷屬實。依鄧肅之言，周武仲其實黨附王黼，對付童貫，故童貫後來施加報復。不過，南宋大儒黃震點評楊時文集時，就提到楊時所撰的周武仲墓誌銘，提到周武仲力劾童貫和和蔡攸之罪，以及他忤王黼及不交梁師成的事。這與鄧肅所論的周武仲完全不同。

廷就追削沈的官職。〔註44〕

　　據《宋史·鄭驤傳》所記，童貫這時又遇到麻煩。忽然有自稱西番王子益麻結党征自西寧來歸，倘此人是真的，那政和七年九月來降的是假冒的。據載童貫怕事情敗露，就諷議者拒絕之。熟悉西邊蕃漢人事的朝臣鄭驤（？～1127）上言童貫欺君，請辨其真偽。童貫怒，將厚誣鄭以罪，幸而不久童貫便失勢。〔註45〕

　　至於早在是年二月甲申（初六）被言者劾交結貴臣（顯然指童貫）營私射利，而自寶文閣學士知河中府，落職提舉南京鴻慶宮的程唐，當童貫東山復出後，同年十月庚申（十七），就獲起復為寶文閣學士太中大夫，做童貫的參議。〔註46〕

　　九月乙亥（初二），徽宗調整中樞人事：門下侍郎白時中代替因舉薦譚稹而失寵的王黼為太宰兼門下侍郎，尚書左丞李邦彥為少宰兼中書侍郎。丁亥

〔註44〕《宋史》，卷三百五十四〈沈積中傳〉，頁11164；綦崇禮（1083～1142）：《北海集》，文淵閣《四庫全書》本，卷二〈沈積中可特追復資政殿學士還舊官與合得致仕恩澤制〉，葉一下至二下；《繫年要錄》，第二冊，卷二十八，建炎三年九月辛未條，頁577；《宋會要輯稿》，第九冊，〈職官七十六·追復舊官〉，頁5131；

〔註45〕《宋史》，卷二十四〈高宗紀一〉，頁446；卷一百五十四〈輿服志六·寶印〉，頁3594；卷四百四十八〈忠義傳三·鄭驤〉，頁13202～13203；《宋會要輯稿》，第九冊，〈職官七十七·致仕下〉，頁5182；第十五冊，〈兵十七·歸明〉，頁8964；第十六冊，〈蕃夷六·吐蕃〉，頁9932；《繫年要錄》，第一冊，卷十一，建炎元年十二月甲戌條，頁262～263。這個自西寧來降的人是否真的益麻結党征？群書沒有記載，此案似是不了了之。按賜名趙懷恩在建炎元年六月戊子（三十）封安化郡王，後改封隴右郡王。宋廷以他是故王之子，素為國人所服，就命他措置湟鄯事。但在紹興四年十二月因金兵攻佔熙河，蕃漢官盡降，他就帶同家屬入居四川的閬州。他在乾道元年（1165）三月廿五日以鼎州觀察使隴右郡王卒。考鄭驤字潛翁，信州玉山人，登元符三年進士，歷通判岢嵐軍，改慶陽府。為姚古推薦，任熙河蘭廓路經略司屬官，又任知熙州錢蓋（？～1129後）的幕僚。他在熙河多年，曾摭熙寧至政和攻取建置之事跡為《拓邊錄》十卷，以及兵將蕃漢雜事為《別錄》八十卷，又圖畫西蕃、西夏、回鶻、盧甘諸國人物圖書為《河隴人物志》十卷，序吐蕃贊普迄溪巴溫、董氈世族為《蕃譜系》十卷。以他熟知吐蕃人物，他懷疑早前來降的人並非真的益麻結党征是有道理的。建炎元年十二月甲戌（十九），金將婁室破同州，鄭以直秘閣戰死知同州任上。宋廷贈樞密直學士，諡威愍。又趙懷恩事亦見第四章頁121～122及注100。

〔註46〕《宋會要輯稿》，第八冊，〈職官六十九·黜降官六〉，頁4905；第九冊，〈職官七十七·起復〉，頁5147；《繫年要錄》，第一冊，卷六，建炎元年六月己巳條，頁162。

（十四），趙野自尚書右丞陞左丞，翰林學士承旨宇文粹中（？～1127後）為尚書右丞，開封尹蔡懋同知樞密院事。庚寅（十七），宋廷派秘書郎賀允中（？～1160後）為金國賀正旦使，以武德郎劉宏副之。辛卯（十八），不知是否梁師成失寵，徽宗忽然手詔以蘇軾及黃庭堅誣毀宗廟，義不戴天，下令其片文隻語，並令焚毀勿存，如違，以大不恭論。自稱是蘇軾子的梁師成此時一句話都不敢說。庚午（廿六），命禮部員外郎王昂充接伴大金國賀正旦使。庚子（廿七），金使城州管內都勃董富謨古（一作富謨弼），副使清州防禦使李簡到來，徽宗召見於紫宸殿。這時宋金仍使臣往來不絕。〔註47〕

據《會編》引《中興姓氏錄·叛逆傳》所載，時任中書侍郎的張邦昌，除了曾在議事時面折童貫外，也上言反對童貫領軍往謀燕雲。宰執大臣惟有他持異議，徽宗自然不納。〔註48〕

童貫奉命出撫河東，徽宗命他巡邊，暗中伺察郭藥師去向，若有異，就挾他回來。童至燕境，郭藥師以數騎出迎於易州界，再拜帳下。童貫說郭已為太尉，視兩府執政，與他同等，郭向他下拜是何禮。郭就說童是太師，就是父，他惟知拜父耳，焉知其他。據說童貫就釋然。郭又邀童閱視其軍，童貫以數隊出郊野，卻略無人跡。郭就下馬，在童面前，以旗一揮，於是見四山鐵騎如日，莫測其數。童貫與從人皆失色。他返回開封稟告徽宗，說郭力能抗金人，蔡攸在旁亦力主之。金使賀天寧節歸，送伴使見到郭藥師兵，遇之於道。宋使回奏宋廷，說金使為之斂馬引避，鄉兵或持矛揭取其羊羜，金人皆不敢爭，奏說郭藥師威聲遠振。於是沒頭腦兼受了郭賄的蔡攸就更說郭可倚，於是不再防範他，雖屢有告變及得其金國書，但宋廷從童貫到蔡攸都不省悟，那個人以為似安祿山的郭藥師，後來會反宋。〔註49〕

十一月丙子（初三），童貫的政敵王黼正式被致仕，只保留神霄萬壽宮使虛銜。乙酉（十二），徽宗又罷王黼及梁師成自宣和三年閏五月分別總領的應

〔註47〕《十朝綱要》，卷十八〈徽宗〉，宣和六年九月乙亥條，頁534；《長編紀事本末》，第八冊，卷一百四十四〈徽宗皇帝·金寇〉，葉七下（頁4362）；《會編》，卷十九〈政宣上帙九〉，宣和六年九月十八日壬戌條，葉十二上下（頁138）；《宋史》，卷二十二〈徽宗紀四〉，頁414。

〔註48〕《會編》，卷一百五〈炎興下帙五〉，建炎元年六月四日壬戌條，葉九上（頁773），按張邦昌在宣和六年何月議止童貫領軍往謀燕不詳。

〔註49〕《會編》，卷十七〈政宣上帙十七〉，宣和五年六月一日壬午朔條，葉十下至十一上（頁123）；《宋史》，卷四百七十二〈姦臣傳二·郭藥師〉，頁13739。

奉司。丙戌（十三），令尚書省置講議司。〔註50〕王黼失勢後，童取回處置燕
雲事務的大權。他派熟悉金事的馬擴與愛將邠州觀察使辛興宗入雲中府見宗
翰，希望取回雲中。據馬擴自述，他臨行時，童貫問他有關燕山事宜，馬將
王安中治燕的弊政逐一指出，包括授常勝軍田的利害。童貫大驚，說他本慮
常勝軍將來為患，不如將之削去。馬擴說亦知常勝軍將來會為患，但目下金
人的威脅未除，如果這時削之，會激起兵變，不如因而用之。童貫問計將安
出，馬就說郭藥師之眾只三萬人，多是馬軍武勇。若童貫能於陝西、河東、
河北三路，選擇精銳馬步軍十萬人分為二部，擇有智勇器識可及郭藥師者，
三分統之，一駐於燕山，與郭軍對營相制，一駐於廣信軍或中山府，一駐於
雄州或河間府，犬牙相臨，使郭軍進有所託，退有所忌，金人雖肆，不敢輕
舉。童貫說此主意甚好，但十萬人不易調集得，惟他別有措置。童貫又召他
一直信任的幕僚李宗振及諸將辛興宗、辛企宗、辛永宗、孫渥（？～1142）、
姚友仲（？～1126）、杜常、蘭整（？～1142），並僕人十數人環列，以金杯酌
酒第飲。童貫說山前諸州任帥非材，已生弊病，而今割得山後，擇帥非細事，
命麾下各舉所知的人。李宗振從陝西六路、河北、河東諸路的武臣遍舉之，
但童貫皆搖頭，說此太平地份可作邊帥的人，山後新邊須得一文武兼通，智
勇公廉及識諸國人情者。他又問馬擴鎮守雲中要幾多軍馬，馬擴回答當用三
萬人。童貫就說國家闕乏，尚可以減省否？馬就說非二萬人不可，雲中屯一
萬，餘地屯一萬已少。童貫說用二萬人就辦得到，每年當以三百緡作軍費，
凡有辟用人材，當一一依從，如此幾年可以成就，馬回答說三年事可成。倘
馬擴所記屬實，童貫處理這一殘局的手段，算得是頗務實明智，遠勝王安中
及譚稹，他曉得尋找問題所在並求解救之方。宋人一味怪責他敗事，其實不
公平。姜青青也認為童貫有知人之明，能欣賞馬擴的才略，視之為心腹。另
外，童貫並非尸位素餐不作不為，或是好大喜功，胡作非為，而是作了比較
務實的考慮和預測。只是童貫未看透金人傾力南侵的圖謀，仍停留於討還山
後之地的思路。當馬擴使還對他提醒和建議，童仍執迷不悟，以致錯失構建
防禦體系嚴防金人入侵的時機。姜氏之論可取。〔註51〕

〔註50〕《宋史》，卷二十二〈徽宗紀四〉，頁415；《宋會要輯稿》，第五冊，〈職官四・
　　　　應奉司〉，頁3109，3111。
〔註51〕《會編》，卷十九〈政宣上帙十九〉，宣和六年正月二十九日戊寅條，葉二下
　　　　至四上（頁133～134）；五月二十七日癸卯條，葉五下至六下（頁135）；十

十一月乙未（廿二）（《會編》作三十日癸卯），馬擴才至雲中府，宗翰已返金，由完顏希尹權元帥職，希尹派人責馬擴庭參禮不合，馬擴力爭以見人臣無此儀，希尹就說譚稹任宣撫時，所派使人均行庭參。馬擴就抗言譚稹就是以凡庸不知，故為宋廷所黜。馬往返辯論，希尹終不肯見面，只派高慶裔傳言，既然馬、辛二人執舊儀，希尹亦不能定奪，所言交割山後之事，以宗翰不在，不敢決定。高又責兩朝誓書，各不收納叛亡，宋廷卻失約收納張覺，雖山後已許，亦難以交割。馬擴辯說已斬張覺首送金朝，而許多爭議，都是譚稹所為，現已罷譚，再委童貫經理。但金人根本是敷衍馬擴等，無意交還雲中府及山後諸州。十二月，馬擴自雲中府返至太原府，歸告童貫，童詢境上所見。馬以金人編垛漢兒鄉兵，增戍飛狐和靈邱，每以張覺事為言，邀索所失官戶。他以金人舉措，甚有圖謀，請從速經營邊備，移陝西兵助郭藥師，以防金人不測入寇。童貫卻說金國內人心未附，豈敢如此，他說會親自去燕山措置常勝軍及制置河北諸帥兵，金人便來也不怕。童貫這樣的反應，姜青青便批評他無知，一味依賴郭藥師的常勝軍，而一點也不想增兵加固第一線的防禦力量，並以為在二線的河北地區佈置幾路人馬形成縱深防禦體系，就足以抵禦金人的入侵。姜氏批評童貫的部署，幾乎是一種毫無軍事常識，卻帶有賭徒心理的守備思路。他指出燕山一線形勢險要，是邊境守禦的要地，一旦被敵人所破，偌大的河北平原就無險可依。童貫押寶於郭藥師身上，殊不知常勝軍自張覺事件後，已有二心是路人皆知的事，又怎能靠他們守險？事後證明，金軍一戰破常勝軍，便如決堤洪水，長驅直撲開封城下，如入無人之境。從宋人的軍事措施來看，完全是童貫一手造成的惡果。姜氏所言有理。童貫的分析能力此時似乎已大有問題。〔註52〕

一月三日丙子條，葉十二下至十三下（頁138～139）；《十朝綱要》，卷十八〈徽宗〉，宣和六年十一月丙子至丙戌條，頁535；《宋史》，卷二十二〈徽宗紀四〉，頁415；《長編紀事本末》，第八冊，卷一百四十四〈徽宗皇帝・金寇〉，葉八上（頁4363）；十上（頁4367）；《編年綱目》，卷二十九，頁755。關於童貫問計於馬擴的分析討論，可參見姜青青：《馬擴研究》，第四章〈大廈將傾，獨木難支〉，頁167～173。又考童貫所召諸將中，蘭整與孫渥於南渡後仍事高宗，蘭整官至龍神衛四廂都指揮使、平海軍承宣使，孫渥是武都（今甘肅隴南市武都區）人，官至淮康軍承宣使、熙河蘭廓路經略安撫使馬步軍都總管兼節制利閬州屯行營右護軍軍馬。他們二人均卒於紹興十二年（1142）。他們在南宋的事蹟參見第十章頁427～428。

〔註52〕《十朝綱要》，卷十八〈徽宗〉，宣和六年十一月乙未條，頁535；《長編紀事本末》，第八冊，卷一百四十四〈徽宗皇帝・金寇〉，葉八上下（頁4363～4364）；

　　徽宗在罷去王黼後，忽然在十二月甲辰朔（初一）復用已致仕，年近八十的蔡京，命他兼領新置的講議司，代替由失寵的王黼及梁師成總領的應奉司。甲寅（十一），徽宗再將王黼親黨龍圖閣直學士知成都府王復等九人落職降官，罷黜有差。癸亥（二十），令蔡京落致仕，領三省事，五日一朝至都堂議事。據載徽宗有感當時河朔青齊盜賊日熾，不下數十萬人，內外窘匱，莫能支吾。徽宗大為不悅，說崇寧、大觀間怎會如此？他深倦於勤，與鄭皇后多番密議，但無人敢任其事。最後鄭皇后主張召用老臣，於是徽宗復用蔡京。徽宗恐蔡京年高不能朝參，就命其子蔡絛以時入對，代蔡京禁中奏事。蔡京已目眊不能視事，足蹇不能拜跪，於是政事決於蔡絛，凡蔡京所判筆的，皆蔡絛為之。蔡絛引用其婦兄韓梠為戶部侍郎，合謀排斥朝士。他每上朝，侍從以下皆迎揖，附耳與語，堂吏抱文案，數十人從之。遣使四出，誅求探訪，喜者令薦之，不喜則令劾之，中外縉紳無不側目。他又創宣和庫，庫中置式貢司，四方金帛與府藏之所儲。盡拘括以實之，作為天子之私財。宰臣白時中與李邦彥惟奉行文書，皆不能堪。徽宗復用蔡京而引致蔡絛弄權，痛恨蔡絛且欲殺之的蔡攸亦不滿，以致父子爭權而成為仇敵。蔡京再度當權後，童貫欲經畫收復雲中府，以奏議來上。以前反對童貫伐遼的蔡京，這次贊成童的計劃。尚書右丞宇文粹中反對，認為金誓書有「俟拏天祚，五七年後徐議」之說，怕現在興兵，會啟釁端。蔡京總算從善如流，童貫之議暫止。〔註53〕

　　值得注意的是，徽宗在宣和晚年用人，鄭皇后的影響力不可低估。她推薦復用蔡京，而童貫是她閣中舊人，很有可能也是她為童貫說項，而童為徽宗復用，不幸，復用二人都是錯的。在鄭皇后的支持下，失和多年的蔡京與童貫這時又重新合作。〔註54〕

　　《會編》，卷十九〈政宣上帙十九〉，宣和六年十一月三十日癸卯至十二月條，葉十三下至十四下（頁139）；姜青青：《馬擴研究》，第四章〈大廈將傾，獨木難支〉，頁173～177。

〔註53〕《長編紀事本末》，第八冊，卷三十一〈徽宗皇帝‧蔡京事跡〉，葉二十上至二十一上（頁4003～4005）；《編年綱目》，卷二十九，頁755～756；朱勝非：《秀水閒居錄》，「佚文」，頁363～364；《宋史》，卷二十二〈徽宗紀四〉，頁415；卷四百七十二〈姦臣傳二‧蔡京、蔡攸〉，頁13727,13731；《十朝綱要》，卷十八〈徽宗〉，宣和三年閏五月甲戌條，頁521；宣和六年十二月甲辰至甲寅條，頁535～536。（按宣和六年十二月第二個甲辰應為甲寅之誤）。

〔註54〕《宋史》，卷二十二〈徽宗紀四〉，頁413；卷一百六十一〈職官志一‧三師三公〉，頁3772；卷二百四十三〈后妃傳下‧徽宗鄭皇后〉，頁8639；陸游：《老學庵筆記》，卷四，頁43；吳曾：《能改齋漫錄》，卷十三〈記事‧同時位太師〉，

　　徽宗也在是月派另一號稱有武幹的內臣，曾有份平定方臘的梁方平（？～1126），率原屬童貫部將的王淵、楊志、楊惟忠、辛興宗及韓世忠等人討伐河北、山東的盜寇。正如李天鳴所述，宋廷收復燕山後，全力予以經營，一兩年後，燕山路的確呈現繁榮景像，但燕山路各項經費，絕大部份抑賴河北、河東和山東三地的供應，於是造成三路的民力疲困，再加上鹽額科斂，而連歲凶荒，許多百姓食榆皮，野菜不給，至自相食，於是饑民並起為盜。山東有張仙者，眾十萬，號「敢熾」；張迪者，眾五萬，圍濬州（今河南鶴壁市浚縣）而去。濬州去京師才一百六十里，而徽宗初時不知。河北有盜高托山者，號稱有眾三十萬。其他起事的眾一二萬的不可勝計。徽宗外靠已暮氣深重的童貫應付金人，內倚老朽的蔡京處理國政，能不教人擔憂。〔註55〕

頁378～379；《建炎以來朝野雜記》，甲集卷十二，第305條，「三公備官」，頁238；第306條，「太師並除」，頁238。考鄭皇后曾以外戚不當預國政，反對用族人鄭居中，於是徽宗罷鄭居中。當鄭居中在宣和二年十二月復用後，她又向徽宗表示鄭居中與其父鄭紳往還，人皆言其招權納賄，她請禁絕，並許御史奏劾，以表示她並不偏私外家。史稱她性謹端，善順承帝意。徽宗在宣和五年十一月乙卯（初六）還晉封后父鄭紳自檢校太師為真太師，以示眷寵。徽宗常尊重她用人的意見。又鄭紳拜太師後，南宋人吳曾及李心傳就指出這時同為太師就有鄭存道（樂平王，即鄭紳）及比他早的蔡京和童貫三人。據載蔡卞曾對其兄蔡京說，制度上豈可同時有兩人授太師，他們沒想到，徽宗要寵鄭紳和童貫，就讓二人都拜太師。又不著撰人的《翰苑新書》也留意宣和末年童貫等三人同任太師。參見不著撰人：《翰苑新書》，文淵閣《四庫全書》本，前集卷一，「三公」條，葉一上下。

〔註55〕《編年綱目》，卷二十九，頁755～756；《宋史》，卷二十二〈徽宗紀四〉，頁415；卷三百六十四〈韓世忠傳〉，頁11356；卷三百六十九〈王淵傳〉，頁11486；《十朝綱要》，卷十八〈徽宗〉，宣和三年閏五月丙寅條，頁521；宣和六年十二月甲寅條，頁536；《會編》，卷八十八〈靖康中帙六十三〉，靖康二年三月二十九日己未條，葉一上（頁653）；李天鳴：〈金侵北宋初期戰役和宋廷的決策〉，頁189～190。按《十朝綱要》卷十八，宣和三年閏五月丙寅條，將梁方平寫作梁安平。正如第六章所論述，南宋初年抗金名將劉寶在宣和四年初，從童貫大將楊志於中山府，後來繼隸王淵。稍後，他再從楊志征燕山，他每戰身先士卒。是年九月，又從楊志平檀州盜馬威，曾奮力救楊志於敵中。宣和七年二月，他隨楊志領兵收捕高托山。四月，他又解濱州（今山東濱州市）圍，並力戰於高苑縣（今山東濱州市鄒平市）。當時群盜縱橫，各立名號，動以數萬計，劉寶所至平之，後來他奉命堅守中山府。靖康元年正月，他在中山府開門出戰。六月，夜戰於平定軍北，七月大戰於盂縣之烏河川。以戰功為都統王淵、副都統王瓊及鄭建雄薦於朝，超授保義郎，閏十一月，從王淵之勤王軍於應天府，而成為高宗的元帥府一員戰將。劉寶從出身而言，屬於童貫陝西軍的下級部屬。又楊志在靖康元年的事蹟不詳，正如筆者在第六章所論，隨种師中救太

　　宣和七年（1125）正月癸酉朔（初一），徽宗以之前派梁方平以剿方法平
亂，卻累年不能下，於是再派朝散大夫李鄴、奉議郎朱定國齎親手書詔招撫
河北和京東盜賊、唐鄧汝潁流民、釋囚、蠲賦及凡科斂逋負，並詔赦兩河與
京西流民為盜者，並給復一年。徽宗察覺天下已不太平。〔註56〕

　　在宣和六年十二月戊申（初五），奉命來宋賀正旦的金盧州觀察使高居
慶、副使太中大夫守大理卿楊意（按：《金史・交聘表上》作丘忠）在宣和
七年（1125）正月抵開封，丙申（廿四）入見於紫宸殿。宋廷以禮部員外郎
邵溥（？～1148）借太常少卿充送伴使。是月壬辰（二十），宋廷也差奉議
郎司封員外郎許亢宗充賀大金皇帝登位國信使，武義大夫廣南西路廉訪使童
緒副之，以鍾邦宜管押禮物。乙未（廿三），以王昂充接伴大金賀正旦使，
卻以他事之不謹而將之勒停。這時宋金雙方仍使者往來不絕。許亢宗在行程
錄中，提到他經過燕山府，見到該處大饑的慘況，至父母食其子，還有人將
死屍插紙標於市售之以為食。他指燕山府的錢糧金帛都以供養郭藥師的常勝
軍，而帥府的牙兵卻瘦至骨立，而戍兵死者十七八。但這種情況卻上下相蒙，
徽宗不知。王安中這時還獻羨餘四十萬緡，以討好宋廷。宋廷知悉後，度支
支漕太倉粳米五十萬石，自京師沿大河自保信軍沙塘入潞河，以贍燕軍。當
他在八月回程時，已見舳艫銜尾，艤萬艘於水。〔註57〕

　　　　原及收集殘兵立功的武節郎招安巨寇楊志，不能確定就是這裡劉寶的上司、平
　　　　高托山的楊志。參見王瑞來：〈墓志書寫：復原一個武將的一生——《大宋故
　　　　贈寧武軍節度使劉公墓志銘》考釋，兼說研究對墓志的利用〉，載沈翔、何忠
　　　　禮（主編）：《第三屆中國南宋史國際學術研究會論文集》（杭州：浙江大學出
　　　　版社，2017年11月），下冊，頁423～434，劉寶墓志錄文見頁432～434。

〔註56〕　《十朝綱要》，卷十八〈徽宗〉，宣和七年正月癸酉朔條，頁536；《宋史》，卷
　　　　二十二〈徽宗紀四〉，頁415。據新出土的張侯墓誌銘所記，河北在兵發燕山
　　　　後盜起，一日數十發。梁方平制置河北、京東，卻累年不能平。曾隨童貫征
　　　　西夏，充鄜延路經略使司指使，破夏人援攔漢軍之敵，後戍燕山府，並築薊
　　　　州玉田縣城的勇將張侯（1088～1155），這時隸梁方平軍，張部至密州，遇盜
　　　　出襲，梁方平一度勢危，幸張侯引兵出擊，一戰斃其酋，賊兵敗走，張縱兵
　　　　大擊，餘黨潰去，以奇功特轉四官，後還鄜延路本任。按靖康末年，張曾從
　　　　本經略司勤王，然後從張俊應援高宗於行在。按從此條記述，梁方平率兵平
　　　　河北京東賊盜，並不順利，他也是因人成事，而非有偌大本事。考協助梁方
　　　　平討山東盜的，還有當日招降宋江的知濟南府張叔夜。參見張廷良：〈宋故武
　　　　功大夫永康府君張公墓志考釋〉，《重慶師範大學學報》（社會科學版），2018
　　　　年第1期，頁42～47。

〔註57〕　《金史》，卷三〈太宗紀〉，頁52；卷六十〈交聘表上〉，頁1391～1392；《長
　　　　編紀事本末》，第八冊，卷一百四十四〈徽宗皇帝・金寇〉，葉八下至九上（頁

據費袞所記，其父在靖康二年（1127）正月丙申（初六）被除軍漕檄差，專一主管受給兵馬大元帥府犒軍金帛財物二十萬匹兩，因聽梁正夫（即梁揚祖，1083～1151）說，當收復燕山時，童貫在瓦橋（即雄州）設司，宋廷支給一百萬貫匹犒軍，曰降賜庫。而河北各郡助軍費之數不在其中。當呂頤浩奉王安中命將本司錢四十萬緡獻上時，童貫卻嫌太少。他對呂說，此甚微末之錢，呂以為是功嗎？他說當年收復青唐時，宋廷便支降一千八百萬貫，許辟置官屬六百餘員。〔註58〕童不知呂頤浩很困難才擠出這筆錢。無怪後來呂如此痛恨童。

據周必大（1126～1204）所撰王綯（1085～1134）神道碑所記，童貫宣撫幽燕，他下令屢朝兵仗數百萬貯於北京大名府的，皆取以實邊。他又調民守烽燧，運金穀文書旁午，動輒以軍法繩制官吏。童貫調動偌大的人力財力，去經營新得的幽燕，自然給人覺得他不顧官民死活。〔註59〕

道學名臣楊時在宣和七年三月上書論邊事，便認為守燕雲之師宜退守內地，以受饋餉之人，而非這樣千里轉餉。他說使燕軍更番請給於內地，就出納在我，無大入折欠之虞，也不致令征夫稱貸備償之擾，民力不至大困。他又說現得雲中百里之地，就增加百里轉輸之費，徒敝吾民。他又指以常勝為名之軍則驕其心，糧以計口授之則滋其欲。他顯然對郭藥師的常勝軍並不放心。不幸的是，楊時的憂慮成真。〔註60〕

正如許亢宗所記，宋廷在二月庚戌（初八），便詔京師運米五十萬斛至燕山，並令工部侍郎孟揆（？～1126後）親往措置。宋廷招安群盜似有成效，

4364～4365）；《會編》，卷二十〈政宣上帙二十〉，宣和七年正月二十日壬辰條，葉一上下至十四上（頁141～147）；卷二十一〈政宣上帙二十一〉，宣和七年正月二十三日乙未至二十四日丙申條，葉一上（頁150）。考許亢宗是樂平（今山東聊城市西南）人，後撰有《宣和乙巳奉使行程錄》，詳細記載這次使金的經過及見聞。他在正月戊戌（廿七）陛辭，翌日（己亥，廿八）出發，八月甲辰（初五）回程，初八日抵京。《金史》將宋使來聘繫於正月乙未（廿三），當係收到宋人遣使消息的日子。許亢宗又記自甲辰年（宣和六年）金人集奚人入薊州等地劫掠，邊人告急，但王安中卻戒之曰莫生事，於是四月之內，金人凡三來盡屠軍兵，縱火而去。

〔註58〕費袞：《梁谿漫志》，卷六，「青唐燕山邊賞」條，頁73。
〔註59〕周必大：《文忠集》，文淵閣《四庫全書》本，卷二十九〈興國太守贈太保王公綯神道碑〉，葉二十二上。據載後任簽書樞密院事的王炎（1138～1218）的父親王綯，覺得童貫這樣做法，會造成亂事，於是就辭官，舉族南徙蔡州（今河南駐馬店市汝南縣），後獲委知無為軍之巢縣（今安徽巢湖市），視事才累月而金人已南侵，得以避過靖康之禍。
〔註60〕《楊時集》，第一冊，卷四〈箚子·論時事·徽宗宣和七年三月〉，頁76。

是月壬申（三十），京東轉運副使李孝昌上言已招安群盜張萬仙等五萬人，詔補官犒賜有差。到三月甲申（十二），知海州錢伯言亦上奏已招降山東寇賈進等十萬人，詔補官有差。然而，對宋廷來說的壞消息，是金將婁室在二月壬戌（二十），擒獲遼天祚帝於余睹谷（《遼史》作應州新城東六十里）。金已消除心腹之患，可以全力對付宋廷。大概到四月初，童貫收到宗翰派人傳達的消息後，還向宋廷上賀耶律氏滅亡表。據朱勝非（1082～1144）《秀水閒居錄》所考，此表大概是童貫幕僚中書舍人王雲（？～1126）或翰林學士宇文虛中所作。童貫誇言自奉命措置邊事，撫定燕山府、涿、易、檀、順、景、薊州，及河東路先取得朔寧府（即朔州）及武州，正與金計議交割雲中府路州郡，說已獲定約。他又誇說自從宣和六年八月奉命駐兵河東，即以時措置，完整武備，以逸待勞，對付天祚帝殘兵。他又說已命河東都統李嗣本領兵捍邊，劄下沿邊統制官，不得妄有招納。到二月癸亥（廿一），天祚帝被擒。他奏稱宋軍斬獲遼軍四千八百級，內有天祚帝心腹及首領三十七人。童貫誇誇其談表功，據說此表傳報後，有識之士無不嘆息。其實當金人尚未獲天祚帝時，曾遣使恐嚇童貫，說海上之盟的元約，不得存天祚帝，宋金得之即殺之，指責宋朝違約招來，今又藏匿之，金人表示一定要擒得天祚帝。童貫拒以無有，金人又遣使迫童貫，語大不遜。童貫不得已，派遣諸將出境上，令若遇有異色目人，不問便殺，以首授金使。童貫還應金人之求，借銀絹二十萬賞軍。不久，金人擒獲天祚帝，事才不提起。童貫較早前向徽宗建議收納天祚帝，以為可滿足主子的虛榮，但遇到金人壓力，就一籌莫展，只能屈服。〔註61〕

〔註61〕《宋史》，卷二十二〈徽宗紀四〉，頁415；卷三百五十七〈王雲傳〉，頁11229；《遼史》，卷三十〈天祚皇帝紀四〉，頁397；《金史》，卷三〈太宗紀〉，頁52；《十朝綱要》，卷十八〈徽宗〉，宣和七年正月條，頁536；《長編紀事本末》，第八冊，卷一百四十四〈徽宗皇帝・金寇〉，葉九上至十上（頁4365～4367）；《會編》，卷二十一〈政宣上帙二十一〉，宣和七年正月二十四日丙申條，葉一上（頁150），五上下（頁152），七上至十一下（頁153～155）；正月三十日壬寅至二月條，葉十三下至十六下（頁156～157）；朱勝非：《秀水閒居錄》，「佚文」，頁361；《宋會要輯稿》，第十六冊，〈蕃夷二・遼下〉，頁9760～9761。按《十朝綱要》及《長編紀事本末》均記天祚帝自夾山奔小骨碌帳，被金人所擒，而將天祚帝被擒之事繫於宣和七年正月，《會編》也將此事繫於正月三十日，當誤記。又童貫上賀表，《會編》繫於二月，沒記日子，《宋會要》則繫於四月八日，而以太師、郡王童貫的頭銜上。按童貫要到宣和七年六月初五才封廣陽郡王。《宋會要》這條的繫年也不吻合童貫的官職。惟童貫上奏的日子，四月八日比二月可能性高。

　　童貫交授銀絹予宗翰畢，在三月初就離開太原出發往燕山府。他取道真定府、河間府、莫州、雄州入燕山府。據馬擴自述，他從保州入莫州，迎童貫於任邱縣，以天祚帝被擒，提醒童貫宜急備以防金人為患，說金人懷張覺之憾，恐宗翰回來有不測之舉。童貫對馬擴的忠告表面上贊同，說他這回去燕山，葺治兵馬，正為此故。然童貫其實並沒有認真考慮馬的意見。姜青青分析，因童貫剛到燕山時，給郭藥師的謙恭騙過，以為郭忠心耿耿，故沒有以任何舉措處置常勝軍，而只罷了王安中，改用蔡靖守燕山。而他奏請在河北路設置四大總管，算是聽從馬擴的意見（見下文），但四大總管在具體治軍上，卻是以一種敷衍了事的做法，只是招集逃亡軍人及諸處游手之人充軍，完全是擺擺樣子，而非有效的練兵強兵以禦強敵。姜氏說童貫渾然不知自己種下如此重大的禍害，只關注自己的加官晉爵。姜氏評論北宋之亡，並非盡是金人的強大，而實是自己的無能和不作為。童貫手握兵權，執掌負責國防大務，他自然罪責最大。〔註62〕

　　四月丙辰（十五），宋廷降德音於京東及河北兩路。庚申（十九），剛復相才五月的蔡京，因蔡絛假公濟私之事為白時中與蔡攸等揭發，徽宗怒貶蔡絛與韓棝，而再令蔡京致仕，戊辰（廿七），詔今後三公不許統領三省。蔡仍戀棧不去，徽宗命童貫往見他，要他上章謝致仕，並派蔡攸同往。蔡京見蔡攸被旨俱來，就置酒留童貫飲，蔡攸也同在。蔡以事出不意，不知如何是好，行酒之時，蔡竟然泣曰：「上何不容京數年，當有相譖譖者。」又說：「某衰老宜去，而不忍遽乞身，以上恩未報，此心二公所知也。」童貫心中明白，卻只推說不知。蔡京不得已，只好草奏請罪，將求致仕之表章授童貫。當時左右聽蔡京稱呼自己的兒子為「公」，無不竊笑。徽宗收到童貫呈來蔡京的謝表後，即命詞臣代為作三表請求致仕，於是降制從之。徽宗復用蔡京，旋即罷之，形同兒戲，徽宗已沒有以前的精明，史載他已有倦勤之意。〔註63〕

〔註62〕　《會編》，卷二十二〈政宣上帙二十二〉，宣和七年三月條，葉一上下（頁159）；姜青青：《馬擴研究》，第四章，頁180～182。

〔註63〕　《十朝綱要》，卷十八〈徽宗〉，宣和七年四月壬子至戊辰條，頁536～537；《編年綱目》，卷二十九，頁757～758；《宋史》，卷二十二〈徽宗紀四〉，頁416；卷四百七十二〈姦臣傳二‧蔡京〉，頁13727；《東都事略》，卷一百一〈蔡京傳〉，葉五上（頁1557）；《長編紀事本末》，第八冊，卷三十一〈徽宗皇帝‧蔡京事跡〉，葉二十下至二十一下（頁4004～4006）；朱弁：《曲洧舊聞》，卷七，「蔡京持祿固位能忍辱」條，頁188～189；周輝：《清波雜志校注》，卷二，第27條，「呼子為公」，頁80～81。

童貫在四月（《長編紀事本末》繫於三月廿九日辛丑）抵燕山府，犒常勝軍，他聽從先前馬擴的建議，奏請河北置四總管：中山府辛興宗，真定府王元（？～1130 後），河中府楊惟忠，大名府王育，令招逃卒及刺游手之人為軍，以牽制郭藥師的常勝軍。他又請專委蔡靖代替王安中為知燕山府，令王安中還朝。並令合併宣撫使司及國信司職事，專一行遣。徽宗從其議，將王安中召還，改授他檢校太保、建雄軍節度使大名府尹兼北京留守。五月乙未（廿四），宋廷派奉議郎舒宏中、武功大夫康州刺史劉發為金國賀生辰使副，不久改命校書郎衛膚敏代舒宏中，通直郎吳安國、武翼郎王觀為正旦使副。〔註64〕

五月戊寅（初七），童貫在兵事稍緩之時，又以河北、河東、陝西路宣撫使的身份上奏，提出地方行政特別是官吏俸祿的改革，他以所見諸路州軍在任官的月請供給，熙豐時有及百千者，號為至厚，據所聞不過數處。近年一例增添，知州和通判所得數倍，或至千貫。他考察歲賜及醋息之屬，各有限定。若非違法經營，無由取足。他請一應的郡守和監司，每月所受公使庫應幹供給，紐計錢數，不得超過二百貫。總管、鈐轄、通判不得超過一百五十貫。其餘等級，依例裁定。若舊例數少者依舊，不得增添。如違，計所剩以盜論。他請委監司據歲分州郡，每季一取索檢察，若有違法，按劾以聞。若敢隱蔽，即由監司互察，仍令廉訪所彈奏。他說如此，不惟多寡得中，少抑擾民之弊。宋廷從其請。〔註65〕

六月乙巳（初五），徽宗以童貫平燕及平定山東盜高托山之功，詔用神宗遺訓，能復全燕之境者胙本邦，疏王爵，議封童貫廣陽郡王。廣陽是燕山府的郡名，徽宗特意以此封童貫為王。其詔曰：

> 朕以童貫屢將天威，征伐四克，拓地隴右，西徹河源，揚旌五關，盡復幽朔，出入累年之際，蕩平兩國之戎。命爵策勳，難拘常憲。恭念神考，屢形訓言，謂將帥總兵，能復全燕之境，則國家信賞，當從王爵之封，仍胙本邦，以昭顯績。既克承於先志，敢怠廢於貽謀。童貫可依前太師進封廣陽郡王，食邑實封依例施行。

〔註64〕《十朝綱要》，卷十八〈徽宗〉，宣和七年三月至四月條，頁 536；《編年綱目》，卷二十九，頁 751；《長編紀事本末》，第八冊，卷一百四十四〈徽宗皇帝·金寇〉，葉十上下（頁 4367～4368）；《會編》，卷二十二〈政宣上帙二十二〉，宣和七年三月條，葉一上下（頁 159）；《宋史》，卷三百五十二〈王安中傳〉，頁 11126。

〔註65〕《宋會要輯稿》，第八冊，〈職官五十七·俸祿雜錄上〉，頁 4592。

　　翌日（丙午，初六），徽宗再頒制表揚童貫之功，這是童貫一生所獲榮譽爵賞最高者，故在他翌年敗死前，臣僚都尊稱他「童大王」：

> 制曰：王者申九伐之威，以和眾安民為盛德。大臣謹四方之慮，以折衝厭難為殊勳。朕荷神天全付之休席，祖考重光之緒，飭戎兵以陟禹跡，聿臻偃武之期，繼功伐而廣文聲，夙倚同心之輔，肆分寵數，敷告治朝。太師領樞密院事、河北、河東、陝西路宣撫使、充神霄宮使、豫國公、食邑一萬七千三百戶、食實封五千戶童貫，信厚而敏明，疏通而沉毅，善謀能斷，兼文武過人之才，砥節盡公，得精白承君之義，自總幹方之任，屬宣闢國之謀。十乘啟行，千里決策，冠三事燮調之職，領七兵宥密之權。暨興六月之師，盡拓五關之塞。惟朕心朕德，宏賴於翊相，故我疆我，理遠建於要荒。遄歸告成，堅臥請老。屬再籌於邊議，難就佚於里居。吉甫至太原，初攝衣而整暇，單于苦於漠北，卒假手而蕩平。既聞朔野之耕耘，復靖河壖之寇掠。緊爾肅將之效，恢予遠馭之圖，念功名昭著於古今，則典禮當殊於勳舊。是用遵熙豐信賞之令，作廣陽撫定之邦。紫綬金章，肇開茅土，袞衣赤舄，仍總樞衡。蓋祗若於先猷，諒允諧於僉議。於戲，周室上公，九命有出，封加爵之儀，漢朝異姓諸王，載著令稱忠之詔，其對揚於茂渥，尚奚愧於前修。可特授依前太師領樞密院事河北河東陝西路宣撫使充神霄宮使進封廣陽郡王加食邑一千戶食實封三百戶，主者施行。〔註66〕

　　兩宋之際的張知甫（？～1147 後）所撰的《可書》記童貫封王後，有人改中唐平定藩鎮之名臣裴度（765～839）的〈平淮西詩〉譏之曰：

> 長樂坡頭十萬戈，碧油幢下一婆婆。今朝始覺為奴貴，夜聽元戎報五更也囉。〔註67〕

〔註66〕《十朝綱要》，卷十八〈徽宗〉，宣和七年六月丙午條，頁537；《宋史》，卷二十二〈徽宗紀四〉，頁416；卷三百六十九〈王淵傳〉，頁11486；卷四百六十八〈宦者傳三‧童貫〉，頁13661；《東都事略》，卷十一〈本紀十一‧徽宗二〉，葉八上（頁227）；卷一百二十一〈宦者傳‧童貫〉，葉四上（頁1869）；《會編》，卷二十二〈政宣上帙二十二〉，宣和七年六月五日乙巳至六月六日丙午條，葉一上至二上（頁159～160）。按童貫派辛興宗、楊惟忠及王淵等平山東盜高托山，故功勞也歸於他。

〔註67〕張知甫（撰），孔凡禮（點校）：《可書》（與《墨莊漫錄》、《過庭錄》合本）（北京：中華書局，2002年8月），「詩譏童貫」條，頁400～401。按張知甫將童貫所封的廣陽郡王訛為同安郡王。

　　當時不少士人都不以童貫封王為是，只是不敢公然反對，於是為詩諷之。

　　童貫得以封王，早在靖康元年六月，臣僚上言嚴劾蔡京父子時，已指出蔡京是為己謀，他加王安石王爵，欲為己他日封王之本，後因眾論，心中不安，復封韓琦為王以塞眾口，於是蔡確、何執中、鄭居中以至童貫皆因之為例封王，他們說本朝之封王者，不過國初功臣及后族耳。南宋初人袁文（1119～1190）也沿此說，並具體地闡述那是蔡京既為討好徽宗，也為己謀。他指出宋朝祖宗之制，異姓生前得封郡王，都是外戚的尊屬，到他們死後，才贈真王。就是故相有勳德的，亦未聞有王爵之贈，況是在生時受封。他說到了徽宗時就不同了，這時蔡京用事，遽封其弟蔡卞之妻父王安石為舒王，又封韓琦為魏王，以其援立之功與他相同。到何執中死，則追封為清河郡王，以何和他一同執政。後來以至鄭居中贈滎陽郡王，童貫得封廣陽郡王，都是蔡京為己謀而向徽宗提出的，袁文以蔡京這樣做，是為了自己可在歿後援例獲贈一郡王。袁文諷刺蔡京沒想到禍變相繼，被重責以死，而只僅免於刑戮，這都由他用心不良所致。陳均也提到宋朝異姓非外戚無封王，正也是蔡京主紹述之說，才教王安石等均追贈王爵，當徽宗要賞童貫復燕山之功，就生封他為郡王。〔註68〕袁文及陳均沒有說，生封郡王的童貫，下場比沒封王的蔡京還要慘。

　　童貫是整個宋代惟一而且在生封王的內臣。內臣封王的，唐代獨有唐肅宗（711～762，756～762在位）及唐代宗（726～779，762～779在位）擅權的李輔國（704～762），他被代宗派人刺殺前四月也首封博陸郡王。〔註69〕不知有否人告訴童貫，封王未必是吉兆。

〔註68〕《會編》，卷四十八〈靖康中帙二十三〉，靖康元年六月五日庚子條，葉四下至五下（頁360～361）；袁文：《甕牖閒評》，卷三，頁59；《編年綱目》，卷二十九，頁758～759。按上書劾蔡京的臣僚姓名不詳。

〔註69〕宋祁（998～1061）、歐陽修（1007～1072）（纂）：《新唐書》（北京：中華書局，1975年2月），第十九冊，卷二百八〈宦者傳下·李輔國〉，頁5879～5882；司馬光（1019～1086）：《資治通鑑》（北京：中華書局點校本，1956年），卷二百二十二〈唐紀三十八〉，肅宗寶應元年五月壬午條，頁7126；六月己未至辛酉條，頁7128～7129；十月壬戌條，頁7132。考李輔國在寶應元年（762）五月壬午（初四）代宗繼位後，以擁立之功，自司空兼中書令。但到六月己未（十一），代宗便解其行軍司馬及兵部尚書職，由程元振（694～764）代其任，令出居外第。辛酉（十三），再罷其兼中書令，進爵博陸王（郡王）。他被奪去實權後，封王爵只是安撫之表示。他入謝時憤咽言：「老奴事郎君不了，請歸地下事先帝！」代宗仍慰諭而遣之。到十月壬戌（十七），盜入李家，取李之首及一臂而去。那是代宗使人為之，代宗仍假惺惺敕有司捕盜，又遣中使存問其家，為刻木首葬之，並追贈太傅。李輔國封空頭無實權的博陸王，到被人刺殺，前後只有四月多。

四、德不配位

童貫封王後，又領右省事（即中書省）。當時蔡攸負責整頓財政開支，他討好童貫，就請內侍職掌，事干宮禁，應裁省者，請委童貫取旨。徽宗准奏，於是童貫就將不急之務，無名之費，悉議裁省。〔註70〕

童貫在徽宗朝的風光，還不止此。他早在任權領樞密院事時，已和時任太師的蔡京、太宰鄭居中、知樞密院事鄧洵武、門下侍郎余深、中書侍郎侯蒙、尚書左丞薛昂和尚書右丞白時中均獲賜家廟所用祭器，〔註71〕他更超過蔡京等一眾宰執大臣，以內臣而得以封王，這確是徽宗對他的最大眷寵和對他的功勞的肯定，他自然得意忘形，沒想到大禍很快便降臨。據載馬擴是月探得宗翰已還雲中府，修治飛狐、靈邱兩縣。他密具奏報，請童貫移陝西兵屯中山、真定，及選智勇邊人守易州，以防金人不測。但童貫及蔡攸不報。六月庚申（二十），金則以獲天祚帝，派李用和（一作李孝和）及王永福等充告慶使來宋，示威一番。宋廷差馬擴和李子奇充接伴使副。〔註72〕

童貫獲封王爵才半月，河東的義勝軍在七月庚午朔（初一）叛變，據隆德府黎城縣（今山西長治市），河東將郝璡戰死。童貫起家的熙河這時地震，有裂數十丈者，蘭州尤甚，陷數百家，倉庫皆沒。而河東諸郡就或裂或否。另外，他倚重的幕僚李宗振也於是月卒。這對童貫而言都非吉兆。〔註73〕

據胡寅所記，童貫這時忽然有攻夏的意圖，他檄五路兵襲夏人，欲取天德軍及雲內州。幸而鄜延路經略司主管機宜文字王震（1079～1146）向主帥力爭，稱燕山之役，國力已竭，而士卒瘡創未復，奈何以童貫一紙命令而搖十萬之眾。他請主帥審奏，受成算未晚。果然不浹日，就詔罷役，戒生事者。

〔註70〕《宋史》，卷一百三十二〈食貨志下一・會計〉，頁4363。

〔註71〕羅大經（1196～1252後）（撰），王瑞來（點校）：《鶴林玉露》（北京：中華書局，1983年8月），乙編，卷五，「大臣賜家廟」條，頁200～201；馬端臨：《文獻通考》，第五冊，卷一百四〈宗廟考十四・諸侯宗廟〉，頁3190。據羅大經的說法，宋朝大臣獲賜家廟的，在蔡京前有文彥博，在童貫之後有秦檜、楊存中（1102～1166）、吳璘、虞允文（1110～1174）及史彌遠（1164～1233）共十四人。

〔註72〕《會編》，卷二十二〈政宣上帙二十二〉，宣和七年六月六日丙午至七月條，葉三上下（頁160）；《金史》，卷三〈太宗紀〉，頁52。

〔註73〕《十朝綱要》，卷十八〈徽宗〉，宣和七年七月庚午條，頁537；《宋史》，卷二十二〈徽宗紀四〉，頁416；《宋會要輯稿》，第四冊，〈儀制十一・武臣追贈・留後〉，頁2543。大概是童貫的進言，本來徽宗要贈李宗振開府儀同三司，因中書舍人莫儔（1089～1164）反對，而改贈他節度使。

據《會編》所記，攻夏是童貫執行徽宗先前的意圖，而得到蔡京的支持。但翰林學士宇文虛中反對，以二地位處一隅，縱取得也難守。在其兄宇文粹中與李邦彥在徽宗前力爭下，宋廷就收回成命。〔註74〕

金人開始有動作，八月壬寅（初三），燕山府奏金人以歲賜的銀絹低次，不肯接受。癸卯（初四），完顏斡魯（？～1127）將天祚帝押來金京。甲辰（初五），告於金太祖阿骨打廟。丙午（初七），命天祚帝入見，降封海濱王，後送長白山東，築城囚之，他逾年而亡，年五十四。壬子（十三），吳乞買詔有司揀閱善射勇健之士以備宋，實際上金人已準備動員攻宋。宋廷在癸丑（十四），仍派武德郎王觀及校書郎吳安國充金國正旦國信使副。〔註75〕

金使李用和和王永福在九月壬辰（廿四）至開封，告以擒獲天祚帝之事。詔以宇文虛中、高世則充館伴使副館之。其實金已準備出兵，派人來只是覘察宋廷動靜。李用和等假稱願詔童貫至河東，就授以雲中之地。徽宗信之，即詔童貫再任宣撫使。是月河東已奏宗翰已至雲中府，經營兵事。馬擴說宗翰此來必有異志，宜以西兵十萬出巡邊，不但備邊，兼可壓境議事，但馬擴說了半天，童貫仍然不聽。童貫尚未行，這時知太原府張孝純奏金人遣小使

〔註74〕 胡寅：《斐然集》，卷二十六〈墓誌銘・左朝請大夫王公墓誌銘〉，頁595～596；《會編》，卷二百十五〈炎興下帙一百十五〉，葉七下（頁1548）。據《會編》引安成之〈樞密宇文議燕保京記・靖康二年三月〉所記，在宣和四年間，宋廷又有收復靈武之議，欲命高俅總其事，徽宗御筆條畫攻取之計，令知慶州宇文虛中遵行。宇文虛中力言不可，高俅也憚自己不能成事。其事罷，而宇文虛中亦罷慶帥知亳州。乙巳歲（宣和七年）宇文虛中陞任翰林學士，童貫欲取雲中，宇文以雲中斗絕一隅，縱可取亦不可守。但童貫之黨馬擴和李宗振均陳可取之策。二疏交上，這時蔡京當國，欲從童貫之言。宇文虛中之兄宇文粹中時為尚書右丞，與太宰李邦彥合力爭於徽宗前，而罷蔡京之說。這條記載吻合王震墓誌銘的記載。童貫欲伐夏之事，未繫月日，當在宣和七年中。

〔註75〕 《十朝綱要》，卷十八〈徽宗〉，宣和七年正月條，頁536；八月壬寅條，頁537；《遼史》，卷三十〈天祚皇帝紀四〉，頁398；《金史》，卷三〈太宗紀〉，頁52；卷七十一〈斡魯傳〉，頁1634～1635；《會編》，卷二十二〈政宣上帙二十二〉，宣和七年八月十四日癸丑條，葉三下（頁160）。按完顏斡魯是阿骨打堂兄弟，《金史》卷七十一有傳。他的墓在2003年11月於黑龍江阿城市郊區發現，出土的殘碑據拓本可認有九十餘字，可與《金史》本傳參照。王久宇曾撰文考釋之。可參見王久宇、李衛星：〈完顏斡魯墓碑史事考述〉，《哈爾濱學院學報》，第28卷第3期（2007年3月），頁1～5；王久宇、王鍇：〈阿城金代貴族墓碑的發現和考證〉，《北方文物》，2007年第4期（總92期），頁50～53；王久宇：〈完顏斡魯墓碑碑額考釋〉，《哈爾濱學院學報》，第29卷第4期（2008年4月），頁1～4。

至太原，欲見童貫交割雲中府土地，徽宗信之，命童貫速速前往，不得占留。乙未（廿七），宋廷復召前被貶的崇信軍節度副使聶山（後改名聶昌）乘驛赴闕，因蔡攸薦他出守雲中府。同日，清化縣榷鹽場申報燕山府，說金人擁大兵前來擄掠居民，焚燬廬舍。這時宣撫使蔡靖與轉運使呂頤浩、李與權（？～1132後）等已修葺城隍，團結兵民，以為守禦之備，並使銀牌飛馬報宋廷，兼關報相屬去處。不幸的是，朝中大臣以郊禮在即，匿不以聞，恐礙推恩奏薦，以為等事畢才措置未晚。〔註76〕

十月己亥（初二），宋廷賜金使宴。又詔吏部員外郎傅察（？～1125）充接伴金國賀正旦使，以蔣噩副之，宋廷還不知金人已動兵。壬寅（初五），中山府詹度奏宗翰與耶律余睹率兵來蔚州柳甸內大點軍兵，準備入寇。甲辰（初七），在宗望、宗翰及闍母極力推動下，尤其宗望力稱探得童貫及郭藥師治軍燕山，「苟不先之，恐為後患」，於是金主吳乞買下詔伐宋，以名位最高的皇太弟諳班勃極烈完顏杲（？～1130）兼領都元帥，移賚勃極烈宗翰兼左副元帥先鋒，經略使完顏希尹為元帥右監軍，左金吾上將軍耶律余睹（觀）為元帥右都監，自西京入太原。六部路軍帥撻懶（完顏昌，？～1139）為六部路都統，斜也副之，宗望為南京路都統，闍母副之，知樞密院事劉彥宗兼領漢軍都統，自南京（平州）入燕山。壬子（十五），宋使衛膚敏和劉發還到金京賀吳乞買生辰的天清節。乙卯（十八），中山府已探得金人差女真軍兵一萬五千，河東一路差渤海軍五千，奚軍二千、鐵離軍二千，分別往平州及雲中府路屯泊。丁巳（二十），宗望上言，以闍母屬他的叔父尊輩，於太祖時有功，請以他為都統，吳乞買從之，改以闍母為南京路都統，埽喝副之，而以宗望為闍母及劉彥宗兩軍監戰。童貫仍未知金人的意圖，壬戌（廿五），宋易州常勝軍首領韓民毅（一作義），怨守臣辛綜，率五百人降，並對宗翰說，常勝軍只有郭藥師還忠於宋，其他人如張令徽、劉舜仁因張覺之死皆怨望。宗翰將韓置於蔚州。因韓民毅之言，劉彥宗和耶律余睹都認為宋朝可圖，並可以因糧就兵。〔註77〕

〔註76〕《宋史》，卷二十二〈徽宗紀四〉，頁416；《長編紀事本末》，第八冊，卷一百四十四〈徽宗皇帝・金寇〉，葉十下至十一下（頁4368～4370）；《十朝綱要》，卷十八〈徽宗〉，宣和七年九月壬辰條，頁537；《編年綱目》，卷二十九，頁759；《會編》，卷二十二〈政宣上帙二十二〉，宣和七年九月二十四日壬辰條，葉三下至四上（頁160）。

〔註77〕《長編紀事本末》，第八冊，卷一百四十四〈徽宗皇帝・金寇〉，葉十一下至十二下（頁4370～4372）；《十朝綱要》，卷十八〈徽宗〉，宣和七年十一月

　　童貫在是月辛酉（廿四），以緣河北邊的州軍，都是景德年間陞城寨為軍，以張形勢，以控遼人。而今收復燕山，它們都成為內地，於是上奏廢罷河北的安肅、永寧及保定等軍。將安肅軍改為安肅縣，隸保州；永寧軍依舊為博野縣（今河北保定市蠡縣），隸祁州（今河北安國市）；保定軍改為保定縣，隸莫州。以減省開支。徽宗准奏。彭百川後來便指出童貫的做法失誤，他說祖宗以梁門和遂城為安肅軍及廣信軍，童貫將之廢去，移軍營毀城樓。到金兵入寇，宋廷才詔復二城為軍，已為時太晚。〔註78〕

　　宋廷對金人的意圖捉摸不著，其實邊臣已急奏頻頻，特別詹度的中山府探報做得出色。十一月庚午（初三），中山府即奏報宋廷，探得宗翰下雲中府所轄縣，令本管鄉軍，每名要計物色等，及軍幕赴雲中府送納，另山西一帶添屯兵馬。乙亥（初八），宋廷還詔遣金國回慶使副。庚辰（十三），金主以降封天祚帝為海濱王詔告中外，宣示金繼遼統。四天後（甲申，十七），中山府再奏，探報到平州都統，指揮屬縣選揀丁口充軍，另泉泊押兵到奉聖州屯泊。看到此情況，童貫便在兩天後（丙戌，十九），差馬擴和辛興宗充使副，持軍書往宗翰軍前，議交割蔚、應二州及探偵宗翰有無南侵之意。童貫吩咐馬擴，見到宗翰不要爭禮數，且了大事，交收蔚、應二州及飛狐、靈

　　　　庚午條，頁 538；《金史》，卷三〈太宗紀〉，頁 53；卷七十一〈闍母傳〉，頁
　　　　1642；卷七十三〈完顏希尹傳〉，頁 1685；卷七十四〈宗翰傳、宗望傳〉，
　　　　頁 1696，1704；卷一百三十三〈叛臣傳・耶律余睹〉，頁 2848；《會編》，卷
　　　　二十二〈政宣上帙二十二〉，宣和七年十月五日壬寅至二十一日戊午條，葉
　　　　四上下（頁 160）；李天鳴：〈金侵北宋初期戰役和宋廷的決策〉，頁 197～200。
　　　　據《金史・闍母傳》及《金史・宗翰傳》所記，闍母從降人處，已偵知童貫
　　　　與郭藥師治兵禦金之情況，而具奏金廷。宋軍之虛實早為金人所知。另闍母
　　　　又奏宋敗盟有狀，聯合宗翰及宗望請伐宋。關於完顏希尹參予伐宋的戰事，
　　　　《金史》所記甚略，出土的〈完顏希尹神道碑〉可補之不足，王久宇一文可
　　　　參考。參見王久宇、孫田：〈完顏希尹神道碑碑文的史料價值〉，《古籍整理
　　　　研究季刊》，第四期（2015 年 7 月），頁 39～42。又金東西路軍的主要統帥
　　　　及所領部隊，其內部組織及以後的戰績與權力分配，李艷玲的碩士論文和陳
　　　　俊達的一文有很詳細的考論，值得參考。參見李艷玲：《金初東路軍試探》，
　　　　吉林大學歷史學碩士論文（2007 年 4 月）；陳俊達：〈金初攻宋西路軍統帥
　　　　探微〉，《寧夏大學學報》（人文社會科學版），第 36 卷第 3 期（2014 年 5 月），
　　　　頁 59～65。
〔註78〕《會編》，卷二十二〈政宣上帙二十二〉，宣和七年十月二十四日辛酉條，葉
　　　　四下至五上（頁 160～161）；彭百川：《太平治蹟統類》，卷二十六〈契丹女真
　　　　用兵始末〉，葉十五下；《編年綱目》，卷二十九，頁 763；《文獻通考》，第十
　　　　三冊，卷三百十六〈輿地考二・古冀州・安肅軍〉，頁 8575。

邱兩縣，金帛可以多給，其餘地境就盡畫給金國，最重要是打探宗翰有否南侵意。姜青青認為童貫忽然將原本爭取的山後諸地降格，不知是他擅作主張，抑或已得到徽宗同意。而他將馬擴此行目標定為刺探金人真實企圖，後果可以不堪設想，因為即使馬擴打探得金人真的安份，邊境各處平安，宋人也做了一筆蝕本買賣，由此失去山後大片包括雲中府的戰略土地。筆者認為，童貫對能否取回雲中府，並無信心，故命馬擴如此與金人談判。他的主子徽宗同日在京師祀昊天上帝於圜丘，並大赦天下，徽宗對童貫所為，大概一無所知。〔註79〕

據岳珂引《長編》的記述，徽宗在當日才下壇，而金兵犯邊的密報抵京師，十二月丁未（初十）徽宗幸陽德觀、凝祥池和中太一宮。戊申（十一），詣上清儲祥宮之神御殿。當徽宗行恭謝禮時，金兵已入界，邊報不斷，但徽宗左右均隱瞞不稟報，說怕壞了恭謝之禮。五天後，邊報益急。這時蔡攸才向同列說出，白時中、李邦彥於是共同奏稟徽宗，說燕山有急報至，乞請付外廷議之。徽宗於是下令恭謝禮即日結束。〔註80〕

馬擴和辛興宗到代州，然後取道通往應州與雲中府的邊境戍口茹越寨，進入金人實際控制區。他們聞知宗翰已遣隆德府所降的常勝軍，先出五台山繁峙縣（今山西忻州市繁峙縣）界山路，以及易州所降的常勝軍韓民義（毅）部先出飛狐靈邱縣路，為偵探宋南邊防虛實。馬擴於是條具利害，請童貫急調發逐處軍馬上邊作備。馬擴等抵金境上，即受金人粗暴對待。金人不讓他們進入，推說必得宗翰的指揮，才可入境。他們停留數天，宗翰令宋人吏卒不得越境，只許馬、辛等三人從行，仍嚴軍以待。馬擴來到宗翰軍前，宗翰要他們庭參，宗翰問他們銜宋廷之命，抑宣撫司之命？馬等不能答，被迫拜見宗翰如見阿骨打禮。當議山後諸州交割事時，馬等說此事當決久矣，推說中間因童貫請老致仕，接替的譚積初不知曲折，所以延留至今，現徽宗已罷黜譚積，復用童貫，今次就是來與宗翰了結此事，求問交地日期。宗翰責以金太祖才崩，輿櫬未歸，授地未畢，宋廷就違誓書，陰納張覺，接收燕京逃

〔註79〕《十朝綱要》，卷十八〈徽宗〉，宣和七年十一月庚午條，頁538；《金史》，卷三〈太宗紀〉，頁53；《長編紀事本末》，第八冊，卷一百四十四〈徽宗皇帝・金寇〉，葉十一下（頁4370）；《會編》，卷二十二〈政宣上帙二十二〉，宣和七年十一月三日庚午至十九日丙戌條，葉五上下（頁161）；《靖康要錄》，卷九，頁911；姜青青：《馬擴研究》，第四章，頁185～186。
〔註80〕岳珂：《寶真齋法書贊》，文淵閣《四庫全書》本，卷二，葉七上下。

去職官和戶口。馬擴不察，仍說童貫現派他們來告知宗翰，都是譚積昧大計，輕從李石和張覺之請，徽宗已深悔之，願宗翰存舊好，不以前事置胸中，仍請交割蔚、應兩州及靈邱、飛狐兩縣，並請示交割日期。宗翰笑說宋人還想要兩州縣嗎？他若給予，則西京之民又不可留，且山前山後都是金人之地，還能說甚。他說可叫宋廷削數城來，可以贖罪。宗翰斥馬擴等立即離去，他會自選人前往童貫的宣撫司。他又譏笑宋廷是否無人可用，只將大事委予宦官，明顯地瞧不起童貫。翌日，金人館中供具特厚，撒母笑說，待宋使如此，只此一回。〔註81〕

同月戊子（廿一），宋接伴賀正旦使、吏部員外郎傅察至薊州界首玉田縣韓城鎮，被宗望所執，副使蔣噩等羅拜，惟傅察不屈，是月甲午（廿七）被殺。金人已不講不斬來使的規矩。〔註82〕

宗翰在十一月丁酉（三十）派昭文館直學士王介儒齎書童貫，這通公文大概是王介儒草擬的，措辭很不客氣，語帶恐嚇，是現存罕有金人寫給童貫的公文，有幸保存於金佚名所編的《大金弔伐錄》，值得一觀：

> 與宋閹人河北河東陝西等處宣撫使廣陽郡王童貫書
>
> 天會三年十一月三十日，大金固倫尼伊拉齊貝勒左副元帥致書于大宋宣撫郡王閣下：既憑來信，復沐使音；未孚結約之誠，難避重煩之議。領兵前去之由，已載別牒。且兩朝之事，若不互相容會，須至戰爭。夫如是，則豈惟嗇危轉甚，更恐生靈枉罹塗炭；是用遣人，以俟雅報。
>
> 蓋以宣撫郡王所為結約和會，契義最舊。況承來文：「若謂更有可議，務在通融商量。」伏念宣撫郡王輔立之功，位望所推，必謂議以讜言，扶斯將墜。與其交鋒爭戰以傷生民，寧若酌中兩便為計。果能如此，其於貴朝非止社稷久享安全，更獲兩下益固懽和。

〔註81〕《會編》，卷二十二〈政宣上帙二十二〉，宣和七年十一月十九日丙戌條，葉五上至八下（頁161～162）；《長編紀事本末》，第八冊，卷一百四十四〈徽宗皇帝・金寇〉，葉十一下至十二下（頁4370～4372）；《靖康要錄》，卷九，頁911。馬擴這次屈辱出使的經過，可參見姜青青：《馬擴研究》，第四章，頁186～191。

〔註82〕《會編》，卷二十二〈政宣上帙二十二〉，宣和七年十一月二十一日戊子條，葉九下至十三下（頁163～165）；《宋史》，卷二十二〈徽宗紀四〉，頁417；《宋史全文》，卷十四〈宋徽宗〉，頁979～980；按《宋史》及《宋史全文》將傅察之死繫於十二月己酉（十二），當是中山府奏他死訊之日。

然後郡王忠孝克保終始，長守富貴，民賴其善，為天下之幸甚，豈不美哉！

昔契丹請和之日，朝廷限以遼為界，不見聽從，乃今乞日。所望取前為鑒，審觀時勢，與差去官員，評議定一。

律正嚴凝，佇膺多福。今差昭文館直學士王介儒、貝勒色呼美（按即勃堇撒离拇），專奉書披述，不宣。白。〔註83〕

十二月戊戌朔（初一），金人破檀州（按：《會編》作十一月癸巳（廿六））。己亥（初二），破薊州（按《會編》作十一月乙未（廿八）），執奉使賀允中，鎖之，副使武漢英髡而降（按：武漢英後施計逃歸京師）。是日，馬擴等從雲中返回太原，以宗翰之言稟告童貫。童貫驚說金人初立國，那裡能有幾許兵馬，遽敢作如此事？馬擴說金人深憾宋廷結納張覺，又被遼亡國之臣所激，必謀報復。他說曾多番解釋，金人卻不聽。他請童貫速作提防。童貫只敷衍馬一番，說已行文下各路，令分定策應牽制路分，並令郭藥師排辦軍馬出城下寨。童又說合太原府路軍民兵、義勇、膽勇及常勝軍，有數萬人，已令膽勇人馬赴邊，更令李嗣本於代州近城處屯十萬人，寨地又曾擺陣耀兵，金人知道便不會輕易來犯。馬擴認為童貫其實想逃歸京師。姜青青說童貫這時仍心存幻想，期待金人不來，而不是靠自己努力防禦。那些義勇、膽勇軍均為戰鬥力薄弱的地方軍，排了幾個方陣，走了幾個方步，又如何唬走金兵。庚子（初三），宗翰從河陰出發，攻入朔州。他所派的王介儒、撒离拇在壬寅（初五）抵太原，童貫派機宜宋彥通及馬擴充館伴。撒离拇二人出示上文那通致童貫之書，其詞甚倨。但童貫仍厚待之，說如此大事，且須商量，何故便有此事。即送二入往驛館。隨後金使就對到來的館伴的宋、馬二人說，宗翰已從河東路入，而宗望已自燕京路入，不戮一人，只傳檄而定。金使不理宋和馬之申理，只開出條件，要童貫速割河東，北以大河為界，才可存宋宗社。童聞之大為氣奪，憂懣不知所為，令宋彥通（一作宋伯通）與馬擴列銜供狀，連夜備奏宋廷。童貫即與參謀宇文虛中、范訥（？～1145）、機宜王雲、宋彥通等商議，借口赴闕面奏，其實只想逃走。甲辰（初七），金將闍母軍與郭藥

〔註83〕金佚名（編），金少英（1899～1979）（校補），李慶善（整理）：《大金弔伐錄校補》（北京：中華書局，2001年10月），第二十九篇〈與闍人河北河東陝西等處宣撫使廣陽郡王童貫書〉，頁93～96。金人另有一牒向童貫所領的宣撫司問罪，亦載同書第三十篇〈牒南宋宣撫司問罪·係元帥府天會三年十一月三十，所謂領兵前去之由，已載別牒〉，頁96～97。

師、張令徽、劉舜仁戰於白河，大破宋軍四萬五千人。蒲莧亦敗宋兵三千於古北口。同日，童貫請知太原府張孝純及其子機宜張浹商議，面諭張他會回京稟奏。知太原府張孝純看不過眼，出言譏諷他怯懦，說「金虜渝盟，大王當會天下兵，極力楷梧。今大王去，人心搖矣，是舉河東與賊也。河東為賊有，河北亦豈能保邪？乞大王駐司在此，共竭死力，率眾報國，如今太原府路地險城堅，人亦諳戰鬥，未必金賊便能破也。」童貫老羞成怒，怒目叱之曰：「貫受命宣撫，非守土臣。欲留貫，置帥臣何為？」童貫又推說到京稟奏，即日便發諸路軍馬來策應，說他留在這裡亦無益。張孝純不屈，憤然起座退至機宜位中，大呼曰：「尋常見童太師作許大模樣，次第到臨事卻如此畏懦，不顧身為大臣，當為國家捍禦患難，一向只思走竄，是甚節操？何面目見天下之人乎？」但張這番擲地有聲的諍言，沒令童貫悔悟。童貫得力幕僚馬擴在張孝純頂撞童貫時不發一言。他後來急就一道劄子給童貫，認為抗金戰略之地不在河東太原，而在河北真定，提醒童貫不要被幕僚謬懦之論所惑。馬也以童貫自身利益去勸他往真定，但童貫不納忠言，還斥責馬擴，說馬為家小在保州，才建議他去真定，從而保全馬的家小。馬說心中明白童為機宜幕僚所懼故欲遁逃，故此就毫不客氣地以名節大道理來勸童貫說：「大王既如此說話，是不思國家患難緊急，願聽大王入京，然不忍大王失此，名節掃地，為眾人唾瀋殺去也。」童貫默然良久，就說馬不知他隨行無兵，如何抵禦此大敵。馬說童若往真定，何患無兵？最後童才勉強命馬擴往真定、河間招募忠勇敢戰軍馬，由他統領掌管。據馬擴自述，他離開前，童貫部將孫渥握著他的手，說他為何這樣看著天下土崩瓦解而一走了之，孫說剛收到關報，金人已打破馬邑縣，遊騎已至代州城下。馬擴即以其計畫札子草示孫渥，但孫渥說怕行之也無後著。孫所料不差，童貫已無心振作，遣走了馬擴後，就和宇文虛中等幕僚在乙巳（初八），從太原逃歸京師。據范沖（1067～1141）子、時任懷州河內縣丞范仲熊（？～1146 後）所撰的〈北記〉所記，童貫自太原逃回，走得匆忙，「行李甚匆遽」，他的參議官節度使范訥、翰林學士宇文虛中、中書舍人王雲，皆連夜過懷州而遁。據載宇文虛中與知懷州（今河南焦作市沁陽市）霍安國（？～1126）友善，就勸霍為備甚切。童貫一世的「英名」，此番一逃便全喪盡，徽宗封他為王時所稱美他的話，現時看來卻是一番笑話。馬擴在多年後，在建炎三年（1129）三月庚辰（初二）應詔上書，還痛言童貫當日應該移宣撫司於真定，兩鎮合力以遏金兵從燕山和雁門深入，只是童貫

惑於幕下貪生偷安之計，擁眾而還京師，而使金人長驅渡河。〔註84〕黃寬重教授評論童貫不聽馬擴忠言，就慨嘆馬擴與趙良嗣都是童貫重要的外交幕僚，馬擴因一直參與對金交涉，瞭解宋金實力與情勢，曾不斷地提醒主持大計的童貫，請他儘早籌劃戰備；但是童貫昧於大局，一意求和，苟且偷生，沒有備戰的打算，等到局勢危迫，反而只顧自身利益，一走了之，完全不顧大局安危。〔註85〕黃氏所論極是，童貫麾下並非沒有能人智士，只是他暮氣已深，失去判斷力，而鑄成大錯。

童貫逃跑，南宋人周密（1232～1298）的《齊東野語》撰有一則小故事諷刺他：

宣和中，童貫用兵燕薊，敗而竄。一日內宴，教坊進伎為三四婢，首飾皆不同。其一當額為髻，曰蔡太師家人也，其二為髻偏墜，曰鄭太宰家人也，又一人滿頭為髻如小兒，曰童大王家人也。問其故，蔡氏者曰：「太師覲清光，此名朝天髻。」鄭氏者曰：「吾太宰奉祠就第，此嬾梳髻。」至童氏者曰：「大王方用兵，此三十六髻也。」〔註86〕

周密所記未必真有其事，考童貫自太原逃竄回京，是宣和末年（七年），而非宣和中。當童貫在宣和七年六月封王時，鄭居中早在宣和五年六月，當

〔註84〕《十朝綱要》，卷十八〈徽宗〉，宣和七年十二月戊戌至乙巳條，頁538；《編年綱目》，卷二十九，頁760～761；《東都事略》，卷一百二十一〈宦者傳・童貫〉，葉四上下（頁11869～1870）；《宋史全文》，卷十四〈宋徽宗〉，頁980；《宋史》，卷二十二〈徽宗紀四〉，頁417；卷三百七十一〈宇文虛中傳〉，頁11527；《金史》，卷三〈太宗紀〉，頁54；卷七十一〈闍母傳〉，頁1642；卷七十四〈宗翰傳、宗望傳〉，頁1696，1704；《長編紀事本末》，第八冊，卷一百四十四〈徽宗皇帝・金寇〉，葉十二下至十三下（頁4372～4374）；《會編》，卷二十二〈政宣上帙二十二〉，宣和七年十一月二十六日癸巳條，葉十四上下（頁165）；卷二十三〈政宣上帙二十三〉，宣和七年十一月二十八日乙未至十二月七日甲辰條，葉一上至十上（頁166～171）；卷一百十一〈炎興下帙十一〉，建炎元年七月十三日辛丑條，葉二上下（頁810）；卷一百二十三〈炎興下帙二十三〉，建炎三年三月二日庚辰條，葉九上（頁901）；《全宋文》，第一百八十六冊，卷四零八七〈范仲熊・北記〉，頁102～103（原載《宋代蜀文輯存》卷四十八）；姜青青：《馬擴研究》，第四章，頁192～202。考范訥字子辨，開封人，武舉中第，而為童貫門客，累官至樞密都承旨。童貫為宣撫使，他任參謀官，遷節度使。

〔註85〕黃寬重：〈馬擴與兩宋之際的政局變動〉，頁224。

〔註86〕周密：《齊東野語》，卷十三，「優語」條，頁244～245。

童貫自燕京敗回前已卒。鄭的家伎說他奉祠就第不符合事實。不過，這則筆記旨在諷童貫是「三十六簪（計），走為上計」而已。

據馬擴所記，他在十二月乙巳（初八）與童貫一同離開太原，童南歸開封，他就東往真定。途中他寫一急切事務啟申報童貫，一請人馬甲胄，令委州縣取破碎舊甲併工聯緝，應在旬月間，很快便造好數百領。二請戰馬在數內選擇，可得千四。三請委涿州各招忠勇敢戰之人，擇官統率，互相應援，並將自遼歸降有武勇者激勸入伍，使為前鋒，而將他們的家小移往近南州軍，厚加給恤。四請將陝西五路精卒，取捷徑發赴河北、河東，使助守禦。五請摘調童貫親兵勝捷軍一千付他充衙兵，以為招國軍馬之本。六請為防金人南渡，邊防失守，朝廷或依唐故事，奉徽宗入蜀，就請委一大臣留守京師，以圖恢復。據馬擴所說，童貫覆信，皆從其議。姜青青則認為童貫此舉並非幡然悔悟的結果，而是他一味想著南逃，完全處於一種敷衍了事狀態的真實寫照。姜氏說童貫重覆和延續了他過去無數次對馬擴肺腑之言的推搪敷衍和陽奉陰違。此論有理。〔註87〕

童貫甫逃跑，在燕山的郭藥師便叛變。反對聯金滅遼的龍圖閣直學士任諒早言郭必反，但當時徽宗並不聽忠言，而大臣以任為病狂，將任出為提舉崇福宮。〔註88〕在十二月初，知中山府詹度便上言「郭藥師瞻視不常，趣向懷異，蜂目鳥啄，怙寵恃功。兼常勝軍暴掠燕子女，攘奪民舍，藥師縱之不復彈壓。逆節已萌，凶橫日甚。今聞與金人交結，背負朝廷，興禍不遠，願早為之慮。」宋廷才詔遣內侍梁沂及盧宗原查究。這時金兵已南下，破檀、薊州，至玉田縣。蔡靖不察郭有異心，還派他與張令徽、劉舜仁率兵迎敵，並且出金帛大犒軍而後出師。十二月癸卯（初六），宋軍至白河之西的三河縣（今河北廊坊市三河縣），金兵已在河東，而宋軍未敢進。郭軍出師時戈甲鮮明，隊伍整肅。是夜郭率兵並進，天未明已渡距燕城七十里的白河。金兵初時不知虛實，亦未敢進兵，但當摸清宋軍虛有其表，便令諸軍進攻。甲辰（初七），郭軍不意金兵來犯，兵稍卻，而令張令舜及劉舜仁迎敵，兩軍鏖戰三十里，郭軍猶力戰，張令徽卻仆旗滅鼓，望陣而降，宋軍於是戰敗。當晚張令

〔註87〕《會編》，卷二十三〈政宣上帙二十三〉，宣和七年十二月八日乙巳條，葉九下至十上（頁170～171）；姜青青：《馬擴研究》，第四章，頁202～204；《宋史》，卷二十二〈徽宗紀四〉，頁417。

〔註88〕《宋史》，卷三百五十六〈任諒傳〉，頁11221。

徽遁歸，金兵在後追擊，劉舜仁隨後亦遁歸。乙巳（初八），蔡靖與都轉運使呂頤浩、副使李與權、提舉沈琯往見郭藥師議事，至則被執。郭表示要降，蔡不從，並引佩刀自殺，但被郭抱持，郭將眾人鎖於家，迎降金人。郭叛報至京師，徽宗左右不想人知，就共匿報軍情，只說郭藥師被圍。可憐徽宗還以為郭是忠臣，還議加封郭為永清軍節度使燕王，張令徽為郡王，割燕地與之，使之世守云。據載蔡靖曾密奏百七十章，言及金人將南犯，甚至說若以他言不實，就請早將他調職，但宋廷不報。童貫和蔡攸偏又力主郭藥師可用，以他為忠信。沿邊巡檢楊時雍得郭通金人書，繳上宋廷，亦屢有告變者，但童、蔡皆不省悟。丙午（初九），宗望至燕山，郭藥師率官僚出迎。金人盡收燕山軍實，計馬萬匹，甲冑五萬，兵七萬。可嘆宋廷兩年艱苦經營燕山，郭藥師輕易叛變，一切便化為烏有。童貫無知人之明，輕信郭藥師，而王安中與蔡靖也無良方駕馭此一形同安祿山之叛將，都罪責難脫。金人取得燕山後，闍母將不肯投降的蔡靖及廉訪使梁烒留燕京，差軍官押呂頤浩、李與權、沈琯、鹽茶司勾當官杜時亮及從政郎監稅陳傑隨軍以行。辛亥（十四），宗望引兵南向，以郭藥師為嚮導。〔註89〕

　　宋廷艱苦經營的燕山府路，輕易丟失。據《陷燕記》所記，除了蔡靖等燕山府守臣被俘外，涇州（應為經州）守臣郁中正為金人所囚，景州守吳震由海道遁走，薊州守高公幹及通判曾評率牙兵南奔，檀州守將徐傑及通判黃文相繼遁走，順州守將林良肱及通判路擴走燕山，涿州守將葛逢先遁，易州守將黃烈墜城折雙足而死。這些守土之臣無一領兵抵抗。對於燕

〔註89〕李天鳴：〈金侵北宋初期戰役和宋廷的決策〉，頁210～217；《十朝綱要》，卷十八〈徽宗〉，宣和七年十二月乙巳至辛亥條，頁538；《編年綱目》，卷二十九，頁762；《宋史全文》，卷十四〈宋徽宗〉，頁980～981；《宋史》，卷二十二〈徽宗紀四〉，頁417；卷三百六十二〈呂頤浩傳〉，頁11320；卷四百七十二〈姦臣傳二·郭藥師〉，頁13739；《金史》，卷三〈太宗紀〉，頁54；卷七十四〈宗望傳〉，頁1704；《長編紀事本末》，第八冊，卷一百四十四〈徽宗皇帝·金寇〉，葉十三下至十四下（頁4374～4375）；《會編》，卷二十一〈政宣上帙二十一〉，宣和七月二月條，葉十七上（頁158）；卷二十三〈政宣中帙二十三〉，宣和七年十二月九日丙午條，葉十三上至十六下（頁172～174）；卷二十四〈政宣上帙二十四〉，葉一上至十二下（頁175～180）。關於蔡靖防範金人南侵的警覺程度，朱勝非的《秀水閒居錄》有異說，稱是年十一月，金三使皆歸，即將舉兵，有郎官陳楠為送伴使，至金境上，金人已宣言大舉。陳告訴蔡靖，但蔡大怒，說安有此事，還請示傳言人當斬之。陳懼，馳驛還京不復言，但求補外，於是授福建提刑使而去。

山府的失陷，該書的作者沉痛的指出，燕人本無思漢之心，當和詵與侯益倡之，而童貫及蔡攸和之，於是徽宗信之，就遣馬擴、王瓌由海道通金。金人攻遼，連年用兵，及併遼，就以燕山府歸宋，這都是童貫始謀。金人卻輕視宋朝，謂有德於宋，遂致燕山之禍。他認為失燕山之心三，致啟金人之寇者三：童貫和譚稹是首惡，沈琯次之，王安中、詹度又次之。所謂失燕人之心者，一是換官，二是授田，三是鹽法。換官失士心，授田失百姓心，鹽法並失士人百姓心。他批評土田悉給常勝軍，就令燕民所怨。而王安中明知燕民多怨，卻為了討好童貫和譚稹，而隱而不奏。在時人的眼中，燕山失陷，童貫是禍首。〔註90〕

　　十二月戊申（十一），宗翰長驅至代州，守將李嗣本率兵拒守，麾下的義勝軍叛，挾李降金。金兵早在丙午（初九）已至忻州，知府賀權度勢不敵就開門降。宗翰從忻州進軍至石嶺關（今山西太原市陽曲縣東北，北界忻州），守將義勝軍將耿守忠叛，以關降敵。本來張孝純以石嶺關險隘，命冀景出守，但冀辭以兵少，於是張孝純命王宗尹統官兵敢勇把關，又命耿守忠部八千助之。冀景仍辭，後不得已而往，使耿守忠當前，而冀軍在後。但耿行至忻口就退回，說他所部都是步軍，說若借得敢勇軍兵，金兵就不敢犯關。冀景令敢勇軍權借馬，耿幾乎取其半，有不願借的，耿就強奪至不能馭。冀景察覺有變，就領親隨等棄關潛遁。耿至石嶺關，果然獻關投降，冀景不敢返太原，就逃往汾州（今山西呂梁市汾陽市），而再於文水縣（今山西呂梁市文水縣）潰敗。宣撫司嚴劾之，將他官職削奪，令白身充統制，要他將功抵罪。〔註91〕

　　因輕信義勝軍，而冀景怯懦無能，宋軍就輕易失了石嶺關要塞。知中山府詹度在十二月己酉（十二），一日三通急奏，稟告宋廷宗望及宗翰兩路南侵，郭藥師已獻燕山叛變。北邊諸郡、河東的忻州和代州皆陷，使臣傅

〔註90〕《會編》，卷二十四〈政宣上帙二十四〉，葉一上至五上（頁175～176）。關於鹽法之弊，舊燕山每貫四百文得鹽一百二十斤，但提舉官不念新附之民，貪功生事，每斤至二百五十文足，或二百八十文足，仍引其親舊借官，引令興販牟利，上下通同營私。

〔註91〕《會編》，卷二十三〈政宣上帙二十三〉，宣和七年十二月八日乙巳至九日丙午條，葉十上至十二下（頁171～172）；《靖康要錄》，卷十二，頁1246～1247；《編年綱目》，卷二十九，頁762；《宋史全文》，卷十四〈宋徽宗〉，頁981；《宋史》，卷二十二〈徽宗紀四〉，頁417；《金史》，卷三〈太宗紀〉，頁54；《長編紀事本末》，第八冊，卷一百四十四〈徽宗皇帝·金寇〉，葉十四下至十五上下（頁4376～4377）。

察被殺。徽宗君臣慌了，壬子（十五），集從官赴都堂問計，最後詔較早前
討平山東盜的內臣，威武軍節度使梁方平將御前禁軍守濬州，扼守黃河。
在東線的戰鬥中，宋中山戍將王彥、劉壁率兵二千降金，金將蒲察、繩果
三百騎輕敵，遇中山軍三萬於阨隘，兵敗被殺。惟金兵在兀烈速、活里改
的援軍至後，大破宋軍二萬人。當宋軍節節敗退時，童貫在是月癸丑（十
六）返至京師。據載當童貫回來，中外洶然，徽宗已知道事態嚴重，雖然
他御製〈冬祀詩〉賜執綏官高伸（？～1126）（高俅兄）等，但他已沉不住
氣。甲寅（十七），西路的宗翰圍代州崞縣，義勝軍統領崔忠叛，殺都監張
洪輔，夜引金兵入城，都巡檢李翼與將吏折可與、知縣李聳、縣丞王唐臣、
縣尉劉子英、監酒閭誠同被殺，只有河東第二將折可存和路志行得免。折
可存後被俘至應州。乙卯（十八），東路的宗望再破宋兵五千於真定府，惟
攻保州和安肅軍不克。西路的宗翰則在戊午（廿一）兵圍太原，耶律余睹
破來援的知朔寧府孫翊於城下。孫只有兵二千，戰數日，兵盡而為金人所
殺。義勝軍獻朔州、武州降金。另來援太原的知府州折可求（？～1137）
並軍馬使韓權、知晉寧府羅稱及延安府路援兵劉光世共四萬人，與金兵大
戰於太原之郊，汾河之西，自早至日中，勝負各半，宋軍據地分守。但至
日中，金將耶律余睹及居里海忽從折可求寨後開生山而出，劫其營寨。童
貫愛將劉光世卻望風而奔，折可求軍乃潰。羅稱及韓權死於陣，郝仲連、
張關索、馬忠被擒，宋軍傷亡萬人，河外兵將十之七八損失。宋陝西軍終
於領教金兵的厲害。甲子（廿七），東路的宗望再克信德府（即邢州，今河
北邢台市），次邯鄲（今河北邯鄲市）。這時宋使李鄴（？～1139 後）剛到，
就請修舊好，宗望留軍中不遣。〔註92〕

〔註92〕《十朝綱要》，卷十八〈徽宗〉，宣和七年十二月壬子至乙卯條，頁 538～539；
　　　　《編年綱目》，卷二十九，頁 763；《宋史全文》，卷十四〈宋徽宗〉，頁 981；
　　　　《宋史》，卷二十二〈徽宗紀四〉，頁 417；《金史》，卷三〈太宗紀〉，頁 54；
　　　　卷七十四〈宗望傳〉，頁 1704；卷一百三十三〈叛臣傳·耶律余睹〉，頁 2849；
　　　　《長編紀事本末》，第八冊，卷一百四十四〈徽宗皇帝·金寇〉，葉十五上至
　　　　十七下（頁 4377～4378）；《會編》，卷二十三〈政宣上帙二十三〉，宣和七年
　　　　十二月九日丙午條，葉十二上至十六下（頁 172～174）；卷二十五〈政宣上帙
　　　　二十五〉，宣和七年十二月十六日癸丑至十八日乙卯條，葉一上至七下（頁 183
　　　　～186）。據折可存墓誌所記，折後來間道逃至中山府，在靖康元年九月丁卯
　　　　（初四）終於中山府北寨，得年三十一。惟未確定他是戰死的還是病死的。
　　　　參見牟潤孫：〈折可存墓誌銘考證兼論宋江之結局〉，頁 219。

　　早在十二月丙辰（十九），徽宗見宋軍節節敗退，為收拾人心，便詔許文武臣僚諸色人等，經尚書省投狀自陳，獻議利害事。又手詔罷一應興作事，包括罷浙江諸路花石綱、延福宮、西城租課及內外製作局。戊午（廿一），降制以皇太子趙桓為開封牧，並收回神霄宮詔賜田，另罷艮嶽官吏，罷修蕃衍北宅。同日，金人攻中山府，幸為詹度竭力防禦而不失。己未（廿二），徽宗更聽從童貫舊僚保和殿學士宇文虛中的建議，下詔罪己，並命宇文虛中草詔。徽宗自責：「蓋以寡昧之資，籍盈成之業，言路壅蔽，面諛日聞，恩倖持權，貪饕得志，縉紳賢能，陷於黨籍，政事興廢，拘於紀年。賦斂竭生民之財，戍役困軍旅之力，多作無益，侈靡成風。利源酤榷已盡，而牟利者尚肆誅求；諸軍衣糧不時，而冗食者坐享富貴。災異讁見而朕不寤，庶眾怨懟而朕不知，追惟己愆，悔之何及！」（按：宇文虛中這篇草詔全文收錄於《編年綱目》）他又下旨出宮人，罷應奉，令中外直言極諫，並令天下方鎮、郡邑守令各率軍募眾勤王，募草澤異才有能出奇計及使疆外者。又罷道官及大晟府、行幸局、西城及諸局所管緡錢，盡付有司。徽宗又特旨令童貫舊部、征遼覆師而致仕數年，不久前復為保靜軍節度使致仕的种師道為河北、河東制置使兼都統制，又以童另一愛將步軍都虞候、管勾步軍司、寧國軍承宣使晉武泰軍節度使何灌副之。再命童麾下另一老將昭慶軍節度使知熙州姚古，為京畿輔郡兵馬制置使兼都統制，以戶部侍郎王蕃除寶文閣學士副之。因宇文虛中與姚古及种師道交好，徽宗就命他為河北、河東宣諭使以護其軍。並令种、姚二支兵馬直赴京城應援，不得遵稟童貫節制。另又命陝西路轉運判官李鄴借給事中使金，奉金百鋌，諭以徽宗將內禪而求和。當宋廷命梁方平率禁軍守黎陽時，何灌對宰相白時中說，金人傾國遠至，其鋒不可當。現時以梁方平盡出京師禁軍精銳以禦之，萬一有失，難以善後，宜留之以衛京師。但白不聽。稍後，即以何灌從征，他辭以兵不堪戰，白時中授他節度使，強命他行。據《長編紀事本末》及《會編》，庚申（廿三），徽宗召見白時中、李邦彥、蔡攸、童貫等宰執會議。當他看見金人檄書，知情況嚴重，竟然涕下無語，但說休！休！當他正準備與群臣商議應否禪位時，突然中風不能言語，右手不能寫，他激動地舉左手書曰：「我已無半邊也，如何了得大事」，就決定禪位欽宗，並馬上召欽宗到來。欽宗到後，徽宗令童貫及李邦彥以御衣覆蓋欽宗。欽宗撲地叩頭，哀動左右，不肯接受。徽宗手書曰：「汝不受則不孝也。」欽宗回答：「臣若受之，則不孝也。」徽宗即召鄭皇后到來勸諭欽宗，並說他

們夫婦已老，欲以身託之。欽宗仍堅辭至幾乎氣絕，最後終於接受。徽宗隨即手詔以道君號退居龍德宮，命鄆王楷提舉皇城司，並應欽宗要求，授欽宗母舅王宗濋同管殿前司公事。欽宗尊父為教主道君太上皇帝，尊鄭皇后為太上皇后。〔註93〕

　　關於徽宗內禪的問題，臺灣前輩史家遅景德認為徽宗本來想「出幸避敵」，而由十二月丁巳（二十）任為開封牧的欽宗留守京師，後來因看到金人的檄書「所言不遜」，頓覺事態嚴重，以非禪位求免禍不可，加上吳敏（？～1132）的極力勸說，於是內禪帝位予欽宗。遅氏認為吳敏入見徽宗，是蔡攸的安排，因他察知徽宗有內禪之意，而與吳敏相善的李綱也贊同。蔡攸雖然開始時主張出幸避敵，但事到如今，外有金兵逼迫，內則反對棄宗社於不顧的輿論已在滋長，而李、吳主張傳位欽宗的意見，並不妨徽宗出走，故蔡攸接納吳敏的意見。遅氏也評說徽宗聰明才智不可謂不高，不過是在書畫文藝方面，至於治理國事，一向興趣不濃。當金兵直撲京師時，徽宗表現的是意志薄弱，庸懦而膽小，他最感迫切而先考慮的是逃命，故

〔註93〕《十朝綱要》，卷十八〈徽宗〉，宣和七年十二月丙辰至庚申條，頁 539；《編年綱目》，卷二十九，頁 763；《宋史全文》，卷十四〈宋徽宗〉，頁 981；《宋史》，卷二十二〈徽宗紀四〉，頁 416～417；卷三百三十五〈种世衡傳附种師道傳〉，頁 10751～10752；卷三百五十七〈何灌傳〉，頁 11227；卷三百七十一〈宇文虛中傳〉，頁 11527；《金史》，卷三〈太宗紀〉，頁 54；卷六十〈交聘表上〉，頁 1392；《長編紀事本末》，第八冊，卷一百四十四〈徽宗皇帝·金寇〉，葉十五上至十七下（頁 4377～4379）；卷一百四十六〈欽宗皇帝·內禪〉，葉一下至九下（頁 4416～4432）；《會編》，卷二十五〈政宣上帙二十五〉，宣和七年十二月二十一日戊午至二十二日己未條，葉十上至十二下（頁 188～189）；卷二十六〈欽宗中帙一〉，宣和七年十二月二十三日庚申條，葉三上至四上（頁 192～193）；卷二百十四〈炎興下帙一百十四〉，紹興十五年十月條，葉八上下（頁 1541）；卷二百二十八〈炎興下帙一百二十八〉，紹興三十一年五月二十二日甲午條，葉十一上下（頁 1641）；岳珂：《寶真齋法書贊》，卷二，葉七上下；李天鳴：〈金侵北宋初期戰役和宋廷的決策〉，頁 200～208，218～221。據陳均所記，童貫初收到金人牒書，開拆後，才知是檄書。因其言不遜，童貫與宰執大臣及徽宗左右均懼而不敢奏。徽宗後下詔求言，但詔本數次改易，徽宗仍猶豫不想頒下。李邦彥於是提出不如以金人檄書進呈，刺激徽宗，早日將求言詔頒下。眾大臣於是在宣和殿以檄書進呈，徽宗看後涕下無語，即下詔罪己求言。又《宋史》將种師道拜河東河北路制置使繫於宣和七年十一月庚寅（廿三），按种師道征遼失敗致仕後，當劉延慶兵敗，徽宗思其言，就起他為憲州刺史知環州。後復他保靜軍節度使再致仕，种隱於終南山豹林谷。金兵南下，徽宗就加他檢校少保、靜難軍節度使、京畿河北制置使，召他出山。

決意內禪。〔註94〕

　　遲氏所論徽宗聰明才智卻無興趣治國，是過去學者對徽宗的普遍看法，然考諸史實，他卻看不透徽宗的治術。至於說他「意志薄弱，庸懦而膽小」，似乎忽略了徽宗在十二月廿二晚上忽然中風，墜御床下，右邊不能動的突發因素，嚴重打擊了他的意志。另外，所謂徽宗早有內禪之意，究竟是欽宗即位後自圓其說？還是徽宗真的早有此意，實在需加詳考。遲氏也沒有注意徽宗後來帶著幾個內侍倉卒出走，乾糧也未備（見第八章），殊不似徽宗事先早有周詳的出逃計劃。至於遲氏說欽宗不是一位愛好權位的人，對做皇帝毫無興趣，被召入傳位時，則堅決不受，以至慟哭昏厥。筆者認為欽宗當天表現，半真半假，真的是惶恐擔不了守禦危城之責，假的是在父前作態不受。欽宗的儲位一直受鄆王楷威脅，他自然曉得，或受宮僚所教，做出每懷畏兢之態，裝作無意權位。觀乎他繼位後，也一樣君權獨攬，誅貶前朝寵臣，一點也不給父王面子，在權力問題上一點不讓。〔註95〕

　　考南宋後期人張端義的《貴耳集》對徽宗禪位前的言行，有很不同的記載，值得研究。據張書所記，當徽宗南郊畢，恭謝上清儲祥宮，聞金兵已破燕山，他急還禁中。夜二鼓，命內臣梁兢急召宇文虛中入對。虛中到來，徽宗斥蔡攸匿邊報不讓他知，命虛中草罪己詔。虛中連上二草，皆不稱意。徽宗說只要感動人心，不須歸過宰輔，只說他不是。第三草才稍愜徽宗意，徽宗親筆改寫成，即時降出。按徽宗看到檄書是廿二日抑廿三日，群書所記並不一致。據張端義記，徽宗在降出詔書後，又叫宇文虛中未可去，他說剛才見李邦彥等驚慌失措，去外面商量。他說下此罪己詔是他思量之決定，他又說想派王黼和蔡攸等分守大河，又盡籍內臣貴戚佞倖家財，用來犒軍，並傳位太子，而他就移軍長安，保捍關中為根本。他吩咐虛中為他處置，明日就要辦好，只是未有人做宰相。他又說處置許多事，蔡攸盡說不是，只傳位一事，要靠他做功勞。張端義又記禪位後，御筆就不行。張端義上述的說法，與群書有所出入。從這番記述，徽宗給我們的印象，他這時仍很有主意，頭

<hr />

〔註94〕遲景德：〈宋徽宗的決策避敵與內禪〉，原刊《國立政治大學歷史學報》第三期（1975 年 3 月），後收入宋史座談會（編）：《宋史研究集》，第十八輯（臺北：國立編譯館，1978 年 12 月），頁 1～28。

〔註95〕張邦煒教授認為，欽宗一方面謹小慎微，素來懦弱，但也善於偽裝，而在權力的問題上就相當堅決，對父親寸步不讓。此論甚是。參見張邦煒：〈靖康內訌解析〉，載張著：《宋代婚姻家族史論》，頁 470～472，482。

腦清醒，許多事都考慮到，包括誰出任危局的宰相，他又看出蔡攸要爭擁立欽宗的功勞。他計劃讓欽宗守京師，自己就去長安保存根本。張端義此則記述的準確性有待商榷，首先徽宗在十一月甲申（十七）朝獻景靈宮，乙酉（十八）饗太廟，丙戌（十九）祀昊天上帝於圜丘，赦天下。並非是張端義所言，徽宗南郊畢，恭謝上清儲祥宮，就即時返宮召見宇文虛中。考宋廷收到中山府奏郭藥師以燕山叛，和金兵兩路入侵，在十二月己酉（十二），已是徽宗完成南郊大典二十多天後。其次，張書提及那個召宇文虛中草詔的內臣梁銑，據《十朝綱要》所載，他在十二月丙午（初九），以燕山路廉訪使被金將闍母扣留在燕京。張書這一點顯然所記有誤。不過，張書所記徽宗與宇文虛中的對話，提到徽宗禦敵的各種打算，其真實性不能一下子否定。而記他禪位後，欽宗沒有問他，就用吳敏和李綱，而且說御筆不行，又吻合後來父子二人不和的情況。徽宗禪位前夕忽然中風，讓他方寸大失，後來甚麼原因讓他匆匆出走，他和欽宗間這幾天發生甚麼事，都是值得我們探究的。〔註96〕

　　童貫對於徽宗禪位的態度如何？據許翰（1055～1133）稍後上書劾李邦彥所記，當童貫和蔡攸身見河朔流離將亂時，他的幕中賓客（當是宇文虛中）多勸蔡攸和童貫勸說徽宗「以節損」。許翰又記蔡、童二人自知富貴已極，卻乏眾庶之譽，故他們還朝時，以賓客之言而時時從容為徽宗道。久之，徽宗「慨然思一大變時事」，這時李邦彥適為宰相，於是與蔡攸和童貫協力，勸服徽宗退位。〔註97〕誠如張邦煒教授所論，稱徽宗早有內禪之念是不可能的，徽宗退位之時才四十三歲，他一直眷戀帝王權力，那會輕易放棄。若非金人兵臨城下，形勢危急，又忽然中風，大失方寸，他是不會聽從吳敏等人意見

〔註96〕張端義：《貴耳集》，卷下，頁 53～54；《宋史》，卷二十二〈徽宗紀四〉，頁 416；《十朝綱要》，卷十八〈徽宗〉，宣和七年十一月丙戌至十二月丙午條，頁 538；《宋史全文》，卷十四〈宋徽宗〉，頁 981。考《宋史全文》卻記徽宗在十一月祀南郊畢，降壇而得邊報，並記時已報金人敗盟。這又與《貴耳集》所記同，但徽宗收到金人邊報，不應在十一月底。

〔註97〕許翰（撰），劉雲軍（點校）：《許翰集》，（保定：河北大學出版社，2014 年 7 月），《襄陵文集》，卷四〈論李邦彥箚子〉，頁 75。考許翰字崧老，拱州襄邑縣人，《宋史》卷三百六十三有傳。他在欽宗繼位後，歷御史中丞及同知樞密院事，被王曾瑜先生認為是李綱的同道，他後來在欽宗朝多次彈劾童貫等人。李綱在高宗初年拜相，又再次援引他為尚書右丞。他可說是李的死黨。他劾奏童貫等的事參見第八章。王曾瑜先生對他的事蹟多有論及，而多有稱美。可參見王曾瑜：〈李綱的同道〉，《隋唐遼宋金元史論叢》，第三輯（上海：上海古籍出版社，2013 年 4 月），頁 169～176。

退位的。童貫勸說徽宗禪位不盡是欽宗君臣偽傳的，但他心中可能屬意鄆王楷繼位。因欽宗繼位，童貫能否保住權位實是未知之數。〔註98〕

　　徽宗用盡一切方法想挽回危局，他的寵臣童貫，既無法阻止金人南侵，又不能防範郭藥師叛變。當徽宗六神無主時，童貫卻沒能在此關鍵時刻為主子分憂，他這時附和蔡攸等內禪之議，或至少沒阻止徽宗退位，而將責任推在新君上，就給人沒擔當之嫌。大禍是他闖出來的，當徽宗禪位欽宗後，他很快便成為千夫所指的罪魁，失去一切。

蘇過於宣和五年九月七日於定州天寧寺與陳遘（亨伯）等題名

〔註98〕張邦煒：〈靖康內訌解析〉，頁 467～469，472～473。關於童貫對鄆王楷的巴結，和他在徽宗禪位時的態度，第八章會有進一步的討論。